Münchener Universitätsschriften
Theaterwissenschaft

Frank Halbach

Ahasvers Erlösung

Der Mythos vom
Ewigen Juden
im Opernlibretto
des 19. Jahrhunderts

Herbert Utz Verlag · München

Theaterwissenschaft · Band 14

herausgegeben von

Prof. Dr. Michael Gissenwehrer und
Prof. Dr. Jürgen Schläder

Theaterwissenschaft München

FSC

Mix
Produktgruppe aus vorbildlich
bewirtschafteten Wäldern,
kontrollierten Herkünften und
Recyclingholz oder -fasern

Zert.-Nr. GFA-COC-1229
www.fsc.org
© 1996 Forest Stewardship Council

„Dieses Softcover wurde
auf FSC-zertifiziertem
Papier gedruckt. FSC (Forest
Stewardship Council)
ist eine nichtstaatliche,
gemeinnützige
Organisation, die sich
für eine ökologische und
sozialverantwortliche
Nutzung der Wälder
unserer Erde einsetzt."

Bibliografische Information
der Deutschen Nationalbibliothek

Die Deutsche Nationalbibliothek
verzeichnet diese Publikation in der
Deutschen Nationalbibliografie; detaillierte
bibliografische Daten sind im Internet über
http://dnb.ddb.de abrufbar.

Zugleich: Dissertation, München, Univ., 2005

ISBN 978-3-8316-0834-8

Printed in Germany

Herbert Utz Verlag GmbH, München
Tel.: 089/277791-00 · www.utzverlag.de

DANKSAGUNG

Zuallererst möchte ich Prof. Dr. Jens Malte Fischer, meinem Doktorvater, danken, der das Thema der Dissertation angeregt und begleitet hat, dessen Expertise mir immer wieder entscheidende Impulse gegeben hat, und der schließlich entscheidend mein Durchhaltevermögen stützte.

Prof. Dr. Hans-Peter Bayerdörfer, dem Zweitkorrektor dieser Arbeit, bin ich besonders verpflichtet, auch in seiner Funktion als Sprecher des DFG Forschungsprojekts „Kulturelle Inszenierung von Fremdheit", in dessen Rahmen diese Arbeit entstand, ebenso allen Mitgliedern dieser interdisziplinären Forschergruppe für ihre Kollegialität, ihre Diskussionsbereitschaft und Beiträge zum Thema meiner Arbeit, besonders Annemarie Fischer, Dr. Bernd Hirsch, Dr. Isabel Kunz, Dr. Barbara Riesche und Dr. Sebastian Stauss.

Gedankt sei an dieser Stelle auch der DFG, die bereit war das Projekt zu fördern.

Bei der Materialrecherche waren mir im Forschungsinstitut für Musiktheater Thurnau Dr. Marion Linhardt und Dr. Thomas Steiert sehr behilflich. Dafür danke ich ihnen herzlich. Den Mitarbeitern der Musikabteilung der Staatsbibliothek zu Berlin danke ich für ihre Unterstützung bezüglich des Kapitels zu Ferruccio Busoni, das ohne die Einsicht in den handschriftlichen Nachlass des Komponisten so nicht hätte entstehen können.

Bedanken möchte ich mich auch bei Prof. Dr. Hans-Edwin Friedrich für fachlichen und moralischen Beistand und bei Prof. Dr. Jürgen Schläder, der das Erscheinen dieses Buch in der Reihe Theaterwissenschaft anregte.

Und schließlich danke ich noch ganz besonders Stephanie Metzger – sie weiß wofür…

EINLEITUNG

Während sich in den letzten Jahren die Analyse jüdischer Figuren, die Stereotypenforschung und die Untersuchung des Antisemitismus in der europäischen Literatur als Forschungsgegenstand etabliert haben, ist die Betrachtung des Bildes vom Juden im performativen Medium Bühne bisher vergleichsweise fragmentarisch geblieben.[1] Ein spezielles Forschungsinteresse stellt die Charakterisierung jüdischer Gestalten im Bereich des Musiktheaters dar. Exemplarisch für die Genese von Außenseiterschicksalen jüdischer Provenienz steht der Mythos vom Ewigen Juden. Das kulturgeschichtliche Phänomen, in dem der Fremde durch den Prozess psychischer Abwehr als Paradigma des Bösen fungiert, aber auch die potentiell positive Umcodierung eines Mythos vom Anderen, soll in der vorliegenden Arbeit anhand des Ahasver-Mythos verfolgt werden, wobei der Ansatz für diese Analyse ein interdisziplinärer ist. Denn es gilt, das Kulturphänomen Antisemitismus und die Produktionsbedingungen für einen Mythos aufzuzeigen, um dann die Spur Ahasvers in literarischen Texten zu verfolgen, die die zeitlich vergleichsweise verzögerte Rezeption des Ahasver-Mythos im Opernlibretto präfigurieren. Dies macht es notwendig Mythosforschung, Literaturwissenschaft und Theaterwissenschaft zu verknüpfen.

Die Geschichte des Judenhasses weist zwar eine Persistenz auf, kann aber kaum als eine kontinuierliche Entwicklung mit dem katastrophalen Endpunkt Nationalsozialismus gesehen werden, vielmehr muss wohl von einem An- und Abschwellen der Anfeindung von Juden gesprochen werden. Zweifellos entsteht jedoch im 19. Jahrhundert eine neue Form der Judenfeindschaft.

Gerechtfertigt durch die christliche Theologie war die gesellschaftliche Außenseiterrolle der Juden bis in die zweite Hälfte des 18. Jahrhunderts Normalität. Durch das Gedankengut der Aufklärung und das säkularisierte Staatsdenken wurde die Emanzipation der Juden jedoch eine Frage der jungen europäischen Nationalstaaten.[2] Die 80er Jahre des 18. Jahrhunderts schienen die endgültige Wende einzuleiten:

> Auf Anregung Moses Mendelssohns verfaßte 1781 der preußische Kriegsrat Christian Wilhelm Dohm seine programmatische Schrift „Über die bürgerliche Verbesserung der Juden", und im selben Jahr erließ Kaiser Joseph II.

---

[1] Bedeutsam für die Thematisierung des Judentums auf der Bühne und dessen Analyse sind vor allem die beiden von Hans-Peter Bayerdörfer herausgegebenen Bände der *Theatralia Judaica* (Tübingen 1992 und 1996).

[2] Vgl. Erb, Rainer/Bergmann, Werner: *Die Nachtseite der Judenemanzipation. Der Widerstand gegen die Integration der Juden in Deutschland 1780-1860* (= *Antisemitismus und jüdische Geschichte*, Bd. 1), Berlin 1989, S. 15.

für Teile Österreichs die ersten, wenngleich noch vorsichtigen, gesetzlichen Maßnahmen, die nach eben dieser Verbesserung strebten.[3]

Die Integration der Juden Europas schritt voran, die Revolution von 1790/91 erreichte die Einbürgerung der Juden, im westlichen Deutschland war dies nach der französischen Besetzung 1796-1811 der Fall, in Preußen war sie Ergebnis der Reformen von 1812.[4] Zugleich war dies der Beginn einer heftigen Gegenreaktion, welche die Andersartigkeit der Juden nicht mehr in ihrer Konfession, sondern bald anthropologisch begründbar macht.[5]

> Im Verlauf dieser Kontroversen, die sich von 1780 an über neunzig Jahre erstreckten, wurde die Frage immer wieder neu gestellt, ob Juden würdig seien, das Bürgerrecht zu erhalten. Verschiedene Gründe pro und contra wurden genannt. Die Gegenargumente enthielten nicht nur Vorurteile, die aus dem Mittelalter überkommen waren, sondern im Kampf um die Emanzipation entstanden neue Anklagen.[6]

Auch christliche Mythen, wie eben der vom Ewigen Juden, die in Zusammenhang mit antijüdischen, gegen die jüdische Religion gerichteten, Vorurteilen standen, wurden im Zuge dessen mit neuen Implikationen aufgeladen. Das Changieren solcher Mythen zwischen einem tradierten Bestand und der Funktion als Träger neu formierter Angriffe auf das Judentum, verschließt sich dabei nicht selten einer eindeutigen Wertung. Durch die geschwächte Bedeutung der Religion und das Prinzip der religiösen Toleranz, als deren Anhänger auch die „modernen" Gegner der jüdischen Emanzipation erscheinen wollten, suchte man Argumente jenseits des Glaubens. Man bezog sich auf Eigenschaften, welche dem Juden vermeintlich „ewig" innewohnen und die sich nicht mit ein wenig Taufwasser abwaschen ließen. Auch im Mythos von Ahasver genügt nicht die reuige Bekehrung: trotz endloser Buße, bleibt Ahasver der Ewige Jude. „Chronologisch begann der neu-alte Kampf gegen die Juden, sobald ihre Einbürgerung erwogen wurde."[7] Das breite Misstrauen gegenüber einer Gleichberechtigung der Juden führte bei den Regierungen zu Konzepten allmählicher Emanzipation, „die über die Privilegierung einzelner, bereits „gebesserter" Ju-

---

[3] Brenner, Michael/Jersch-Wenzel, Stefi/Meyer, Michael A.: *Deutsch-Jüdische Geschichte der Neuzeit*, Bd. II: *Emanzipation und Akkulturation 1780-1871*, München 1996, S. 9.

[4] Vgl. Katz, Jacob: *Vom Vorurteil zur Vernichtung. Der Antisemitismus 1700-1933*, München 1989, S. 12.

[5] Vgl. Och, Gunnar: *Imago Judaica. Juden und Judentum im Spiegel der deutschen Literatur 1750-1812*, Würzburg 1995, S. 10f.

[6] Katz, Jacob: *Vom Vorurteil zur Vernichtung*, a. a. O., S. 9.

[7] Ebd., S. 57.

den voranschreiten sollte."[8] Dass diese Strategie in ihrer Durchführung paradox war und sich selbst behinderte, hatte Wilhelm von Humboldt in einem Gutachten zum Entwurf einer Neuordnung der jüdischen Rechte in Preußen 1809 klar erkannt:

> Consequent; denn eine allmähliche Aufhebung bestätigt die Absonderung, die sie vernichten will, in allen nicht aufgehobenen Punkten, verdoppelt gerade durch die neue größere Freiheit, die Aufmerksamkeit auf die noch bestehende Beschränkung, und arbeitet dadurch sich selbst entgegen.[9]

Die Idee einer Emanzipation „gebesserter" Juden führte zwangsläufig in die Kontroverse, was „gebessert" bedeuten sollte. Anhänger der jüdischen Integration verwiesen auf die Erfolge der Assimilation, die Gegner pochten auf die Misserfolge. Einig waren sich beide Gruppen aber in der Intention der Judenemanzipation: die „völlige *Verschmelzung* von Juden und Christen"[10]. Diese war einerseits ein beinahe unerreichbar hoch gestecktes Ziel und bedeutete andererseits den Untergang der jüdischen Identität. Argumente gegen „gebesserte" Juden zielten bald darauf ab, zu beweisen, dass die jüdische Minorität in der christlichen Gesellschaft gar nicht aufgehen könne, wobei protorassistische Thesen, wie die Gegensätze von „Orientalen" und Europäern, aber auch die Unabänderlichkeit des „jüdischen Blutes", immer mehr Bedeutung gewannen.[11] Hinzu kam in Deutschland eine Stimmung, welche von den Befreiungskriegen 1813 bis 1815 gegen die französische Herrschaft geprägt war:

> Der wesentliche Ausdruck dieser Stimmung war ein vertieftes Nationalgefühl, das alles bewunderte, was in deutscher Kultur und Geschichte wurzelte, und alles ablehnte, was als Ergebnis fremder Einflüsse angesehen wurde.[12]

Die Ausgrenzung der Juden aus diesem Nationalgefühl resultiert dabei vor allem aus der Hinwendung zum christlichen Glauben, die integraler Bestandteil des deutschen Nationalismus wurde.

> In Form von zahllosen Variationen fand die Vorstellung von einer Erwählung der Deutschen bei den geistigen Vertretern der Romantik ihren Nieder-

---

[8] Erb, Rainer/Bergmann, Werner: *Die Nachtseite der Judenemanzipation*, a. a. O., S. 36.

[9] Humboldt, Wilhelm von, zit. in: Erb, Rainer/Bergmann, Werner: *Die Nachtseite der Judenemanzipation*, a. a. O., S. 37.

[10] Ebd., S. 46.

[11] Vgl. ebd., S. 48.

[12] Katz, Jacob: *Vom Vorurteil zur Vernichtung*, a. a. O., S. 79f.

schlag; Dichter wie Novalis und Hölderlin brachten diesen Gedanken auf ihre Art zum Ausdruck, und die Namen von Männern wie Adam Müller, Joseph Görres und seinem Freund Perthes rufen uns in Erinnerung, daß eine derartige Vorstellung an der Grenze der Konfession keineswegs Halt machte.[13]

Die Romantik war zugleich eine Strömung, die nicht unwesentlich zur Popularisierung des Ahasvermythos beigetragen hat: einerseits war der Ewige Jude ein mythischer Stoff, der mit dem Volksbuch von 1602 in Deutschland seinen Ausgangspunkt hatte, andererseits entsprach er in seiner Thematik ganz der Hinwendung zum Christentum. Schriftsteller, die sich als „Wächter des deutschen Volkes"[14] verstanden, agitierten gegen die Juden und leisteten ihren Beitrag, zum Aufruhr anzustiften. Antijüdische Unruhen wie die Hep-Hep-Krawalle von 1819 waren das Überkochen der Gewaltbereitschaft. Das Jahrzehnt danach zeichnete sich durch Stagnation, sogar durch Rückschritt gegenüber der jüdischen Emanzipation aus. Die Industrialisierung führte allerdings zu größeren Mobilitätsansprüchen, was den „Aufbruch" aus den Ghettos begünstigte. Die Rolle der Juden auf dem Finanzmarkt, sicherte manchen, an erster Stelle den Rothschilds, dabei zwar einen gewissen Einfluss, lieferte aber zugleich wieder Argumente für einen „wirtschaftlichen Antisemitismus"[15]. Ausgehend von den „hyperbolischen Hyperbeln"[16] von Schacher und Wucher wird ein Bild entworfen, das den Juden unterstellt überallhin einzudringen, auf alles ihre Hand zu legen. Ein unmittelbarer Zusammenhang zwischen „kapitalistischer Ankurbelung"[17] und der Judenemanzipation, welche zeitlich parallel ablaufen, wird hergestellt. Jüdischen Stimmen, die sich in die Diskussion um die Judenemanzipation einschalten, weht rasch ein harter Wind entgegen, was zum Beispiel ein Blick auf die beiden prominentesten Juden des „Jungen Deutschland" belegt: Ludwig Börne (geboren als Löb Baruch) und Heinrich Heine wird schnell die Funktion eines „Anti-Symbols"[18] zugewiesen.

Der der „Deutschtümelei" zuzurechnende Kritiker Wolfgang Menzel, der ihre Bewegung bei den staatlichen Behörden anzeigte, bezeichnete sie als „Jung-Plästina", als „jüdische Lasterrepublik des neu etablierten Hauses Heine und Compagnie." Der Erlaß der Zensur, der im Jahre 1835 diese

[13] Poliakov, Léon: *Geschichte des Antisemitismus*, Bd. VI: *Emanzipation und Rassenwahn*, Worms 1987, S. 187.

[14] Katz, Jacob: *Vom Vorurteil zur Vernichtung*, a. a. O., S. 99.

[15] Poliakov, Léon: *Geschichte des Antisemitismus*, Bd. VI, S. 197ff.

[16] Rohrbacher, Stefan/Schmidt, Michael: *Judenbilder. Kulturgeschichte antijüdischer Mythen und antisemitischer Vorurteile*, Reinbek bei Hamburg 1991, S. 89.

[17] Poliakov, Léon: *Geschichte des Antisemitismus*, Bd. VI. S. 200.

[18] Ebd., S. 206.

Schriftsteller mit einem Verbot belegte, führte als belastendes Moment auch das angeblich „israelitische Blut" [...] an, und man kann dabei [...] die Bedeutung feststellen, die der jüdische Charakter von Heine und Börne bei diesen politisch-literarischen Kämpfen in Deutschland annahm.[19]

Doch kamen die Kritik der Judenemanzipation und die Angriffe, Stereotypen und Vorurteile keineswegs nur aus dem Lager der deutsch-nationalen Christen. In Frankreich hatte schon Voltaire gezeigt, dass Judenhass und Attacken gegen das Christentum durchaus konform gehen können. Generationen später, unter freilich anderen Voraussetzungen, begann eine jung-hegelianische Strömung ihre Kritik am Christentum.

Es überrascht nicht, daß auch das Judentum in diese Religionskritik einbezogen wurde und daß gelegentlich daraus Folgerungen für die politische und gesellschaftliche Stellung der Juden gezogen wurden, die noch gar nicht entschieden war. Einige der Junghegelianer – wie Strauß und Feuerbach – kannten keine Judenfeindschaft; Friedrich Wilhelm Carové und Karl Grün gehörten zu den eindeutigen Befürwortern der Emanzipation. Marx und Arnold Ruge andererseits hatten in ihrer Kritik am Judentum keinerlei Sympathie für die Juden und dies drückt sich in Angriffen auf Juden aus, wenn sich dafür Gelegenheit ergab. Bruno Bauers Judenhaß war intellektuell und emotional tief verwurzelt [...].[20]

Auch wenn sich die meisten „Argumente" der Emanzipationsgegner aus althergebrachten antijüdischen Vorurteilen, Klischees und Mythen herleiten, entfachte gerade der Kampf um gesellschaftliche, kulturelle und politische Gleichberechtigung jüdischer Intellektueller, Schriftsteller und Künstler eine besondere Art der Ablehnung und des Widerstands gegen die Gleichstellung der Juden. In den 30er Jahren des 19. Jahrhunderts werden Werke „jüdischer Herkunft" geschaffen, deren Bedeutung sich auch durch die Judengegner nicht ignorieren ließ. Ihre Schöpfer hatten von Kindesbeinen an Umgang mit der kulturellen Annäherung von Juden und Nichtjuden. Neben den genannten Heinrich Heine und Ludwig Börne wären unter anderem Giacomo Meyerbeer, Felix Mendelssohn, Fromental Halévy, Ferdinand Hiller oder Berthold Auerbach zu nennen. „Etwa zwei Drittel von ihnen konvertierten zum Christentum, aber nur selten aus Überzeugung."[21] Gesellschaftlich integriert wurden sie dadurch nicht, „zumindest hießen ihre Werke bei denen ‚jüdisch', die dem Eindringen jüdischer Elemente in die deutsche Kultur ablehnend und misstrauisch gegenüberstan-

---

[19] Ebd., S. 210.
[20] Katz, Jacob: *Vom Vorurteil zur Vernichtung*, a. a. O., S. 159.
[21] Ebd., S. 175.

den."[22] Die dezidiert auf jüdische Intellektuelle abzielende Kritik Eduard Meyers offenbart die „neuen Argumente", die sich aufgrund ihrer Angriffsfläche von denen, die sich gegen die politische Emanzipation der Juden wenden, unterscheiden müssen.

> „Börne ist Jude wie Heine, wie Saphir. Getauft oder nicht, das ist dasselbe."
> Es sei nichtig, den Begriff Jude als Gegenbegriff zu Christ zu benutzen: „Er
> bezeichnet nicht nur Religion, sondern eine Nationalität." „Wir hassen nicht
> den Glauben der Juden, wie sie uns glauben machen möchten, sondern die
> vielen häßlichen Besonderheiten dieser Asiaten, die nicht mit der Taufe ab-
> gelegt werden können: die häufig auftretende Schamlosigkeit und Arroganz
> bei ihnen, die Unanständigkeit und Frivolität, ihr vorlautes Wesen und ihre
> schlechte Grundeigenschaft."[23]

Meyer verdammt im Folgenden besonders Börne und Heine: „Sie gehören zu keinem Volk, zu keinem Staate, zu keiner Gemeinschaft; sie fahren durch die Welt wie Abenteurer."[24] Diese behauptete Heimatlosigkeit korreliert freilich mit dem Phantasma der ewigen Wanderschaft Ahasvers. Entscheidende Instanz sowohl in der Formierung eines proto-antisemitischen Gedankengutes, das vor allem die jüdischen Intellektuellen und Künstler zum Ziel hat, als auch für den Diskurs des Ahasvermythos, im Zusammenhang dieser Arbeit speziell für den Mythos vom Ewigen Juden im Opernlibretto, ist Richard Wagner; und mit Richard Wagner das Phänomen des Wagnerismus – über beides wird noch ausführlich zu sprechen sein. Doch selbst Wagners Pamphlet *Das Judentum in der Musik*, erstmals pseudonym erschienen 1850, neupubliziert 1869, das die „jüdischen" Künstler Meyerbeer und Mendelssohn in bis dato ungewöhnlicher Schärfe und Polemik aufs Korn nimmt, bedient sich des Mythos von Ahasver: Dessen einzige Erlösung ist – so der mythische Bestand der Legende – der Jüngste Tag, der Untergang.[25] Diese Erlösungsprämisse überträgt Wagner auf das jüdische Kollektiv.

> Der gravierende Unterschied des Wagnerschen Textes [*Das Judentum in
> der Musik*] zu anderen früh-antisemitischen Texten der ersten Jahrhundert-
> shälfte (in denen [...] auch beiläufig und ausnahmsweise der Begriff „Race"
> auftaucht) liegt [...] in dem mehrfachen und geradezu systematischen Insi-

---

[22] Ebd.

[23] Ebd., S. 177.

[24] Ebd., vgl.: Meyer, Eduard: *Gegen L. Börne, den Wahrheit-, Recht- und Ehrvergessenen Schriftsteller aus Paris*, Altona 1831, S. 14.

[25] Vgl. Wagner, Richard: *Das Judentum in der Musik*. In: Fischer, Jens Malte: *Richard Wagners „Das Judentum in der Musik". Eine kritische Dokumentation als Beitrag zur Geschichte des Antisemitismus*, Frankfurt am Main/Leipzig 2000, S. 173.

stieren auf einem naturgegebenen Widerwillen gegen alles Jüdische – dies ergibt den Befund des Protorassismus.[26]

Letztlich verhindert der moderne Antisemitismus also in Zusammenwirken mit konservativen christlichen und nationalistischen sowie sozialistischen Ressentiments die Emanzipation des Judentums trotz kultureller und nationaler Assimilation der jüdischen Bürger.

Im Zuge dieser neuen proto-antisemitischen Dimension werden konstante Stereotypen, die schon lange Bestand eines Tools von Verfolgertexten sind, variiert und umgemünzt: ein spezieller „kultureller Code"[27] von spezifischer Wirkung für das 19. Jahrhundert zeichnet Bilder des Judentums, deren Verwendung auf der Theater- und Opernbühne in Wechselwirkung mit der Gesellschaft stehen. Judenfiguren auf der Bühne folgen einem „Code", dessen Zusammensetzung und einzelne Elemente heute teilweise nicht mehr geläufig sind. Besonders für Oper und Libretto gewinnt dieser Code aber spezielle Relevanz, da die Notwendigkeit einer konzentrierten Verdichtung in der Gattung Libretto eine kurze, präzise Definition ihrer Figuren verlangt.

Innerhalb der antijüdischen Stereotypen kommt speziellen Mythen eine maßgebliche Rolle zu. Das Stereotyp und der Mythos – im Sinne Blumenbergs[28] – folgen dem Prinzip der Weltordnung und –vereinfachung. Mit der immer komplexer werdenden realen Umwelt des 19. Jahrhunderts werden beide wieder verstärkt Erklärungsmodelle, welche die Wahrnehmungsanforderungen angenehm zu reduzieren scheinen. Der kulturelle „Distanzierungszwang" von den „andersgearteten" Juden, potenziert durch das Scheitern der 1848er, was schließlich eine nationalistische Ideologie stärkte, versucht sich jedenfalls keineswegs zuletzt im Mythos zu begründen. Eines der prominentesten Beispiele ist Richard Wagner, dessen antijüdisches Pamphlet *Das Judentum in der Musik* mit der Verwendung des Mythos vom Ewigen Juden einen unrühmlichen Höhepunkt setzt.[29] Dieser Mythos erscheint aber auch in Wagners Musikdramen außerhalb einer offenen „soziokulturellen" Diskussion des Judentums.

Das Beispiel des Ewigen Juden, des Ahasvermythos offenbart die Verfahrensweise wie Mythen als Projektionsfläche negativer und lange über die Religion tradierter „jüdischer Eigenschaften" auf das jüdische Kollektiv funktionieren.

---

[26] Fischer, Jens Malte: *Richard Wagners „Das Judentum in der Musik". Eine kritische Dokumentation als Beitrag zur Geschichte des Antisemitismus*, a. a. O., S. 83.

[27] Rohrbacher, Stefan/Schmidt, Michael: *Judenbilder. Kulturgeschichte antijüdischer Mythen und antisemitischer Vorurteile*, Reinbek bei Hamburg 1991, S. 8.

[28] Vgl. Blumenberg, Hans: *Arbeit am Mythos*, Frankfurt am Main 1979.

[29] Zur Bedeutung Wagners und seiner Schrift *Das Judentum in der Musik* für antijüdische und antisemitische Argumentationen vgl.: Fischer, Jens Malte: *Richard Wagners „Das Judentum in der Musik". Eine kritische Dokumentation als Beitrag zur Geschichte des Antisemitismus*, Frankfurt am Main/Leipzig 2000.

Parallel zur neuen Relevanz der „Judenproblematik" des 19. Jahrhunderts erlebt der Mythos vom Ewigen Juden im 19. Jahrhundert eine Renaissance. Dies gilt sowohl für die (vorgeschaltete) Rezeption in der Literatur als auch für seine Adaption für die Opernbühne in Form eines Librettos. Bei Ahasver handelt es sich in gewisser Weise um eine „Anti-Legende"[30], unterlegt von „verschiedensten Ideologemen"[31], mit Verwendung in allen literarischen Gattungen: Ahasver ist der Prototyp des Juden, er geistert ruhelos durch die ganze Welt und ist zugleich verankert an den Ort, welcher vielen antijüdischen Argumenten der angemessene erscheint, um das Fremde auch räumlich verorten zu können: Er stammt aus Jerusalem. Als der (Ewige) Jude ist Ahasver offen für alle antijüdischen Stereotypen, die explizit an ihn gekoppelt werden können, aber auch implizit mitschwingen, einfach weil er Jude ist. Ahasver transportiert das antijüdische Klischee vom Gottesmord durch seinen Sündenfall wider Christus auf dem Kreuzweg und zugleich ist er der „bekehrte" Jude, der mit seiner endlosen Wanderschaft, zu der er verdammt ist, Zeugnis von der Macht Christi ablegt. Die forcierte Rezeption des Ahasvermythos im 19. Jahrhundert beinhaltet dadurch die säkular gewordene Form der Judenfeindschaft des 19. Jahrhunderts: Diese richtet sich gegen Menschen jüdischer Herkunft, deren religiöses Bekenntnis sekundär geworden ist. Ahasver bleibt der Ewige Jude, egal ob seine Ausprägung als Sünder wider Jesus oder als bekehrter „Vorzeigejude" in den Vordergrund gestellt wird. In diesem Sinne interpretiert auch Léon Poliakov in seiner großen *Geschichte des Antisemitismus* den Ahasvermythos:

> Das ungeheure Ausmaß seiner [Ahasvers] Züchtigung, das jedem Verständnis von Gerechtigkeit entgegengesetzt ist und noch weniger der aus dem Evangelium sich herleitenden Moral entspricht, hat sehr oft die Gemüter bestürzt. Man sieht, in welchem Punkt dieses neue Symbol sich mit der neuen Wirklichkeit verbindet. Es enthält ein Nein zu einem System der Ausnahmeregelungen, es sagt auch nein zu einer theologisch begründeten Züchtigung und hebt ebenso das Nein zu einem absichtlich begangenen Verbrechen hervor. Diese neue Wirklichkeit dagegen besteht in einer fortdauernden, geheimnisvollen und unklaren Schuld der Juden und diese wird so zu einem noch tragischeren Schicksal und einem nicht zu sühnenden Fluch, der wie man wohl sagen könnte, nicht mehr mit dem zusammenhängt, was der Jude *tut*, sondern mit dem, was er *ist*, das heißt aber mit seinem Wesen und seiner Natur. Letztendlich scheint dieses neue Symbol auf seine Art und Weise den

---

[30] Körte, Mona/Stockhammer, Robert (Hg.): *Ahasvers Spur. Dichtungen und Dokumente vom „Ewigen Juden"*, Leipzig 1995, S. 237.
[31] Ebd., S. 238.

Übergang vom theologischen zum rassischen Antisemitismus zu veranschaulichen.[32]

Die in der „Anti-Legende" von Ahasver gebrauchten Stereotypen verleihen sich selbst durch ihre Einbettung in den Mythos zudem eine Art „mythischer Wahrheit". Als Repräsentant des jüdischen Kollektives wurde der Ewige Jude sowohl zum Hetero-Stereotyp – mit all seinen von Nicht-Juden als spezifisch jüdisch imaginierten Eigenschaften – als auch zum Auto-Stereotyp – vor allem mit dem Schicksal des heimatlosen Umherwanderns identifizierte man sich von jüdischer Seite.

Über die im Mythos verbreitete Art von Symbolik konnte der Jude zudem als fremd markiert werden, das heißt der jüdische Prototyp wurde – in Kontrast zu den kulturell assimilierten Juden Europas – als Jude mit sichtbaren Differenzen zum „Eigenen" gekennzeichnet. So trägt er hier das Kainsmal, dort fehlt ihm (ausgehend von dem älteren dem Ahasvermythos zugrundeliegenden Malchus) das Ohr, fast immer führt er den Wanderstab mit sich.

Die jeweiligen Ausformungen eines Mythos spiegeln die soziokulturellen Tendenzen des zeitlichen Kontextes wieder, sei es die Humanität der deutschen Klassik in Goethes Iphigenie-Adaption, sei es die Existenzphilosophie Sartres in *Les mouches*. Die jeweiligen Ausformungen des Ahasvermythos spiegeln konsequenterweise so auch die jeweilige Positionierung zum Judentum wider. Im Falle der Oper treten zudem Mythos und Musik in Beziehung, die ja insofern eine Affinität aufweisen, da beide mit nichtbegrifflichen Aussagen von der Profanität des Alltags entbinden.

Trotz seiner exemplarischen Funktion als antijüdischer Mythos stellt Ahasver aber auch einen Sonderfall dar: Die inadäquate unchristliche Strafe, der („romantische") endlose Leidensweg Ahasvers, welcher als Abbild des Schicksals des Volkes Israel auslegbar ist, hat auch zu sehr judenfreundlichen Adaptionen des Stoffes geführt. Das entscheidendste Merkmal des Ahasvermythos ist seine Ambivalenz. So wird er im Nationalsozialismus an einem kaum überbietbaren Höhepunkt einer Negativauslegung zur „Kontrastfigur zum ‚werteschaffenden Arier'"[33], nämlich in der Münchner Ausstellung *Der ewige Jude – Große politische Schau* von 1937 und in dem berüchtigten Propagandafilm *Der ewige Jude* (1940) von Fritz Hippler im Auftrag des Propagandaministeriums.[34] Auf der anderen Seite dieser Skala steht Stefan Heyms Roman *Ahasver*, der 1981 den Symbolcharakter Ahasvers für das Judentum in eine Chiffre für den menschlichen Wunsch nach einer stetigen Veränderung zum Guten ummünzt. Satirisch

---

[32] Poliakov, Léon: *Geschichte des Antisemitismus*, Bd. VI: *Emanzipation und Rassenwahn*, Worms 1987, S. 152.

[33] Körte, Mona/Stockhammer, Robert: *Ahasvers Spur*, a. a. O., S. 243.

[34] Vgl. zu diesem Propagandafilm: Hornshøj-Møller, Stig: *„Der ewige Jude". Quellenkritische Analyse eines antisemitischen Propagandafilms*, Göttingen 1995.

wird der Ewige Jude hier auch davon befreit einerseits Jude, andererseits Protagonist eines christlich konfigurierten Mythos zu sein: Er ist Professor für wissenschaftlichen Atheismus. Die beiden genannten Extreme der Auslegung des Ahasvermythos sind freilich Kulminationspunkte des im 20. Jahrhundert angelangten Mythos. Doch ist diese Ambivalenz dem Mythos vom Ewigen Juden von Anfang an eingeschrieben.

Wenigstens abrissartig gilt es daher die Rezeptionsgeschichte des Ahasvermythos sowie die wichtigsten literarischen Bearbeitungen des Stoffes zu skizzieren. Dies ist notwendig, um die Paradigmenwechsel, denen der Ewige Jude unterworfen ist, ins 19. Jahrhundert hinein zu verfolgen. Dabei wird sich erweisen, dass der Grundmythos Ahasver auch dazu dient, neue Aussagen mythisch zu patinieren. Die Zahl der literarischen Bearbeitungen des Ahasverstoffes zu dieser Zeit ist immens: Goethe, Arnim, Chamisso, Schubart, Brentano, A. W. Schlegel, Hauff, Wordsworth, Shelley, Béranger, E. Sue, H. Chr. Andersen sind wohl die prominentesten Beispiele für Autoren, die sich mit dem Ahasver-Stoff beschäftigten.[35]

Der evidenteste Paradigmenwechsel, dem Ahasver im 19. Jahrhundert dabei unterworfen wird, ist die neue eschatologische Dimension des Stoffes. Das zunächst recht starre Muster der mythischen Bestandheit der Ahasver-Figur wird aufgebrochen, indem die providentielle Verdammnis des Ewigen Juden zugunsten der Frage nach seiner potentiellen Erlösbarkeit in den Hintergrund tritt. Dies hat speziell für die Adaption Ahasvers für das Libretto besondere Relevanz. Freilich ändert sich im Laufe der Bearbeitungen des Stoffes dabei immer mehr die ursprüngliche Gestalt des Mythos. Scribes und Halévys *Le juif errant* hält sich noch an die klassische Bestandheit des Mythos: Der Protagonist bleibt unerlösbar. Die Dämonie und die Transzendenz des Stoffes treten in Halévys Oper zugunsten einer sehr positiven Charakterisierung der Ahasver-Figur in den Hintergrund. Ganz anderes gestaltet Richard Wagner das Problem.[36] Sowohl das früheste seiner in Bayreuth kanonisierten Werke, *Der fliegende Holländer,* als auch der *Parsifal* präsentieren Ahasver-Gestalten. Aber sowohl der „Ahasver der Meere", wie Wagner selbst den Holländer nannte, als auch der weibliche Ahasver Kundry[37] dienen dazu, eine Erlösungsutopie zu konfigurieren. Drama-

---

[35] Außer Bâleanus kurzem Aufsatz *Die Geburt des Ahasver*, in: *Menora. Jahrbuch für deutsch-jüdische Geschichte*, Bd. 2, München 1991, S. 41-53 ist in Deutschland bislang noch keine wissenschaftliche Arbeit zum Ahasver-Mythos veröffentlicht worden. Das gilt sowohl für die Untersuchung rein literarischer Bearbeitungen des Ahasverstoffes als auch für den Ewigen Juden auf der Bühne.

[36] Interessanterweise wurde das Werk des Juden Halévy von Wagner, ganz im Gegensatz zu dem Meyerbeers, nie angegriffen.

[37] Hans Mayer hat bereits auf die kongruente Ausgangssituation und die sehr ähnlich motivierte Verfluchung von Ahasver und Kundry hingewiesen. Vgl. Mayer, Hans: *Außenseiter*, Frankfurt am Main 1981, S. 314.

turgisch und motivisch verdanken sich Wagner unmittelbar die Libretti(entwürfe) *Die Erlösung* von Felix Weingartner, *Kains Schuld und ihre Sühne* von Melchior E. Sachs und *Ahasver* von Heinrich Bulthaupt. Hier muss differenziert werden, ob der Stoff vom heilsuchenden Wanderer tatsächlich originär in die Oper eingeflossen ist, oder ob die Ingredienzien des Ahasver-Mythos lediglich eine epigonenhafte Fortführung des durch Wagner geprägten Diskurses sind, die die Elemente des Ewigen Juden eher zufällig - durch eine starke künstlerische Orientierung an Wagners Werken - transportieren. Vincent d'Indy präsentiert in *L'Etranger* zum Beispiel einen Protagonisten, der eine Mischung von *Fliegendem Holländer* einerseits und *Parsifal*-Thematik andererseits verkörpert, mit dem Unterschied, dass der umherirrende Fremde in der Zeit der Jahrhundertwende situiert wird.

Konvergent zur Rezeption Ahasvers in der Literatur hat der Ewige Jude auch in der Oper zahlreiche Metamorphosen erfahren. Die bereits erwähnte Faszination durch die Unsterblichkeit des rastlosen Wanderers führte in der deutschen Volksdichtung früh zu einer Verschmelzung mit anderen Mythen, wie zum Beispiel dem Wilden Jäger, Wotan, dem fliegenden Holländer oder auch mit Vampir- und Revenant-Figuren.[38] Ein Aspekt, dem in den beiden Opern von Weis und Erlanger nachzugehen sein wird. Offensichtlich ist allerdings, dass die „Arbeit am Mythos" Ahasver bis die in jüngste Zeit ungebrochen fortgesetzt wurde. Ahasvers Spur in der Oper führt von Halévy und Wagner über Busoni bis zu Giselher Klebes *Jacobowsky und der Oberst* aus dem Jahre 1965. Speziell bei Busoni erscheint neben dem erhaltenen Ahasver-Textfragment auch *Die Brautwahl* vom Mythos des Ewigen Juden geprägt. In der nach einer Vorlage von E. T. A. Hoffmann entstandenen Oper finden sich in der Figur des Manasse, der die Charakteristika von Shylock und Ahasver in sich vermengt, alle entscheidenden Bestandteile des Mythos vom Ewigen Juden.

---

[38] Dieses Motiv, das ein weiteres antisemitisches Klischee beinhaltet - der Jude als Blutsauger -, hat sowohl in die Literatur (z. B. Matthias Blanks *Ahasverus Brautfahrt*) als auch auf die Opernbühne (z. B. Karel Weis' *Der polnische Jude*) gefunden.
Vgl. auch Praz, Mario: *Liebe, Tod und Teufel. Die schwarze Romantik*. Übers. aus dem Ital. von Lisa Rüdiger, München 1963: „So erscheint der Held in „*Melmoth the Wanderer*" von Maturin (1820), eine Art Zwitter aus dem ewigen Juden und Byrons Vampir [...]."

Eine Betrachtung der Geschichte Ahasvers in der Oper verspricht jedenfalls die Beleuchtung eines ambivalenten Judenbildes. Es wird zu zeigen sein, wann das Pendel in Richtung Antisemitismus ausschlägt, wann in versöhnliches Mitleid.

I. DER ANTISEMITISMUS UND DIE KONSTITUIERUNG DES AHASVER-MYTHOS

Von Anfang an werden den Juden in den christlichen Mythen der Neuzeit Stereotypen der Verfolgung zugewiesen. Sie werden zu „Gottesmördern" gestempelt und als „Brunnenvergifter" für Pest und Unwetter zur Verantwortung gezogen, das heißt, sie werden zur Projektionsfläche auf der Jagd nach Sündenböcken.[1]

> Kurz gesagt, die Juden vereinigen in ihrer Person die ganze Skala der Merkmale des Bösen; sie verlieren darum in der Vorstellung der Christen jede Menschlichkeit und gehören von jetzt an einzig und allein in den Bereich des Heiligen. Auch wenn den Juden nicht eigentlich teuflische Eigenschaften zugeschrieben werden, so stehen sie doch in einer gewissen Weise mit den Teufeln in Zusammenhang; diese finden sich auf dem Hintergrund von Zeichnungen und Gemälden, auf denen Juden dargestellt werden (deshalb liegt der Schluß nahe, daß die Teufel am jüdischen Wesen teilhaben). Anderswo werden den Juden anstatt der Hörner Schweineohren angehängt.[2]

Rassistische Karikaturen, die angeblich typisch jüdische Eigenschaften hervorheben, beziehungsweise die dargestellten Juden mit körperlichen Defiziten versehen, repräsentieren das, was René Girard als *Opferzeichen*[3] definiert. Diese Opferzeichen dienen dazu, Opfer zu selektieren, und polarisieren die Mehrheit gegen die mit Opferzeichen stigmatisierte Minderheit. Die Opferauswahl folgt dabei zunächst dem Muster: Opfer ist, wer aus der Fremde kommt[4], wobei festzuhalten bleibt, dass ein exemplarischer Mythos nach Girard in der Regel stets Stereotypen der Verfolgung enthält.

Diese Stereotypen der Verfolgung erhalten ihre Begründung im bereits angesprochenen Vorwurf des Gottesmordes und resultieren schließlich im 15. und 16. Jahrhundert nahezu in einer Art Besessenheit, die Juden zum Christentum bekehren zu wollen. Diese zwei Komponenten sind prägend für die Konstituierung des Mythos vom Ewigen Juden.

---

[1] Vgl. zu diesem Zusammenhang und vor allem zum Begriff des Sündenbocks: Girard, René: *Der Sündenbock*. Aus dem Französischen von Elisabeth Mainberger-Ruh, Zürich 1988.

[2] Poliakov, Léon: *Geschichte des Antisemitismus*, Bd. II: *Das Zeitalter der Verfolgung und des Ghettos. Mit einem Anhang zur Anthropologie der Juden*, Worms 1978, S. 45. Vgl. auch ebd., S. 38: „[...] die Karikatur des Juden mit der langen Nase und dem verunstalteten Wuchs, woran sich die Antisemiten der folgenden Jahrhunderte mit Ergötzen erfreuen werden."

[3] Girard, René: *Der Sündenbock*, a. a. O., S. 32.

[4] Vgl. ebd., S. 51.

Der Vorwurf des Gottesmordes hat Haßgefühle ausgelöst, Vorurteile gezeugt und das Verhältnis zwischen Christen und Juden nachhaltig vergiftet. Durch die Jahrhunderte stereotyp wiederholt, hat dieser Vorwurf den Juden im Volksbewußtsein zum Dämon stilisiert und ihn die Gestalt des Ahasver annehmen lassen, des ruhelosen Weltenwanderers. Man sah in ihm den blutsaugenden Vampir, den bocksfüßigen Teufel, den geschwänzten Satan.[5]

Die religiös motivierte Judenfeindschaft resultiert aus der Erinnerung des Passionsgeschehens, mit der der Mythos vom Ewigen Juden verknüpft ist. Römer werden im Zuge dieser Imagination zu Juden, schließlich setzt sich das Phantasma durch, alle Juden wären an Folter und Kreuzigung Christi beteiligt. Begründet liegt diese Vorstellung freilich bereits im *Neuen Testament:* „Da rief das ganze [jüdische] Volk: Sein Blut komme über uns und unsere Kinder."[6] Dementsprechend wird auch die Geißelung Christi den Juden in die Schuhe geschoben:

> Die Geißelung Jesu durch die Juden [...] wird in späterer Zeit häufiger dargestellt. Sowohl in einer deutschen Bibel des 13. Jahrhunderts als auch in einem englischen Psalter aus der Zeit um 1265/70 trägt einer der Schergen, die Christus peinigen, einen „Judenhut".[7]

Gleiches gilt für die Dornenkrönung, in deren Darstellung die Peiniger Jesu auch immer wieder durch den Judenhut markiert werden. Und schließlich die Annagelung: der Bochumer Taufstein aus dem 12. Jahrhundert, die Türen von San Zeno Maggiore in Verona (ebenfalls 12. Jahrhundert) oder die ehemalige Katharinenkapelle zu Landau zeigen Juden, die Hammer und Nägel entweder auf dem Kreuzweg hinterher tragen oder Christus aktiv ans Holz nageln.[8] Darstellungen des Hässlichen und Bösen in Abbildern der Kreuzigung werden dabei zumindest in ihrer Rezeption den Juden zugeordnet. Das Gemälde *Kalvarienberg* des Nürnberger Meisters Hans Pleydenwurff, etwa 1470 ist ein weiteres besonders eindrucksvolles Beispiel für die Verankerung der Vorstellung des

---

[5] Schoeps, Julius H.: Vorwort zu *Die Macht der Bilder.* In: Jüdisches Museum der Stadt Wien (Hg.): *Die Macht der Bilder. Antisemitische Vorurteile und Mythen*, S. 9-10, Wien 1995, S. 9.

[6] *Die Bibel. Altes und Neues Testament. Einheitsübersetzung*, Stuttgart 1980: Matthäus 27,25, S. 1125.

[7] Rohrbacher Stefan/Schmidt, Michael: *Judenbilder. Kulturgeschichte antijüdischer Mythen und antisemitischer Vorurteile*, Reinbek bei Hamburg 1991, S. 232.

[8] Ebd., S. 234f.

jüdischen Gottesmordes: einer der Schergen unter dem Kreuz mit rötlicher Hautfarbe, hämischen Grinsen und einer Kopfbedeckung, welche wenigstens stark an den mittelalterliche Judenhut erinnert und zudem mit hebräischen Schriftzeichen verziert ist, trägt die „auffallend hässlichen, karikaturhaft „jüdischen" Gesichtszüge"[9]. Ein Soldat auf dem gleichen Bild besitzt hebräische Zeichen auf seinem Gewandsaum, und ein weiterer hält eine Fahne, die „den Teufel und einen gelben „Judenhut" zeigt."[10] Die ikonographische Tradition der Darstellung der Juden als Gottesmörder ist zur Zeit des ersten Drucks des Ahasvermythos längst Alltag. Durch die im Mythos begründete Verflechtung von Passionsgeschehen und dem Frevel Ahasvers, kann die Verbrämung, Ergänzung und Ausschmückung des Ahasvermythos, welche den jüdischen Gottesmord explizit zum Thema haben, nicht wirklich verwundern. Die Ewige Wanderschaft Ahasvers wird durch seine Mitschuld an der Passion Christi begründet.

I. 1. EIN JUDE MIT NAMEN AHASVERUS - DIE IDENTIFIZIERBARKEIT DES UNNENNBAREN

Mit der Broschüre *Kurtze Beschreibung und Erzehlung von einem Juden/mit Namen Ahaßverus* etabliert sich der Ahasver-Mythos im Kanon populärer europäischer Lesestoffe. Freilich präsentiert das Volksbuch von 1602 keine originär neue Geschichte, doch die Vorläuferfiguren Ahasvers gewinnen jetzt eine neue Identität: Der aufgrund seiner Mitleidlosigkeit verdammte Zeuge der Leiden Christi wird Ahasver genannt und zugleich eindeutig als Jude identifiziert. Evident ist, dass die Ahasver-Geschichte einen christlich konfigurierten Mythos darstellt. Der Name Ahasver etwa ist der alttestamentarische Name eines judenfeindlichen Perserkönigs - ein Jude mit Namen Ahasver ist somit eine Contradictio.

Wie der Name des Perserkönigs[11] aus dem Buch Esther zu dem des Ewigen Juden wurde, hat zu mancherlei Spekulation Anlass gegeben. Die wahrscheinlichste Annahme bezieht sich auf eine unreflektierte Übernahme dieses Namens aus den jüdischen Purim-Spielen zur Feier der Rettung vor Haman und Ahasverus. Da zum Purim im 17. Jahrhundert meist ein Ahasver-Spiel inszeniert wurde, das

---

[9] Ebd., S. 238.
[10] Ebd., S. 238ff.
[11] Gemeint ist Xerxes

angeblich als Katalysator dafür diente, kurz vor Karfreitag Andersgläubige zu verwünschen, mag eine antijüdische Gegenbewegung evozieren.[12]

Ebenso findet sich auch die Erklärung, der Name Ahasver sei mehr oder weniger ein Zufallsprodukt eines theologisch nicht fundiert gebildeten Autors auf der Suche nach einem originellen Namen.[13] Entscheidend jedoch ist, dass der Name Ahasver in Deutschland mit dem Volksbuch von 1602 in Umlauf gebracht wird, während die Legendenfigur in Westeuropa Malchus, in England Cartaphilus, in Italien Buttadeus, in Spanien Juan Espera en Dios und in Frankreich Isaac Laquedem genannt wird. Die „allegorische Personifikation"[14] „der Ewige Jude" findet sich dagegen erstmals in einer Ausgabe des Volksbuches von 1694.

Der Stereotyp, der mit der Namensgebung Ahasver etabliert wird, wäre nach Blumenberg ein Produkt, das direkt der Funktionsweise des Mythos entspringt. Die Angst vor dem Fremden, im vorliegenden Falle dem Juden, wird durch die Metapher aus der Unvertrautheit herausgehoben.[15] Numinose Angst wird auf diese Weise nicht durch Erfahrung, sondern mittels eines Kunstgriffes in konkrete Furcht rationalisiert. Indem die namenlosen Juden mit dem Namen Ahasver personifiziert und identifiziert werden, erfolgt eine Supposition des Unvertrauten durch das Vertraute, denn die Geschichte Ahasvers wird durch mythisches Erzählen zum vertrauten Bestand. Der Mythos Ahasver wird somit erzählt, um das unheimliche Fremde aussprechbar zu machen, also um die Angst in ihre Schranken zu weisen.[16]

Tatsächlich erfolgt gerade im Ahasver-Mythos exemplarisch das, was Blumenberg als nachträgliche Rationalisierung bezeichnet[17]: ein Name fungiert als Attribut; dies wird absolut evident mit Ahasvers zweitem Namen, dem Juden wird „ewig" attribuiert.

---

[12] Vgl. Wambach, Lovis M.: *Ahasver und Kafka. Zur Bedeutung der Judenfeindschaft in dessen Leben und Werk*, Heidelberg 1993, S. 27.

[13] Vgl. Bâleanu, Avram Andrei: *Die Geburt des Ahasver*. In: Schoeps, Julius H. (Hg.): *Menora. Jahrbuch für deutsch-jüdische Geschichte*, München/Zürich 1991, S. 30.

[14] Blumenberg, Hans: *Arbeit am Mythos*, Frankfurt am Main 1996, S. 29.

[15] Vgl. ebd., S. 12.

[16] Vgl. ebd., S. 40.

[17] Ebd., S. 42.

I. 2. Die Geschichte Ahasvers: Mythos und Verfolgertexte

> Wahrlich, ich sage euch: Unter denen, die hier stehen, sind einige, die den Tod nicht kosten werden, bis sie den Menschensohn mit seinem Reiche kommen sehen.[18]

Die zitierte Bibelstelle sowie der Vers 22, Kapitels 21 des Johannes-Evangeliums, „Wenn ich will, dass er bis zu meinem Kommen bleibt, was geht das dich an?", bilden gewissermaßen das Ursprungsmythologem des Ahasver-Stoffes. Letztgenannte Textstelle bezieht sich allerdings auf den Lieblingsjünger Jesu, Johannes, dem bis ins 17. Jahrhundert immer wieder Unsterblichkeit zugesprochen wurde, und konfiguriert damit einen Kontrapunkt zur Ahasverfigur. Denn das ewige Leben eines frommen Jüngers und die ewige Wanderschaft des frevelnden Ahasver entspringen zwei gegensätzlichen Motivationen. Den Mythos eines unsterblichen Zeitzeugen Christi jedoch präsentieren sowohl Johannes als auch der Ewige Jude.

Ein weiterer biblischer Charakter aus der Zeit Jesu findet sich in der Figur des Malchus, der sozusagen als Ahnherr den späteren Ahasver präfiguriert. Malchus, der Knecht, dem Petrus bei der Verhaftung des Messias das Ohr abhieb[19], erscheint erstmals in dem Chanson de geste *Fierabras* aus dem 12. Jahrhundert sowie in frühchristlichen Mysterienspielen, jedoch bereits im sechsten Jahrhundert reüssiert die Figur im *Leimonaion* des Mönches Eukrates.[20] Allerdings wird in keinem der genannten Texte auf irgendeine Art thematisiert, dass Malchus Jude gewesen sei. Diese Komponente findet sich erstmals in der *Ignoti Monachi Cisterciensis S. Mariae de Ferraria Chronica et Ryccordi de Sancto Germano Chronica priora*, einer bolognesischen Chronik aus dem 13. Jahrhundert: Hier ist ganz konkret von einem sich regelmäßig verjüngenden Juden die Rede, dem Jesus auf seine Beschimpfungen erwidert haben soll: „Ich gehe, du aber sollst mich erwarten, bis ich wiederkomme".[21] Fast zeitgleich berichtet in England der Mönch Roger Wendover in seinen *Flores historiarum* vom Türsteher Pilatus', Cartaphilus genannt, der Jesus verhöhnt und geschlagen haben soll. Weder bei

---

[18] *Die Bibel. Altes und Neues Testament. Einheitsübersetzung*, Stuttgart 1980: Matthäus 16,28. Diese Bibelstelle wird auch als Motto auf dem Titelblatt des Volksbuchs zitiert.

[19] Vgl. *Die Bibel*, a. a. O.: Johannes 18,10. Nach frühchristlichen Theologen war Malchus identisch mit dem Knecht, der Jesus in Johannes 18,22f. schlug. Vgl. hierzu: Bâleanu, Avram Andrei: *Die Geburt des Ahasver*, a. a. O., S. 24f.

[20] Dort wird von einem Äthiopier berichtet, der von sich selbst behauptete, den leidenden Heiland geschlagen zu haben.

[21] Bâleanu, Avram Andrei: *Die Geburt des Ahasver*, a. a. O., S. 26.

ihm, noch in der *Chronica maior* seines Nachfolgers Matthäus Parisiensis findet sich aber ein Hinweis auf eine jüdische Provenienz des Gotteslästerers, das heißt, dass die Ursprungsmythologeme des Ahasver-Stoffes keinen antisemitischen Mythos per se konstituieren.

Da der Mythos - folgt man Blumenberg - immer schon etwas Rezipiertes ist, gilt es Überformungen und Variationen der grundlegenden Mythologeme des Ahasver-Mythos ausfindig zu machen. Denn die Faszination des Mythos geht nach Blumenberg vor allem davon aus, dass sein Bestand nicht festgelegt ist, vielmehr konstituieren die Variation und die Unerschöpflichkeit des Ausgangsmythos die mythologische Tradition. Inwieweit antisemitische Tendenzen den Ahasver-Stoff nicht nur variieren, sondern sogar tendenziös umcodieren können, wird offensichtlich, wenn man die Volksbuchvarianten des Ewigen Juden vergleicht: Hier offenbart sich bereits, was den Ahasver-Mythos in der Folgezeit so ambivalent erscheinen lässt: Der Ausgangsmythos ist in philosemitischer, neutraler und antisemitischer Intention verwertbar.[22] Es gilt nämlich zu unterscheiden, zwischen den Ausgaben, die sich an der *Kurtze*[n] *Beschreibung und Erzehlung von einem Juden/mit Namen Ahaßverus*[23] orientieren und denen, die dem wenig später erschienenen *Wunderbarlicher Bericht von einem Jüden aus/Jerusalem bürtig/und Ahasverus genennet*[24] folgen. Inhaltlich scheint die mythologische Bestandheit beider Volksbuchvarianten weitestgehend übereinstimmend zu sein, doch hinsichtlich ihrer antijüdischen - respektive nicht antijüdischen - Tendenz klafft zwischen ihnen eine entscheidende Differenz.

Wird noch bei den stoffgeschichtlichen Vorläufern Ahasvers, bei Roger Wendover und Matthäus Parisiensis, ganz dem antijüdischen England des 13. Jahrhunderts entsprechend, das Volk Israel des Leidens und des Todes Jesu beschuldigt[25], so fehlen derartige Vorwürfe in der *Kurtze*[n] *Beschreibung*, während der *Wunderbarliche Bericht* erneut Vorwürfe gegen die Juden als Kollektiv erhebt. In der ersten Version entspringt der Frevel Ahasvers seiner eigenen Motivation: er ist persönlich von der Schuld Jesu überzeugt. In der zweiten

---

[22] Auf der einen Seite steht nach der „Arbeit am Mythos" der verehrte und bußfertige wandernde Außenseiter, auf der anderen die mit dem Antichristen konnotierte Symbolfigur der jüdischen Kollektivsünde als Produkt antisemitischer Propaganda.

[23] Vgl. *Kurtze Beschreibung und Erzehlung von einem Juden/mit Namen Ahaßverus. Faksimile der Erstausgabe der Legende vom „Ewigen Juden".* In: Körte, Mona/Stockhammer, Robert (Hgg.): *Ahasvers Spur. Dichtungen und Dokumente vom „Ewigen Juden",* Leipzig 1995, S. 9-14.

[24] *Wunderbarlicher Bericht von einem Jüden aus/Jerusalem bürtig/und Ahasverus genennet* [...], *Leyden* 1602. Bâleanu sieht im Namen des Druckers, Christoff Creutzer, sowie der Ortsbezeichnung Leiden ein Anagramm für das Leiden Christi. Vgl. Bâleanu, Avram Andrei: *Die Geburt des Ahasver,* a. a. O., S. 22.

[25] Vgl. Bâleanu, Avram Andrei: *Die Geburt des Ahasver,* a. a. O., S. 33.

Version hingegen frevelt Ahasver *vmb Ruhmes willen/bey anderen Jüden*[26]. Die zweite Variante wird somit zum Angriff auf das Judentum selbst, denn der Grund für Ahasvers Verfluchung ist zudem derjenige, in Ahasver *wider die Juden einen lebendigen Zeugen*[27] bis zum jüngsten Tag zu erhalten. Der *Wunderbarliche Bericht* bildet also die Ausgangsbasis für die Forcierung judenfeindlicher Komponenten des Mythos in der Folgezeit, in der vor allem der Vorwurf des Gottesmordes unermüdlich in beigegebenen Appendizes ausgeschmückt und untermauert wird. Die schnell zugefügte *Erinnerung an den Christlichen Leser/von diesem Jüden*[28] versucht so die Kollektivschuld der Juden theologisch zu fundamentieren und gipfelt im Bekehrungswahn zum Christentum. Desweiteren wird das Volksbuch ab 1634 ergänzt durch einen *Bericht von den zwölf jüdischen Stämmen*, der jedem Stamme Israels eine konkrete Schuld und eine daraus resultierende Strafe am Kreuzestod zuweist. Der Mythos Ahasver zieht solche historischen Verfolgertexte unmittelbar nach sich.[29] Im Kielwasser des eigentlichen Mythos beginnen sofort antijüdische Pamphlettexte ohne mythische „Patinierung" mitzuschwimmen.

---

[26] *Wunderbarlicher Bericht von einem Jüden aus/Jerusalem bürtig/und Ahasverus genennet*, a. a. O. [ohne Paginierung]

[27] Ebd.

[28] Ebd.

[29] Vgl. zur Unterscheidung von Mythos und Verfolgertext, Girard, René: *Der Sündenbock*, a. a. O., S. 50ff.

I. 3. DER SÜNDENBOCK AHASVER

Nach E. Isaak-Edersheim suchten die Judenhasser nach einem Symbol, mittels dessen sie ihrer Verachtung für die Juden Ausdruck verleihen konnten. Judas mußte sterben und kam nicht mehr in Frage. Man hatte ein Symbol nötig. Ahasver wurde zum ewigen Sündenbock [...][30]

Das oben skizzierte Muster, das nachzeichnet, wie ein Mythos in nicht-mythische Verfolgertexte mündet, enthält genau die Struktur, die René Girard in *Der Sündenbock* beschreibt. So ist der Ahasver-Mythos als Mythos in sich wahr. Denn der Mythos spricht im „gemessenen Stil der unbezweifelbaren Tatsachen".[31]

Im Mythos vom Ewigen Juden ist das Numinose, Heilige präsent, eine Präsenz derer die antisemitischen Verfolgertexte entbehren. Denn in den Verfolgertexten ist hinter der Maske Ahasvers das Gesicht der Opfer erkennbar, während diese Maske im Mythos nicht ohne weiteres durchschaubar ist.[32] Pamphlete wie der *Bericht von den zwölf jüdischen Stämmen* propagieren Illusionen gesellschaftlicher Natur, den Glauben an Stereotypen, und entlarven zugleich die scheinbare Überlegenheit der Verfolger, die sich im Moment der Aggression als passiv, vom Opfer beherrscht, empfinden.

Der Mythos von Ahasver jedoch liefert ganz parallel zu klassischen Mythen zunächst einmal einen Transgressor: Ahasver bricht ein christliches Tabu und lästert Gott von Angesicht zu Angesicht. Damit wird er zum schuldbeladenen Opfer. Gekoppelt wird die Opferfigur an die Vorstellung von einem gewaltigen befreienden Abschluss: den „dies illa", der Erlösung und die (Re-)Produktion der Ordnung garantiert. – „Der oberste Delinquent verwandelt sich in eine Stütze der Gesellschaft."[33] Hier greift das in den Mythos eingewobene Paradigma

---

[30] Wambach, Lovis M.: *Ahasver und Kafka*, a. a. O., S. 24. Vgl. Isaac-Edersheim, E.: *Messias, Golem, Ahasver. Drei mythische Gestalten des Judentums. III Der Ewige Jude. In: Internationale Zeitschrift für Psychoanalyse und Imago - Offizielles Organ der Psychoanalytischen Vereinigung*. Begründet von Sigmund Freud, 26 (1941), Reprint, Nendeln/Liecchtenstein 1969, S. 300.

[31] Girard, René: *Der Sündenbock*, a. a. O., S. 58. Vgl. ebd.: „Wenn der Mythos sagen würde: „Es ist nicht daran zu zweifeln, daß Ödipus seinen Vater getötet hat (...)", dann würden wir den hier inkarnierten Typus von Lüge erkennen; er würde im Stile der historischen Verfolger (...) zu uns sprechen."

[32] Vgl. ebd., S. 59.

[33] Ebd., S. 66.

vom Zeugen wider die Juden bis zum jüngsten Tag: Ahasver wird zum Zeugen des Christentums und demonstriert die Ordnung der christlichen Gesellschaft.[34] Der Sündenbock Ahasver gerät dadurch zum allmächtigen Manipulator[35], eine Funktion, die eng mit der Ambivalenz des Mythos vom Ewigen Juden zusammenhängt. Ahasvers positive sowie zugleich negative Charakterisierung spiegelt mythisch das Muster, das gerade zur Pestzeit Anwendung findet: Die Juden werden zu den bevorzugten Ärzten, man spricht ihnen sowohl die Schuld und die Macht zu, den Tod zu säen, als auch die Kraft zur Heilung.[36] Ahasver wird in mythischen Überformungen der Folgezeit bußfertiger Heilbringer einerseits, verderbender Unglücksbote andererseits.

Enthüllt wird die Sündenbockstruktur laut Girard exemplarisch an den Evangelien des Neuen Testamentes.[37] Auch hier finden sich eklatante Entsprechungen zum Ahasver-Mythos.

> Einer von ihnen, Kaiphas, der Hohepriester jenes Jahres, sagte zu ihnen: Ihr versteht überhaupt nichts. Ihr bedenkt nicht, daß es besser für euch ist, wenn ein einziger Mensch stirbt, als wenn das ganze Volk zugrunde geht.[38]

Es ist sicherlich einleuchtend, dass der Antisemitismus diesem Muster unmittelbar folgt: Die Juden werden der gesellschaftliche Kollektivsündenbock, dessen Opferung die christliche Gesellschaft saniert. Ahasver in seiner Ausprägung als Symbol für das Volk Israel erscheint in diesem Zusammenhang auf den ersten Blick als Paradoxon, denn er ist unsterblich. Doch auch diesen Konflikt zwischen dem Streben nach dem Tod des reinigenden Opfers und der Unfähigkeit der Verfolger, an den endgültigen Tod dieses Opfers glauben zu können, konstatiert Girard in der Bibel. Hier sieht etwa Herodes in Jesus den wiederkehrenden Johannes den Täufer, er vermag also nicht an das Ende des auf seinen Befehl enthaupteten Propheten zu glauben.[39]

---

[34] Die Verbindung Ahasvers mit dem jüngsten Tag konnotiert den Antichrist, dessen Erscheinen mit der Apokalypse einhergeht. Aus diesem Schema generiert die Negativ-Assoziation des Ewigen Juden mit dem Antichrist.

[35] Girard, René: *Der Sündenbock*, a. a. O., S. 71.

[36] Vgl. ebd., S. 71. Es ist sicherlich kein Zufall, dass sich der Ahasver-Mythos nach der Pestepidemie in Danzig von 1601/2 etabliert.

[37] Der Sündenbock wird hier erstmals explizit als solcher ausgewiesen und ist außergewöhnlicher Weise frei von Schuld, im Gegensatz zu klassisch mythischen Modellen wie z. B. Ödipus. Vgl. Girard, René: Der Sündenbock, a. a. O., S. 150ff.

[38] *Die Bibel*, a: a. O.: Johannes 11, 49-51.

[39] Ebd.: Markus 6, 16: „Als aber Herodes von ihm hörte, sagte er: Johannes, den ich enthaupten ließ, ist auferstanden." Vgl. Girard, René: *Der Sündenbock*, a. a. O., S. 212.

Ebenso hat die von Girard analysierte mimetische Anforderung von Jesus feindlich gesinnten Gruppen ihre Entsprechung im Ahasver-Mythos.[40] Der *Wunderbarliche Bericht* setzt so geschickt den Topos „die Masse, das ist die Lüge"[41] für den Ewigen Juden um, indem er Ahasver durch Gefallsucht den übrigen Juden gegenüber motiviert, Christus zu verhöhnen. Durch seine Funktion gegen die Juden und für Christus bis zum jüngsten Tag Zeugnis abzulegen, wird der Jude Ahasver gezwungen, sich den den Juden feindlich gesinnten Christen mimetisch anzupassen. Insofern man den Juden so einen „christlichen" Juden unterschiebt, wird dem jüdischen Kollektiv eine Selbstreinigungskomponente implantiert, die verdeckt darauf abzielt, die Juden per Taufe zu assimilieren oder zu vernichten.

Schließlich greift der Ahasver-Mythos auch die von Girard für die Evangelien festgestellte Umkehr der Relation Opfer und Geretteter auf.[42] Da Jesus nicht mehr dem schamanistischen Prinzip folgend die Dämonen in ein „neues Gefäß" bannt, sondern ihren Untergang herbeiführt, bedroht er die Ordnung der Dämonen. Um einen Besessenen zu retten, werden 2000 Schweine als Opfer gebracht. Ahasver seinerseits bedroht als Kronzeuge die Ordnung seines jüdischen Volkes.[43] Ahasver wird nach äonenlangem Büßerleben entsühnt, als Opfer wird er Legionen seiner ehemaligen Glaubensgenossen - sofern sie sich nicht bekehren - darbringen, indem er Zeugnis wider sie ablegt.

---

[40] Vgl. ebd., S. 226ff. Die Apostel, speziell Petrus bei Verleugnung Christi in der Abendmahlsnacht, werden zur Mimicry gezwungen, um innerhalb der Jesus verfolgenden Umgebung nicht aufzufallen.

[41] Ebd., S. 248. Girard bezieht sich hier auf Kierkegaard.

[42] Ebd., S. 236ff. Jesus lässt die Dämonen von Gerasa auf deren Wunsch aus einem Besessenen in Schweine fahren, welche sich dann aber auf numinosen Antrieb hin ins Meer stürzen. Vgl. Markus, 5, 1-17.

[43] Die Konnotierung von Dämonen und Teufeln, die zudem von der christlichen Welt mit Juden vorgenommen wurde, ist bereits oben kurz angeschnitten worden.

I. 4. MYTHOLOGEME DES AHASVERSTOFFES

Die Funktion des Mythos, Weltangst in Weltvertrauen zu transformieren, ist evident, indem das Fremde mit „Namen belegt"[44] wird: Denn dem namenlosen Juden wird als Symbolfigur der Name Ahasver eingeschrieben. Der Mythos aber befindet sich nach Blumenberg von Anfang an im Rezeptionsverfahren, die Mythologeme, die ihn generieren, sind jedoch mehr oder minder variabel. Gerade die Suche nach etablierten Mythoselementen, Kern-Mythologemen ist somit entscheidender Bestandteil einer Arbeit am Mythos.

Es stellt sich nun die Frage, welche Strukturelemente den Mythos vom Ewigen Juden konsolidieren. Gibt es für den Ahasver-Stoff ein evidentes Kern-Mythologem?

Unter Kern-Mythologem soll hier mit Blumenberg ein ritualisierter Textbestand verstanden werden[45], ein gefestigter Kern, der sich der Abwandlung widersetzt. In diesem Zusammenhang gilt es zu differenzieren zwischen Grund-Mythos und Kunst-Mythos, wobei unter Grund-Mythos nicht etwas Vorgegebenes zu verstehen ist, sondern das am Ende sichtbar Bleibende.[46] Der Grundmythos wäre somit eine Art „dynamisches Prinzip der Sinnstiftung"[47]. Der Ahasver-Mythos befindet sich - wie jeder Mythos - apriori im Rezeptionsverfahren [48], und manche Kern-Mythologeme, wie zum Beispiel das der Unsterblichkeit[49], sind bereits vor der Entstehung des Volksbuchs mythenrelevante und tradierte Komplexe. Da das Hauptinteresse jedoch in der Genese von Interdependenzen zwischen der Figur des unsterblichen Frevlers und seiner jüdischen Identität liegt, bildet die ab 1602 sich etablierende Ahasver-Legende gewissermaßen den Fokus, von dessen Blickwinkel aus einzelne Mythologeme hervorgehoben werden sollen.

---

[44] Spengler, Oswald: *Der Untergang des Abendlandes*, München 1988, S. 10.

[45] Vgl. Blumenberg, Hans: *Arbeit am Mythos*, a. a. O., S. 165.

[46] Vgl. ebd., S. 192.

[47] Jonas, H., zit. in: Blumenberg, Hans: *Arbeit am Mythos*, a. a. O., S. 198.

[48] Vgl. ebd., S. 271.

[49] Vgl. Bâleanu, Avram Andrei: *Die Geburt des Ahasver*, a. a. O., S. 23. Vgl. hierzu ebenso, Mayer, Hans: *Außenseiter*, Frankfurt am Main 1981, S. 314: „Unsterblichkeit als Fluch: in diesem Schicksal hat er [Ahasver, F. H.] Gefährten, ohne daß sie Juden wären."

a) DAS MYTHOLOGEM DER UNSTERBLICHKEIT

Von entscheidenster Relevanz ist für Ahasver das Mythologem seiner Unsterblichkeit: Erst durch die Verfluchung zu „ewigem" Leben wird Ahasver zum Ewigen Juden. Die Unsterblichkeit Ahasvers resultiert aus seiner Schuld, ist aber eine unverhältnismäßig hohe Strafe. Das Unsterblichkeits-Mythologem folgt leicht erkennbar der von Blumenberg formulierten These, im Mythos „durch Sünde zu erproben, ob die Festlegung auf Gnade absolut ist."[50] Da die Apokalypse die Prämisse für Ahasvers Erlösung darstellt, konnotiert das Erscheinen des Ewigen Juden den jüngsten Tag.[51] Die Wiederkunftsidee dient dabei praktisch als Zwangsmittel gegen den Menschen.[52] Gerade bezüglich der künstlerischen Bearbeitungen des Ahasver-Mythos kristallisiert sich heraus, dass eine derartige eschatologische Dimension besser an eine mythologische Figur zu koppeln ist, als etwa an die semi-mythologische Christus-Gestalt. Denn die Charaktere der Bibel sind dem Zugriff des Dichters weitaus mehr entzogen. Ausnahmen bilden hier Hintergrundgestalten wie zum Beispiel Johannes der Täufer.[53] Die durch die Unsterblichkeit bis zum jüngsten Gericht repräsentierte theologische Eschatologie beinhaltet die Wertsteigerung des Zieles einer Handlung durch die bloße Erschwerung des Vollzuges.[54] Das Nicht-Sterben-Können erhält dadurch den Charakter einer unerfüllten Utopie, denn dem Ewigen Juden wird ein illusionärer Nichtseinswunsch zugeordnet. Zugleich transportiert das Mythologem der Unsterblichkeit auch eine an den Juden geknüpfte dämonische Komponente, die wiederum exemplarisch für die Mythenkonzeption im allgemeinen steht, und die Blumenberg mit den Schlagworten „numinosum, angustum, tremendum, fascinans"[55] bezeichnet.

---

[50] Blumenberg, Hans: *Arbeit am Mythos*, a. a. O., S. 23.

[51] Ein tiroler Aberglaube postuliert so, das endliche Gericht bräche an, sobald der Ewige Jude das Tal Josaphat betritt. Vgl. *Handwörterbuch des deutschen Aberglaubens*, hg. von Hanns Bächtold-Stäubli, Bd. IV, Stichwort „Josaphat", Berlin/Leipzig 1931/32, S. 772.

[52] Vgl. Blumenberg, Hans: *Arbeit am Mythos*, a. a. O., S. 272.

[53] Vgl. ebd. S. 240. Auch der Ahasver-Mythos besitzt als Ausgangspunkt die eben sehr vage Bibelstelle Matt. 16,28.

[54] Vgl. ebd., S. 86.

[55] Ebd., S. 562.

b) DAS MYTHOLOGEM DER WANDERSCHAFT

An die Unsterblichkeit schließt unmittelbar das Mythologem der Wanderschaft an. Auch hier hat Ahasver jedoch Vorläuferfiguren, für die auf ähnliche Weise die Heimatsuche als Sinnrestitution fungiert. Das prominenteste Beispiel hierfür ist zweifellos Odysseus, als dessen unmittelbare Fortsetzung Ahasver in Bezug auf das Mythologem der Wanderschaft gesehen werden kann. Blumenberg diagnostiziert nämlich bereits in der stoischen Allegorese eine Ablehnung der Heimkehr des Odysseus:

> Dem Neuplatoniker erscheint als den unendlichen Drangsalen des Odysseus nicht mehr adäquat, daß er in die irdische Heimat Ithaka zurückkehrt; die Grundbewegung des Daseins ist zur Flucht aus der irdischen Sinngebung geworden [...][56]

Eine Aussage die umso mehr auf Ahasver zutrifft: Gerade die christlich mittelalterliche Vorstellungswelt, die den Ahasver-Mythos maßgeblich konfiguriert, kann in einer irdischen Heimkehr keine Heilsrepräsentation akzeptieren. Ahasver bleibt heimatloser Wanderer bis zu einer metaphysischen Heimkehr, sei es die Apokalypse in den anfänglichen Varianten oder eine andere tod- und heilbringende Erlösungskomponente in späteren Bearbeitungen.[57] Erst der eingelöste Todestrieb vollendet die Geschichte der Wanderschaft.

---

[56] Ebd., S. 87.

[57] Die oftmals propagierte absolute Unerlösbarkeit Ahasvers als apodiktisches Kennzeichen erscheint deshalb nicht tragfähig, als Ahasver mit der Apokalypse zumindest eine Erlösungsutopie in Aussicht gestellt wurde: Insofern ist er potentiell erlösbar, zumal der jüngste Tag, theologisch verstanden, durchaus ein „historisches" Datum darstellt.

c) DAS MYTHOLOGEM DER ERLÖSUNG

Das Erlösungs-Mythologem des „dies illa" verweist einerseits auf die Sünden-bockstrutur Girards - die schuldbeladene Existenz Ahasvers als Opfer findet mit der Apokalypse ihren befreienden Abschluss. Andererseits enthält dieses My-thologem einen Willen zur Entwertung der Zeit, wie Mircea Eliade ihn formu-liert.[58] Denn seit jeher sind archaische apokalyptische Visionen von zwei Kom-plementärhälften geprägt: Ende und Neugeburt. Der Mythos Ahasver annulliert also mit der auf den jüngsten Tag aufgeschobenen Erlösung die Unumstößlich-keit der Zeit.[59] In dieser Bestandheit bedingen sich das Dogma der Unsterblich-keit und das der Wiederkehr gegenseitig.[60] Erst durch die Erlösung, aber auch durch seine Zeugnisfunktion gegen die Juden am Ende der Welt bekommt das Leiden Ahasvers einen Wert verliehen. Entscheidend ist für den Paradigmen-wechsel, dem Ahasver im 19. Jahrhundert unterworfen wird, nämlich für die Konstruktion von der Apokalypse unabhängiger Erlösungsprämissen, dass auch diese Erlösungsbedingungen nicht einfach kontingent eintreten, sondern einer providentiellen Struktur folgen.

d) DAS MYTHOLOGEM DER JÜDISCHEN PROVENIENZ AHASVERS

Die Codierung Ahasvers als Zeuge gegen sein Volk beinhaltet bereits die Am-bivalenz der Gestalt des Ewigen Juden: Ahasver oszilliert zwischen der Exi-stenz als Exponent der Kollektivschuld des jüdischen Volkes und dem Dasein als Symbolfigur für die ungerechte Verfolgung des Judentums. Der Ahasver-Mythos weist hier eine Analogstruktur zur Bewertung Israels als zugleich er-wähltes und verfluchtes Volk auf.

> [...] hier liegt der stark ambivalente Charakter der Gestalt [...]. So kann die Figur vom antijüdischen Schmähbild bis zum positiven Zeitenwanderer changieren, oder wird die Rastlosigkeit des Ahasver schließlich nicht mehr als Ergebnis einer göttlichen Strafe, sondern als Ausdruck einer „National-eigenschaft" der Juden verstanden.[61]

---

[58] Vgl. Eliade, Mircea: *Der Mythos der ewigen Wiederkehr*, Düsseldorf 1953, S. 126.

[59] Vgl. ebd., S. 132.

[60] Vgl. Blumenberg, Hans: *Arbeit am Mythos*, a. a. O., S. 313.

[61] Rahm, Angelika: *Irrlichternd durch Raum und Zeit. Die Gestalt des Ahasver in der europäischen Literatur*. In: Csobádi, Peter/Gruber, Gernot u. a. (Hg.): *Europäische Mythen der Neuzeit: Faust und Don Juan*. Gesammelte Vorträge des Salzburger Sym-posions 1992, Bd. II, S. 665- 678, Anif/Salzburg, S. 667.

Diese Ambivalenz des Ewigen Juden ist letztendlich auch losgekoppelt von seiner jüdischen Herkunft das Resultat klassischer Mythenkonzeption. Denn die Vereinigung gutartiger und bösartiger Wesenszüge ist, wie Girard konstatiert, von jeher kennzeichnend für mythologische Wesen aller Gesellschaften.[62] Jedoch provoziert die ab 1602 konsolidierte Identität des originär unjüdischen Frevlers mit dem Juden Ahasver durch seinen Symbolcharakter für ein ganzes Volk besonderes Interesse - im Laufe der Mythenrezeption wird das Einzelschicksal Ahasvers folgendermaßen transformiert:

> Allein der Ewige Jude meint niemals den einzelnen Juden. Er steht für ein theologisches Schicksal, nicht für irgendeine jüdische Singularexistenz.[63]

Genau betrachtet gehorchen der Mythos Ahasver sowie die in seinem Schatten generierenden Verfolgertexte der gleichen Intention. So thematisiert der *Bericht/von den zwölff Jüdischen Stämmen* mit seinem den Juden eingeprägten Opferzeichen mittels der Wirkmächtigkeit der Strafe Christi die Existenz des Messias, während der Ewige Jude als Mythos insofern eine Sonderrolle einnimmt, als auch er als Blutzeuge des christlichen Mythos von Kreuzigung und Auferstehung fungiert.[64]

---

[62] Vgl. Girard, René: *Das Heilige und die Gewalt*. Aus dem Französischen von Elisabeth Mainberger-Ruh, Zürich 1987, S. 369.

[63] Mayer, Hans: *Außenseiter*, a. a. O., S. 315.

[64] Folgerichtig wurden auch Hochstapler, die sich als Ahasver ausgaben selten bestraft, da die Kirche in ihnen ein Werkzeug sah, die Existenz Christi durch einen Augenzeugen beglaubigen zu lassen. Vgl. Bâleanu, Avram Andrei: *Die Geburt des Ahasver*, a. a. O., S. 32.

I. 5. AHASVERS GESCHWISTER

> Was die Juden auch taten, um sich zu assimilieren, immer wieder trat trotz-
> dem das Gespenst oder die mythische Gestalt des Ewigen Juden hervor.
> Dieses Zerrbild sorgte dafür, daß der deutsche Jude der Neuzeit als Unste-
> ter, Gehetzter, als ewiger Wanderer, Kain und Judas in einem galt.[65]

Kaum eines der geschilderten Mythologeme ist unlösbar mit dem Mythos
Ahasver verknüpft. Vielmehr illustrieren diese Motivkomponenten, dass die
Mythologeme zwischen mehreren verwandten Sagenfiguren flottieren.[66] Folglich wächst damit die Anzahl der Gestalten, die mit Ahasver korrespondierende
mythische Bestände teilen, ganz erheblich, so dass hier eine Auswahl zentral
verwandter Mythen zu erfolgen hat, vor allem natürlich solcher, die später für
die Analyse der Opernlibretti Relevanz gewinnen.

An erster Stelle sei hier auf die enge Bindung Ahasvers an den Übermythos von
Jesus Christus hingewiesen. Gemeint ist nicht die Begegnung mit dem Messias
innerhalb des Mythos vom Ewigen Juden, sondern die Spiegelung des soterio-
logischen Erlösers in einer Art Umkehrgestalt.[67] Sowohl Christus als auch
Ahasver sind innerhalb des Koordinatenkreuzes von Heil, Unheil, Erlösung und
Verdammnis zu lokalisieren.[68] Nun hat gerade die religiöse Bedeutung Jesu eine
freiere künstlerische Bearbeitung des Stoffes verhindert.[69] Daher versuchte man
sich die Motivik des Christus-Stoffes mittels nachträglich fingierter Nebenge-
stalten einzufangen. Wie Christus, dessen Leidensweg den Weg der leidenden
Menschheit reflektiert, ist auch Ahasver durchaus als Symbol des menschlichen
Leidens interpretierbar.[70] Goethes bedeutsames Fragment *Des ewigen Juden,*

---

[65] Wambach, Lovis M.: *Ahasver und Kafka*, a. a. O., S. 6.

[66] Bereits genannt wurden die mythischen Figuren Johannes der Täufer und Odysseus.

[67] Insofern lassen sich auch in der Negativfolie schlechthin, in Satan/Luzifer, Ahasver
verwandte Mythologeme eruieren: Das der ewigen Verdammnis und das des blasphe-
mischen Spötters. Luzifer als Lichtbringer impliziert seinerseits wieder eine Interdependenz zu Prometheus.

[68] Vgl. Kaiser, Gerhard: *Christus im Spiegel der Dichtung. Exemplarische Interpretationen vom Barock bis zur Gegenwart*, Freiburg im Breisgau/Basel/Wien 1997, S. 11.

[69] Dies gilt in abgeschwächter Form auch für andere biblisch mythische Gestalten. Wie
sich erweisen wird, sind die Verschränkungen des Ahasver-Mythos mit Bibelfiguren
recht zahlreich.

[70] Diese existentielle Thematik beschäftigte natürlich auch die Oper. So entwarf etwa
Richard Wagner, für dessen Werk die Ahasver-Gestalt von großer Bedeutung ist, ein
Libretto über Jesus von Nazareth. Vgl. ebenso Rubinsteins *Der Dämon* und *Christus*.

erster Fetzen[71] exemplifiziert dieses Muster: Goethe intendierte zunächst, die Gestalt des wiederkehrenden Christus im Rahmen der Ahasver-Geschichte zu präsentieren. In Goethes Version des Mythos wird Ahasver eine weitere mythische Figur parallel gesetzt: Judas, dessen Motivation hier gleich der des Ahasver aus einer Enttäuschung durch Christus resultiert. Die Gestalten des Judas und des Ahasver werden jedoch auch in herkömmlichen Mythen und abergläubischen Zuschreibungen verbunden:

> Die Verbindung mit Judas ist z. T. sicher bewusst - in der Verurteilung von Jude und Judentum. Judas sowohl wie Ahasver sind zu verhassten Repräsentanten ihres Volkes geworden, zu Symbolen, in denen der Verachtung Ausdruck gegeben werden konnte.[72]

Ahasver und Judas teilen sich „klassische" Opferzeichen im Sinne Girards. So wird beiden das typische Dämonenzeichen des roten Haares zugewiesen.[73] Gerade die Sündenbockstruktur macht die zunehmende Etablierung des Ahasver-Mythos gegenüber dem von Judas erklärbar, indem Judas nur ein sehr bedingt verfügbares Opferobjekt darstellt. Denn im Gegensatz zu Ahasver ist Judas - nach biblischer Auskunft - tot. Die von ihm hinterlassene Leerstelle lässt sich dann aber mit Ahasver schließen:

> Judas musste nach der Legende sterben. (Zirus, S. 1: „Judas der grösste Sünder von allen, konnte hierfür nicht in Betracht kommen, da die Evange-

---

[71] Goethe, Johann Wolfgang: *Des ewigen Juden, erster Fetzen*. In: Ders.: *Sämtliche Werke nach Epochen seines Schaffens*. Münchner Ausgabe, hg. von K. Richter u. a., München 1986, Bd. I. 1, S. 238-246.

[72] Isaac-Edersheim, E.: *Messias, Golem, Ahasver. Drei mythische Gestalten des Judentums. III Der Ewige Jude*. In: *Internationale Zeitschrift für Psychoanalyse und Imago - Offizielles Organ der Psychoanalytischen Vereinigung*. Begründet von Sigmund Freud, 26 (1941), Reprint, Nendeln/Liechtenstein 1969, S. 300.
Vgl. ebd. Fußnote 19: „[...] Darum mussten Gestalten wie Judas, wie Ahasver, Symbole alles Schlechten, das ein jeder verschwommen mehr oder weniger bewusst in sich fühlte, eine Befreiung sein von der Angst vor dem eigenen Ich. Nach aussen projiziert, sichtbar geworden, ist es unschädlich gemacht, so wie einstmals das Böse der Dämonen unschädlich gemacht wurde. Angst und Zweifel äussern sich in doppelter Aggression gegen das verhasste Symbol, den *Sündenbock* [Hervorhebung von F. H.]. Ahasver ist in diesem Sinne wahrhaft der Nachfolger und der Ersatz für Judas, in den ein Teil der gleichen Gefühle, Hass, Zweifel, Schuldgefühl projiziert werden.

[73] Vgl. *Handwörterbuchbuch des deutschen Aberglaubens*, a. a. O. , Bd. IV, Stichwort „Judas", S. 801 sowie Schmidt, Arno: Das Volksbuch vom ewigen Juden, Danzig 1927, S. 29ff.

lien seinen Tod berichten.") Man hatte ein Symbol nötig. Ahasver wurde zum ewigen Sündenbock.[74]

Gerade die Repräsentanten eines apokryphen Prinzips, das gegen die etablierte göttliche Ordnung rebelliert, enthalten viel Potential, um Motive zur Konfiguration des verwandten Ahasver beizusteuern. „Rebellen" wie Judas belegte man schnell mit dem Terminus „Kainit". Dies verweist auf den Namenspatron der Kainiten, den biblischen Kain, sowie dessen Rezeptionsgeschichte. Die Konstituierungselemente des Mythos vom Brudermörder enthalten dabei erneut erstaunliche Konvergenzen zu denen des Ewigen Juden. Denn auch Kain wird mit der Strafe des rastlosen Umherirrens belegt.[75] Ebenso scheint die Funktion als Synekdoche, die Ahasver letztendlich für das Volk Israel gewinnt, im Mythos von Kain bereits präfiguriert: Kain gilt als Ahnherr des Stammes der Keniter, deren halbsesshafte Lebensweise als Strafe für ein früheres Vergehen interpretiert wurde. Eine weitere mythische Variante berichtet, Kains Tod sei aufgeschoben worden, um ihm Gelegenheit zur Buße zu geben und präsentiert damit eine evidente Deckungsgleichheit zum Ahasver-Stoff.[76] Ebenso findet sich die Vorstellung, Kain habe vorübergehend als Todesengel fungiert, eine Motiv-Komponente, welche auch in der Operngeschichte eine Rolle spielt, da sie zum Beispiel in Jean François Le Sueurs *La Mort d'Adam et son apothéose* aufgegriffen wird. Seit dem Mittelalter gewinnt Kains Brudermord darüber hinaus symbolische Bedeutung als Präfiguration des Opfertodes Christi. Diese Neu-Codierung des Kain-Stoffes erfolgt nahezu zeitgleich mit der Genese des Ahasver-Mythos. Die Figurenkonstellation, die den sanftmütigen Abel und den aggressiven Kain einander gegenüberstellt, erhält in der Konfrontation des „sanften" Messias mit dem aggressiven Ahasver ein Äquivalent. Spätestens mit Luthers Auslegung der Kain-Gestalt wird der Brudermörder als Ungläubiger etabliert. Dies hat im Laufe der Rezeptionsgeschichte eine Interpretation Kains als prometheischer Kämpfer provoziert. Eine mythische Variante, die besonders hinsichtlich einer erfolgten Ausgestaltung in der Oper bedeutsam ist: Durch die literarische „Arbeit am Mythos", in diesem Fall vor allem Lord Byron, konsolidierte sich diese Lesart der Kain-Figur und wurde in Bulthaupts/d'Alberts *Kain* für die Opernbühne adaptiert. In d'Alberts *Kain* verschmilzt der Mythos von Kain schließlich mit Charakteristika des Ahasver-Mythos. Die Kongruenz der

---

[74] Isaac-Edersheim, E.: *Messias, Golem, Ahasver*, a. a. O., S. 300. Isaac-Edersheim präfiguriert hier bereits die später von Girard spezifizierte Sündenbock-Theorie.

[75] Vgl. Schoeps, Julius H.(Hg.): *Neues Lexikon des Judentums*, Gütersloh/München 1992, Stichwort „Kain", S. 251.

[76] *Jüdisches Lexikon. Ein enzyklopädisches Handbuch des jüdischen Wissens in vier Bänden*, begr. von Georg Herlitz/Bruno Kirschner, Bd. III, Stichwort „Kain", Frankfurt am Main 1987, S. 540.

Mythologeme Ahasvers und Kains kulminiert schließlich in Hamerlings Epos *Ahasverus in Rom* aus dem Jahre 1865, wo Ahasver und Kain explizit miteinander identifiziert werden.

Ein besonders eklatantes Beispiel für die Repristination von Signifikanten der Kain-Figur stellt das Kainsmal dar: Ursprünglich schützte dieses Zeichen auf Kains Stirn vor der Auslöschung durch Blutrache; es garantierte somit das (ewige) Fortleben des Frevlers zum Zweck der Buße. Auf der Stirn des büßenden Ewigen Juden mutierte das Stigma zum flammenden Kreuz[77] und symbolisiert einerseits die Schuld gegenüber Christus und produziert andererseits den Konnex zum Urmuster des Sünders Kain.

Auffällig bleibt, dass manche Konvergenzen und Verbindungen der hier skizzierten mythischen Gestalten mit Ahasver erst im Laufe einer „Arbeit am Mythos" im Sinne Blumenbergs, also im Rezeptionsprozess ihre Evidenz gewinnen - wie die eben erläuterte Personalunion von Kain und Ahasver.

Gleich gelagert ist der Fall bei einer Legendenfigur aus dem mythischen Umfeld der Sage um Johannes den Täufer, Herodias. Erst Sues Roman *Le Juif errant* verankert Herodias als Komplementärfigur Ahasvers in der Bestandheit des Mythos. Besondere Aufmerksamkeit erregt Sues Ahasver, weil er für die Repräsentation des Mythos auf der Opernbühne einen Schlüsseltext darstellt: Scribes/Halévys *Le Juif errant* versucht auf der Erfolgswelle von Sues Roman mitzureiten, und die Identifikation von Herodias und Ahasver wird bei der Analyse von Wagners *Parsifal* entscheidende Bedeutung gewinnen. Freilich lässt sich im Falle der Herodias die Weichenstellung für den von Sue geleisteten Schritt der Mythenrezeption schon weitaus früher lokalisieren. Bereits im Mittelalter verbreitete sich die Vorstellung, Herodias sei wie Ahasver zu ruhelosem Umhergetriebensein verdammt.[78] Im Aberglauben nimmt sie an der wilden Jagd teil und fungiert als nächtliche Dämonenführerin.[79] Ihre Einordnung ins Gefolge der wilden Jagd gewinnt im mythischen Rezeptionsverfahren vor allem durch Heine[80], der eine wilde, lachende, dämonische Verführerin entwirft, einen gefestigten Platz. Herodias' Rolle als satanische Verführerin tritt allerdings zunehmend in Konkurrenz zu ihrer Tochter Salome. Jedoch entscheidend für die Präsentation Herodias' neben dem Ewigen Juden Ahasver scheint das Bedürfnis nach einer weiblichen Komplementärfigur zu Ahasver zu sein. Denn „die Jüdin" diente

---

[77] Vgl. Wambach, Lovis M.: *Ahasver und Kafka*, a. a. O., S. 15.

[78] Vgl. Frenzel, Elisabeth: *Stoffe der Weltliteratur. Ein Lexikon dichtungsgeschichtlicher Längsschnitte*, Stichwort „Johannes der Täufer", Stuttgart 1998, S. 382-387. Aufgrund der NS-Vergangenheit der Autorin sind ihre Interpretationen, insbesondere, wenn sie die Thematik Judentum berühren, nur mit Vorsicht zu genießen.

[79] Vgl. *Handwörterbuch des deutschen Aberglaubens*, a. a. O., Bd. III, Stichwort „Herodias", S. 1790.

[80] Vgl. Heine, Heinrich: *Atta Troll*. In: Ders.: *Werke,* hg. von Siegrist, Christoph. Mit einer Einleitung von Hans Mayer, Bd. 1, Frankfurt am Main 1982, S. 382ff.

schnell und lange als Projektionsfläche sowohl (männlicher) Angst als auch von Wunschvorstellungen. Die jüdische Hexe, der einerseits sexuelle Hemmungslosigkeit, andererseits eine Dominanz über den jüdischen Mann zugeschrieben wurde[81], fand schnell Aufnahme in das Reservoir antisemitischer Stereotypen. Offensichtlich ist, dass Ahasver bewusst und unbewusst an ältere Mythen anknüpft. Diese Mythen konglomerieren mit antisemitischen Tendenzen und Klischees, sozialhistorischen Gegebenheiten, theologischen und ethischen Gedanken im Laufe der Arbeit am Mythos oftmals zu Varianten des Ahasver-Mythos, die sich bis zur Unkenntlichkeit vom Ausgangspunkt entfernt haben. Es gilt zu betonen, dass die Parallelmythen des Ewigen Juden keineswegs alle zum Figureninventar der Bibel gehören. So präfiguriert etwa der antike Mythos vom Prometheus Mythologeme des Ahasver-Stoffes: Die „ewige" Strafe für den Frevler, der Symbolgehalt für die Topik des unerlösten Menschen verbinden den antiken und den christlichen Mythos. Erweiterte man den Blickwinkel auf einzelne Mythologeme, so wären auch verwandte Züge zu Figuren wie Faust, Merlin, Artus oder Don Juan zu eruieren.

Der zunächst nahe liegenden Vermutung, der Gehalt des Mythos vom Ewigen Juden sei unlösbar mit dem Christentum verbunden, widerspricht bereits die Interdependenz zu alttestamentarischen Gestalten. Aber auch definitiv nicht-biblische Mythen präsentieren erstaunlich detaillierte Konvergenzen zum Ewigen Juden. Exemplarisch sei hier neben Odysseus der Fliegende Holländer genannt: Das Erscheinen des Geisterschiffes kündigt gleich dem vorüberziehenden Ewigen Juden Unheil an, die Reise des Frevlers dauert bis zum jüngsten Tag.[82]

Die am „Beginn" des Mythos recht vage Charakterisierung Ahasvers, deren mythischen Nukleus gerade die Ubiquität, die Ungebundenheit an Raum und Zeit, bildet, provoziert natürlich geradezu den Austausch zwischen Mythologemen des Ewigen Juden und verwandten Mythen. Die Existenz mythologisch nahezu identisch gestrickter Muster vor der Etablierung des Ewigen Juden legt aber bereits an dieser Stelle die Vermutung nahe, dass in Ahasver ein mythischer Archetypus herrscht, wobei in unserem Zusammenhang selbstverständlich die Umcodierung dieser Arché zum Juden von besonderem Interesse ist. Übernimmt womöglich gerade der Jude an dieser Stelle die Rolle, die in anderen mythischen Texten ein numinoser - ewiger - Antagonist einnahm? Die immense Anzahl von Parallelmythen zu Ahasver illustriert in jedem Fall den ausgeprägten Drang, sich mit diesem Stoff beschäftigen zu wollen. Ahasver wurde im Rezeptionsprozess nicht durch eine herausragende Adaption an einen bestimmten

---

[81] Jakubowski, Jeanette: *Die Jüdin*. In: Schoeps, Julius H./Schlör, Joachim (Hg.): *Antisemitismus. Vorurteile und Mythen*, a. a. O., S. 196-209.
[82] Eine eingehendere Beschäftigung mit der Figur des Fliegenden Holländers wird selbstverständlich Bestandteil der Analyse der entsprechenden Wagner-Oper sein.

Autor gekoppelt - wie etwa im Falle des Faust - daher konnte sich keine fixe Variante des Mythos konsolidieren, die den „Mythos zu Ende gebracht" hätte:

> [...] Ahasver [ist] trotz all seiner Bearbeiter eine mythische Figur geblieben, eine Gestalt, die wie alle Mythen-Gestalten eine Welt von Ideen aus vielen Generationen in sich trägt.[83]

Diese Struktur des Ahasver-Mythos hat den Stoff vom Ewigen Juden schließlich auch für eine jüdische Synthetisierung geöffnet. Denn trotz des Paradoxons, dass ein bekehrter Heide Christ werden kann, der bußfertige Ahasver aber ewig der Jude bleibt, wurde Ahasver zu einer jüdischen Identifikationsfigur. Von dieser Seite wird eine weitere mythische Gewährsfigur gestiftet. Dabei kann es kaum erstaunen, dass der Ewige Jude im jüdischen Kontext positiv konnotiert ist. Ein Pendant seitens jüdischer Mythenbildung repräsentiert der Prophet Elias, der im Volksglauben als unsterblicher Fuhrmann umherstreift und der als letzter Prophet vor dem Gerichtstag den Messias verkündet und Israel zur Buße bewegt.[84]

In einem religiösen Werteraster gesehen, wäre die Ahasver-Geschichte ihren Postulaten nach sogar mehr den jüdischen (alttestamentarischen) Geboten gemäß: Ahasver wird dem Messias gegenüber schuldig; seine Verfluchung steht dann im krassen Widerspruch zu der in den Evangelien proklamierten Langmut Christi. Das Muster der Bestrafung folgt vielmehr dem jus talionis, „Auge um Auge, Zahn um Zahn". E. Isaac-Edersheim sieht demzufolge im Mythos vom Ewigen Juden sogar die Verkörperung der ambivalenten Gefühle gegenüber dem Gott des Alten Testamentes.[85] Der „jüdische Gott der Rache" wird konterkariert durch einen „Gott der Liebe".[86] Die Form der Bestrafung Ahasvers, dessen Geschichte den christlichen Gott der Liebe beglaubigen soll, entspricht dem Gesetz der Rache. Der ideologische Konflikt des jüdischen Jahwe mit dem neuen Gott bedeutet eine Aufarbeitung des Schattens des alten Gottes. Mythisch gesehen wäre Ahasver als eine Ausprägung der Arché vom ewigen Antagonisten des jeweils etablierten Gottes interpretierbar. Tatsächlich ist auch die Konvergenz Ahasvers mit anderen abgelösten Göttern gegeben, ganz besonders in einer Figur, die zudem das angesprochene Mythologem der Wanderschaft auf besonders exemplarische Weise transportiert:

---

[83] Isaac-Edersheim, E.: *Messias, Golem, Ahasver*, a. a. O., S. 294.

[84] Vgl. Schoeps, Julius H. (Hg.):*Neues Lexikon des Judentums*, a. a. O., Stichwort „Elia", S. 131. Die biblische Funktion des Elias übernimmt im Neuen Testament großteils Johannes der Täufer.

[85] Vgl. Isaac-Edersheim, E.: *Messias, Golem, Ahasver*, a. a. O., S. 313f.

[86] Diese Kontrastfolien sind auch in der Oper existent. Vgl. etwa Karel Bendls Oper *Lejla* nach der Vorlage *Leila or the Siege of Granada* von E. G. Bulwer-Lytton.

Der germanische Gott Wotan wird mythologisch als der ruhelose und unersätt-
lich wilde Jäger repräsentiert. Aus diesem Stoffkreis sind Mythologeme in den
Mythos vom Ewigen Juden eingeflossen. Die Ankunft Ahasvers etwa wird in
manchen Überlieferungen mit Hundegebell angekündigt, oder man kommentiert
den vorbeiziehenden Sturm mit „der Ewige Jude geht vorbei".[87] Paradigmen,
die eigentlich der wilden Jagd zugeordnet sind, werden somit dem Ahasver-
Mythos einverleibt.

> In vielen volkstümlichen Versionen kommt es zu einer Verschmelzung oder
> Verwechslung der Figur des „ewigen Juden" mit der des wilden Jägers oder
> anderen aus der heidnischen Mythologie übernommenen Gestalten.[88]

Der Mythos vom Ewigen Jäger beinhaltet aber auch einige Schnittstellen zu anderen Komplementär-Figuren Ahasvers: Herodias streift mit Wotan in der wilden Jagd umher; in der Normandie heißt die wilde Jagd „la chasse Cain".[89]
Umgekehrt hat auch die ewige Wanderschaft des wilden Jägers in einer Konfrontation mit Christus ihren Ursprung. Der wilde Jäger hat demnach Jesus den
Erfrischungstrunk aus einem Bach verwehrt und Jesus stattdessen an die Vieh-
tränke verwiesen, worauf er verflucht wurde.[90] Im Extremfall kann die Interde-
pendenz von Wotan und Ahasver sogar eine Verwandtschaft, ja Teilidentität
von Deutschtum und Judentum proklamieren, wie in Fritz Mauthners *Der neue
Ahasver*.[91] Ahasver und der wilde Jäger konstituieren neben dem Fliegenden
Holländer im 19. Jahrhundert exemplarisch die „Trias der Verdammten dieser
Erde."[92]
Der Existenzsinn all dieser Wanderergestalten erschöpft sich final im ruhelosen
Umherschweifen. Somit existieren durchaus einleuchtende Argumente, den
Ewigen Juden als eine Transformation der älteren Mythos-Figur Wotan zu le-

---

[87] Vgl. Isaac-Edersheim, E.: *Messias, Golem, Ahasver*, a. a. O., S. 299.

[88] Bâleanu, Avram Andrei: *Die Geburt des Ahasver*, a. a. O., S. 35.

[89] *Handbuch des deutschen Aberglaubens*, Bd. IV, a. a. O., S. 913.

[90] Vgl. Wambach, Lovis M.: *Ahasver und Kafka*, a. a. O., S. 51.

[91] Vgl. Körte, Mona: *„ Wir, die wie die Helden des Märchens sind, wir wissen es selbst
nicht" Ahasver-Dichtungen in der Literatur des 19. Jahrhunderts*. In: Benz, Wolfgang
(Hg.): *Jahrbuch für Antisemitismusforschung* Bd. 4; S. 39-62, Frankfurt am Main/New
York 1992, S. 41f.

[92] Ebd., S. 45. Es ist daher auch keinesfalls überraschend, dass die drei Figuren -
Ahasver, Wotan und Holländer - in der Dichtung aufeinander treffen; zum Beispiel in
Levin Schückings *Die drei Freier* (1851) oder in August Silbersteins *Der verwandelte
Ahasver* (1899). Es wird noch zu diskutieren sein, dass Richard Wagner alle drei Figu-
ren bearbeitet: Holländer, Wotan und Ahasver in weiblicher Ausprägung als Kun-
dry/Herodias.

sen. Die Archetypik Wotans und den Konnex zum Ewigen Juden diagnostiziert auch C. G. Jung:

> Der rastlose Wanderer Wotan, der Unruhestifter, der bald hier, bald dort Streit erregt oder zauberische Wirkung übt, war zuerst durch das Christentum in einen Teufel verwandelt worden und flackerte nur noch wie ein Irrlicht durch stürmische Nächte, als ein gespenstischer Jäger mit seinem Jagdgefolge, und auch dies nur in lokalen, immer mehr erlöschenden Traditionen. Die Rolle des friedlosen Wanderers aber übernahm die im Mittelalter entstandene Figur des Ahasver, der keine jüdische, sondern eine christliche Sage ist; das heißt das Motiv des Wanderers, der Christus nicht angenommen hat, wurde auf den Juden projiziert, wie man ja in der Regel unbewußt gewordene Inhalte in anderen wiederfindet. Auf alle Fälle ist die Koinzidenz von Antisemitismus und Wotanserwachen eine psychologische Finesse, die vielleicht erwähnt werden darf...[93]

Jedoch lässt sich Ahasvers Ahnenreihe wohl sogar vor den Archetypus Wotan zurückführen. Stellt der Ewige Jude eine Repräsentation des „ewigen", göttlichen Antagonisten dar, so wird man sich schwerlich der Deutung verschließen können, dass Wotan als germanischer Gott, abgelöst vom Messias als neuem Gott, als mythische Wesenheit eine ambivalente Haltung ihm gegenüber provoziert. Er bedeutet den heidnischen Gegenspieler, den gestürzten Herrn und den ehrfurchtgebietenden Mächtigen zugleich. Der Ahasver-Mythos scheint von eben dieser Ambivalenz infiziert. Begreift man Ahasver als Repräsentanten des Judentums schlechthin, eine Symbolfunktion, die sich ja zunehmend konsolidierte, so wäre ihm eine numinose „alte" Gottheit zuzuordnen: Jahwe, der Gott Israels, der seinerseits höchst ambivalente Gefühle der Christen auslöst.[94] Als Gott gebietet er (Ehr-)Furcht, wird aber durch den neuen Gott Christus substituiert. Schließlich bleibt er der Gott des verhassten Sündenbocks, der Gott der Juden. Der innere Hass und die numinose Furcht lässt sich in der Figur des Ahasver, in der Gestalt eines Mythos, nach außen projizieren. Dass Mythenbestände, gekoppelt an eine dämonisch-göttliche Präsenz, die offensichtlich um unmenschliches Leiden und furchtbare Strafe, kreisen, mit dem Sündenbock „Jude" konglomerieren, erscheint als eine stimmige Konsequenz der „Arbeit am Mythos". Geboren scheint die Figur des Ahasver dabei letztendlich aus dem Konflikt der alten Gottesordnung mit der neuen Gottesordnung. Der Mythos vom Ewigen Juden konstituiert allerdings lediglich den Fluchtpunkt eines immer neu rezipierten, archetypischen Super-Mythos: den Konflikt eines Ordnungsrepräsentanten in Gestalt eines Gottes mit einem ähnlich mächtigen Ant-

---

[93] Jung, C. G.: *Zivilisation im Übergang*. In: *Gesammelte Werke*, Bd. 10, hg. von Lilly Jung-Merker/Elisabeth Rüf, Freiburg im Breisgau 1973, S. 204f.
[94] Vgl. Isaac-Edersheim, E.: *Messias, Golem, Ahasver*, a. a. O., S. 312ff.

agonisten. Die Existenz eines solchen Super-Mythos als mythologischer Kern des Ahasver-Stoffes würde jedenfalls die beträchtliche Anzahl aufzuspürender Parallelmythen erklären. Das Strukturmuster lässt sich ohne große Schwierigkeiten durch die Mythengeschichte verfolgen: Osiris-Seth, Zeus-Prometheus, Poseidon-Odysseus, Jahwe-Satan, Christus-Ahasver.[95] Die Genese von Mythen einer Strafe der ewigen Wanderschaft verläuft ebenfalls kulturell universell: Buddha-Pindola, Gilgamesch-Urschanabi, Jahwe-Kain, Mohamed-al Samiri, Christus-Ahasver.[96] Auch diese ewigen Wanderer sind freilich mythische, numinose Chiffren für eine existente Bipolarität. Der mythisch göttliche Held wird jeweils konterkariert durch ein resistentes Prinzip in Form einer personifizierten Allegorese. Die Synekdoche für das antagonistische Prinzip fungiert dabei in der Regel als eine Art Abwehrmechanismus, sie sind der Versuch, „sich zu retten ‚vor diesem furchtbaren Wesen' [...], Flucht ‚hinter ein Bild'".[97] Jedoch erschließt der Ahasver-Mythos eine neue Dimension, die durch einen kulturgeschichtlichen Paradigmenwechsel imprägniert ist. Die in den Mythos rasch integrierten Mythologeme antisemitischer Tendenzen markieren die Ablösung des klassischen einzelnen Sündenbocks durch ein Sündenbock-Kollektiv.[98] Dadurch ist der Mythos vom Ewigen Juden fast von Anfang an damit infiziert, „nicht [...] irgendeine jüdische Singularexistenz"[99] zu symbolisieren, sondern das jüdische Kollektiv als Sündenbock, als „Schattenprojektion"[100] zu etablieren. Die Projizierung von Negativkomponenten in das Judentum nutzte den Mythos Ahasver als Vehikel. Die Sündenbock-Funktion des Mythos vom Ewigen Juden öffnet den Ahasver-Stoff für folgende Auslegung:

> [...] Ahasver [ist] nicht eine Spiegelung des jüdischen Volkes oder des individuellen Juden [...], sondern vielmehr ein Symbol des unerlösten abendländisch-christlichen Menschen, der seine Schattenseite nicht integriert und seine Mitte noch nicht gefunden hat.[101]

---

[95] Auch Blumenberg beschäftigt sich anhand des Beispiels Prometheus mit dem ubiquitären Mythos des Götterkonfliktes. Vgl. Blumenberg, Hans: *Arbeit am Mythos*, a. a. O., Vierter Teil: *Gegen einen Gott nur ein Gott*, S. 435-604.

[96] Vgl. zur Thematik des Mythos vom ewigen Wanderer als kulturelle Ubiquität: Hurwitz, Siegmund: *Ahasver, der Ewige Wanderer. Historische und psychologische Aspekte*. In: *Analytische Psychologie* 6 (1975). Zeitschrift für Analytische Psychologie und ihre Grenzgebiete, S. 450-471, hg. von Dieckmann, H./Meier, C. A., S. 466f.

[97] Blumenberg, Hans: *Arbeit am Mythos*, a. a. O., S. 437.

[98] Vgl. Girard, René: *Der Sündenbock*, a. a. O., S. 70ff.

[99] Mayer, Hans: *Außenseiter*, a. a. O., S. 315.

[100] Hurwitz, Siegmund: *Ahasver, der Ewige Wanderer*, a. a. O., S. 467.

[101] Ebd., S. 468.

Zumindest mag dies einen weiteren Grund für die enorme Faszination, die Ahasver ausstrahlt, darstellen. Man denke beispielsweise nur an die Etablierung des Ewigen Juden als „Held" im Werk Richard Wagners in Kombination mit der antisemitischen Haltung des Komponisten. Der Ewige Jude wird das Objekt, das die abgewehrten eigenen Charakterbestandteile aufnehmen muss, um letztere im mythischen Objekt kontrollierbar, im Extremfall zerstörbar zu machen.

II. Dichtungen vom Ewigen Juden - Ahasver-Varianten in der Literatur des 19. Jahrhunderts

Vor der Untersuchung der Rolle Ahasvers im Sonderfall des dramatischen Textes Libretto sollen im folgenden Grundlagen der „Arbeit am Mythos" vom Ewigen Juden anhand literarischer Adaptionen des Mythos im 19 Jahrhundert geklärt werden. Das Kapitel dient somit als Folie für die Libretti zu Ahasver und versucht einen kurzen Überblick der zahlreichen Impulse, welche die Konstruktion von Operntexten mit dem Ewigen Juden als Sujet beeinflussten, zu geben.

Literarische Bearbeitungen des Ahasver-Mythos illustrieren einschlägig verschiedene Funktionsweisen des Stoffs vom Ewigen Juden. Die dichterische Rezeption des Mythos ermöglicht in ihrer jeweiligen Akzentuierung Rückschlüsse auf den politischen, sozialen und philosophischen Kontext des zeitlichen Umfeldes. Es offenbart sich hierbei eine große Flexibilität für unterschiedlichste Auslegungen des Ahasver-Mythos. Das Sujet hilft, aktuelle Inhalte mythisch zu patinieren sowie den Mythos mit neuen Reflexionsgegenständen aufzuladen.

Die immense Anzahl von literarischen Adaptionen des Ahasver-Mythos erschwert natürlich die Systematisierbarkeit.[1] Es erscheint also sinnvoll, spezielle Themenkomplexe, das heißt die Verwertung des Mythos für eine bestimmte Tendenz, zu erfassen: Anhand des Mythos vom Ewigen Juden werden sowohl historisierende Weltgemälde entworfen als auch die „Judenfrage" thematisiert. Die Weltgemälde haben in Opern und Opernmehrteilern in Librettoform ihren Niederschlag gefunden, da das Libretto mit seiner „diskontinuierlichen"[2] Zeitstruktur für dieses Konzept als besonders adäquat erschien. Der Mythos dient dazu, romantischen Weltschmerz und Todessehnsucht zu symbolisieren und die diesbezügliche Lyrik war Inspirationsquelle für Scribe oder Wagner und entspricht wiederum der Eigenart des Opernlibrettos, ein „statisches Bild eines seelischen Zustandes"[3] zu entwerfen. Schließlich entzieht sich der Mythos vom Ewigen Juden ebenso wenig einer satirischen Bearbeitung. Die Ahasver-Dichtungen des 19. Jahrhunderts bedürfen daher einer Auffächerung in ihre Hauptschwerpunkte. Die jeweiligen Ausprägungen gilt es dann an exemplarischen Texten zu verankern. Hierbei erweist sich, dass sich das Ahasver-Bild des

---

[1] Zwar sind im 19. Jahrhundert und besonders um die Jahrhundertwende zahlreiche wissenschaftliche Publikationen über die Rolle Ahasvers in der Literatur erschienen, sie präsentieren dabei teilweise beachtliche bibliographische Leistungen, gehen allerdings aufgrund der allzu großen Stofffülle oftmals nicht über bloße Auflistungen hinaus.

[2] Gier, Albert: *Das Libretto. Theorie und Geschichte einer musikoliterarischen Gattung*, Darmstadt 1998, S. 6.

[3] Ebd., S. 7.

19. Jahrhunderts stark vom bisherigen Blickwinkel auf den Ewigen Juden unterscheidet.

Zunächst wurde der Ewige Jude nämlich, ausgehend vom Volksbuch des anonymen protestantischen Verfassers, als theologisches Streitobjekt etabliert und fand dann seinen Weg in die Volkspoesie.[4] Die Bearbeitungen des Ahasver-Stoffes im Zeitalter der Aufklärung schließlich sind die dem 19. Jahrhundert vorgeschalteten Kontrastfolien. Denn das rationalistisch geprägte Weltbild der Aufklärung konnte dem dämonischen Weltenwanderer bestenfalls eine Interpretation als grotesk komische Figur abgewinnen.[5] Ebenso verliert der theologisch reale Ahasver[6] mit der Aufklärung endgültig den Index der Realität.

> In unseren Zeiten würde man sich lächerlich machen, wenn man solche Torheiten, die Kinder nicht einmal mehr glauben, widerlegen wollte. Ist das nicht ein klarer Beweis, daß die Welt, so wie an Jahren also auch an Verstand zunimmt?[7]

Von der Aufklärung produzierte Normen führten in letzter Konsequenz zur Ablehnung volksnaher sowie „abergläubischer" Mythen wie den des Ahasver als ernsthaften literarischen Gegenstand.[8] Das ab dem 17. Jahrhundert verstärkte Interesse der Satire an Ahasver[9] kulminiert im Zuge dieser Entwicklung erstmals gegen Ende des 18. Jahrhunderts. Diese satirische Einfärbung des Stoffes ist so auch bei Goethe zu erkennen. Zugleich ebnet die Satire, im Gegensatz zu

---

[4] Vgl. Soergel, Albert: *Ahasver-Dichtungen seit Goethe*, Leipzig 1905, S. 20.

[5] So existieren in der Reihe der vorangehenden Ahasver-Varianten unter anderem auch solche, die den Ewigen Juden als Possenfigur verwerten. Vgl. z. B. *Récit d'un Juif-Errant*. In: *Mariage de Pierre de Provence et de la belle Maguelone*. Dancé par Son Altesse Royale dans la ville de Tours, le 21, en son Hostel, et le 23, en la salle du Palais. A Paris, chez Jardin Besongne, au Palais, en la Gallerie des Prisonniers, 1687, Champfleury, S. 33f. Dieses Beispiel zeigt ferner, dass Ahasver auch als Sujet für das Tanztheater Verwendung gefunden hat.

[6] Die Ausgaben des Volksbuches begleiteten schnell der eigentlichen Geschichte beigefügte Zeugnisse, durch die die reale Existenz Ahasvers beglaubigt werden sollte. Damit vermeinte man auch indirekt ein weiteres Zeugnis für das Wirken Christi vorlegen zu können.

[7] Aus einer Abhandlung über den Ewigen Juden in den Hannoverischen Beyträgen von 1761. Zit. in: Neubaur, L: *Die Sage vom ewigen Juden*, Leipzig 1884, S. 27.

[8] Die Ausnahme hierzu bildet der „Brief der Krügerin". Die Professorengattin Marie Krügerin behauptete hierin die reale Existenz Ahasvers. Vgl. Krügerin, Marien Reginen geb. Rühlemannin: *Schreiben an den Herrn Professor Carl Anton, darinnen bewiesen wird, daß es einen ewigen Juden gebe*, Halle/Helmstädt 1756. Vgl. zum „Brief der Krügerin": Wambach, Lovis M.: *Ahasver und Kafka*, a. a. O., S. 22f.

[9] Vgl. etwa *The Wandering Jew telling Fortunes to Englishmen. A Jew's Lottery*, printed by John Raworth for Nathaniel Butter, London 1640.

bloß komischer Darstellung, den Weg des Ewigen Juden in die ernsthafte Kunstdichtung.

Ideologisch problematisch wird die zunehmende Erweiterung des Einzelschicksals Ahasvers um einen Symbolcharakter. Versteckt unter dem effektvollen Kolorit von Historiengemälden, die den ewigen Wanderer zum Anlass nehmen, sowie durch eine ungeheure Fülle allegorischer Verwendungen der Figur des Ewigen Juden, schleichen sich im 19. Jahrhundert zunehmend auch antijüdische und schließlich frühantisemitische Tendenzen ein.

> Der christliche Judenhaß, der Ahasver als ein religiöses Schicksal, als einen ungläubigen Sünder, tradiert hatte, entwickelt sich im 19. Jahrhundert zu einem säkularisierten Judenhaß, der die Ursache von Schuld und Verantwortung Ahasvers abstrakt (...) werden läßt.[10]

---

[10] Körte, Monika: „*Wir, die wir die Helden des Mährchens sind, wir wissen es selbst nicht.*" *Ahasver-Dichtungen in der Literatur des 19. Jahrhunderts.* In: Benz, Wolfgang (Hg.): *Jahrbuch für Antisemitismusforschung*, Bd. 4, S. 39-62, Frankfurt am Main/New York 1992, S. 39.

II.1. WEICHENSTELLUNG FÜR DAS 19. JAHRHUNDERT: GOETHE UND SCHUBART

Zwei Fragmente markieren die Neubelebung des Ahasver-Mythos als ernsthaften literarischen Stoff, Goethes *Des ewigen Juden, erster Fetzen*[11] und Schubarts *Der ewige Jude. Eine lyrische Rhapsodie*[12]. Beide Autoren verbindet dabei die Intention, gegen den ratiozentrierten Zeitgeist anzuschreiben. Beide werden zwangsläufig mit einer speziellen Problematik des Mythos vom Ewigen Juden konfrontiert. Sowohl Goethe als auch Schubart adaptieren den Ahasver-Mythos zunächst für einen eher technisch pragmatisch zu wertenden Anlass, nämlich um mittels des Zeitwanderers jeweils besondere Aspekte der Kulturgeschichte zu illustrieren. Jedoch versuchen beide Bearbeitungen des Mythos darüber hinaus, die Figur des Ewigen Juden selbst mit Inhalt zu füllen.

Gerade die bisherige Bestandheit des Mythos verkompliziert dieses Vorhaben. Das Volksbuch als Basis des Ahasver-Stoffs etabliert zwar den unsterblichen Wanderer und regt ebenso zur plastischen Schilderung seiner Todessehnsucht an, aber es bietet kaum Anhaltspunkte, das 2000-jährige Leben des Juden mit Substanz zu versehen. Um Ahasver eine neu dimensionierte Qualität zu verleihen, um ihn zum philosophisch-ideologischen Paradigma erweitern zu können, muss der Ausgangsmythos nun mit völlig neuen Mythologemen fortgesetzt werden. Diese Fortschreibung des Mythos wird zusätzlich erschwert durch den fragwürdigen Sinn des ahasverschen Fluches: Im klassischen Mythos, zum Beispiel dem des Prometheus, sind Aufbegehren, Götterzorn und grausame Strafe als korrektive Elemente an eine „heidnische" Götterordnung gekoppelt. Hinsichtlich des christlichen Gottes der Liebe bleiben diese Bestandteile schwer

---

[11] Goethe, Johann Wolfgang von: *Des ewigen Juden, erster Fetzen*. In: *Sämtliche Werke nach Epochen seines Schaffens*. Münchner Ausgabe, hg. von K. Richter u. a., Bd. I.1., S. 238-246, München 1986. Es bleibt anzumerken, dass die korrekte Reihenfolge der Verse fraglich ist.

[12] Schubart, Christian Friedrich Daniel: *Der ewige Jude. Eine lyrische Rhapsodie*. In: *Schubarts Werke in einem Band*, ausgewählt und eingeleitet von Ursula Wertheim/Hans Böhm, S. 298-302, Weimar 1962. Schubart plante wie Goethe eine umfassende Auseinandersetzung mit dem literarischen Zeichen Ahasver und seiner Valenz im kulturellen Gedächtnis. Ein Epos sollte Ahasver als Zeugen der großen Kulturtaten der Menschheitsgeschichte schildern: „Der ewige Jude war bloß Bruchstück eines größeren, und vielleicht des originellsten Plans, den Schubart je in seinem Leben entwarf." Vgl. Jördens, Karl Heinrich (Hg.): *Lexikon deutscher Dichter und Prosaisten*, Bd. IV, S. 652f, Leipzig 1809, Zitat ebd.. Die Aussagen über eine größere Ahasver-Dichtung bei Jördens beziehen sich vor allem auf Erinnerungen von Ludwig Schubart, dem Sohn des Dichters.

einsichtig, zumal die wahrhaft „schuldigen" Figuren der Passionsgeschichte, zum Beispiel Kaiphas oder Judas, vergleichsweise straffrei ausgehen. Um also ein großes Weltgemälde anhand des Ahasver-Mythos zu entwerfen, das zugleich den Ewigen Juden zum Mittelpunkt und nicht nur zum Anlass nehmen will, wird es notwendig, das Leben Ahasvers mit einer neuen Sinnstiftung zu rechtfertigen.

Zunächst einmal ändert sich angesichts des „unchristlich" harten Fluches bei Goethe sowie Schubart ein Detail des Mythos: In beiden Varianten kommt der Strafspruch nicht mehr aus dem Munde Christi. Bei Schubart verkündet *Ein Todesengel*[13] den Fluch; Goethes Fragment fehlen die verdammenden Worte ganz. Was allerdings eine Sinngebung der Existenz Ahasvers betrifft, so muss zugegeben werden, dass der Mythos von Goethe und Schubart nur ansatzweise um konstitutive Inhalte erweitert wird. Die angesprochene spezifische Problematik des Ahasver-Mythos scheint eine längere Ausführung zwar zunächst angeregt, dann aber verhindert zu haben. Es bleibt daher Spekulation, inwieweit der Mythos vom Ewigen Juden erweitert worden wäre, wenn die geplanten Ahasver-Projekte Goethes und Schubarts vollständig ausgearbeitet worden wären. Von entscheidender Bedeutung sind beide Varianten allerdings aufgrund einer Frage, die sie erstmals stellen und die die Rezeption des Ahasver-Mythos im 19. Jahrhundert nachhaltig prägt: Die Frage nach der Erlösbarkeit des Ewigen Juden. Die hiermit begonnene Diskussion, die Befassung mit der metaphysischen Dimension des Ahasver-Mythos, wird in der Folgezeit die Ausformungen des Mythos in immer stärkerem Maße beschäftigen.

Goethe lässt in *Des ewigen Juden, erster Fetzen* tatsächlich Christus wiederkehren, wobei er völlig auf die Inszenierung einer Apokalypse verzichtet. Die Begegnung Ahasvers mit Christus oder gar die Erlösung des Ewigen Juden blieben unausgeführt. Schubarts Ahasver wird allerdings tatsächlich erlöst. Diese Begnadigung erfolgt, wie schon die Verdammnis, durch einen Engel Gottes:

> Da schlaf nun", sprach der Engel, „Ahasver,
> Schlaf süßen Schlaf; Gott zürnt nicht ewig!
> Wenn du erwachst, so ist er da,
> Des Blut auf Golgatha du fließen sahst;
> Und der - auch dir verzeiht.[14]

Der Mythos wird hier also redigiert: Christliche Gnade substituiert den rachsüchtigen Fluch. Trotz dieser den Glaubensinhalten des Christentums eigentlich angemessenen Umcodierung des Ahasver-Mythos bleibt die Erlösung des Verdammten zum übrigen Text Schubarts seltsam zusammenhangslos und wirkt intratextuell unmotiviert.

---

[13] Ebd., S. 298.
[14] Ebd., S. 301f.

Aus ganz anderen Gründen muss einer möglichen Apotheose bei Goethe Skepsis entgegengebracht werden: Der erneut auf der Erde wandelnde Jesus läuft nämlich offensichtlich Gefahr, von den Christen erneut gekreuzigt zu werden.[15] Die Figur Ahasvers ist inzwischen zugunsten der Christus-Handlung völlig aus den Fragmenten verschwunden. Explizit von Goethe nicht mehr fixiert, aber implizit zwingend, scheint ein Finale, das vor allem den Kollektivsündenbock der Verfolgertexte, die den Ahasver-Mythos umgeben, destruiert. Der antisemitische Stereotyp der Verfolgung par excellence, der Vorwurf des Gottesmordes steht kurz davor, auf ein christliches Kollektiv transponiert zu werden.

Diese angedeutete umwälzende Möglichkeit resultiert aus der satirischen Thematisierung der Kirchengeschichte, für deren Darstellung Goethe Ahasver als Anlass wählt. So wie Goethes *Faust*[16] die akademischen Sitten seiner Zeit illustriert, hat das fragmentgebliebene Ahasver-Projekt die kirchlichen Zustände zum Thema.[17] Der Ewige Jude erscheint dabei als *Separatist*[18], das heißt, er symbolisiert eine Art kritisches Prinzip gegenüber der *gar verdorbnen Kirchenzeit*.[19] Hiermit ist keineswegs die jüdische Kirche der Bibel gemeint. Denn ohne jegliches antijüdisches Ressentiment heißt es: *Die Priester vor so vielen Jahren/Waren als wie sie immer waren (...)*[20]. Ahasver wird zudem als einer der ersten christlichen Sektierer präsentiert, seine Hartherzigkeit während des Kreuzweges resultiert aus der Enttäuschung, die erhoffte Revolution durch Christus nicht verwirklicht zu sehen, er wendet sich somit gegen die rein transzendente Heilsverheißung Christi. Später verknüpft Goethe Ahasver mit der Gestalt des Judas; dessen Verrat erfolgt ebenfalls, weil statt eines weltlichen Messias nur ein metaphysischer gekommen ist.[21] Judas konfiguriert bei Goethe

---

[15] Ein ganz ähnliches Bild von einer angenommenen Rückkehr Christi zeichnet später Dostoevskij mit der „Legende vom Großinquisitor" in *Die Brüder Karamazov*.

[16] Der Zusammenhang zwischen Faust und Ahasver wird noch zu diskutieren sein. Vor allem im Schaffen Ferruccio Busonis findet sich eine Entwicklung von der Figur des Ewigen Juden zu der des Faust. Vgl. auch Mayer, Hans: *Außenseiter*, a. a. O., S. 317: „Buchmagie und wundersame Heilkraft: dem Faustus wurde sie ebenso, als einem ungeheuerlichen Sonderfall nachgesagt und vorgeworfen, wie dem Judenvolk, als einem ungeheuerlichen Kollektiv."

[17] Vgl. Minor, Jacob: *Goethes Fragmente vom ewigen Juden und vom wiederkehrenden Heiland*, Stuttgart/Berlin 1904, S.61.

[18] Goethe, Johann Wolfgang von: *Des ewigen Juden, erster Fetzen*, a. a. O., S. 239.

[19] Ebd.

[20] Ebd.

[21] Vgl. Goethe, Johann Wolfgang von: *Aus meinem Leben. Dichtung und Wahrheit*. In: *Sämtliche Werke nach Epochen seines Schaffens*. Münchner Ausgabe, hg. von K. Richter u. a., Bd. 16, München 1985, S. 678ff. Es muss hier nochmals betont werden, dass Goethes Darstellung in „Dichtung und Wahrheit" stark von seinem Versfragment abweicht.

dabei neben der zentralen Kontrastfigur zu Ahasver, Christus, ein weiteres Gegenstück zum Ewigen Juden. Goethe amalgiert also den Mythos von Ahasver mit Mythen von „Ahasvers Geschwistern".

Ein ähnliches Bedeutungsspiel entfaltet auch Schubart. Ahasver verhöhnt hier unter anderem Nero und Mulei Ismael - Nero wurde nach der Christenverfolgung ebenfalls nachgesagt, er käme als Nero redivivus aus dem Totenreich als Unsterblicher zurück, weswegen man ihn bald mit dem Antichristen der Apokalypse des Johannes identifizierte; parallel dazu glauben einige der Ismailliten, dass Ismail verborgen weiterlebe und eines Tages als Mahdi wieder erscheine. Als Ahasvers Refugium nennt Schubart in seinem Gedicht zudem den Berg Karmel, also das legendäre Versteck des Propheten Elias in Israel, und konnotiert somit den Ahasver-Mythos mit der komplementären Sage um Elias.

In Schubarts Rhapsodie hingegen fungiert der Ewige Jude lediglich als Zeuge für die Barbareien der Menschheit: Er erlebt und überlebt die Zerstörung Jerusalems und Roms. Jedoch stellen diese Katastrophen für Schubarts Ahasver nur je einen weiteren Anlass für seine Reihe von Suizidversuchen dar. Der Charakter Ahasvers bleibt also einerseits statisch, andererseits negieren immer wieder neue historische Katastrophen ein teleologisches Weltbild. Die zahlreichen Selbstmordversuche des zur Unsterblichkeit Verdammten deuten wiederum auf Wagners *Ahasverus des Ozeans*[22] voraus. Schubarts Ahasver-Monolog wurde später, in der von Wagner geprägten Ära der Musikgeschichte, für den Liedvortrag entdeckt: 1910 erscheint die Ballade *Ahasver, der ewige Jude* von B. Rothlauf als Vertonung des Schubart-Textes.[23]

Sowohl Goethe als auch Schubart unterlegen den Ahasver-Mythos also dialogisch mit neuem Sinn.[24] Die Erweiterung des Mythos um neue Mythologeme dissimuliert die überlieferte Bestandheit des Mythos: Erst jetzt beginnt man über die Erlösung des Ewigen Juden ernsthaft nachzudenken. Der tradierte Mythos von Ahasver wird dabei durch Goethe und Schubart zugleich aktiviert wie auch negiert: Das Mythologem der Unerlösbarkeit Ahasvers wird entkräftet. Der laut Blumenberg im permanenten Rezeptionsverfahren befindliche Mythos

---

[22] Wagner, Richard: *Aus der „Autobiographischen Skizze"* (1842). In: Csampai, Attila/Holland, Dietmar (Hg): *Richard Wagner. Der fliegende Holländer*. Texte, Materialien, Kommentare, S. 76-79, Reinbek bei Hamburg 1982, S. 78.

[23] Vgl. Rothlauf, B.: *Ahasver, der ewige Jude. Ballade nach Schubart für eine Baßstimme mit Klavierbegleitung von B. Rothlauf, Op. 22. Dem Andenken Ludwig Thuille's . Herrn Paul Bender, Kgl. bayr. Kammersänger, verehrungsvoll gewidmet*, München 1910.

[24] Diese Art von Mythenverwendung entspricht ideell der Mythologie-Konzeption Herders und dürfte daher zumindest von Goethe bewusst angewendet worden sein. Vgl. Herder, Johann Gottfried: *Vom neuen Gebrauch der Mythologie*. In: Ders.: *Werke in zehn Bänden*, hg. von Martin Bollacher u. a., Bd. 1, Frühe Schriften 1764-1772, hg. von Ulrich Gaier, Frankfurt am Main 1985, S. 432-455.

wird moduliert und kann im Extremfall einzelne Mythologeme sogar zum Verschwinden bringen. Denn spätere Texte referieren natürlich auch exzeptionelle Bearbeitungen des Mythos. Die Konfrontation des Ahasver-Stoffes, gebildet aus Mythos und „Verfolgertexten", mit neuen poetischen Beständen, wie der Fragwürdigkeit der Strafe Ahasvers, die Tilgung des Richtspruches Christi oder gar die Entwertung des jüdischen Kollektivs als Sündenbock, wird damit zur entscheidenden Weichenstellung Goethes und Schubarts für das 19. Jahrhundert: Es erweist sich schnell, wie rasch das Mythologem der Unsterblichkeit Ahasvers mit der Frage nach der Erlösung überschrieben worden ist. Die Darstellungen des Ewigen Juden auf der Opernbühne unterstreichen diese Feststellung zudem: Mit Ausnahme Halévys kreisen alle Darstellungen des Musiktheaters, und ganz besonders die Richard Wagners, darum, eine alternative Erlösungsmöglichkeit zur Wiederkehr Christi zu entwerfen.

II. 2. WELTSCHMERZ UND TODESPOESIE

Der Mythos vom Ewigen Juden wird natürlich nicht nur durch spezifische Umcodierungen einzelner Autoren verformt, sondern reagiert auch auf eher allgemeine soziokulturelle Veränderungen. Ein mustergültiges Beispiel dafür repräsentiert das sich im Laufe der Geschichte verändernde Verhältnis zum Tod: Waren im 17. Jahrhundert Leben und Tod noch weitgehend als Gegensätze betrachtet worden, thematisiert das 18. Jahrhundert den Tod - wenn überhaupt -
auf rationale Art und Weise, der Tod verliert seine Funktion als Strafe. Im 19.
Jahrhundert schließlich entdeckt man den Mystizismus und die Sinnlichkeit des
Todes, Sturm und Drang und, daran anknüpfend, die Romantik interpretieren
den Tod unter anderem auch als des Lebens höchsten Augenblick - ein Augenblick der Ahasver versagt scheint.[25]
In elegischen Klagen[26] fungiert Ahasver nun auch - auf die veränderte Einstel-
lung zum Tod reagierend - als Symbol für den Weltschmerz, der den Tod als
Erlösung von der Qual des Lebens etabliert. Einen Kulminationspunkt findet
der allgemeine „Kunstsinn für den Tod" in Wagners *Tristan und Isolde*; von der
Steigerung[27] der Tristan-Figur, dem zweifellos Ahasver-Mythologeme aufarbei-
tenden Amfortas wird noch zu sprechen sein.
Die Beschaffenheit des Ahasver-Mythos begünstigt seine Aufnahme in die
Troika der Symbolfiguren des Weltschmerzes im 19. Jahrhundert: der Faust-
Stoff dient als Symbol des metaphysischen Leidens am Dasein, Don Juan ver-
körpert die soziale Dissonanz, Ahasver schließlich wird zum Paradigma eines
weltgeschichtlichen Weltschmerzes.[28]
Einschlägige Beispiele für diesen Aspekt des Mythos vom Ewigen Juden bilden
unter anderem William Wordsworths *Song for the Wandering Jew*[29], Wilhelm

---

[25] Zum Thema des gewandelten Verhältnisses zum Tod vgl. Ariès, Philippe: *Geschichte des Todes*, übers. aus dem Französischen von Hans-Horst Henschen und Una Pfau,
München 1980, besonders S. 601f. und 715ff.

[26] Man kann Schubarts lyrischer Rhapsodie hierfür durchaus Modellcharakter zuspre-
chen.

[27] Vgl. Wagner, Richard: *Parsifal. Ein Bühnenweihfestspiel*. In: Ders.: *Dichtungen und
Schriften. Jubiläumsausgabe in zehn Bänden,* hg. von Dieter Borchmeyer, Bd. 4, S.
281-331, Frankfurt am Main 1983.

[28] Vgl. zu diesem Zusammenhang: Csobádi, Peter u. a. (Hg.): *Europäische Mythen der
Neuzeit: Faust und Don Juan*. Gesammelte Vorträge des Salzburger Symposions 1992,
Anif/Salzburg 1993.

[29] Wordsworth, William: *Song. For the Wandering Jew*. In: Brett, R. L./Jones, A. R.:
Wordsworth and Coleridge. Lyrical Ballads, London/New York [Routledge] 1991, S.
178.

Müllers *Der ewige Jude*[30] sowie Pierre-Jean de Bérangers *Le Juif errant*[31]. Diese Beispiele illustrieren auch, dass die hier angesprochene Funktion des Ahasver-Mythos als europäisches Phänomen in der englischen, französischen und deutschen Literatur Verwendung findet.

Wordsworths Ballade erzielt seine Wirkung hauptsächlich über den Kontrast von Form und Inhalt. Dem ruhelosen Ahasver steht die ruhige und strenge Metrik der Verse gegenüber. Was die Charakterisierung des Ewigen Juden anlangt, zeichnet Wordsworth ein eher allgemeines Bild eines nicht notwendig jüdischen Wanderers. Dem Ruhelosen wird allerdings von Strophe eins bis vier die letztlich ruhefindende Natur entgegengesetzt, alle Vergleichsobjekte von Bewegung und Stillstand entnimmt Wordsworth dabei der Natur, zum Beispiel:

> Though the torrents from their fountains
> Roar down many a craggy steep,
> Yet they find among the mountains
> Resting-places calm and deep.[32]

Gegenüber der Frage nach Schuld und Strafe bleibt das Gedicht indifferent.[33] Die Kontrastierung von Ahasverfigur und einer ruhigen „entsündigten" Natur lässt sich jedoch später auch im Musiktheater auffinden. Denn die Szene auf der „Karfreitagsaue" des *Parsifal* folgt diesem Muster: die einst ruhelose „Ahasvera" Kundry findet sich in *anmutige*[r] *Frühlingsgegend* mit Wald und Quelle wieder.[34]

Direkt unter dem Einfluss Wordsworths steht Wilhelm Müllers *Der ewige Jude*. Erneut wird die Unrast Ahasvers mit der Ruhe der Natur kontrastiert. Vom Stil her erinnert Müllers Gedicht an seine mit ähnlicher Thematik beschäftigten Lieder der *Winterreise*, doch ist der von der bürgerlichen Umwelt getrennte Wanderer hier der zur Ruhelosigkeit genötigte Ahasver, der weder auf der Erde

---

[30] Müller, Wilhelm: *Der ewige Jude*. In: Ders.: *Werke - Tagebücher - Briefe*, Bd. 1, hg. von Maria-Verena Leistner. Mit einer Einleitung von Bernd Leistner, S. 200-201, Berlin 1994.

[31] Béranger, Pierre-Jean de: *Le Juif errant*. In: Ders.: *Oeuvres complètes*. Nouvelle Édition. Revue par l'auteur, Tome second, S. 215-218, Plan de la Tour (Var) 1983 (erstmals erschien Bérangers *Juif errant* 1831).

[32] Wordsworth, William: *Song for the Wandering Jew*, a. a O.

[33] Ganz anders stellt sich dies etwa bei P. B. Shelley dar. Hier werden Ahasver- und Prometheus-Mythos amalgiert: Der Gott erscheint als neidisches bösartiges Wesen. Vgl. Shelley, Percy Bysshe: *The Wandering Jew's Soliloquy*. In: Ingpen, Roger/Peck, Walter E.: *P. B. Shelley. The Complete Works*, Vol. III, London/New York, S. 77f.

[34] Wagner, Richard: *Parsifal*, a. a. O., S. 326: „Kundry senkt das Haupt tief zur Erde und scheint heftig zu weinen. Parsifal wendet sich um, und blickt mit sanfter Entzükkung auf Wald und Wiese."

noch im Himmel Ruhe findet. Müller macht mit seiner Ahasver-Bearbeitung das Motiv des Ewigen Juden erstmals für die Lyrik des Vormärz fruchtbar.[35] Neben Müllers Vorliebe für das Fremdlingsmotiv muss aber auch sein spezielles Verhältnis zum Judentum Beachtung finden: Zweimal thematisiert Müller in seinen Werken die Liebe eines Christen zu einer Jüdin.[36] In der Realität ging Müller zu seinem offen antisemitischen Lehrer Friedrich Rühs schnell auf Distanz.[37] Müllers Beschäftigung mit dem Ahasver-Mythos resultierte wohl nicht zuletzt aus einer „Solidarisierung mit Charakteren, die dem christlichen Umweltdruck standhalten, die ihm zum Trotz eine abweichende Gesinnung behaupten."[38] Ahasver gerät demnach für Wilhelm Müller zu einem Urtypus der Unbeugsamkeit.

Im Gegensatz zu Wordsworth und Müller beantwortet der in der Romantik sehr populäre Béranger in seinem im Stil einer *complainte* geschriebenen Rollengedicht die Frage nach der Strafe Ahasvers ohne allerdings ihren Sinn zu hinterfragen: Ahasver wird bestraft da er mit seiner Verspottung Christi ein Verbrechen gegen die Menschlichkeit beging, nicht weil er einem Gott gelästert hat.[39] Der Ton Bérangers ist dabei durchgängig etwas pathetischer als bei Wordsworth und Müller. In seiner „volksnahen" Bearbeitung des Stoffs fehlt weder die Endzeitvision noch die Verknüpfung mit dem Mythos vom Ewigen Jäger, also die Vorstellung, dass der Ewige Jude mit dem Sturmwind dahinjagt. Auch Béranger zieht in der bereits geschilderten Intention die Natur als Vergleichspunkt heran[40]. Nachdem die etablierte Vereinigung Ahasvers mit einem Naturbild, wie erwähnt, in Wagners *Parsifal* aufgenommen wird, sind sowohl Bérangers Aufruf zum Mitleid[41] als auch die Thematisierung des Verlachens[42] - nicht der verbalen Verhöhnung - des Heilands von Interesse. Denn das Lachen der Kundry und ganz besonders die Kraft des Mitleids sind zentrale Motive in Wagners Bühnenweihfestspiel. Die hohe Bedeutung Bérangers für die Rezeptionsgeschichte des Ahasver muss entschieden hervorgehoben werden. So regte *Le*

---

[35] Vgl. Hartung, Günter: *Müllers Verhältnis zum Judentum.* In: *Kunst kann die Zeit nicht formen. Schriften der Internationalen Wilhelm-Müller-Gesellschaft* I, hg. von Ute Bredenmeyer/Christiane Lange, S. 195-222, Berlin 1994, S. 199.

[36] In *Johannes und Esther* von 1820 und in *Debora* aus dem Jahre 1828.

[37] Vgl. Hartung, Günter: *Müllers Verhältnis zum Judentum*, a. a. O.

[38] Ebd., S. 199.

[39] Béranger, Pierre-Jean de: *Le Juif errant*, a. a. O., S. 218: «Ce n'est point sa divinité,/C'est l'humanité que Dieu venge.»

[40] Vgl. Béranger, Pierre-Jean de: *Le Juif errant*, a. a. O., S. 216: «Seul, au pied d'arbustes en fleurs,/Sur le gazon, au bord de l'onde, Si je repose mes douleurs (...).»

[41] Ebd., S. 218: «Vous qui manquez de charité,/Tremblez à mon supplice étrange (...).»

[42] Ebd.: «J'outrageai d'un rire inhuman (...).»

Juif errant nicht nur Adalbert von Chamisso[43] zur Beschäftigung mit dem Stoff an, sondern es führt auch der Weg des Ewigen Juden auf die Opernbühne über Béranger: Halévys Sammlung, *Musique des chansons de Béranger*[44], enthält auch den Ewigen Juden, die Gestalt, der Halévy eine ganze Oper widmete.

---

[43] Chamisso schuf so eine Übertragung des Béranger-Liedes (Vgl. Chamisso, Adalbert von: *Sämtliche Werke in zwei Bänden. Nach dem Text der Ausgaben letzter Hand und den Handschriften*, Bd. 1, München 1975) und eine eigenständige Bearbeitung: *Der neue Ahasverus* (ebd., S. 297-299).

[44] Halévy, Fromental: *Musique des chansons de Béranger*. Airs notés anciens et modernes. Augmentée de la musique des nouvelles chansons et de trois aires avec accompagnement de piano, No 267 *Le Juif errant*, Air du Chasseur rouge (de M. Amedée de Beauplan), S.217.

II. 3. EPOCHEN- UND WELTGEMÄLDE

Den lyrischen Momentaufnahmen von Ahasvers leidendem Seelenzustand steht die Möglichkeit gegenüber, fast jede beliebige Epoche der Menschheitsgeschichte anhand des ewigen Zeitzeugen zu thematisieren. Sogar eine Schilderung der gesamten Weltgeschichte könnte literarisch im Ewigen Juden eine Legitimierungsinstanz finden - nicht umsonst war von Schubart ein derartig großer Entwurf angelegt worden, und auch seine Rhapsodie zählt neben vielen anderen kürzeren Bearbeitungen des Mythos rasch die historischen Katastrophen auf, die der Ewige Jude er- und überlebt hat. Der Ahasver-Mythos erweist sich damit als exemplarisch für die Funktionsweise von Mythen schlechthin: Die ursprünglichen Mythologeme werden weiter transportiert, manchmal ergänzt und den jeweiligen Gegebenheiten angepasst. Der Ewige Jude gerät zum archaischen Wanderer und zugleich ist er Kind der Zeit, die ihn rezipiert. Der apriori im Rezeptionsverfahren befindliche Mythos[45]
wird natürlich auch zunehmend mit Elementen antijüdischer Stereotypen verwoben. Gerade in den eher populär-literarischen Historiengemälden werden sie mehr oder minder bewusst aufgenommen und können mit dem jetzt aufkeimenden frühantisemitischen Gedankengut vermengt werden.

Den Stoff des Ewigen Juden zum Anlass einer Epochen- oder Weltgeschichte zu nehmen erfreut sich gerade im 19. Jahrhundert besonderer Beliebtheit, und namhafte populäre Autoren beteiligen sich daran: Hans Christian Andersen, Alexandre Dumas père und Eugène Sue liefern eigene Ahasver-Varianten und tragen auch dazu bei, Ahasver als Gegenstand der Unterhaltungsliteratur zu etablieren.[46]

Eugène Sues Ewiger Jude[47] beginnt seine Wanderung am 25. Juni 1844 in „Le Constitutionel" mit der ersten von 169 Fortsetzungen.[48] Die Konstruktion des Feuilletonromans bedingt, dass die eigentliche Handlung weniger stringent ist, als vielmehr eigentlich unabhängige Einzelschicksale mehrerer Charaktere aus unterschiedlichen sozialen Milieus verbindet. Sieben Nachkommen des Hugenotten Marius Rennepont sollen durch dessen Testament zusammengeführt

---

[45] Vgl. Blumenberg, Hans: *Arbeit am Mythos*, a. a. O. S. 271.

[46] Selbstverständlich ließen sich noch zahlreiche weitere Beispiele für die Verwendung Ahasvers zur Schilderung von Epochen- und Weltgemälden nennen, z. B. H. A. O. Reichards *Der ewige Jude* (1785) oder M. Hellers *Briefe des Ewigen Juden über die merkwürdigen Begebenheiten seiner Zeit* (1791) etc.

[47] Sue, Eugène: *Der ewige Jude*. [deutsche Übersetzung] Mit Abbildungen von Gavarni. In neuer Bearbeitung von Bernhard Jolles. Mit einem Vorwort von Prof. Dr. Victor Klemperer, Berlin 1928.

[48] Vgl. Rahm, Monika: *Irrlichternd durch Raum und Zeit*, a. a. O., S. 670.

werden. Der Ahne entzog sich 1682 der Verfolgung durch die Jesuiten und vertraute sein Vermögen einem Juden an. Die Zinsen haben das treu verwaltete Erbe Renneponts bis 1832, die Zeit der Handlung, erheblich vermehrt. Aber auch die Societas Jesu hat die Spur wieder aufgenommen und unternimmt alles, um die Erben von der Testamentseröffnung fernzuhalten. Gegen einen solchen Feind wären die Renneponts eigentlich machtlos, doch ein mysteriöser Schutzpatron steht ihnen bei: Ahasver, der Ewige Jude. Der Ahasver-Mythos wird einerseits durchaus für die Tendenzen eines Schauerromans instrumentalisiert: Seine Füße hinterlassen neben gewöhnlichen Spuren den Abdruck des Kreuzes, im Gefolge des Ewigen Juden droht die Cholera etc. Andererseits erhält Ahasver eine soziale Bedeutung: Er symbolisiert in Sues Roman das Elend und die materielle Not des Proletariats, er wird zum mythischen Bruder des unterdrückten Handwerkers stilisiert.[49]

Doch Sue bereichert die Bestandheit des Ahasver-Mythos um einen weiteren entscheidenden Faktor. Ahasver wird nämlich von einer weiblichen Komplementärfigur unterstützt, die zugleich sein Schicksal teilt, Herodias, die auf der sozialkritischen Ebene die Erlösung der Frau und des modernen Sklaven verkörpert. Jedoch sind insgesamt weder Ahasver noch Herodias wirklich handlungskonstituierend, wie sich der *Ewige Jude* Sues überhaupt trotz seines großen Umfanges auf einen relativ überschaubaren Handlungsplan reduzieren lässt. Hans-Jörg Neuschäfer vermag so den maßgeblichen Inhalt des eigentlichen Geschehens in zwei Phasen zusammenzufassen:[50] Der erste Teil befasst sich mit dem Schutz der Renneponts durch Ahasver und Herodias, der jesuitischen Intrige, die die Erben von der Testamentseröffnung fernhält und dem Aufschub, den Herodias' Kodizill erwirkt. Der zweite Teil beinhaltet die Ausrottung der Renneponts durch die Jesuiten, bis auf Gabriel[51], die Vernichtung der Wertpapiere durch den jüdischen Nachlaßverwalter Samuel sowie den Tod des Erzschurken Rodin.

Als sich erweist, dass sich das Geschlecht der Renneponts nicht mehr fortpflanzen wird, stellen sich erste Zeichen des Alters bei Ahasver und Herodias ein, die ersten Vorboten ihrer bevorstehenden Erlösung. Der eigentliche Konflikt zwischen dem „Arbeiterpriester"[52] Gabriel und dem Jesuiten Rodin als Vertreter eines Ausbeuterkapitalismus könnte ohne große Änderungen für den Gesamtcharakter des Romans auf die Einflechtung des Ahasver-Mythos verzichten. Auch für die „question sociale" des *Ewigen Juden*, der Kampf um die Erbschaft

---

[49] Vgl. Sue, Eugène: *Der ewige Jude*, a. a. O., S. 659ff
[50] Vgl. Neuschäfer, Hans-Jörg/Fritz-El Ahmad, Dorothee/Walter, Klaus-Peter u. a.: *Der französische Feuilletonroman. Die Entstehung der Serienliteratur im Medium der Tageszeitung*, Darmstadt 1986, S. 138f.
[51] Abbé Gabriel Rennepont stellt die positive Gegenfigur zum jesuitischen Bösewicht Rodin dar.
[52] Neuschäfer, Hans-Jörg u. a.: *Der französische Feuilletonroman*, a. a. O., S. 141.

als Allegorie auf die Auseinandersetzung über das Schicksal der „Verdammten der Erde"[53], verlangt nicht spezifisch nach der Figur des Ahasver, um so mehr als die Erlösung des Ewigen Juden und der Herodias nach achtzehn Jahrhunderten, die auch die Erlösung der Arbeiterschaft symbolisiert, doch einer stringenten Begründung bedurft hätte.[54] So bleibt die Divergenz zwischen Sozialkritik und utopischem Schluss offensichtlich. Das hinderte Sue jedoch nicht, mit *Der Ewige Jude* an die Erfolge von *Die Geheimnisse von Paris* anzuknüpfen[55]. Insofern verwundert es wenig, dass Sues Ahasver-Variante, die Aufnahme einiger neuer Nuancen in den Stoff vom Ewigen Juden etablierte, die besonders für die Ahasver-Darstellung in der Oper bedeutsam sind: Von entscheidender Bedeutung ist die Einführung einer weiblichen Ahasvergestalt, Herodias, mit der eine der bedeutsamsten Bearbeitungen des Mythos vom Ewigen Juden identifiziert wird, Wagners Kundry.[56] Ebenso lässt sich Sues Einfluss bei Halévy ausmachen: Auch hier fungiert Ahasver als „Schutzpatron" einer Familie. Die effektvollen Auftritte Ahasvers in Sues Roman inspirieren Halévys Grand Opéra.[57] Von Sues Publikumserfolg ermutigt, versuchten sich nun zahlreiche weitere Ahasver-Bearbeitungen daran, den populär gemachten Mythos noch stärker zu erweiterten.[58]

Eine eklatante Erweiterung solcher Art findet sich so auch in Hans-Christian Andersens *Ahasverus*[59]. Der Prolog von Andersens fragmentgebliebener Misch-

---

[53] Vgl. ebd., S. 143.

[54] Neuschäfer spricht von einer Heilsstiftung durch einen sozialkritischen Roman. Vgl. ebd., S. 151.

[55] Vgl. zur Rezeptionsgeschichte des *Ewigen Juden*, insbesondere zu deutschen Übersetzungen - das Erscheinen des *Ewigen Juden* in der Leipziger „Deutschen Allgemeinen Zeitung" markiert den ersten Feuilletonroman der deutschen Pressegeschichte - Bachleitner, Norbert: *Der englische und französische Sozialroman des 19. Jahrhunderts und seine Rezeption in Deutschland*, Amsterdam-Atlanta 1993, S. 96 (Fußnote Nr. 20).

[56] Vgl. Wagner, Richard: *Parsifal*, a. a. O., S. 302: „Urteufelin, Höllenrose! Herodias warst du, und was noch? Gundryggia dort, Kundry hier: Hierher!"

[57] Vgl. Halévy, Fromental: *Le Juif errant. Opéra en cinq actes*. Paroles d'Eugène Scribe et de Jules de Saint-Georges (= Opéras français du XIXème siècle - reprints - Série B: partitions chant et piano Volume VII), Heilbronn 1994.

[58] Die Popularität von Sues Roman regte zum Beispiel Nestroy zu seiner Parodie *Zwei ewige Juden und keiner* (andere Titel: *Zwei ewige Juden für einen* oder *Der fliegende Holländer zu Fuß*). Vgl.: Rahm, Angelika: *Irrlichternd durch Raum und Zeit*, a. a. O., S. 671f.

[59] Andersen, Hans-Christian: *Ahasver*. In: Ders.: *Gesammelte Werke*, Bd. 29/30, Leipzig 1847.

form aus Epos und Drama[60] forciert die Figurierung des Ewigen Juden als Archetypus: Ahasver wird als die Verkörperung des Engels des Zweifels gezeigt, der einst zusammen mit Luzifer fiel.[61] Die eigentliche Handlung setzt jedoch zur Zeit Christi ein: Ahasver sehnt die große Zeit Israels unter David und Salomo zurück und erhofft sich in Jesus einen politisch weltlichen Messias. Der Sprung zwischen der Ausgestaltung Ahasvers als gefallenem Engel und seiner menschlichen Existenz erzeugt verständlicherweise Probleme für Andersens Gesamtkonzeption. Ist Ahasver als Engel beziehungsweise als Prinzip des Zweifels nicht ohnehin unsterblich, ist also die Verfluchungsszene des Ausgangsmythos nicht redundant? Und weshalb integriert sich der Zweifler an Gott in dessen auserwähltes Volk, weshalb nimmt Ahasver die Funktion des Zweiflers erst mit dem Erscheinen Christi wieder auf?[62] Der irdische Ahasver bekommt bei Andersen ein zusätzliches Konfliktpotential zu Christus unterlegt: Der Kindsmord zu Bethlehem fordert das Leben von Ahasvers Schwester und Mutter. Dieses Opfer wird für Ahasver doppelt sinnlos, weil Christus keine irdische, sondern eine metaphysische Erlösung symbolisiert. Die der Verfluchung folgenden Episoden versuchen, ein Tableau der Weltgeschichte zu entwerfen. Der Ewige Jude kommt nach Rom und ist dort zur Zeit der Christenverfolgung als Henker tätig. Das Mitleid mit den Delinquenten wird schließlich zum entscheidenden Wendepunkt für Ahasvers Existenz. Andersen zeigt im Folgenden den Fall Jerusalems, lässt Ahasver Attila und Mohamed begleiten und schließlich mit Kolumbus Amerika entdecken. Die Fülle der Momente dieses Historien- und Weltgemäldes strebt Andersen einer teleologischen Idee der Weltgeschichte unterzuordnen: Ahasver, der sich als Jude gegen die „Größe" Christi wehrt, wird Zeuge der Ausbreitung des Christentums, beginnt am Ende verstehend zu glauben[63] und begreift damit das Ziel der Weltgeschichte Andersens, die Einheit der Völker im Namen Christi, die den Abschluss der Entwicklung der Menschheit markiert und so Ahasvers zunächst vage Zukunftshoffnung einlöst.

Sowohl das Aufbegehren des Juden gegen den klar als wahrhaftiger und größer gezeichneten christlichen Glauben als auch die „Konvertierung" des Ewigen Juden erscheinen als Reflex auf den Bekehrungswahn der frühen Rezeption des Ahasver-Mythos. Die Personalunion Ahasvers als Einzelmensch und zugleich

---

[60] Ausführliche Naturschilderungen romantischer Prägung mit Orakeln von Winden, Tieren etc. bringen zusätzlich ein starkes lyrisches Element in Andersens *Ahasverus* ein.

[61] Eine Konstellation, die in Stefan Heyms *Ahasver* erneut aufgegriffen wird: Ahasver stürzt zugleich mit Luzifer.

[62] Auch bei Stefan Heym noch erscheint die „zweite" Verfluchung des Engels Ahasver problematisch. Jedoch glättet er die folgenden Widersprüche mit einer Charakterisierung Ahasvers als menschenfreundlichen Revolutionär marxistischer Ausprägung.

[63] Vgl. Rahm, Monika: *Irrlichternd durch Raum und Zeit*, a. a. O., S. 670.

als die metaphysische Idee des Engels des Zweifels verwischt dabei ein wenig die antijüdischen Einfügungen Andersens. Denn Ahasver erscheint hier nicht nur als die Einlösung des archetypischen Prinzips des Gegengottes[64], der polemisch im jüdischen Gott verankerbar wäre, sondern der Ewige Jude erhält zugleich die Rolle eines Prometheus, eines fortschrittgläubigen Menschen, dessen Zweifel eine vorantreibende Kraft bedeutet.[65] Freilich erscheint die Darstellung des Christentums als letzter notwendiger Phase der Einung der Welt[66] aus heutiger Perspektive als religiöser Chauvinismus. Vor allem aber scheitert Andersens Darstellung einer geschichtsphilosophischen Idee an der bereits erwähnten Divergenz zwischen dem Mensch Ahasver und dem gefallenem Engel Ahas als Prinzip des Zweifels.

Eine Archetypisierung des Ewigen Juden mit anderen Vorzeichen nimmt Alexandre Dumas (père) in *Isaac Laquedem*[67] vor. Zwar dient der Ewige Jude auch hier als *Werkzeug des geschichtlichen Telos*[68] - gleichbedeutend mit dem Sieg des Christentums, jedoch vertritt Ahasver dabei keinen schließlich geläuterten Zweifler, sondern ein definitiv böses Prinzip, das als Kontrastfolie erst das Gute ermöglicht. Erneut ist mit *Isaac Laquedem* ein gigantisch geplantes Historienpanorama Fragment geblieben. Allerdings resultiert der Abbruch der Arbeit, deren Veröffentlichung ganz nach Sues Vorbild als Feuilletonroman im „Constitutionel" begonnen wurde, augenscheinlich aus einem Eingriff von außen: Die Zensur unterbindet die Fortsetzung des *Isaac Laquedem* aufgrund kolportagenhafter Darstellung des Leben Christi, nicht gewillt, eine *Säkularisierung des Heilsgeschehens*[69] in einem Werk zu dulden, das Christus und Kaiser Nero als gleichberechtigte historische Figuren funktionalisiert. Dumas' Fragment birgt auf den ersten Blick keine allzu großen stofflichen Überraschungen: Die Gestalt Ahasver erscheint zunächst aus sehr effektvoll vergröberten angelesenen und lange tradierten Mythologemen vom Ewigen Juden gebildet[70], ohne dass der

---

[64] Ahasvers Charakterisierung als gefallener Engel rückt den Ewigen Juden in die Nähe des Antagonisten schlechthin, Luzifer. Vgl. zum Prinzip Gott versus Gegengott I. 5. Ahasvers Geschwister.

[65] Vgl. Rahm, Monika: *Irrlichternd durch Raum und Zeit*, a. a. O., S.670.

[66] Vgl. ebd..

[67] Dumas, Alexandre (père): *Isaac Laquedem. Großes Phantasiegemälde*. In: Heine, Ferdinand/Diezmann, A.: *Dumas Schriften*. Neue Reihe, o. O., 1853.

[68] Miller, Norbert: *Die Zweideutigkeit des Guten. Anmerkungen zu Alexandre Dumas' Isaac Laquedem-Fragment und seiner geplanten Fortsetzung*. In: Erb, Rainer/Schmidt, Michael (Hg): *Antisemitismus und jüdische Geschichte. Studien zu Ehren von Herbert A. Strauss*, S. 365-380, Berlin 1987, S. 376.

[69] Ebd., S. 371.

[70] So darf zum Beispiel in der schaurigen Erscheinung Ahasvers das Flammenzeichen auf der Stirn nicht fehlen, ein Mythologem, das sich der Ewige Jude mit Kain teilt. Vgl. I. 5. Ahasvers Geschwister.

ewige Wanderer eine Ausgestaltung besonders individueller oder origineller Züge erführe. Ein stärkeres Interesse erweckt Dumas' Ahasver-Bearbeitung erst indirekt durch den Essay von Henry Blaze de Bury, das Dumas' Ahasver-Plan thematisiert.[71] Der Essay lenkt die Aufmerksamkeit zunächst auf die Erzählkonstruktion des *Issac Laquedem*: Eine Art Weltchronik soll aus einem Beichtgespräch[72] - die Beichte Ahasvers vor Papst Paul II - entbunden werden. Diese Art Prolog, der allerdings im Folgenden auf einen Ahasver als Ich-Erzähler verzichtet, nimmt beinahe den gesamten ersten der veröffentlichten vier Bände ein. Die breite Historienschilderung eines auktorialen Erzählers statt einer eindringlicheren Ich-Erzählung mag als Schwäche erscheinen, bedeutet sie doch unter anderem den Verzicht auf eine individuellere Charakterisierung des Ewigen Juden. Zugleich wahrt diese Erzählhaltung entschieden mehr Distanz. Die Verwendung Ahasvers als böses Prinzip sowie die durch die Erzählsituation erschwerte Identifikation mit dem Ewigen Juden sind allerdings derart markante Merkmale, dass sie weniger notgedrungen als vielmehr absichtsvoll gewählt scheinen. Es wird also ein Prinzip Ahasver geschaffen, das als mythisch archetypisch Böses keine Identifikation mit dem Ewigen Juden intendiert. Daneben existiert mit der Beichte ein Erzählprinzip Ahasver, ein erzählerischer Rahmen, der die Chronologie der Ereignisse in ein Vorher und ein mögliches Nachher trennt.[73] Die „historischen" Ereignisse in *Isaac Laquedem* sind freilich Phantasiegemälde. Schon die Schilderung des Leben Jesu konfrontiert biblische mit fiktiven Gestalten, erst am Kreuzweg erscheint erstmals in der Binnenhandlung Ahasver. Im folgenden beruht das Erzählprinzip Ahasver auf dem Muster, einen bestimmten Moment und Ort der Weltgeschichte zu präsentieren, dann - im erzähltechnisch günstigsten Augenblick - offenbart sich jedes mal ein zunächst Unerkannter als der Ewige Jude.[74] Innerhalb weiterer Episoden ruft Dumas aber auch mythologische Parallelfiguren auf: Ahasver begegnet Prometheus am Kaukasus und erweist sich als „Prometheus des neuen Bundes", er belebt Kleopatra neu und zeigt eine Verwandtschaft zu Faust, der Helena beschwört. Die Wiedergeburt Kleopatras in Dumas' Nero-Episode als Geliebte des Kaisers Oppaea Sabina präfiguriert in gewisser Hinsicht auch die Verknüpfung des Mythos

---

[71] Vgl. zu diesem Essay von 1885: Miller, Norbert: *Die Zweideutigkeit des Guten*, a. a. O., S. 365ff.

[72] Dumas verwendet hiermit eines der Paradigmen der Erzählkonstruktion des 19. Jahrhunderts und der Folgezeit schlechthin. Vgl. Foucault, Michel: *Der Wille zum Wissen. Sexualität und Wahrheit*, erster Bd. Übers. aus dem Französischen von Ulrich Raulff und Walter Seiter, Frankfurt am Main 1983, S. 69ff.

[73] Vgl. Miller, Norbert: *Die Zweideutigkeit des Guten*, a. a. O., S. 372.

[74] Vgl. ebd., S. 370.

vom Ewigen Juden mit dem Gedanken der Wiedergeburt.[75] Ebenso findet sich bei Dumas die Begegnung von Nero und Ahasver: Die durch den Mythos apodiktische Bindung Ahasvers an Christus weckte offenbar im christlichen kulturellen Bewusstsein die Assoziation mit der Christenverfolgung und dem „Antichrist" Nero.[76] In der Nero-Episode findet Ahasver bei Dumas seine erste geschichtliche Verkörperung. Neros Ratgeber Tigellinus ist niemand anderes als der Ewige Jude und flüstert dem Kaiser die Christenverfolgung ein. Mit dieser Gestaltung Ahasvers als böses Prinzip steht Dumas zunächst einmal der Ausgestaltung des Ewigen Juden in der französischen Romantik nicht fern: Der Ewige Jude symbolisiert eine „romantische Existenz", den „homme maudit".[77] Infolgedessen wird Ahasver als dämonische Einzelexistenz verflucht und kann als antagonistischer „Gegengott" interpretiert werden.[78] Erst Millers Hinweis auf de Burys Essay, der Dumas' weiteren Handlungsplan skizziert, zwingt dazu, die Frage nach dem Judentum Ahasvers bei Dumas zu überdenken[79]: Es war vorgesehen, Ahasver im Verlauf der Handlung konvertieren zu lassen und zwar nicht, um eine Läuterung oder Entsühnung zu markieren, sondern einzig aus der Motivation Ahasvers, an der bestehenden Macht partizipieren zu können, Einfluss zu gewinnen, der ihm als Jude versagt geblieben wäre. Es wäre polemisch, Dumas hier eine absichtsvolle Etablierung antisemitischen Gedankengutes zu unterstellen, aber neben dem Schicksal als Einzelexistenz wurde der Ahasver-Mythos - wie dargestellt - von Anfang an mit „Verfolgertexten" verwoben. Gerade das 19. Jahrhundert vereinnahmte Ahasver als Symbolfigur für das Judentum - sei es in positiver oder negativer Ausprägung. Berücksichtigt man die Funktion des Ewigen Juden als eine Allegorie für das Judentum, so öffnet sich Dumas' *Isaac Laquedem* für eine äußerst fatale Auslegung. Denn der Jude Ahasver wird mit der Taufe kein integriertes Mitglied der christlichen Gemeinschaft, der Jude bleibt der satanische Dämon, der er vorher war. Es steckt in *Isaac Laquedem* somit eine implizite Grundthese des Antisemitismus: Die Reli-

---

[75] Gemeint ist hier nicht die Reinkarnation der Ahasverfigur, wie zum Beispiel Wagners Kundry, sondern die Wiedergeburt von Ahasver umgebenden Charakteren. So zu finden vor allem in Felix Weingartner *Die Erlösung*.

[76] Wie das Verhältnis zwischen Nero und Ahasver zu bestimmen sei, herrscht in den Bearbeitungen des Mythos jedoch Uneinigkeit: Ahasver kann mit einem „Nero redivivus" (Vgl. I. 5.) beinahe identisch, aber auch - als krasses Gegenbeispiel - den Antagonist zu Nero darstellen.

[77] Miller, Norbert: *Die Zweideutigkeit des Guten*, a. a. O., S. 368.

[78] Norbert Miller spricht von einem „parodierten Nachfolger Christi " und einer „negativen Jünger-Berufung". Vgl. Miller, Norbert: *Die Zweideutigkeit des Guten*, a. a. O., S. 376. Auf den Vers des Johannes-Evangeliums als Ausgangspunkt der Produktion des Ahasver-Mythos wurde bereits hingewiesen.

[79] Vgl. Miller, Norbert: *Die Zweideutigkeit des Guten*, a. a. O., S. 379.

gion des (Ewigen) Juden wird sekundär, seine Herkunft wird der entscheidende Faktor für seine Verurteilung.

Verkörpert Ahasver bei Dumas das Böse schlechthin, so erfährt der Ewige Jude in Hamerlings Epochengemälde, dem Versepos *Ahasver in Rom*[80], eine ganz andere Ausdeutung, was erneut die extreme Dehnbarkeit des Ahasver-Mythos für teilweise gegensätzliche Symbolisierungen zeigt. Auch Hamerling präsentiert die beliebte Kombination der Figuren Nero und Ahasver. War der Hintergrund der Christenverfolgung bei Andersen, nach anfänglicher Partizipation, der Auslöser für Ahasvers Reue und bei Dumas der Ewige Jude gar der Initiator des Massakers, so präsentieren sich der römische Kaiser und der Weltenwanderer bei Hamerling als Antagonisten. *Ahasver in Rom* avancierte dabei zu einem Publikumsliebling unter den Ahasver-Geschichten mit zahlreichen Auflagen. Als Grund für diesen Erfolg wird oftmals die geschickte neue Auslegung des Mythos genannt. In der Tat fungieren Nero und Ahasver nicht als rein personelle Gegenspieler, sondern als sich bekämpfende Prinzipien. In erster Linie gerät Ahasver zur Allegorie für die Todessehnsucht, Nero hingegen zur Verkörperung des dionysischen Willens zum Leben. Doch mag eine derart klare Gegenüberstellung über die sehr komplizierte Gesamtkonstellation Hamerlings hinwegtäuschen: So ist Ahasver unter anderem zugleich Symbol der Menschheit.[81] *Ahasver in Rom* versucht geistige, religiöse, ethische und weltgeschichtliche Fragen zu erörtern, gerade die weltgeschichtliche Perspektive bleibt dabei jedoch unklar und keineswegs folgerichtig. Der auch bei Hamerling verderbt dargestellte Nero als philosophischer Erörterer ethischer Probleme erscheint ebenfalls problematisch. Schließlich wirkt aber auch die gesamte Grundtendenz des Werkes höchst fragwürdig. Denn *Ahasver in Rom* versucht, die Faszination romantischer Todessehnsucht mit weltanschaulichen Hilfskonstruktionen in ein historisches Faktum zu überführen: Der große Nero scheitert an Ahasver, der Lebensdrang des Individuums unterliegt der Todes- und Ruhesehnsucht der Menschheit.[82] In seiner Funktion als Repräsentant der Todessehnsucht wird der Ewige Jude bei Hamerling zum entscheidenden Katalysator der Krisensituation in Rom - er schleudert den ersten Brand. Freilich erfordert eine Konzeption, die Ahasver zu einem doppelten „Weltprinzip" macht - zum Repräsentant der Menschheit und der Todessehnsucht zugleich - wie schon bei Andersen eine Öffnung des Ausgangsmythos in eine Zeit vor die Zeit Christi. Hamerling selbst erklärt die Konstellation folgendermaßen:

---

[80] Hamerling, Robert: *Ahasver in Rom. Eine Dichtung in sechs Gesängen.* In: Ders.: *Sämtliche Werke in sechzehn Bänden.* Mit einem Lebensbild und Einleitungen hg. von Michael Maria Rabenlechner, Bd. 3, Leipzig 1867.

[81] Vgl. ebd. [Einleitung des Herausgebers], S. 9.

[82] Sehr aufschlussreich für Hamerlings Intentionen ist sein „Epilog an die Kritiker". Vgl. ebd., S. 184-200.

[...] Ich für meine Person betonte in meiner Auffassung die Todessehnsucht, faßte aber diese in höherem Sinne als ein Streben nach einem Zustande der Ruhe, der völligen Beschwichtigung, den die Menschheit nicht wie das Individuum im Tode finden kann. [...] Daß 'Ahasver' die Menschheit symbolisiere, wird niemand leugnen wollen: unsterblich ist nur die Gattung, nicht das Individuum. Es gab Leute, die nicht begriffen, warum mein Ahasverus die Menschheit und zugleich die Todessehnsucht bedeute. Das geistige Streben der Menschheit setze ich ja eben in die Todessehnsucht [...] Die Opposition gegen Christus ist bei dieser Auffassung dadurch motiviert, daß Ahasver als Vertreter der unsterblichen [...] Menschheit vor einem Heiland sich nicht beugen will, dessen Lehre doch wieder nichts 'Ewiges' [...] ist. [...] Es störte mich nun, daß die Sage meinem Repräsentanten der unsterblichen Menschheit einen so zeitlich begrenzten [...] Ausgangspunkt gibt. Als rechter Vertreter der Menschheit mußte es kein bloßes Jüdlein und Schuster von Jerusalem sein, sondern auch schon vorher gelebt haben [...] so lange auf Erden gewandelt sein, als die Menschheit auf Erden lebt und strebt. Ich identifizierte ihn daher mit Kain, der den Tod in die Welt bracht und den dieser zum Dank dafür verschont.[83]

Neben der „klassischen" Bestandheit des Mythos, Ahasver als Gegenspieler Christi, sucht also auch Hamerling im Ewigen Juden einen Archetypus, jedoch diesmal keinen wirklichen „Gegengott", sondern die unsterbliche und unerlösbare Menschheit, und potenziert damit erneut den mythischen Gehalt des Ahasver-Stoffes. Insofern gerät die Frage, ob Ahasver Jude oder später Christ sei, zu einer sekundären.[84] Hervorzuheben gilt es die Identifikation des Ewigen Juden mit Kain, die ohnehin durch zahlreiche gemeinsame Mythologeme beider Figuren präfiguriert ist. Gerade diese mythologische Verschmelzung von Ahasver und Kain erweist sich nämlich für das Musiktheater als folgenreich: Ahasver wird sowohl explizit die Wiedergeburt Kains, wie in den Musikdramen *Die Erlösung* von Weingartner und *Kains Schuld und ihre Sühne* von Melchior E. Sachs. Es werden aber auch lediglich implizite Konglomerierungen beider Gestalten vorgenommen, wie zum Beispiel in d'Alberts *Kain*. Seine Verformungen des Ahasver-Mythos rechtfertigt Hamerling sogar auf eine Weise, die an die Mythos-Konzeption Blumenbergs denken lässt: „Der Mythus darf nicht bloß, er soll durch die Poesie fortschreitend entwickelt, mit neuen, den Anschauungen der modernen Zeit entsprechenden Leben beseelt werden."[85]. Über solche Ver-

---

[83] Hamerling in einem Brief an Franz Raab, zit. ebd. [Einleitung des Herausgebers], S. 9.

[84] Vgl. ebd. [Epilog an die Kritiker], S. 186: „Selbst wenn der Epiker das Judentum des Ahasver sich allmählich zu reinem Menschentum läutern ließe, so hätte er damit immer nur ein Werk von mehr jüdisch-nationalem als allgemeinem Interesse geschaffen, denn nicht für die gesamte Menschheit ist das Judentum Ausgangspunkt der Entwicklung."

[85] Hamerling, Robert: *Ahasver in Rom* [Epilog an die Kritiker], a. a. O., S.186.

formungen des Mythos geht Hamerlings *Ahasver in Rom* schließlich sogar noch hinaus, indem er den Ahasver-Mythos zu einer Art „Super-Mythos" stilisiert:

> Ist Ahasver der ewige Mensch, nicht bloß der Jude von Jerusalem, so erhält auch sein Trotz gegen den Messias sogleich eine tiefere Bedeutung. Es ist der Trotz des in allem Wechsel Beharrenden gegen das Wechselnde, Vorübergehende, Zeitlich-Gültige, des Wesens gegen die Form. „Götter kommen und schwinden - ewig wandert Ahasver."[86]

Auch der zunächst enorme Publikumserfolg des *Ahasver in Rom* kann aber nicht darüber hinwegtäuschen, dass Hamerlings Projekt letztlich darin gescheitert ist, alle nur erdenklichen Aspekte der Menschheitsgeschichte aufgreifen zu wollen. Wie bei fast allen literarischen Welt- und Epochengemälden von Ahasver erscheint die - meist durch die Bearbeitung noch verlängerte - Existenz Ahasvers „zu" ewig, um sie fassbar zu machen. Dass die riesigen Ahasverkonzepte oftmals Fragment bleiben, ist die Konsequenz. Die Versuche, sich der möglichen Stofffülle einer Weltgeschichte anhand des Ahasver zu bemächtigen, haben dazu geführt, Ahasver als Prinzip - von Autor zu Autor mit unterschiedlicher Auslegung - begreifen zu wollen. Gerade diese Vorgehensweise rezipiert die Vieldeutigkeit des Mythos vom Ewigen Juden mit und produziert zugleich weitere neue Mythologeme, die dem Mythos einverleibt werden.

---

[86] Ebd., S. 187.

II. 4. Der Jude Ahasver

Die Vieldeutigkeit des Ahasver-Mythos resultiert vor allem daraus, dass der Mythos, wie von Blumenberg dargelegt, sich von Anfang an im Rezeptionsverfahren befindet. Ebenso zeigt die Figur des Ewigen Juden exemplarisch die unmittelbare Einwebung von Verfolgertexten, die das Einzelschicksal Ahasvers[87] in Bezug zum jüdischen Kollektiv bringen.[88] Diese Infizierung des Ahasver-Stoffes prägt auch die Renaissance des Mythos im 19. Jahrhundert: Die Rezeption mündet daher in zwei Hauptstränge, die Wahrnehmung Ahasvers als Einzelschicksal einerseits, als Thematisierung des Judentums andererseits. Keineswegs zufällig decken sich so die Wiederentdeckung des Ahasver-Mythos und die verstärkte Stellung der Judenfrage zeitlich. Neben dem manchmal weniger absichtsvollen Einfluss antijüdischer Elemente entsteht auch eine bewusste Identifizierung des Ewigen Juden mit dem jüdischen Volk, die eine Parallele zwischen dem ruhelosen Frevler und dem - in einer Kollektivschuld am Tode Christi begründet gesehener- heimatlosen Stamm Israels. Im Gegenzug beginnt man von jüdischer Seite aus, den Ahasver-Mythos als Argument für die religiöse Intoleranz der christlichen Tradition ins Feld zu führen. Die begonnene Emanzipation der Juden in Europa ermöglicht es, dass jüdische Künstler wie Heine und Börne die gleichen Fragen erörtern, die „die Christen" disputieren. Doch die als überdurchschnittlich imaginierte Repräsentanz von Künstlern jüdischer Herkunft beginnt als Bedrohung empfunden zu werden. Denn in den 1830ern „erschien eine erste Gruppe jüdischer Denker, Schriftsteller und Künstler in der Öffentlichkeit und wollte zur Kenntnis genommen werden."[89] Neben der Diskussion um die Emazipation der Juden in gesellschaftlicher und politischer Hinsicht, war dies Gegnern der jüdischen Gleichberechtigung ein Dorn im Auge. „Der freie Markt für kulturelle Produktionen öffnet die Kultur für eine Teilnahme von Juden"[90], von denen die meisten ohnehin im Zeichen einer kulturellen Annäherung von Juden und „Nicht-Juden" aufgewachsen war.

---

[87] Vgl. *Kurtze Beschreibung und Erzehlung von einem Juden/mit Namen Ahaßverus*, a. a. O.

[88] Vgl. *Wunderbarlicher Bericht von einem Jüden aus/Jerusalem bürtig/und Ahasverus genennet*, a. a. O. Hier frevelt Ahasver „vmb Ruhmes willen/bey anderen Jüden" und wird verflucht um „wider die Juden einen lebendigen Zeugen" zu bewahren. Vgl. hierzu I. 2. Die Geschichte Ahasvers: Mythos und Verfolgertexte.

[89] Katz, Jacob: *Vom Vorurteil zur Vernichtung. Der Antisemitismus 1700-1933*, München 1989, S. 174.

[90] Ebd., S. 175.

Mancher, der Mängel an der Arbeit der Juden fand, schrieb diese dem jüdischen Ursprung der Verfasser zu. Dies geschah am deutlichsten, als eine Gruppe Schriftsteller ans Licht trat, die sich „Das junge Deutschland" nannte. Angeführt von Karl Gutzkow und Heinrich Laube gehörten zum jungen Deutschland zwei der herausragenden jüdischen Dichter jener Zeit, Heinrich Heine und Ludwig Börne, die zwar beide getauft waren, aber sich selbst weiterhin als Juden ansahen, auch von anderen so gesehen wurden.[91]

Gerade diese beiden Autoren boten die Gelegenheit in deutsch-nationaler Ablehnung „welschen Tandes" ihr Schaffen in Misskredit zu bringen. Von „französischem Geist und französischen Manieren" ist da die Rede, die „Übertragung des französischen Geistes nach Deutschland ist das Werk der Juden"[92]. Autoren des deutschen Nationalismus, wie Edurad Meyer oder Wolfgang Menzel, beginnen zu fingieren, die Juden würden nach Integration in die Gesellschaft ihre zerstörerische Potenz in nie gekanntem Ausmaß entfalten. Eine Vorstellung, die sich rasch verbreitete.

Erneut beginnt man, die numinose Angst vor den Juden mit Hilfe des Mythos beherrschbar zu machen. Auf die Darstellung Ahasvers als betont jüdische Negativfigur reagierend entstehen aber auch Varianten, die im Ewigen Juden ein Symbol für die Hoffnungen und Leiden der Juden suchen.[93]

Freilich hat eine direkte Identifikation von Ahasver mit der Gesamtheit der Juden schon viel früher stattgefunden. Implizit ist sie bereits in der „allegorischen Personifikation"[94] des „Ewigen" Juden angelegt.[95] Explizit formuliert jedoch schon 1714 Johann Jacob Schudt in seinen *Jüdischen Merckwürdigkeiten:*

(...) und achte ich/ dieser umlaufende Jude seye nicht eine einzelne Person/ sondern das gantze jüdische/ nach der Creuzigung Christi in alle Welt zerstreute/ umherschweifende und/ nach Christi Zeugnuß/ bis an den jüngsten Tag bleibende Volck.[96]

---

[91] Ebd., S. 176.

[92] Ebd., S. 180.

[93] Beispielsweise in Berthold Auerbachs *Spinoza. Ein Denkerleben,* erstmalig 1837 erschienen. Hier erscheint Ahasver dem von seinen Anhängern verlassenen Spinoza und erzählt sein Schicksal als das seines Volkes. Der Ewige Jude stirbt schließlich und vererbt das Amt der Welterlösung an Spinoza. Vgl.: Auerbach, Berthold: *Spinoza. Ein Denkerleben.* Neue durchgearbeitete Auflage, Mannheim 1855.

[94] Blumenberg, Hans: *Arbeit am Mythos,* a. a. O., S. 29.

[95] Wie bereits erwähnt, erscheint der Terminus „ewiger Jude" erstmals in einem Volksbuch von 1694, also fast ein Jahrhundert nach dem ersten Ahasver-Volksbuch. Vgl. I. 1. *Ein Jude mit Namen Ahasverus* - die Identifizierbarkeit des Unnennbaren.

[96] Schudt, Johann Jacob: *Jüdische Merckwürdigkeiten Vorstellende Was sich Curieuses und denckwürdiges in den neuen Zeiten bey einigen Jahr-hunderten mit denen in alle IV. Theilen der Welt/ sonderlich durch Teitschland/ zerstreuten Juden zugetragen.*

Doch im 19. Jahrhundert gewinnt die Interdependenz von Ahasver und Judentum aus den genannten Gründen neue Aktualität. Die den Ahasver-Mythos kennzeichnende Ambivalenz findet schließlich auch in der Diskussion über den Stoff ihren Niederschlag. Ludwig Börne betitelt so seine Kritik am Judenhass seiner Zeit mit *Der ewige Jude*.[97] Äußerer Anlass für Börnes Schrift war Ludolf Holsts *Das Judentum in allen dessen Theilen, aus einem staatswissenschaftlichen Standpunkt betrachtet* aus dem Jahre 1821. Börnes *Der ewige Jude* entlarvt Holsts vorgeblich wissenschaftliche Beweisführung, die das Streben der Juden nach Macht hervorzuheben sucht, als antijüdisches Stereotyp und analysiert die neuen Ursachen des Judenhasses im 19. Jahrhundert hinsichtlich ihrer ökonomischen Ursachen.[98] Gutzkow dagegen betont den ausschließlichen Negativcharakter Ahasvers, wobei er zwar figurenbezogen bleibt - Grund für die Verdammnis des Ewigen Juden ist für ihn nicht seine Religion, sondern seine Mitleidslosigkeit[99] - aber Gutzkows Entsetzen, als er von Börnes Judentum erfährt, lässt den Zusammenhang zwischen antijüdischer Grundhaltung und Negativauslegung des Ahasver-Stoffes bereits erahnen.[100] Gutzkows Interpretation des Ahasver-Mythos provozierte 1838 folglich schnell eine Entgegnung von jüdischer Seite.[101] Gutzkow rezipiert die Identifikation Ahasvers mit dem Judentum, wobei er eine Unzahl judenfeindlicher Klischees bemüht und gipfelt schließlich in der proto-antisemitischen These, dass keineswegs die Religion

---

Samt einer vollständigen Franckfurter Juden-Chronik. Bd. 1, Erster Theil, V. Buch, 14. Capitel „von dem in aller Welt vermeynten umbher lauffenden Juden Ahasverus", S. 490/491. Schudts Kapitel über den Ewigen Juden versucht noch ganz ernsthaft, Argumente gegen die Glaubwürdigkeit der Fabel anzuführen, z. B. die Sanftmut Christi als Widerspruch zur grausamen Bestrafung Ahasvers. Ansonsten präsentiert er den Ewigen Juden als den bußfertigen Sünder, der „habe sich auch tauffen lassen und seye Christ geworden", ebd., S. 489.

[97] Börne, Ludwig: *Der ewige Jude*. In: Ders.: *Gesammelte Schriften*, Bd. 6, Hamburg/Frankfurt am Main 1862, S. 4-68.

[98] Vgl. Körte, Monika/Stockhammer, Robert: *Ahasvers Spur*, a. a. O., Anmerkungen und Textnachweise, S. 230.

[99] Vgl. Gensel, Reinhold (Hg.): *Gutzkows Werke. Auswahl in zwölf Teilen*. Mit Einleitungen und Anmerkungen versehen von Reinhold Gensel, Neunter Teil, Rückblicke auf mein Leben, S. 25ff.

[100] Interessant erscheint hier auch die Bekanntschaft Gutzkows mit Julius Mosen in Dresden ab 1833. Zu Mosens *Ahasver,* die erste größere Ahasver-Dichtung deutscher Sprache im 19. Jahrhundert s. u.

[101] Vgl. Gutzkow, Karl: *Julius Mosens Ahasver* und *Noch einmal Ahasver*. In: Telegraph für Deutschland, 1838, Nr. 124, 128, 168 sowie Philippson, Ludwig: *Ahasver, Gutzkow und die Juden* sowie *Tages-Controle*. In: *Allgemeine Zeitung des Judentums*, II. Jg., 1838, S. 460ff. Auszugsweise abgedruckt findet sich die Auseinandersetzung auch bei: Körte, Monika/Stockhammer, Robert: *Ahasvers Spur*, a. a. O., S. 180-188.

den entscheidende Faktor des Judentums darstelle, sondern der dem Juden eigene („verdorbene") Charakter:

> O und nicht darum wurden die Juden verdammt, zu irren auf der Erde, weil
> sie nicht Christen waren, sondern weil ihnen die moralische, edle, schöne,
> menschliche Regung des Gefühls, weil ihnen die Liebe abging und sie im
> schnöden, witzelnden Partikularismus sich über das Unglück moquierten
> und ein Verbrechen (nicht am Christentum, sondern) an der Menschheit be-
> gingen![102]

Die Frage nach dem Judentum Ahasvers wird freilich verkompliziert durch die
Tatsache, dass eine antijüdische Einfärbung des Stoffes keineswegs immer mit
einer negativen Zeichnung des Ewigen Juden einhergeht. Vielmehr wird antijüdisches Gedankengut oftmals an das bekannte Paradigma gekoppelt, in Ahasver
eine positive Gegenfigur zum jüdischen Kollektiv zu etablieren, ein Schema,
nach dem bereits der *Wunderbarliche Bericht* geformt ist.
Genau diese Vermischung des Ahasver-Mythos mit den Instrumentarien von
Verfolgertexten prägt zum Beispiel Achim von Arnims *Halle und Jerusalem*[103],
eine der wenigen dramatischen Bearbeitungen des Stoffes für das Sprechtheater.
In geradezu exemplarischer Weise wird der Ewige Jude hier zum Zeugen gegen
das Volk Israels stilisiert. Der Ahasver-Mythos wird in Arnims „Studenten spiel
und Pilgerabenteuer" allerdings ohne innere Notwendigkeit mit einer Liebesgeschichte verknüpft. Ahasver kommt dabei nur insofern eine Funktion zu, als er
das Paar Celinde und Cardenio, der sich aufgrund unerfüllter Liebe Celinde zu-
gewandt und ihren Liebhaber ermordet hat, zu einer Bußfahrt ins Heilige Land
ermutigt. Erst im zweiten Teil des Schauspiels offenbart sich, dass der Ewige
Jude Cardenios Vater ist, der einst Cardenios Mutter, die Pilgerin Anthea, in
Jerusalem vergewaltigte und dafür in Ewigkeit büßen muss. Diese Neubegrün-
dung der Strafe Ahasvers stellt einen der Hauptgründe dar, weshalb Arnims
Versuch einer romantischen Dramenkonzeption scheitert und beraubt den Ewigen Juden natürlich fast gänzlich seines mythischen Nimbus: Sein Frevel liegt
gerade eine Generation zurück, der eigentliche Ausgangspunkt des Mythos, die
Begegnung mit Christus, wird durch ein profanes Gewaltverbrechen substitu-

---

[102] Gutzkow, Karl/Philippson, Ludwig: *Streit um die Möglichkeiten, einen Ahasver zu
dichten.* In: Körte, Monika/Stockhammer, Robert: *Ahasvers Spur,* a. a. O., S. 182. In
gewisser Weise wiederholt sich also das Schicksal des Ausgangsmythos: Vom Einzelschicksal in der ersten Fassung entwickelt sich der Stoff zum Symbol für ein Kollektiv;
ebenso ist der Ewige Jude bei Béranger eher Einzelschicksal, bei Gutzkow ein Paradigma für „den Juden schlechthin".
[103] Arnim, Achim von: *Halle und Jerusalem. Studentenspiel und Pilgerabenteuer* [ers-
tmals Heidelberg 1811]. In: Kluckhon, Paul (Hg.): *Dramen von Clemens Brentano und
Achim von Arnim,* Leipzig 1938, S. 47-305.

iert. Ahasver ist daher auch kein Schuhmacher aus dem alten Jerusalem, sondern entstammt einem „versprengten Judenvolk" aus Georgien. Ahasver verkommt so zu einem fragwürdig motivierten bekehrten „Vorzeigejuden", kontrastiert durch den mit antijüdischen Stereotypen überfrachteten „Schacherjuden" Nathan. Der Ewige Jude erscheint in *Halle und Jerusalem* als der allen anderen menschlich Überlegene, der seine Größe jedoch nicht aus einer ihm immanenten Menschlichkeit gewinnt, sondern aus seiner Überwindung des Judentums im Christentum.[104] Ahasver gerät somit zur Gewährsfigur eines christlichen Erlösungsstrebens, zumal sein Gegenpol Nathan den bösen, raffgierigen, glaubenslosen, aus Opportunismus getauften Negativcharakter bildet.[105] Jedoch bleibt die antijüdische Tendenz von *Halle und Jerusalem* keinesfalls an einen einzelnen „bösen" Juden gebunden: Ahasver erfährt seine Entsühnung, als er die Kirche des heiligen Grabes vor einem Brandanschlag der Juden rettet und dem jüdischen Kollektiv prophezeit: „Euch wird das Feuer noch erreichen."[106] Hinter dem ehemals jüdischen Ahasver steht also die Idee von der Kollektivschuld der Juden. Ähnlich wie in Dumas' *Isaac Laquedem* präsentiert auch Arnim mit der Figur des Nathan einen trotz Taufe als Juden identifizierten Bösewicht. Der Unterschied besteht allerdings darin, dass nicht der archetypisch wirksamere Ahasver diese Rolle übernimmt, sondern als stärkster Kritiker des Judentums und einer Konvertierung aus pragmatischen Gründen genannt wird. Ähnlich wie schon bei Dumas wird man Arnim, trotz einer oft vorgenommenen Aburteilung als Antisemit[107], schwerlich absichtsvollen Rassismus vorwerfen können. Sicherlich muss man die romantisch geprägte Haltung Arnims zum Judentum die aus einem voraufklärerischen, konservativen und christlichen Standpunkt zum Judentum stammt, noch von einem ideologischen Antisemitismus unterscheiden. Doch gänzlich unberechtigt erscheint die Verbindung von Romantik und Judenhetze nicht. Die Ablehnung des Toleranzgedankens in Form der jüdischen Gleichstellung kollidiert mit der Ablehnung dieser Idee als „Signatur des Indifferentismus"[108] und der forcierten Hinwendung zum Christentum der romanti-

---

[104] Vgl. Henckmann, Gisela: *Das Problem des „Antisemitismus" bei Achim von Arnim.* In: *Aurora. Jahrbuch der Eichendorff-Gesellschaft* hg. von Wolfgang Frühwald, Franz Heiduk u. a., Bd. 46, S. 48-69, Sigmaringen 1986, S. 53.

[105] Vgl. Arnim, Achim von*: Halle und Jerusalem*, a. a. O.

[106] Ebd., S. 272.

[107] Gerade Achim von Arnims *Über die Kennzeichen des Judentums* enthält eine Menge antijüdischen Aberglaubens - unter anderem die Einfügung der Schuld der zwölf Stämme Israels (vgl. den *Bericht von den zwölf jüdischen Stämmen* als mit dem Ahasver-Mythos kombinierter Verfolgertext unter I.3.). Vgl. Burnick, Roswitha/Knaack, Jürgen u. a. (Hg.): Achim von Arnim. *Schriften in sechs Bänden*, Bd. 6, S. 362-387. Frankfurt am Main 1992.

[108] Frühwald, Wolfgang: *Antijudaismus in der Zeit der deutschen Romantik.* In: *Conditio Judaica. Judentum, Antisemitismus und deutschsprachige Literatur vom 18. Jahr-*

schen Bewegung. Die 1811 von Achim von Arnim mitgegründete „Deutsch christliche Tisch-Genossenschaft" oder einfach „Deutsch Tischgesellschaft" schloss so (ironisch-scherzhaft) Frauen, Juden und Philister von ihren Treffen aus. Brentanos Vortrag *Der Philister vor, in und nach der Geschichte* oder Arnims Rede *Über die Kennzeichen des Judenthums* – beide wohl 1811 gehalten – waren durchaus mit antijüdischen Ressentiments imprägniert, „ohne freilich das Judenthema in den Vordergrund zu spielen."[109] Primär geprägt erscheint Arnim durchaus vom klassischen antijüdischen Klischee, dass der Übertritt zum Christentum Voraussetzung für die Erlösung der Juden sei. Jedoch beweist die Hinterfragung einer äußerlichen Assimilation der Juden, wie zum Beispiel durch die Taufe[110], dass Gedankengut, das später für eine antisemitische Propaganda vereinnehmbar sein wird, beginnt, Bearbeitungen des Ahasver-Mythos zu durchsetzen.

Im Gegensatz zu Achim von Arnims *Halle und Jerusalem* stellt der *Ahasver* von Julius Mosen[111] den unmittelbaren Gegensatz zu Christus dar. Hier bleibt der Ewige Jude der unbeugsame Antagonist des Neuen Bundes, [...] der im Einzelnen verleiblichte Geist der Weltgeschichte, erst in unbewusstem Trotze, dann endlich mit deutlichem Bewusstsein dem Gotte des Christentums sich schroff gegenüberstellt.[112]

Zunächst einmal scheint in diesem Konzept von Mosens Ahasver-Dichtung der geschichtsphilosophische Gedanke Hegels verwirklicht, nämlich dass die Weltgeschichte sich in Gegensätzen entwickle. Insofern beinhaltet der Ewige Jude

---

hundert bis zum Ersten Weltkrieg. Interdisziplinäres Symposion der Werner-Reimers-Stiftung Bad Homburg, hg. von Hans Otto Horch und Horst Denkler, S. 72-91, Tübingen 1989, S. 73.

[109] Ebd., S. 77.

[110] Die Taufe aus Sicht der Romantiker birgt, so Heinz Härtl, durchaus auch schon den Gedanken der „völkischen Taufe": Mit der Integration in die Glaubensgemeinschaft durch die Taufe ist Christentum und Deutschtum zu erhalten. Vgl. Härtl, Heinz: *Romantischer Antisemitismus: Arnim und die Tischgesellschaft.* In: *Weimarer Beiträge. Zeitschrift für Literaturwissenschaft, Ästhetik und Kulturtheorie*, 33. Jg., Nr. 7, S. 1159-1173, Berlin/Weimar 1987, S. 1169.

[111] Mosens von der Philosophie Hegels beeinflusste Geschichtsdramen und Erzählungen sind heute nahezu vergessen, lediglich einige seiner Gedichte, z. B. *Andreas Hofer*, wurden dauerhaft populär. Mosens *Ahasver* allerdings Impuls für eine Erfassung des Symbolgehalts der Ahasverfigur durch Karl Gutzkow, der in den 1840ern engen Kontakt zu Richard Wagner hatte, über dessen Bedeutung für die Ahasver-Rezeption noch zu sprechen sein wird. Gutzkow erfasste in einer Besprechung von Mosens *Ahasver* den Charakter des Eigen Juden als „das Schlechte am Judentum, das Lieblose, Parteiische, Hämische, Zersetzende". Vgl. Fischer, Jens Malte: *Richard Wagners „Das Judentum in der Musik*, a. a. O., S.41.

[112] Mosen, Julius: *Ahasver. Episches Gedicht*, Dresden/Leipzig 1838, S. 184 (Anmerkungen von J. Mosen).

also auch das dynamische Prinzip, den historischen Entwicklungsprozess in Gange zu halten. Konsequenterweise verformt Julius Mosens *Ahasver* den Mythos auch dahingehend, dass der Fluch Ahasvers als Richtspruch erscheint, der nicht auf einen konkreten Frevel reagiert, sondern lediglich eine apriori vorhandene Tatsache benennt: Ahasver ist der Christus personifiziert entgegentretende Gegensatz.[113] Dabei gilt es hervorzuheben, dass Ahasver zunächst wieder einmal ein Anhänger Jesu ist. Doch nachdem die Kinder des Witwers Ahasver, Ruben und Lea, von Pontius Pilatus einem reichen römischen Fürsten als Sklaven zugesprochen werden, tötet er sie, um sie den Römern zu entziehen. Aus Enttäuschung über die uneingelöste Hoffnung, Christus werde das Sklavenjoch der Juden abschütteln, flucht er dem christlichen Messias. Hier offenbart sich auch die antijüdische Tendenz des Textes:

> Jehova? rief da Ahasver mit Schrecken
> Der Engel sprach: ein Abgott war auch Er!
> Der Gott der Wahrheit muß ihn niederstrecken,
> So ihn, wie alle Gözen dieser Erde,
> Damit aus allen Menschen nur ein Volk
> Und Eins in ihm die ganze Schöpfung werde![114]

Von einem Gegensatzpaar Jehova und Christus als gegensätzliche, aber moralisch wertfreie Prinzipien, kann hier nicht die Rede sein. Zumal Ahasver zwar drei „Gnadenfristen"[115] erhält, drei Chancen, seine Kinder zu retten, die an der Sturheit und Unbelehrbarkeit des Ewigen Juden scheitern - ganz dem antijüdischen Stereotyp entsprechend. Ahasver opfert in seinem nächsten Leben seine Kinder, als er als jüdischer Heerführer den Römern unterliegt, der Neubau des Tempels von Jerusalem verlangt während Ahasvers „zweiter Frist" zwei Menschenopfer, die Jehova explizit einfordert. In der dritten Episode sucht Ahasver in den Mohammedanern das neue Volk Jehovas, verbündet sich mit ihnen und befiehlt, alle am Grabe Christi Wachenden zu töten, zu denen, wie er zu spät bemerkt, auch seine Kinder gehören. Es ist somit offensichtlich, dass das negative Gegenprinzip zu Christus durchaus in einer merkwürdigen Konglomerierung der „Christenfeinde" Judentum und Islam gebildet wird. Das eigentliche Konfliktpotential liegt dabei zunächst einmal in einer Abqualifizierung der fremden Religion. Jehova erscheint als „der zorngewalt'ge Dämon seines

---

[113] Vgl. ebd., S. 178. Christus bemerkt gegenüber Ahasver: „(...) Mir gegenüber hast du dich gestellt, Wie ein Gedanke wider den Gedanken." Mosen konfrontiert also Jehova, dessen Repräsentant Ahasver darstellt, mit Christus im Sinne eines archetypischen Super-Mythos.

[114] Mosen, Julius: *Ahasver*, a. a. O., S. 31.

[115] Die Reinkarnationsidee taucht immer wieder im Zusammenhang mit dem Ahasver-Mythos auf und wird noch zu diskutieren sein.

Volks"[116] und fordert Menschenopfer, die zwar einerseits an die alttestamentarische Abrahamepisode erinnern, jedoch tatsächlich vollzogen werden und somit
einen impliziten Bogen zu den judenfeindlichen Kindsmordvorwürfen schlagen.
Sehr kühn wirkt schließlich die strikte Trennung von Jehova und Christus,
wenn Mosen Jehova beispielsweise verkünden lässt:

> Da sprach es: ja! ich bin Judäa's Gott;
> Und weiter sprach es jetzt mit Ungewittern:
> Doch nicht der Gott, der hier ein Mensch geworden,
> Der sich am Kreuzesstamme tödten ließ,
> Um mich und alles Leben zu ermorden.[117]

Die scheinbar glaubensbedingte, vom modernen Antisemitismus abzugrenzen-
de, antijüdische Stoßrichtung des *Ahasver* erhält aber von Mosen selbst eine
Unterfütterung, die - wie schon bei Arnim - den Stoff für eine antisemitische
Vereinnahmung, vor allem auch von Seiten Deutschlands, präfiguriert:

> Wie aber das deutsche Volk der eigentliche weltgeschichtliche Träger des
> Christentums gewesen ist, so darf es wiederum in folgerechter Nothwendig-
> keit die Sage von Ahasver als Nationalmythus in Anspruch nehmen, ebenso
> wie einst Hellas seinen Zeus und den Titan Prometheus.[118]

Mosens Vergleich des Ahasver-Mythos mit Prometheus impliziert selbstverständlich eine Lesart, die lediglich einen Mythos rezipieren will. Die Vernet-
zung des Mythos vom Ewigen Juden mit antijüdischen Verfolgertexten hat aber
die Mythologeme derart mit von außen eingebrachten Stereotypen vermischt,
dass sie scheinbar untrennbar geworden sind. Der Nationalgedanke des 19.
Jahrhunderts codiert nun die religiös bedingten Anfeindungen gegen das Judentum in fataler Weise neu: Mosen identifiziert Christentum mit Deutschtum. Im
Umkehrschluss bedeutet dies: Das Judentum ist undeutsch, eventuell sogar an-
tideutsch, ein Paradigma, das eine Basis des Antisemitismus werden wird. Die
nicht durch einen Tatbestand begründete Verdammnis Ahasvers, die Judentum
und Christentum als unvereinbare, sich bekämpfende Gegensätze zu begreifen
sucht, sowie eine Abqualifizierung des jüdischen Gottes als „Dämon", tun ein
übriges, judenfeindliche Stereotypen im Schatten des Ahasver-Mythos zu verbreiten, in Mosens *Ahasver* mit einer neuen Dimension: setzt man den Text gemäß Mosens Konzeption um, so werden auch Deutsche und Juden zu sich gegenseitig ausschließenden Prinzipien. Und diese Polarisierung wird als ein mythisches Apodiktum präsentiert, ohne dass ein Ausbruch aus einer der beiden

---

[116] Ebd., S. 147.
[117] Ebd., S. 106.
[118] Ebd., (Anmerkungen von J. Mosen), S. 185.

Antithesen heraus möglich wäre, wie dies etwa in vom Bekehrungseifer geprägten Ahasver-Bearbeitungen antijüdischer Stoßrichtung noch möglich war. Dem grundlegenden Ahasver-Mythos durchaus entsprechend verlagert Julius Mosen die Entscheidung auf den jüngsten Tag: „[...] Wird einst, wo sich vollendet hat der Kreis, Das allerletzte Weltgericht entscheiden."[119] Doch stellt der Ewige Jude hier kein Einzelschicksal dar, sondern ein Prinzip, er wird identifiziert als der Repräsentant Jehovas und damit als der des gesamten Judentums.

Mosens *Ahasver* war in seinem zeitlichen Kontext ein enormer Rezeptionserfolg beschieden, was insofern wenig erstaunt, als er das Konglomerat des Ahasver-Stoffs aus Mythos und Verfolgertexten mit der aktuellen nationalen Frage verknüpft. Doch schon allein die Etablierung Ahasvers als das „gantze Jüdische [...] Volck"[120] beschleunigt den Prozeß, anhand Ahasvers die „Judenfrage" beantworten zu wollen. Bis in die 70er Jahre des 19. Jahrhunderts ist die Auslegung, den Ewigen Juden als Synonym für das Judentum zu begreifen, eine der beherrschendsten geblieben und hat sogar Eingang in *Parerga und Paralipomena*[121] gefunden hat. Schopenhauer präsentiert hier auf höchst polemische Art und Weise, eine schon quasi rassistische Definition des Judentums:

> Der ewige Jude Ahasverus ist nichts Anderes, als die Personifikation des ganzen jüdischen Volks. [...] Ihre Religion, von Hause aus mit ihrem Staate verschmolzen und Eins, ist dabei keineswegs die Hauptsache vielmehr nur das Band, welches sie zusammenhält, der point de ralliement und das Feldzeichen, daran sie sich erkennen. Dies zeigt sich auch daran, daß sogar der getaufte Jude, keineswegs, wie doch sonst alle Apostaten, den Haß und Abscheu der Uebrigen auf sich ladet, vielmehr, in der Regel, nicht aufhört, Freund und Genosse derselben, mit Ausnahme einiger Orthodoxen zu seyn und sie als seine wahren Landsleute zu betrachten. [...] Demnach ist es eine höchst oberflächliche und falsche Ansicht, wenn man die Juden bloß als Religionssekte betrachtet: [...] Vielmehr ist „Jüdische Nation" das Richtige. [...] sie sind und bleiben ein fremdes, orientalisches Volk, müssen daher stets nur als ansässige Fremde gelten.[122]

Die Umsetzung von Schopenhauers Auslegung, basierend auf der Identität von Ahasver und Juden als Kollektiv, entleert also sowohl den Konvertierungsdruck der Christen auf die Juden als auch die Assimilationsbestrebungen der Juden in

---

[119] Ebd., S.178.

[120] Schudt, Johann Jacob: *von dem in aller Welt vermeynten umbher lauffenden Juden Ahasverus*, a. a. O., S. 490/491.

[121] Vgl. Schopenhauer, Arthur: *Parerga und Paralipomena*, Bd. 2, Abt. Kap. IX: Zur Rechtslehre und Politik § 133. In: Frauenstädt, Julius von (Hg.): *Arthur Schopenhauers sämtliche Werke*, S. 278-281, Leipzig 1919.

[122] Ebd.. Vgl. Braun, Henry Walter: *Schopenhauer und das Judentum*, Bonn 1975.

der christlichen Gesellschaft jeglichen Sinnes. Übrig bleibt ein unwandelbar fremdes Volk von Außenseitern. Was hier nur kurz skizziert wurde, bietet, kombiniert mit den Ideen Börnes, ein Reservoir, das sich der moderne Antisemitismus leicht für seine eigenen Ziele nutzbar machen konnte. Zumal Schopenhauers Erörterung des Ahasver-Themas bei einem seiner Verehrer sicher dankbare Aufnahme gefunden hat: Richard Wagner, dessen Stellungnahme zur „Judenfrage" mit der Ersterscheinung von Schopenhauers Text beinahe zusammenfällt.[123]

Festzuhalten bleibt, dass der Gebrauch des Ewigen Juden als Metapher für das ganze jüdische Volk zunehmend zum entscheidenden Faktor der Ahasver-Rezeption des 19. Jahrhunderts gerät. Dichter, wie Platen[124] oder Wackernagel[125] haben ihre Verse an dieser Vorstellung orientiert, was in Extremfällen sogar dazu führte, dem Ewigen Juden eine der neuen Zeit adäquate Gestalt zu geben: Heinrich von Levitschnigg zeichnet so einen Ahasver, der als jüdischer Bankier seinen Machthunger zu stillen strebt.[126] Obwohl sich die Darstellungen des Ewigen Juden zunächst mehr für Ahasver als Einzelschicksal zu interessieren scheinen, wird sich die geschilderte Tendenz später auch bei der Analyse der Libretto-Bearbeitungen wiederfinden lassen.

---

[123] Schopenhauers *Parerga und Paralipomena* erschienen erstmals 1851, Wagners, pseudonym unter K. Freigedank veröffentlichter Aufsatz *Das Judentum in der Musik* 1850. Vgl. auch: Fischer, Jens Malte: *Richard Wagners „Das Judentum in der Musik". Eine kritische Dokumentation als Beitrag zur Geschichte des Antisemitismus*, Frankfurt am Main/Leipzig 2000.

[124] Platen, August: *Auf Golgatha*.

[125] Wackernagel, Wilhelm: *Der ewige Jude*. In: Nodnagel, August (Hg.): *Sieben Bücher deutscher Sagen und Legenden. In alten und neuen Dichtungen*, Darmstadt 1839, S. 343, Nr. 271.

[126] Levitschnigg, Heinrich von: *Ahasver. Gedichte*, Wien 1842, S. 88-91. Auch in der englischen Literatur findet sich z. B. mit Scrooge aus Dickens' *A Christmas Carol* eine ähnliche Figur, dessen Name und Eigenschaften ihn als eine „unausgesprochene" Judenfigur erscheinen lassen.

II. 5. PARODIE UND SATIRE

Ist die parodistische Bearbeitung Ausgangspunkt für die Ahasver-Rezeption im 19. Jahrhundert, so provoziert die Neuentdeckung des Ewigen Juden als ernsthafter Stoff die erneute Ironisierung des Mythos als Gegenreaktion. Bereits 1827 reflektiert Wilhelm Hauff die literarische Konjunktur des Ahasver-Mythos auf satirische Art und Weise.[127] Der Ewige Jude erscheint hier als alter Bekannter Luzifers - eine Konstellation die auf Stefan Heyms *Ahasver* vorausdeutet. Der Teufel bemerkt den weinerlichen alten Juden, als dieser gerade in ein Gespräch mit E. T. A. Hoffmann vertieft ist[128], um dann den Dichter Franz Horn zu treffen.[129] Hauffs Ahasver-Episode entwirft vornehmlich eine Satire auf die Vereinnahmung des Mythos vom Ewigen Juden für die Thematisierung von Weltschmerz und Todessehnsucht. Ahasver konterkariert als täppischer „alter Heuler"[130] den weltgewandten Satan. So verzichtet auch Hauffs Ahasver-Darstellung nicht auf die Schilderung eines Suizidversuchs des Ewigen Juden. Doch wie alle anderen Selbstmordabsichten, scheitert auch sein Versuch, sich an der Chinesischen Mauer den Kopf einzustoßen. Darüber hinaus schildert Hauff den Ewigen Juden als weinseligen Zecher, dessen unendliche Existenz durch eine besondere Komponente des Fluches stark beeinträchtigt wird, nämlich dadurch, dass Ahasver sich in den „höhere[n] Sphären der Gesellschaft"[131] stets lächerlich macht. Eine Tatsache, die der Ewige Jude unter anderem bei seiner Teilnahme an einem ästhetischen Tee unter Beweis stellt. Da ewiges Le-

---

[127] Vgl. Hauff, Wilhelm: *Unterhaltungen des Satan und des ewigen Juden in Berlin* (= Mitteilungen aus den Memoiren des Satans, Kap. XI-XV). In: Körte, Monika/Stockhammer, Robert (Hg.): *Ahasvers Spur*, a. a. O., S. 36-80.

[128] Das Auftreten E. T. A. Hoffmanns, der in Ahasvers Geschichte ein geeignetes Sujet fände, um dem Klischee des „Gespensterhoffmann" gerecht zu werden, liefert einen Hinweis auf die Beschäftigung dieses Dichters mit dem Ahasver-Stoff. Neben einer bloßen Synonymisierung Ahasvers mit dem Teufel (In: Ders.: *Poetische Werke*, Bd. 2 *Die Elixiere des Teufels*, Berlin/New York 1993, S. 103) ist dies vor allem E. T. A. Hoffmanns Novelle *Die Brautwahl*, die den Ewigen Juden in einen positiven und einen negativen Unsterblichen spaltet. Ein Text, der bei der Analyse von Ferruccio Busonis gleichnamiger Oper noch zu interpretieren sein wird, vgl. III. 5. 1. Die Brautwahl.

[129] Franz Horn ist der Schöpfer einer Anfang des 19. Jahrhunderts recht verbreiteten Ahasver-Dichtung. Vgl. Horn, Franz: *Der Ewige Jude*. In: Ders.: *Novellen*, Bd. 1, S. 1-120, Berlin 1819. Erstmals erschienen ist Horns Novelle 1816 in Fouqués Frauentaschenbuch. In Hauffs *Mitteilungen aus den Memoiren des Satans* erweckt Horn später den Unwillen Ahasvers, als er der Ahasver-Legende eine tiefe Moral zuspricht.

[130] Hauff, Wilhelm: *Mitteilungen aus den Memoiren des Satans*, a. a. O., S. 39.

[131] Ebd., S. 74.

ben für Ahasver vor allem ewige Langeweile mit sich bringt, beginnt er während der Teegesellschaft mit dem Stuhl zu wippen, was schließlich mit einem zertrümmerten Stuhl und Scherben endet. Genau hier findet sich sehr früh eine satirische Thematisierung der Funktion Ahasvers als Symbol des Judentums. Das Assimilationsbestreben Ahasvers als jüdische „Stereotypausgabe"[132] scheitert aufgrund eines übertriebenen Anpassungswillens. Der Ewige Jude wird als prototypischer Vertreter seines Volkes fragwürdig. Hauffs Ahasver gerät zu einer Art Vorreiter für eine skeptische Haltung gegenüber der Arbeit am Ahasver-Mythos.

Die Skepsis gegenüber dem Ahasver-Stoff generell unterscheidet sich allerdings von der Wilhelm Hauffs. Denn die von Hauff ebenfalls vorgenommene Verspottung des Ahasver-Mythos als Gegenstand von Weltschmerz- und Todespoesie, die, wie gezeigt, vom Umfang meist recht begrenzt bleiben, weicht schließlich einem Hauptkritikpunkt. Dieser betrifft die angesprochene Schwierigkeit, das Schicksal Ahasvers in einem größeren Rahmen zu schildern, eine Problematik, der sich immerhin sowohl Goethes als auch Schubarts Ahasver-Plan entgegenstellte. Insbesondere betroffen ist hiervon namentlich das Drama des Sprechtheaters. Neben Achim von Arnims *Halle und Jerusalem* findet sich daher kaum eine nennenswerte ernsthafte dramatische Ahasver-Bearbeitung für die Bühne. Max Haushofer hat diese spezielle Schwierigkeit des Ahasver-Mythos im Prolog zu seinem Ewigen Juden folgendermaßen ironisiert:

> Wie kann man sich mit solchem Stoffe plagen?
> Ein Mensch, der niemals stirbt, kann kein
> Vernünftges Opfer für Tragödien sein.
> Denn die Tragödienhelden müssen sterben,
> Um ein unsterblich Leben zu erwerben.[133]

Die satirische Kritik am Mythos des Ewigen Juden nach Hauff, die Reaktion auf die neue Rezeption des Mythos, konzentriert sich also auf den Widerstand, den Ahasver künstlerischen Adaptionen mit größerem Handlungsverlauf entgegensetzt. Rhapsodien, Weltschmerzgedichte und kurze Stimmungsbilder erscheinen dem Stoff eher adäquat als eine umfassende Bühnenhandlung. Nun ist der Handlungsplan von Opern im Vergleich zu reinen Sprechtheaterstücken in der Regel begrenzter und konzentrierter, zudem lassen sich gerade die emotionalen Stimmungsbilder des Ahasverschicksals, sei es in Arien- oder Monologform, durch musikalische Unterstützung in ihrem Eindruck verstärken. Nicht rein handlungskonstituierende Ausgestaltungen von Gefühlen und seelischer Verfassung sind typisch für die Gattung Oper. In letzter Konsequenz findet sich

---

[132] Ebd., S. 74.
[133] Haushofer, Max: *Der ewige Jude. Ein dramatisches Gedicht. In drei Theilen*, Leipzig 1886.

hier ein Erklärungsmodell, weshalb die Anzahl und Relevanz von Ahasver-Bearbeitungen für das Musiktheater jeweils unverhältnismäßig höher ist als für das Sprechtheater. Das kann natürlich nicht heißen, dass die musiktheatrale Rezeption des Ahasver-Mythos nicht erneut Gegenstand satirischer Karikaturen werden kann. Das gilt besonders für Konzepte, die sich zudem weit vom etablierten Opernverständnis lösen. Fritz Mauthner, der schnell Erlösungsutopie allgemein und Ahasver speziell als einen Nukleus von Richard Wagners Werk ausgemacht hat, wählte folglich 1878 den Ewigen Juden, um Wagner zu parodieren. Fritz Mauthner fingiert in *Der unbewußte Ahasverus*[134] ein Wagnersches Musikdrama auf wenigen Seiten. In einem Vorwort spricht Mauthner als Richard Wagner, um bei dieser Gelegenheit Wagners Judenhass[135] zu parodieren. Der Autor lässt Wagner vom Ewigen Juden als von etwas zutiefst „Antimusikalischem" sprechen, so dass der „historischen Echtheit wegen an den geeigneten Stellen Motive aus (...) Mendelssohn und Meyerbeer, natürlich gewaltig umgearbeitet"[136], verwendet werden sollen. Die Ironisierung von Wagners Absolutheitsanspruch des eigenen Werkes verquickt Mauthner dementsprechend mit der Parodie der Stabreime des „Meisters", denen eine spezielle Bedeutungsdimension zugesprochen wird: Stabreime mit „M" sind so negativ behaftet („Mühevoll, mäßig, Mendelssohn, Meyerbeer"), solche mit „W" positiv („Der Stabreim W bedeutet Gottheit wie: Walhall, Wotan, Wolkenkuckucksheim, Wille, Witzliputzli. Darum Wagner").[137] Ebenso wird der Einfluss der Philosophie Schopenhauers auf Wagner durch eine völlige Sinnentleerung satirischer

---

[134] Vgl. Mauthner, Fritz: *Nach berühmten Mustern. „Richard Wagner. Der unbewußte Ahasverus oder Das Ding an sich als Wille und Vorstellung." Bühnen-Weh-Festspiel in drei Handlungen. Mit verteutschten Anmerkungen von Heinrich Porges und Hans von Wolzogen*, Bayreuth 1994. Erstmalig erschien Mauthners Ahasver 1878, also bemerkenswerterweise vor der Uraufführung des Parsifal. Mauthner steuerte zur Rezeptionsgeschichte des Ahasver-Mythos auch einen Roman bei. Vgl. Mauthner, Fritz: *Der neue Ahasver. Roman aus Jung-Berlin*, Dresden und Leipzig 1882.

[135] Von enormer Relevanz für das Thema des Antisemitismus bei Wagner, der in seinen Bühnenwerken schwerlich konkret zu fassen bleibt, ist die Schrift *Das Judentum in der Musik*. Wagners verhängnisvoller Aufsatz ist seit kurzem erstmals in einer kritischen Dokumentation zugänglich: Vgl.: Fischer, Jens Malte: *Richard Wagners „Das Judentum in der Musik". Eine kritische Dokumentation als Beitrag zur Geschichte des Antisemitismus*, Frankfurt am Main/Leipzig 2000.

[136] Mauthner, Fritz: *Der unbewußte Ahasverus*, a. a. O., o. S. Gerade dieses Vorwort mit seiner Parodie der Wagnerschen Angriffe auf Meyerbeer und Mendelssohn reflektiert *Das Judentum in der Musik*. Vgl. Fischer, Jens Malte: *Richard Wagners „Das Judentum in der Musik"*, a. a. O.

[137] Ebd.

Kritik unterworfen.[138] Schließlich gilt es noch, die Erlösungsutopien der Wagnerschen Musikdramen zu parodieren. Mauthners Wagnerheld, Wahnfried Wurmsamen, findet die endlose Melodie, Ahasver kann erlöst werden:

> Nichts währet lieber und weilet länger
> Als, Wahnfried, dein wuchtiges Wundergeword'nes,
> Deine dunkle Dauermelodie.
> Sie ist so unendlich, daß der ewige Jude
> Zum Kind verkümmert.
> Erlöst, durch die Länge des laubgrünen Liedes
> wall' ich nach Walhall, wenn die Würgeengel Wagners
> Den Hebräer Ahasver nicht hinterrücks hecheln.
> Steht still, staubstarrende Stiefel. Ich sterbe!
> Dauermelodiendichter hab Dank![139]

Die Parodie lenkt die Aufmerksamkeit bereits zu Wagners Lebzeiten auf zentrale Themenkomplexe, die noch ausführlich zu analysieren sein werden: Die Frage nach einem Zusammenhang von Wagners essayistisch offen vorgetragenem Antisemitismus und seinem Bühnenwerk[140] sowie Wagners „Arbeit am Mythos" des Ewigen Juden, die die Mythologeme des Ahasver-Stoffs mit zahlreichen anderen konglomeriert. Verknüpft mit der für Wagner zentralen Erlösungsutopie wird zu klären sein, ob Wagners Ahasver-Rezeption den Mythos im Blumenbergschen Sinn zu Ende bringt.[141]

Neben der Möglichkeit, Ahasver anstelle eines episch ausladenden Sprechtheaterdramas zum Gegenstand des Musiktheaters zu machen[142], haben gerade Parodie und Satire den selten beschrittenen Weg eingeschlagen, den Ewigen Juden in einer übergeordneten Handlung episodisch zu verwenden. So erscheint der Ewige Jude beispielsweise in Eduard Grisebachs *Der neue Tannhäuser*[143] als Nebenfigur. Mit Ahasver zugleich erscheint interessanterweise Faust, beide als gespensterhafte Schatten, beide als personifizierte Gemütszustände des neuen Tannhäuser.[144] Als eine von mehreren Spukgestalten erscheint Ahasver auch bei

---

[138] Auf Wagners Lieblingslektüre, Schopenhauers *Die Welt als Wille und Vorstellung*, spielt bereits Mauthners Titel an. Vor allem in der ersten Handlung, *Die walkyrige Großmutter*, setzt Mauthner dieses Spiel fort.

[139] Mauthner, Fritz: *Der unbewußte Ahasverus*, a. a. O., o. S.

[140] Eine Frage, die gerade hinsichtlich des *Parsifal* immer wieder gestellt wurde.

[141] Vgl. Blumenberg, Hans: *Arbeit am Mythos*, a. a. O.

[142] Was, wie gezeigt, z. B. im Falle Wagners erneut satirische Kritik provoziert hat.

[143] Vgl. Grisebach, Eduard: *Der neue Tannhäuser*, Berlin 1869.

[144] Grisebachs kühne Zusammenstellung der Figuren Tannhäuser, Faust und Ahasver, verweist einerseits darauf, dass auch in der Figur des (Wagnerschen) Tannhäuser Mythologeme des Ewigen Juden enthalten sind, andererseits wird erneut eine Verwandt-

August Silberstein.[145] Der Ewige Jude - auf den Erfolg des Ahasver-Mythos als Feuilletonroman anspielend - ist der Herausgeber der ewigen Zeitung, für die Mephisto politische Artikel, nach Bedarf rechts oder links orientiert, verfasst, Don Juan Theaterkritiken beisteuert, Tannhäuser über Musik schreibt, der Fliegende Holländer über die Marine berichtet, Shylock verantwortlich zeichnet für den Börsenbericht, und die schöne Helena für den Modebericht. Die episodische Verwendung der Ahasver-Figur eröffnet natürlich gerade der Satire die Möglichkeit, einen grotesken Lebensaugenblick einer ewigen Existenz episodisch darzustellen. Carry Brachvogels *Götter a. D.*[146] etwa konzentriert ihre Ahasver-Geschichte auf die Unterhaltung eines einzigen Abends. Brachvogel flicht in ihre Ahasver-Satire das Klischee des jüdischen Kapitalisten ein: Ahasver wird demnach zum Eigentümer der „amerikanischen Weltfirma Sam A. Hasveros", hat sich vom Schuster zum „Lederkönig" entwickelt.[147] Wie in Sues *Der ewige Jude* erhält Ahasver ein weibliches Pendant, Messalina, die bei Brachvogel jedoch einen Gegenpol anstatt eine Komplementärfigur darstellt. Ähnlich Wagners weiblichem Ahasver Kundry hat Messalina zahlreiche Reinkarnationen durchlebt, die Ahasver im Gespräch mit ihr memoriert: Sie war Theodora von Byzanz, die Papsttochter und -geliebte Lukrezia von Ferrara, die Marquise de Pompadour und Lola Montez. Ihr kommt also wie Kundry die Rolle der Verführerin zu, die in *Götter a. D.* aber auch von Ahasver selbst begehrt wird. Bei ihrer ersten Begegnung verlacht Messalina als Gemahlin des Claudius und damit Kaiserin von Rom den Wanderer, der „über einen gekreuzigten Juden verrückt geworden"[148] ist. Dadurch spiegelt sie einerseits die Szene der Verfluchung Ahasvers zum Ewigen Juden, andererseits erinnert ihr Lachen ebenso unwillkürlich an den Fluch der Wagnerschen Gralsbotin und Verführerin, vor allem als Ahasver entgegnet: „'Kaiserin' sprach ich [Ahasver], 'hättest Du ihn gesehen, wie ich ihn sah -, Du würdest nicht lachen!"[149] Da Messalina in ihrer momentanen Existenz als Théo de Riom sich allerdings in ganz erheblichen finanziellen Schwierigkeiten befindet, scheint für Ahasver die Gelegenheit gekommen, die Hingabe Messalinas als Akt der Buße erkaufen zu können. Indem

---

schaft der Ahasver- und der Faust-Figur thematisiert. Letzterer Zusammenhang wird noch ausführlich zu behandeln sein, wenn die Relevanz von Faust und Ahasver für das Werk Ferruccio Busonis erörtert wird.

[145] Silberstein, August: *Der verwandelte Ahasver.* In: Ders.: *Poetische Glas- und Rauchbilder im St. Peterskeller zu Salzburg*, Leipzig o. J.[1899].

[146] Vgl. Brachvogel, Carry: *Götter a. D.* In: *Die Wiedererstandenen. Cäsaren-Legenden*, S. 99-134, Berlin 1900. Der Text ist auch abgedruckt in: Körte, Monika/Stockhammer, Robert: *Ahasvers Spur*, a. a. O., S. 105-128.

[147] Brachvogel, Carry: *Götter a. D.* In: Körte, Monika/Stockhammer, Robert: *Ahasvers Spur*, a. a. O., S. 111.

[148] Ebd., S. 112.

[149] Ebd.

der Ewige Jude zum jüdischen Geldaristokrat stilisiert wird, hat Brachvogel die Gelegenheit, mehrmals Seitenhiebe gegen antisemitische Stereotypen auszuteilen: Ahasver ist zwar physiognomisch als Jude identifizierbar[150], doch da er unermesslich reich geworden ist, finanziert er inzwischen sogar den Papst, der Stellvertreter dessen, der ihn verfluchte, ist somit von ihm abhängig. Desweiteren vermählt er seine Töchter in geschickter Heiratspolitik an den höchsten Adel („Eine [...] sagt zur alten Viktoria 'Tante'")[151]:

> [...] den Familien der Märtyrer, Kreuzritter, Inquisitoren impf' ich mein Blut ein. Und die ganze Menschheit speise ich mit meinem Reichtum. Nicht lange wird es noch dauern, da heiße ich, ich - der Herr der Welt![152]

Brachvogels *Götter a. D.* kann damit als unmittelbarer Reflex auf die Fiktion einer jüdischen Weltverschwörung, auf das antisemitische Klischee vom jüdischen Großkapitalisten und auf die wahnhafte Angst vor einer „Durchrassung" gewertet werden. Brachvogels Satire offenbart nicht zuletzt, dass der Ahasver-Mythos inzwischen zu einem Verfolgertext neuer Dimension geraten ist, ein Mythos in den schließlich die Stereotypen des modernen Antisemitismus eingewoben werden, eine Entwicklung, die ihren traurigen Höhepunkt in dem NS-Propagandafilm *Der ewige Jude* von Fritz Hippler findet.

Die im Laufe der Rezeptionsgeschichte des Stoffs vom Ewigen Juden immer stärkere Verflechtung von Mythos und Verfolgertext ist für die Frage nach dem Judentum und dem Antisemitismus entscheidend geworden. Die Dichtungen über Ahasver suchen, wie dargestellt, zwar einerseits durchaus das romantische Einzelschicksal und den prometheischen Antagonisten Gottes im Ewigen Juden, zugleich wird der symbolische Gehalt der Figur als pars pro toto, als Sinnbild für „den Juden" immer stärker aufgeladen. Dies liegt allerdings auch an der Nichtfassbarkeit einer leidvollen ewigen Existenz, an der Schwierigkeit, eine 2000-jährige Biographie anhand der Mythologeme der Ahasver-Legende zu entwerfen. Man versuchte, wie bei Andersen, Hamerling oder Dumas, Ahasver als Prinzip zu begreifen. Ob der Ewige Jude die Todessehnsucht, den Zweifel oder das Böse verkörpert, er bleibt doch immer der Gegenspieler, der Andere: der christliche Mythos von Ahasver, verformt durch die frühe Aufladung mit Bekehrungswahn und antijüdischen Stereotypen, resultiert in der Kennzeichnung des Juden als ewiger Fremder. Das Einzelschicksal Ahasvers ist nur noch schwerlich von seinem Symbolcharakter zu trennen. Jedoch rücken, im Vergleich zum Ausgangsmythos, neue Fragen an den Stoff in den Mittelpunkt, wie die nach der Erlösbarkeit des Ewigen Juden ohne die metaphysische Erwartung

---

[150] Sein krummer Rücken wird als „Zeichen seiner Sklavenrasse" genannt. Ebd., S. 109.
[151] Ebd., S. 127.
[152] Ebd.

der Rückkehr Christi. Die Paradigmen und Fragen der literarischen Bearbeitungen des Ahasver-Mythos sind zentral für die Darstellung des Ewigen Juden auf der Bühne des Musiktheaters.

III. AHASVER UND DAS OPERNLIBRETTO

Da der Ahasver-Mythos sich zahlreiche Mythologeme mit Parallelmythen teilt, gilt es genau abzuwägen, inwieweit sich der Ewige Jude hinter Opernfiguren verbirgt, die mit Ahasver zunächst nicht direkt in Zusammenhang zu stehen scheinen. Ebenso muss den intertextuellen Beziehungen zu den literarischen Ahasver-Adaptionen als auch der Opern untereinander nachgegangen werden. So verweist beispielsweise die Etablierung der Herodias als Komplementärfigur zum Ewige Juden in Sues *Le Juif errant* bereits auf Wagners Kundry als weiblichen Ahasver, zugleich gilt Sues Roman als entscheidender Anstoß zu Halévys Grand Opéra *Le Juif errant.*

Vor allem die Werke Wagners, *Der fliegende Holländer, Parsifal* sowie die Figur des Wanderers im *Ring des Nibelungen* werden einer eingehenden Analyse bedürfen, weil sie einerseits entscheidenden Einfluss auf alle folgenden Ahasver-Opern ausüben, und andererseits der Antisemitismus Wagners sowie die Verwendung von camouflierten Judenfiguren in seinem Werk allgemein – und des Ahasver-Stoffes im speziellen – Fragen aufwerfen, die einer besonders umsichtigen Beantwortung bedürfen. Unmittelbar den *Parsifal* rezipierend entsteht etwa Felix Weingartners Entwurf der Tetralogie *Die Erlösung*, die den Gedanken der Wiedergeburt mit Parallelmythen konglomeriert: Ahasver erscheint hier als unmittelbare Reinkarnation Kains und ist darüber hinaus identisch mit Judas.

Gerade der Komplex der Figur Kains als Ahasver gewinnt zunehmende Bedeutung: Melchior E. Sachs konzipiert einen Siebenteiler mit dem Titel *Kains Schuld und ihre Sühne,* d'Alberts *Kain* vereint die Züge des Ewigen Juden mit denen Kains und Prometheus'.

Bereits schwieriger auszumachen sind die Mythologeme des Ahasver-Stoffs in Camille Erlangers *Le juif polonais* und Karel Weis' *Der polnische Jude* sowie in d'Indys *L'Etranger.*

Zentral wird die Figur des Ewigen Juden auch für das Opernschaffen Ferruccio Busonis. In seiner *Brautwahl* wird der Ambivalenz des Ahasver-Mythos dadurch Ausdruck verliehen, dass der Charakter in eine positive und negative Figur aufgespalten wird. Die finstere Ahasvergestalt Manasse transportiert dabei durchaus die klassisch antisemitischen Stereotypen des Kupplers, Falschmünzers, Hexenmeisters usw. Busonis Librettofragmente zu einer reinen Ahasver-Oper schließlich verknüpfen sogar *Brautwahl* und *Doktor Faust,* so dass Ahasver in Busonis Werk in besonders zahlreichen Nuancen repräsentiert ist, die vom Schacherjuden bis zum Welterlöser reichen.

Bis in die Gegenwart bleibt der Ahasver-Mythos eine fruchtbare Librettoingredienz: Der Ewige Jude erscheint beispielsweise 1965 in Klebes *Jacobowsky und der Oberst* oder in Pendereckis *Die schwarze Maske* von 1986. Das Libretto der letztgenannten Oper von Penderecki und Harry Kupfer nach Gerhart Hauptmann etabliert im Juden Löwel Perl eine Ahasver-Gestalt, die als einzige das Pest-Inferno überlebt. Hier verknüpft sich das Unsterblichkeits-Mythologem mit dem antisemitischen Stereotyp von der „Unausrottbarkeit der jüdischen Rasse".

Die literarischen Bearbeitungen des Ahasvermythos bilden die Folie für die folgende Verfolgung des Mythos in der Gattung Libretto. Libretti sind „Schwellentexte"[1], das heißt der dramatische Text zeichnet sich durch seine Anlage zur „Plurimedialität"[2] aus, neben dem „eigentlichen" dramatischen Text also auch durch die Partitur und die szenische Umsetzung auf der Bühne. Im Falle Ahasvers offenbart sich hierbei schnell folgende Problematik: Aus noch zu nennenden Gründen liegt für zahlreiche Ahasver-Libretti weder eine Komposition noch eine Bühnenumsetzung vor.[3] Diese Texte sind zwar als Libretti auf die Kombination mit Inszenierung und Musik hin konzipiert, weisen hier jedoch Leerstellen auf. Daher muss für die Analyse des Mythos vom Ewigen Juden im Opernlibretto zwangsläufig eine Konzentration auf das „Textsubstrat"[4] im Mittelpunkt stehen. Die Ahasver-Adaptionen für das Medium Oper werden somit als literarischer Text „vor dem Hintergrund des Systems literaturwissenschaftlicher Gattungen"[5] mit literaturwissenschaftlichen Mitteln zu analysieren sein. Wie das Libretto allgemein sind die Ahasver-Libretti im speziellen natürlich „aus sich heraus verständlich (also autonom)"[6].

Warum aber erscheint die Geschichte des Mythos vom ewigen Juden in der Gattung Libretto von besonderem Interesse? Dies hat mit den spezifischen Merkmalen der Textform Libretto zu tun. Bezieht man die spezifischen Besonderheiten der Librettoform nach Albert Gier ein, ergibt sich gerade für den Ahasvermythos ein Raster, welches die Opernbühne und damit das Libretto als den geeigneten Ort ausweist, die „Arbeit am Mythos" fortzusetzen.

> For eighteen centuries the Wandering Jew had been on the move... He had tried them all - drama, vaudeville, epic, novel. In vain did he try to stop. Always there was this 'march, march', chasing him away from his momentary halts, forcing him to resume his wanderings. In vain did he seek the

---

[1] Gier, Albert: *Das Libretto. Theorie und Geschichte einer musikoliterarischen Gattung*, Darmstadt 1998, S. 3.

[2] Ebd., S. 5.

[3] Z. B. Weingartners *Die Erlösung*, Sachs' *Kains Schuld und ihre Sühne*, Bulthaupts *Ahasver* oder die Fragmente für ein Ahasver-Libretto von Busoni.

[4] Gier, Albert: *Das Libretto*, a. a. O., S. 5.

[5] Ebd., S. 17.

[6] Ebd., S. 23.

peace of the grave. But now, arriving at the Opéra, he has found a home-land, a throne, a haven.[7]

Der Textumfang eines Librettos ist „verhältnismäßig gering"[8]. Dies bedeutet eine Verdichtung und Konzentrierung eines Sujets, das im Falle des Ewigen Juden teilweise zum Beispiel in den unzähligen Folgen von Sues Feuilletonro-man *Le Juif errant* verwässert wurde. Im Vergleich zu seinen Vorlagen weist das Libretto also Handlungskonzentrationen auf. Insofern bietet das Libretto verstärkt das Potential einerseits festzustellen, welche Elemente des Ausgangs-mythos auch bei größtmöglicher Verdichtung erhalten bleiben, andererseits Abwandlungen, Umcodierungen und neue Versatzstücke auszumachen, da sich diese innerhalb eines „Mythoskonzentrates" nicht nur besonders deutlich ab-zeichnen, sondern auch besondere Relevanz gewinnen.

Ein nächstes für das Opernlibretto spezifisches Kennzeichen ist das „besondere Verhältnis von Statik und Dynamik."[9] In der „diskontinuierlichen Zeit"[10] des Operntextes, gewinnt die Arie eine Funktion als „statisches Bild eines seeli-schen Zustandes"[11]. Die elegischen Klagen in der Lyrik eines Wilhelm Müller oder Béranger bilden für die Umsetzung von Ahasvers Seelenzustand für das Libretto hierbei eine fruchtbare Inspirationsquelle der Librettisten. Der Fokus auf den Seelenzustand des Ewigen Juden im Libretto verweist zudem auf die jeweilige Sicht auf Ahasver: Offenbart das „Bild des Seelenzustands" finstere Rachegelüste eines Antichristen oder erfolgt eine Identifikation mit dem leiden-den Individuum, das zugleich das jüdische Kollektiv symbolisiert?

Gerade diese Polaritäten treten durch die „Kontrastdramaturgie"[12] des Librettos, welche eine zentrale Opposition in den Mittelpunkt rückt besonders deutlich zu Tage. Die Opposition ist auch entscheidend für den Mythos des Ewigen Juden: Hier steht zunächst die Opposition zwischen Christus und dem jüdischen Ant-agonisten im Mittelpunkt, welche sich dann in zahlreiche andere Oppositions-paare fortzusetzen beginnt: Christen gegen Juden, ‚guter' Jude gegen ‚böser' Jude etc. Die dem Ahasvermythos zugrundeliegende Ambivalenz provoziert ihre Thematisierung anhand von Oppositionen gewissermaßen. Als Mythos ist der Ahasverstoff dem Libretto auch insofern verwandt, als beide – Mythos und Libretto - „äußere Realität häufig zeichenhaft für innere Erfahrung"[13] setzen,

---

[7] *La Revue et gazette musicale*, April 1852, zit. in: Jordan, Ruth: *Fromental Halévy. His Life & Music 1799-1862*, London 1994, S. 157.

[8] Gier, Albert: *Das Libretto*, a. a. O., S. 6.

[9] Gier, Albert: *Das Libretto*, a. a. O., S. 6.

[10] Ebd.

[11] Ebd., S. 7. Dies gilt auch jenseits der eigentlichen Arienform etwa für die „musikali-sche Prosa" Wagners mit ihren großen Monologen.

[12] Gier, Albert: *Das Libretto*, a. a. O., S. 9.

[13] Gier, Albert: *Das Libretto*, a. a. O., S. 9.

was sich auch in der Vorliebe der Librettisten für Mythenstoffe ausdrückt.[14] An der Schnittstelle, welche die rein historischen Tableaus der Grand Opéra mit Legendenstoffen zu verbinden beginnt, steht so auch der Ewige Jude mit Scribes Libretto zu Halévys *Le Juif errant.*

Schließlich beschreibt Gier noch die „Differenz zwischen fiktiver und realer Zeit in der Oper als spektakulärer."[15] Eine Kontinuität von Ort und Zeit besteht innerhalb eines Librettos in der Regel nur innerhalb eines Aktes, erst die Abfolge der Akte schafft eine geschlossene Einheit, was zur Folge hat, dass die einzelnen Teile des Werkes an Selbstständigkeit gewinnen. Die Schwierigkeit, das ewige Leben Ahasvers und sein weltumspannendes rastloses Wandern durch die Jahrhunderte literarisch adäquat darzustellen, wurde bereits thematisiert. Die Form des Librettos bietet hier den geeigneten Hebel: Relativ problemlos können einzelne Stationen von Ahasvers Wanderschaft in einzelnen Akten in sich geschlossen dargestellt werden. Da der Ewige Jude weder räumlich noch zeitlich fest situierbar ist, erscheint er sowohl für das Konzept der Grand Opéra mit prächtigen Tableaus verschiedenster Schauplätze geeignet, als auch für eine Konzeption, welche die einzelnen Akte in unterschiedlichen historischen Epochen verankert. Die Zeitsprünge zwischen den Akten sind durch die Opernform nicht länger problematisch. Die besondere Eignung Ahasvers als Welt- und Zeitenwanderer für dieses Konzept führt schließlich zur Ausreizung des Effekts: In Anlehnung an das Mythen- und Musikdramenkonzept Wagners, beschäftigen sich Librettisten mit Projekten, welche den Ewigen Juden in mehrteiligen Opern die Welt von der biblischen Frühgeschichte bis in die Zukunft wandern lassen.[16]

Es stellt sich die Frage, weshalb der Mythos vom Ewigen Juden erst ab den 1850er Jahren beginnt eine Rolle im Libretto zu spielen. Natürlich kann man eine leicht zeitversetzte Aufnahme bestimmter Strömungen öfter beobachten: Die musikalische Romantik „ereignet" sich so deutlich nach der literarischen. Die allmähliche Etablierung des Ahasverstoffs durch die Literatur im 19. Jahrhundert stellt sicherlich auch einen Faktor dar, der mit der Popularisierung des Mythos die Verwendung als Librettosujet entscheidend vorbereiten hilft. Doch mit dieser Diagnose allein, macht man es sich zu einfach. Auch die Prägung der Opernlandschaft durch die französische Grand Opéra als dominante Form des Musiktheaters spielt eine Rolle: Die historischen Sujets bieten kaum Platz für die mythische Ahasvergestalt. Erst die Verschmelzung historischer Stoffe mit Sagen und Legenden ermöglicht die Integration des Mythos vom Ewigen Juden in die Librettohandlung vom theaterhistorischen Standpunkt aus, offenbart aber zugleich die Problematik, historische Abläufe sinnvoll mit der Ahasverfigur zu verbinden, wie an Halévys *Le Juif errant* zu zeigen sein wird. Allerdings gibt es

---

[14] Vgl. ebd.

[15] Vgl. ebd., S. 10.

[16] Vgl. Im Schatten Wagners: Kain und seine Wiedergeburt Ahasver.

mit *Der fliegende Holländer* eine Oper, die den Ewigen Juden – obgleich nicht offen als solchen ausgewiesen – zum Gegenstand hat. Wagners Musikdramen-konzeption, welche eine Verwendung mythischer Stoffe als Zentrum eines Librettos beinhaltet, sowie seiner Verwendung des Ahasvermythos in seinen Werken sind offenkundig entscheidende Impulse für das Interesse des Wagnerismus am Ewigen Juden. Doch gehen die Implikationen über die rein musiktheater-theoretischen hinaus. Auffällig jedenfalls erscheint, dass Ahasver zu dem Zeit-punkt beginnt, die Opernbühne zu erobern, als Wagner 1850 erstmals *Das Judentum in der Musik* publiziert. Hier verwendet Wagner die Ahasvermetapher nicht in Form einer Opernfigur, sondern als proto-antisemitisches Argument, das den Ewigen Juden in Identifizierung mit dem jüdischen Kollektiv den „Un-tergang" als einzig mögliche „Erlösung" anzeigt.[17] Freilich erweist sich einiges des Wagnerschen Antisemitismus, seine Angriffe auf Meyerbeer etwa, den er seinerseits als Repräsentanten eines jüdischen Musikerkollektivs sieht, geprägt von persönlichen Niederlagen, von persönlichem Hass. Dem Wagnerschen An-tisemitismus kommt im 19. Jahrhundert sicherlich eine bedeutende Vorreiterrol-le zu, die mit dem Phänomen des Wagnersimus beginnt „Allgemeingut" zu werden. Zugleich ist er aber Indikator für einen sozialhistorischen Prozess, der als die „Nachtseite der Judenemanzipation"[18] zu bezeichnen ist. Seit den 30er und 40er Jahren waren in Europa neue Anläufe unternommen worden, „die Emanzipation der Juden wenigstens rechtlich zuwege zu brin-gen".[19]

> Im Vergleich zum späten 18. Jh., als die erste Emanzipationswelle einsetzte, war die Ausgangssituation günstiger. Das Judentum hatte sich zum guten Teil aus seiner Ghettosituation befreien können; es hatte Anschluß bekom-men an die europäisch-christliche Kulturtradition und hatte durch seine füh-renden intellektuellen Vertreter eine lebhafte geistige Auseinandersetzung mit der christlichen Philosophie und Religion begonnen. [...] Noch immer aber existierte ein jüdisches Sonderbewußtsein, wie es besonders in der Vorstellungswelt Ludwig Börnes zum Ausdruck gekommen war.[20]

Die Schwierigkeiten einer sozialen Integration in die nicht-jüdische Umwelt waren also keineswegs gelöst. Der Fall Heinrich Heine etwa illustriert den Kon-

---

[17] Fischer, Jens Malte: *Richard Wagners „Das Judentum in der Musik"*, a. a. O., S. 173.
[18] Erb, Rainer/Bergmann, Werner: *Die Nachtseite der Judenemanzipation. Der Wider-stand gegen die Integration der Juden in Deutschland 1780-1860*, Berlin 1989.
[19] Battenberg, Friedrich: *Das Europäische Zeitalter der Juden. Zur Entwicklung einer Minderheit in der nichtjüdischen Umwelt Europas*, Bd. 2 (1650-1945), Darmstadt 2000, S. 135.
[20] Ebd.

flikt zwischen traditionellem Judentum und der christlich geprägten Umgebungswelt.[21] Hinzu kam, dass die Idee von der Gleichstellung der Juden politisch keineswegs wirklich zu einem anerkannten Grundsatz der europäischen Staatsführungen wurde, ja dass selbst die gesetzlichen Vorgaben von bürokratischer Seite oftmals nur widerwillig umgesetzt wurden. Und es sollte nicht vergessen werden, dass sich die schlimmsten Judenverfolgungen „der gesamten Epoche"[22] beim Ausbruch der 1848er Revolution ereigneten. Die Ausschreitungen von „Hep-Hep-Krawalle" 1819 bis zu denen am Vorabend der Revolution 1848 verunsicherten ihrerseits wieder die „emanzipierten" Juden Europas. Die literarischen Bearbeitungen des Ahasvermythos haben bereits gezeigt, dass sich der Symbolgehalt des Mythos zu diesem Zeitpunkt forciert entwickelt. Ausgehend von der dem Ahasvermythos zugrundeliegenden Ambivalenz, wird er nun als Auto- und Heterostereotyp in neuen Auslegungen verwendet. Das beinhaltet sowohl die Klage über die Heimatlosigkeit des Judentums mit einem emanzipierten Ahasver, der trotzdem weitergetrieben wird, als auch den ewig „schlechten" Juden.

Nachdem die Rezeption der literarischen Romantik also durch ihr Interesse am Einzelschicksal Ahasvers den Stoff (re-)popularisiert hatte, konnte man in Form einer mythischen Patinierung aktueller Problematiken nun den Ahasvermythos einsetzen. Die Entwicklung der Opernform und die gesellschaftliche Entwicklung der Judenfrage mit ihren gegenseitigen Abhängigkeiten ebnen dem Ewigen Juden also in den 1850er Jahren den Weg auf die Opernbühne.

---

[21] Vgl. ebd., S. 153f.
[22] Ebd., S. 125.

III. 1. DIE UNERLÖSBARKEIT AHASVERS „MARCHE! MARCHE! MARCHE TOUJOURS!" - HALEVYS UND SCRIBES *LE JUIF ERRANT* (1852)

Auch in Frankreich hatten die jüdischen Emanzipationsbestrebungen Erfolg: Dank des jüdischen Rechtsanwalts, später Justizminister, Adolphe Crémieux konnte die (rechtliche) Diskriminierung der Juden 1846 als beendet gesehen werden.[23] Was aber nicht bedeuten soll, dass die Ressentiments in der Bevölkerung dadurch zum Verschwinden gebracht wurden. Man muss sogar eher sagen, dass die Kontroverse um die Judenemanzipation in Frankreich schon durch die Revolution und die Gesetzgebung Napoleons verschärft worden, was auch hier zu einer Reaktion voller nationaler Ressentiments führte. Die Folgen und Auswirkungen dieser Reaktion erstreckten sich direkt bis ans Ende des 19. Jahrhunderts:

> Der Jude besitzt ein gegen die Produktion eingestelltes Temperament; er ist weder Ackerbauer noch Gewerbetreibender, nicht einmal wirklicher Kaufmann. Er ist stets betrügerischer und parasitärer Vermittler[...]; er ist das böse Prinzip, nämlich Satan und Ahriman, der in der Rasse Sems Gestalt angenommen hat.[24]

Der international erfolgreichste Komponist dieser Zeit war Giacomo Meyerbeer, der sich selbst als europäischen Komponist sah, über dessen Judentum die musikalische Welt aber nicht immer hinwegsah. Meyerbeer war kein eifriger Synagogenbesucher, machte aus seinem Bekenntnis aber auch nie einen Hehl. Leider ist er heute v. a. berühmt dafür, der Sündenbock Richard Wagners gewesen zu sein, überhäuft mit genau den oben zitierten Vorwürfen der Unproduktivität und des Parsitentums. Meyerbeer war jedoch über Dekaden der erfolgreichste Komponist Europas und die Gattung der Grand Opéra fand in ihm und durch ihn ihren Höhepunkt. Dies darf nicht darüber hinwegtäuschen, dass es andere Komponisten gab, die sich auf dem Gebiet der Grand Opéra etablierten. Im vorliegenden Zusammenhang, gewinnt hier vor allem Fromental Halévy besondere Bedeutung. Auch Halévy war Jude. Im Gegensatz zu Meyerbeer machte er Juden offen zu Protagonisten seiner Opern[25]: Einmal in *La Juive* (1835), seinem

---

[23] Vgl. Battenberg: *Das Europäische Zeitalter der Juden*, Bd. II, a. a. O., S. 136ff.

[24] Prouhon, Pierre-Joseph: *Césarisme et christianisme*, Paris 1883, Bd. I, S. 139. Zit. in: Poliakov, Léon: *Geschichte des Antisemitismus*, Bd. VI, a. a. O., S. 176.

[25] Inwieweit Meyerbeers *Les Huguenots* von 1836 jüdisches Schicksal in camouflierter Form reflektiert, wäre diskussionswürdig. Parallelen zwischen dem Schicksal von Hugenotten und Juden – den historischen Hintergrund der Oper liefert die Ereignisse um die Bartholomäusnacht – sind zweifellos vorhanden.

größten Erfolg, und mit der Ahasveroper *Le Juif errant* von 1852 - im Bereich des Musiktheaters hat es vor allem Fromental Halévys Neffe Ludovic mit seinen Operettenlibretti für Jacques Offenbach zur Berühmtheit gebracht.[26] Die Beschäftigung mit Judenfiguren in seinen Opern kann legitim in Zusammenhang mit seinem eigenen – keineswegs orthodoxen – jüdischen Bekenntnis, und der Lage der französischen Juden insgesamt, gesehen werden.

> La Révolution et l'Empire avaient apporté aux juifs de toute l'Europe l'espoir de l'émancipation; parmi les premiers souvenirs douloureux du jeune Halévy, l'occupation de Paris en 1814, les cosaques qui défilent sous ses fenêtres.[27]

Auch die Revolution von 1848, die ins Second Empire mündeten, sind zweifelsfrei nicht spurlos an Halévy vorbeigegangen, schon allein die Erfordernisse an die Sujets, welche erfolgreich zu vertonen waren, änderte sich.

> Avec la révolution de 1848 et l'avènement du second Empire, la tentative de reconquête catholique s'amplifia en France, favorisée par une nouvelle alliance du trône et de l'autel, et, la suite de ce mouvement, «une fraction importante [de la bourgeoisie citadine] connut un retour sincère au catholicisme». La programmation de l'Opéra de Paris ne pouvait faire abstraction de cette évolution des attitudes religieuses. Ainsi dès 1850, les sujets historiques reculèrent dans ses créations au profit de thèmes légendaires dans lesquels l'élément religieux joue un rôle plus ou moins important.[28]

Aktiv politisch hinsichtlich der „Judenfrage" hat sich Fromental, im Gegensatz zu seinem Bruder nicht. Freilich ließe sich noch spekulieren, welche Rolle Fromental Halévys Bruder Léon[29], der sich - zufällig oder nicht – mit dem Sohn des Ewigen Juden in Fromentals Oper *Le Juif errant* den Vornamen teilt. Léon gehörte immerhin der französischen Sozialistenschule des Saint-Simonismus an, der nach Saint-Simons Tod zahlreiche französische Juden anhingen. Der „Philosemitismus" der Saint-Simonisten trug in der öffentlichen Meinung schnell zu einer Identifikation der Gruppe mit den Juden bei[30], obgleich festzuhalten be-

---

[26] Zur Familie Halévy vgl.: Loyrette, Henri (Hg.): *Entre le théâtre et l'histoire. La famille Halévy (1760-1960)*, Paris 1996.

[27] Ménétrier, Jean-Alexandre: *L'Amour triste: Fromental Halévy et son temps.* In: *L'Avant Scène Opéra*, Nr. 100: *Fromental Halévy, La Juive*, S. 4-11, Paris 1987, S. 4.

[28] Leich-Galland, Karl: *Fromental Halévy et l'âge d'or de l'opéra français.* In: Loyrette, Henri (Hg.): *Entre le théâtre et l'histoire: La famille Halévy (1760-1960)*, S. 68-79, Paris 1996, S. 76.

[29] Zu Léon Halévy vgl. Guiral, Pierre: *Léon Halévy.* In: Loyrette, Henri (Hg.): *Entre le théâtre et l'histoire: La famille Halévy (1760-1960)*, a. a. O., S. 80-87.

[30] Vgl. Poliakov, Léon: *Geschichte des Antisemitismus*, Bd. VI, a. a. O., S. 168.

leibt, dass der Saint-Simonismus[31], der unter anderem den Übergang von der Adelsherrschaft in die industrielle Epoche geschichtsphilosophisch zu begründen suchte, kaum gesellschaftliche Relevanz gewinnen konnte. Ein gewisser Einfluß Léons auf Fromental erscheint naheliegend – in *La Juive* mehr als in *Le Juif errant* – doch offen sichtbar ist er keineswegs, schon gar nicht dem zeitgenössischen Publikum, für das eine mögliche verdeckte Thematisierung der aktuellen „Judenproblematik" zweifellos in den effektvollen Schauerelementen und den gelungenen „Spezialeffekten" des *Juif errant* unterging.[32]

Sowohl in *La Juive* als auch in *Le Juif errant* arbeitete Halévy mit dem Librettisten Augustin Eugène Scribe zusammen, der durch seine Arbeiten innerhalb der Grand Opéra wohl etabliert war. Scribe war vor allem berühmt durch seine Libretti für die Ikone der Grand Opéra, Giacomo Meyerbeer, und er kann dabei zurecht als die „alles beherrschende"[33] Gestalt unter den Librettisten bezeichnet werden. Von *La Muette de Portici* aus dem Jahr 1828 bis zur nach Meyerbeers Tod, 1865 aufgeführten *Africaine* war er der Verfasser nahezu aller erfolgreichen Textbücher der Grand Opéra. Zumindest von Meyerbeer ist bekannt, dass er massiv Einfluss auf Dramaturgie und Konzeption der Texte seines Librettisten ausübte, weshalb die These naheliegt, auch Halévy habe während seiner Arbeit Einfluss auf Scribe ausgeübt. Die Arbeit Scribes mit Meyerbeer und Halévy legt nahe, dass Scribe antijüdischen Strömungen fern stand; man kann vielmehr behaupten, dass die Arbeit für jüdische Komponisten, ihn zu Sujets, welche das Schicksal des Judentums zum Thema hatten, zusätzlich inspirierte.

> Scribe came up with *La Juive*. His choice of period and plot must have been influenced by an awareness that he was writing for an Jewish composer who should be stirred and inspired by his people's tragic history. Jewish history had the true elements of great drama: persecution, self-sacrifice, revenge.[34]

La Juive von 1835 spielt 1414 in Konstanz. Der jüdische Goldschmied Eléazar sowie seine Adoptivtochter, eigentlich Tochter des Kardinals Brogni, stehen im

---

[31] Vorübergehend sympathisierte auch Heinrich Heine – dem für Wagners *Der fliegende Holländer* noch eine bedeutende Rolle zukommt, mit den Ideen Saint-Simons. Vgl.: Brenner, Michael/Jersch-Wenzel, Stefi/Meyer, Michael A.: *Deutsch-jüdische Geschichte in der Neuzeit*, Bd. II: *Emanzipation und Akkulturation 1780-1871*, München 1996, S. 222.

[32] Als Fortführung der Grand Opéra unterliegt *Le Juif errant* allerdings durch die forcierte Berücksichtigung neuester Bühnentechnik und Auflagen der Zensurbehörde, welche „heikle Themen" auf den Index setzte, so vielen „Abhängigkeiten", dass „das *Grand Opéra*-Libretto unmöglich Ausdruck der subjektiven Welterfahrung des Verfassers" sein konnte. Vgl. Gier, Albert: *Das Libretto*, a. a. O., S. 147.

[33] Gier, Albert: *Das Libretto*, a. a. O., S. 146.

[34] Jordan, Ruth: *Fromental Halévy. His Life & Music 1799-1862*, London 1994, S. 46.

Mittelpunkt der Handlung. Auch wenn die Situation der Juden in Paris 1835 beträchtlich besser war als etwa die der deutschen Juden – der Erfolg und die Berühmtheit Meyerbeers und Halévys unterstreichen das – war das Thema doch ein heißes Eisen. Dies betrifft insbesondere die Darstellung der jüdischen Figuren. Eléazar vereint in sich nämlich sowohl Elemente eines liebenden Vaters als auch eines hassenden Rächers. Auf der anderen Seite erscheinen die christlichen Repräsentanten der *Juive* auch keineswegs als in ihrem Glauben und Charakter den Juden überlegene Gestalten.

> Im ersten Act sehen wir gleich den Pöbel wüthend auf den alten Juden und seine Tochter stürzen, weil beide dem Festgedränge der Kirche zu nehme gekommen, Rechas hochgeborener Verführer Leopold rettet ihnen auf einen Wink das Leben. Aber als der Verrath des Ungetreuen dem Mädchen offenbar wird, klagt es ihn öffentlich dieses schrecklichsten Verbrechens, der Liebe zu einer Jüdin, an. Der Cardinal schleudert den Bannfluch auf Leopold, Recha wird zum Tode verurtheilt. Der alte Jude Eleazar, der seine Brüder auf dem Scheiterhaufen hatte sterben sehen, und kein anderes Gefühl mehr kennt als Christenhaß und Rachedurst, birgt bis zum letzten Augenblick das Geheimniß, daß Recha nicht seine, sondern des Cardinals Tochter ist. Er hat sie als kleines Kind aus dem Feuer gerettet und als Jüdin erzogen. Vor ihrer Hinrichtung verräth er dem Cardinal, daß das Kind noch lebe. Der Cardinal fleht, ihm zu verrathen, wo er seine Tochter finden könne? Dort! ruft der Jude, und weist auf den Kessel siedenden Oels, worin Recha eben den gräßlichsten Tod gefunden. [...] Ein solches schreiendes Bild des Hasses und der Grausamkeit muß das Gemüth des Zuschauers ebenso verletzten, als seine Nerven überspannen.[35]

Der berühmte Kritiker Hanslick – seine Inhaltsangabe ist in einigen Details nicht ganz übereinstimmend mit der Originalhandlung der *Juive* – sieht in der differenzierten Figur Eléazar also nur „Christenhaß" und „Rachedurst". Dies hängt unmittelbar mit der Rezeptionsgeschichte von *La Juive* zusammen: Der Brisanz der in *Les Huguenots* und *La Juive* behandelten Themen war man sich im 19. Jahrhundert durchaus bewusst. Nicht umsonst war Meyerbeers und Scribes Darstellung des Massenmordes durch Katholiken an den Hugenotten auch als *Die Anglikaner und die Puritaner* (München 1838) und als *Die Gibellinen in Pisa* (Wien 1839) in Umlauf. Erstere Fassung verlegt die Handlung nach England zur Zeit Cromwells, letztere verformt *Les Huguenots* zu einem Ritterdrama im 12. Jahrhundert. Halévys *La Juive* ergeht es nicht besser: Bis 1855 war es durchaus üblich Ort und Zeit des Geschehens in das Süditalien des 13. Jahrhun-

---

[35] Hanslick, Eduard: *Musikalische Briefe. (Die „Jüdin" von Halevy), Presse, 26. 10. 1855.* In: Ders.: *Sämtliche Schriften* hg. von D. Strauß, Bd. I, 3, Wien u. a. 1995, S. 139.

derts zu versetzen und sämtliche Bezüge auf die Rolle der katholischen Kirche zu streichen (statt dem Kardinal agierte ein „Komtur der Templer"). Es ergeht der *Juive* teilweise sogar ganz ähnlich wie dem Mythos vom Ewigen Juden: Die ursprüngliche Fassung wurde zum Verfolgertext umcodiert, indem Rachel sich selbst in die Flammen des Scheiterhaufens stürzte und Eléazar durch das Streichen seiner Arie im IV. Akt zum rein dämonischen jüdischen Bösewicht zurechtgestutzt wurde.[36] Von einer der differenziertesten – und zugegebenermaßen ambivalentesten – jüdischen Opernfiguren bleibt also vielerorts nur ein klischeehaftes Abziehbild, ein auf seinen Hass auf die Christen und seinen Rachdurst reduzierter Shylock übrig. Halévys Intention und Ausgangspunkt war ein anderer gewesen: „he was coming face to face with his heritage, his people, their martyrdom through the ages."[37] Was Halévys *La Juive* zuletzt intendiert, ist die Reproduktion antijüdischer Stereotypen, wie sie im Zuge der Gegenreaktion auf die jüdische Emanzipation wieder aufblühen.

> [...] aller voir de plus près ce que représente le peuple juif, les artistes qui l'ont représente, les Œuvres qui retracent un moment de son histoire (*la Juive*, bien sûr, en fait partie), dans l'esprit d'une société qui est tout juste en train d'accorder la citoyenneté aux Juifs (La France en 1791, l'Allemagne près d'un siècle plus tard, seulement).[38]

Die Verstümmelung seines Eléazar, sei durch wirkliche Eingriffe für Aufführungen der *Juive* oder auch nur der verengte Blickwinkel durch selektive Wahrnehmung der Figur, gar der Vorwurf als Jude eine Gestalt mit antijüdischen Klischees entworfen zu haben, muss ausschlaggebend für Halévy gewesen zu sein, mit *Le Juif errant* einen durchwegs positiven jüdischen Opernhelden zu gestalten. Mit dem Titelhelden des *Juif errant* lösen sich Scribe und Halévy von einem Bild des Juden, das in *La Juive* sehr komplex aus verschiedensten Charakterisierungen von Judentum montiert war.

> The opera's [*La Juive*] characters are caught between political symbol, social projection, and literary stereotype, for they clearly correspond to images in literature bur also to those depicted in non-fiction essays, caricatures, personal chronicles, and correspondence of the period. The complex and at times incongruent characterization of Eléazar particularly lurches between symbol and type. he appears as somewhat miserly, vengeful *fanatique,* simultaneously touching the Shylock stereotype as well as the post-

---

[36] Vgl. Döhring, Sieghart: *La Juif.* In: Dahlhaus, Carl u. a. (Hg.): *Pipers Enzyklopädie des Musiktheaters,* a. a. O., Bd. 2, S. 641 und *Les Huguenots,* Bd. 4, S. 137f.

[37] Jordan, Ruth: *Fromental Halévy,* a. a. O., S. 59.

[38] Pierrakos, Hélène: *Chrétienne, judaïsme et la musique.* In: *L'Avant Scène Opéra,* Nr. 100: *Fromental Halévy, La Juive,* a. a. O., S. 20.

Enlightenment depiction of the Jew oppressed pariah. His occupation as goldsmith-jeweller and his portrayed love of profit resonate with contemporary antisemitic portrayals of avaricious merchants and bankers.[39]

Augustin Eugène Scribes und Fromental Halévys *Le Juif errant* markiert sowohl eine neue Dimension innerhalb der Entwicklung der Grand Opéra als auch das besonders auffällige Unternehmen, den Ahasver-Mythos völlig uncamoufliert für die Opernbühne zu adaptieren. Beide Schöpfer des *Juif errant* waren durch ihre Arbeiten innerhalb der Grand Opéra etabliert: In den Helden von *La Juive* und *Le Juif errant* ist der Reflex auf die Situation des französischen Judentums durchaus erkennbar: Trotz Assimilation, kultureller und nationaler Anpassung, blieb die jüdische Identität für große Teile der Gesellschaft ein Makel. Wie erwähnt, war die Kontroverse um die Judenemanzipation im Zuge der Revolution und die Napoleon-Gesetzgebung massiv entfacht worden. Die nationalen Ressentiments gipfelten in Identifizierungen des Juden mit dem „bösen Prinzip", mit „Satan" und „Ahriman".

Diese böse Prinzip hatte Dumas 1853 in seinem *Isaac Laquedem* im Ewigen Juden verkörpert, und die Angriffe auf die Juden wurden in Frankreich von den Vorläufern Prouhons, namentlich Fourier und besonders durch Toussenel mit seinem *Les Juifs, rois de l'époque* (1844) in „konzentrierter Form zusammengefasst.[40] Obwohl Poliakov in Differenzierung zu Deutschland bemerkt:

> Es bleibt dabei, daß im Gegensatz zu dem, was sich in England und in Deutschland abgespielt hat, kein bedeutender französischer Schriftsteller der Versuchung erlegen ist, sich mit dem Thema des Juden zu befassen, auf den Jesus die Last seines Kreuzes gelegt haben soll; dieser Vorgang könnte sich besser als durch den Zufall durch den nationalen Sinn für das Maßhalten erklären lassen[41],

unterlaufen ihm zwei Fehler: Zum einen ist es fragwürdig, Dumas père, Béranger und Sue Bedeutung abzusprechen – gerade wenn man ihre Wirkung auf die weitere Rezeption des Ahasvermythos berücksichtigt. Andererseits irrt Poliakov gerade im Falle des *Juif errant* von Scribe und Halévy damit, hier ein Negativbild des „bösartigen Juden, dessen Anblick den eigenen Sohn ‚vor Schreck erstarren läßt'"[42], zu suchen. Denn das Bild der Ahasvergestalt des *Juif errant* ist ein positives, so dass nur von einer Unkenntnis Poliakovs bezüglich der Halévy-Oper gesprochen werden kann. *Le Juif errant* situiert sich vielmehr zwischen

---

[39] Hallman, Diana R.: *Opera, Liberalism, and Antisemitism in Nineteenth-Century France. The Politics of Halévy's "La Juive"*, Cambridge 2002, S. 11.

[40] Poliakov, Léon: *Geschichte des Antisemitismus*, Bd. VI, a. a. O., S. 173.

[41] Ebd., S. 156.

[42] Ebd., S. 154.

den Extremen, entweder die Gegenreaktion auf die jüdische Emanzipation in Frankreich zu unterstützen, oder wie 1842 die *Archives israélites* positivistisch alle Probleme als gelöst zu erklären:

> Nicht etwa, daß wir wegen unserer Glaubensweise uns schämen würden – das verhüte Gott! –, sondern weil im Frankreich des Jahres 1842 *jüdisch* ein sinnentleertes Eigenschaftswort ist. Dies rührt daher, daß der Jude, so wie ihn das Wörterbuch der Akademie versteht, von Tag zu Tag seltener wird. Denn der Jude, dessen Seele sich in Jerusalem aufhält, während sein Leib in Frankreich weilt, existiert in unseren Tagen kaum mehr. Dies hängt damit zusammen, daß sich auf französischen Boden keine *jüdische Nation* mehr befindet...[43]

Das Zitat aus den *Archives israélites* mag für das Selbstverständnis vieler französischer Juden zutreffend sein, geht aber an der von nach wie vor von Klischees, Vorbehalten und Anfeindungen gegen das Judentum geprägten Realität vorbei. Insofern zeichnet *Le Juif errant* mit seiner das Außenseitertum des Juden symbolisierenden Ahasvergestalt auch ein realistischeres Bild der zeitgenössischen jüdischen Lebenswirklichkeit in Frankreich. Gerade dass Ashvérus und erst recht seine Nachfahren keine spezifisch als „jüdisch" erkennbaren Markierungen tragen, mag hier ein gewichtiges Argument sein: Trotz kultureller und nationaler Anpassung bleibt auch in Frankreich der Jude ungeachtet seiner Haltung und Handlungen rein über seine Herkunft Jude. Die keineswegs unrepräsentative Antihaltung in Frankreich, für welche die jüdische Emanzipation ein Skandal darstellt und Vorbehalte gegen die jüdische Religion mit quasi „anthropologischen Gegebenheiten" wild durcheinander mixt, illustriert folgendes Zitat:

> Zu diesen jüngst aufgetauchten Lastern, die alle aus gesellschaftlichen Umständen erwachsen sind, wollen wir das allerschändlichste Laster anfügen; es ist dies die Gewährung des Bürgerrechts für die Juden. *Zivilisierte* Menschen reichten also nicht aus, um die Herrschaft des Betrugs sicherzustellen; man mußte vielmehr die Nation der Wucherer, die *unproduktiven Patriarchen*, zu Hilfe rufen. Das jüdische Volk ist nicht zivilisiert; es ist patriarchalisch geordnet und hat überhaupt keinen Souverän. Es hält jeden Betrug für lobenswert, wenn es sich darum handelt, alle diejenigen Menschen zu täuschen, die nicht seine Religion praktizieren.[44]

---

[43] *Archives israélites*, III/1842, S. 147-155: *Les complices d'un adjectif*. Zit. in: Poliakov, Léon: *Geschichte des Antisemitismus*, Bd. VI, a. a. O., S. 149.
[44] Fourier, Charles: *Le nouveau monde industriel et sociétaire*, Werke, Bd. VI, 1841, S. 421. Zit. in: Poliakov, Léon: *Geschichte des Antisemitismus*, Bd. VI, a. a. O., S. 171. Auffällig ist die Übereinstimmung mit zentralen antisemitischen Argumenten Richard Wagners, wie z. B. das der Unproduktivität. Vgl. V. Wagners Ewige Juden.

Doch selbst für Verfasser übelster Hetzschriften gegen die Juden in Frankreich ist es charakteristisch, „in der Befürchtung zu viel Böses über die Juden gesagt zu haben, sich in einer Anmerkung oder auf irgendeine andere Art zu entschuldigen".[45] Mathieu-Dairnvaell lobt so in *Rothschild, ses valets et son peuple* nach besonders massiven Angriffen die „'berühmten Juden' von Meyerbeer bis Rachel, die 'sie in einer guten Weise wieder rehabilitiert haben'."[46] Hier bietet sich ein gewisser Hebel, den antijüdischen Anfeindungen in Frankreich etwas entgegenzusetzen. Halévy selbst ist zweifellos ein „berühmter Jude" und mit dem Ewigen Juden schickt er sich an, einen weiteren berühmten auf die Opernbühne zu bringen. Die dem Ahasvermythos innewohnende Ambivalenz verschließt sich der Interpretation als positive und zugleich das Judentum repräsentierende Figur noch dazu keineswegs.

> Ainsi la légende d'Ashverus, *le Juif errant*, fait bien sûr du personnage du Juif un objet d'épouvante, mais révèle peut-être aussi, paradoxalement, une compassion envers lui. Cela dit, l'opéra d'Halévy, il faut constater, accumule, selon l'usage, les décors, géographiques les plus divers (on va de la Meuse de Constantinople, en passant par la Bulgarie et Salonique), et les effets les plus galvaudés du grand opéra, comme pour annuler autant que possible le poids religieux ou idéologique du «statut» du Juif et de la malédiction de l'errance. Quant à *la Juive*, elle désamorce aussi fin de compte le thème de la persécution des Juifs, en supprimant l'identification possible de l'héroïne, Rachel; celle-ci, en effet, révélée chrétienne, bénéficie toujours, si l'on peut dire, de la compassion du spectateur au dénouement, mais cette compassion du spectateur au dénouement, mais cette compassion se reporte tout naturellement sur la chrétienne qu'elle est en réalité.[47]

Zur völlig unterschiedlichen Auslegbarkeit des Ahasvermythos, mit den Extermen „philosemitisch" und „antisemitisch" kommt aber auch die Entwicklung der Opernlandschaft als entscheidender Faktor, der auch das Erfolgskalkül Halévys und Scribes beinhaltet hinzu.
Hinsichtlich der Konzeption der großen historischen Oper war 1849 mit Meyerbeers *Le Prophète* eine scheinbar unübertreffliche Perfektion erreicht worden[48], die Verwendung von Sujets rein historischer Provenienz war durch diesen Mei-

---

[45] Poliakov, Léon: *Geschichte des Antisemitismus*, Bd. VI, a. a. O., S. 142.

[46] Ebd.

[47] Pierrakos, Hélène: *Chrétienté, judaïte et la musique*, a. a. O., S. 23.

[48] Döhring, Sieghart: *Le Juif errant*. In: Dahlhaus, Carl/Forschungsinstitut für Musiktheater der Universität Bayreuth unter Leitung von Sieghart Döhring (Hg.): *Pipers Enzyklopädie des Musiktheaters. Oper - Operette - Musical - Ballett*, Bd. 2, Werke Donizetti-Henze, München 1987, S. 654

lenstein der Operngeschichte zu einem Endpunkt gelangt. Die Verquickung historischer mittelalterlicher Tableaus mit Sagen- und Legendenstoffen, wie in Halévys *Le Juif errant* (1852) aber beispielsweise auch in seiner *Magicienne* (1858), sind daher ebenso als logische Konsequenz einzuordnen wie „der neue Trend zum Ausstattungsstück, zur romantisch-exotischen Feerie"[49].

Für den Stoff vom Ewigen Juden ist seine Ankunft im Salle de la Rue Le Peletier von Paris sogar als die Ankunft des Ahasver-Mythos im ihm angemessenen Gattungsbereich, der Opernbühne, verortet worden:

> For eighteen centuries the Wandering Jew had been on the move... He had tried them all - drama, vaudeville, epic, novel. In vain did he try to stop. Always there was this 'march, march', chasing him away from his momentary halts, forcing him to resume his wanderings. In vain did he seek the peace of the grave. But now, arriving at the Opéra, he has found a homeland, a throne, a haven. Now he is at last persuaded by the manner of his reception that his destiny has been overcome, that his wanderings are over, that from now on it will be the crowds who would bestir themselves to come to him, to watch and listen. This is the result of a synthesis of ideas, inspirations and hard work of which only one theatre in the world has the secret, the only theatre that can put it into effect.[50]

Die Handlung von Halévys *Le Juif errant* ist keineswegs wie manchmal behauptet[51] eine Umsetzung von Sues Erfolgsroman für die Opernbühne. Die Feuilletonfortsetzungen haben die Aufmerksamkeit Scribes und Halévys für das Thema „Ahasver" sicherlich verstärkt geweckt, die Oper erscheint als der Versuch, am Erfolg und der neuen Popularität des Ahasver-Stoffes partizipieren zu wollen, die Parallelen zwischen Libretto und Sues Ewigem Juden bleiben jedoch geringfügig. Zwar hat der Ewige Jude in beiden Varianten des Ahasver-Stoffes die Funktion eines Schutzpatrons und Garanten einer Genealogie, jedoch erschöpfen sich die Ähnlichkeiten in der Rolle Ahasvers als Nothelfer einer Familie bereits. Die immense Fülle an Verwicklungen des Sue-Romans mit zahlreichen Parallel- und Nebenhandlungen auf die Opernbühne transportieren zu wollen, wäre ohnehin zum Scheitern verurteilt. Doch auch rein auf die Titelfigur bezogen, sind deren Erlebnisse nicht nur andere, sondern es fehlt ebenso die „philosophisch-gesellschaftskritische Tendenz"[52] des Fortsetzungsromans. Sieghart Döhring hat darauf hingewiesen, dass eine engere Verwandtschaft zwischen Halévys Oper und Sues Roman womöglich dadurch impliziert wurde,

---

[49] Ebd.

[50] *La Revue et gazette musicale*, April 1852, zit. in: Jordan, Ruth: *Fromental Halévy. His Life & Music 1799-1862*, London 1994, S. 157.

[51] Vgl. Jordan, Ruth: *Fromental Halévy. His Life & Music*, a. a. O., S. 155.

[52] Döhring, Sieghart: *Le Juif errant*, a. a. O., S. 651.

dass das Folgeschauspiel (1849) zu Sues Vorlage und die Oper (1852) beide die Ausstatter Charles-Antoine Cambon und Joseph François Désiré Thierry beschäftigten:[53] Ähnlichkeiten in der Bühnendekoration sind also durchaus wahrscheinlich. Allerdings kam Halévy schon durch seine Sammlung *Musique des chansons de Béranger*[54] mit dem Mythos vom Ewigen Juden in Berührung. Gerade die Mythologeme von Bérangers *complainte* prägen ganz eklatant die Zeichnung von Scribes und Halévys Ashvérus. Die Knappheit der lyrischen Bearbeitung des Mythos durch Béranger setzt als Gedicht explizit auf das Evozieren eines Stimmungsbildes, benennt zwar tradierte Mythologeme des Ewigen Juden, muss aber auf eine detaillierte Charakterentwicklung Ahasvers verzichten. Die Verwandtschaft des *Le Juif errant*-Librettos mit Bérangers Versen erscheint daher eine nähere zu sein als die zu Sues Roman und Schauspiel, zumal dem Medium Oper das Erzeugen von Stimmungseindrücken für entsprechende musikalische Untermalung willkommen sein muss. In der eigentlichen Handlung der Oper kommt dem Ewigen Juden weitaus weniger Bedeutung zu.

Die Handlung der Opéra en cinq actes beginnt während einer Kirmes in Antwerpen. Ein Porträt des Ewigen Juden veranlasst Théodora die Ballade von Ashvérus, der zu endloser Wanderschaft verdammt ist, und dessen Nachfahren sie und ihr Bruder Léon sind, zu singen. Nachts schleicht sich die Bande Ludgers in die Stadt, welche die Gräfin von Flandern und Gemahlin des Kaisers von Byzanz ausgeraubt und ermordet hat. In der Gewalt Ludgers befindet sich Irène, die Tochter der Gräfin, die nun ebenfalls getötet werden soll. Da erscheint Ashvérus, den die Bande aufgrund seines Kainsmals und dadurch, dass ihre Waffen ihn nicht zu verwunden vermögen, als den Ewigen Juden erkennt. Ashvérus übergibt das gerettete Kind Théodora.

Im zweiten Akt befinden sich Théodora, die inzwischen erwachsene Irène und Léon, die sich für Geschwister halten, auf dem Weg nach Byzanz, um Irène zu ihrem Vater, den Kaiser zu bringen. Unterwegs erfahren sie vom Tod des Kaisers, und Théodora erhofft nun ein göttliches Zeichen, das ihr anzeigt, was zu tun ist. Léon liebt Irène, meint aber dies nicht zulassen zu dürfen, da er sie für seine Schwester hält. Dann erscheint Ludgers mit seinen Schergen, welche inzwischen Sklavenhändler geworden sind. Sie bitten unerkannt bei Théodora um Gastfreundschaft und entführen nachts Irène, um sie an den griechischen Prinzen Nicéphore, der bald den Thron von Byzanz besteigen soll, zu verkaufen. Währenddessen gesteht Léon Théodora seine Liebe zu Irène; Théodora warnt ihren Bruder zwar vor Heiratsplänen, enthüllt jedoch auch, dass Irène nicht Léons Schwester ist. Als die Entführung bemerkt wird, machen sich Ashvérus' Nachfahren auf die Suche nach Irène. Im zweiten Bild des Aktes begeht man in

---

[53] Vgl. Ebd.

[54] Vgl. Halévy, Fromental: *Musique et chansons de Béranger. Airs notés anciens et modernes*, a. a. O., S. 217.

Saloniki das Johannisfest, und das Volk huldigt Nicéphore, den künftigen Kaiser, der von Ludgers neue Sklavinnen zum Kauf vorgeführt bekommt. Nicéphore will nur Irène kaufen, welche um Hilfe ruft, als der Handel geschlossen werden soll. Da erscheint Ashvérus und offenbart, dass Irène die rechtmäßige Thronerbin von Byzanz ist und ruft Gott als seinen Zeugen an. Nicéphore lässt den Ewigen Juden auf den Scheiterhaufen stellen, doch die Flammen erlöschen. Das Volk huldigt daraufhin Irène als die bald zu krönende Kaiserin.

Im dritten Akt befindet sich Irène im Palast von Konstantinopel, wo sie Léon und Théodora empfängt, welche sie endlich gefunden haben. Léon gesteht Irène seine Liebe, welche Irène erwidert. Irène muss die Würdenträger des Reiches empfangen, unter ihnen Nicéphore, der als Bedingung für den Frieden zwischen Griechenland und Byzanz die Hand Irènes fordert. Irène will auf die Krone verzichten, doch Théodora ermahnt sie ihre Pflicht zu tun. Irène geht daraufhin zum Schein auf Nicéphores Bedingung ein. Irène wird gekrönt, Léon fällt der neuen Kaiserin schließlich verzweifelt in die Arme.

Im vierten Akt empfängt Irène Léon. Beide sind entschlossen, ihre Liebe nicht aufzugeben. Sie wollen das Volk über ihr Schicksal entscheiden lassen, werden aber von Ludgers und Nicéphore belauscht, die schwören, Léon zu töten. Im zweiten Bild klagt Ashvérus am Ufer des Bosperus über seinen Fluch und bittet um den erlösenden Tod. Dabei bemerkt er Ludgers und dessen Gesellen, die Léon auflauern wollen. Ashvérus sucht Léon beim anschließenden Überfall zu schützen, da erscheint unerwartet der „Ange Exterminateur" und befiehlt dem Ewigen Juden, seine Wanderschaft fortzusetzen. Ashvérus kann daher nicht verhindern, dass die Schurken Léon ins Meer stürzen.

Das erste Bild des Schlußaktes zeigt Ashvérus am Meeresufer: er konnte Léon doch noch aus dem Ozean retten. Der Ewige Jude erzählt Irène vom Sturz Nicéphores und fordert sie auf, zusammen mit Léon die Herrschaft anzutreten. Ashvérus nimmt Abschied von allen und glaubt den erlösenden Tod zu spüren. Das zweite Bild präsentiert das Tal Josaphat. Hier befiehlt der „Ange Exterminateur" den Toten, sich zu erheben. Das Jüngste Gericht hat begonnen: Dämonen verschleppen die Verdammten in die Hölle, Engel erheben die Erwählten in den Himmel. Doch dann entpuppt sich all dies nur als ein Traum Ashvérus', der wieder am Strand erwacht. Der „Ange Exterminateur" gebietet dem Ewigen Juden, seine Wanderschaft fortzusetzen. Der Ewige Jude zieht weiter.

Der geschilderte Inhalt zeigt, dass der Ewige Jude keineswegs eine wirklich handlungskonstituierende Funktion hat. Lediglich als Schutzpatron und Deus ex machina tritt er in Erscheinung und ist dabei zugleich Anlass für Theaterdonner und –blitze.

Selbstverständlich verlangt die Darstellung der äußeren Begleiterscheinungen des Ewigen Juden, wie sie der Aberglaube tradiert, zum Beispiel Donner und Sturm, geradezu nach den bühnentechnischen Möglichkeiten der Grand Opéra. Andererseits fordert der Ahasver-Mythos auch eine differenzierte und behutsame Ausarbeitung, um der metaphysischen Dimension, die das Sujet birgt, gerecht zu werden. Beim Librettisten Scribe und dem Komponisten Halévy scheint die Geschichte vom Ewigen Juden diesbezüglich in „guten Händen": Schließlich lieferten beide bereits eine Schlüsseloper für die Thematisierung des Judentums auf der Opernbühne. Mit der Figur des Eléazar aus *La Juive* haben sie eine der komplexesten und ambivalentesten jüdischen Figuren der Operngeschichte geschaffen. Eléazar, „ce Juif fanatique"[55], ist zugleich vor allem liebender Vater - völlig spiegelbildlich zu seinem christlichen Antagonisten Brogni. Halévy, bekennender, jedoch keineswegs orthodoxer Jude, und Scribe haben der Gestalt des Eléazar dadurch sowohl Identifikationspotential gegeben, als auch andererseits die Fremdheit des jüdischen Goldschmiedes[56], „l'anathème d'un Dieu vengeur"[57] hervorgehoben. Die Rolle des liebenden Vaters spielt auch der *Juif errant*[58], der mehrmals übernatürlicher und letztmöglicher Retter seiner Nachkommenschaft wird. Die Fremdheit des Ewigen Juden offenbart sich vor allem in Äußerlichkeiten, Opferzeichen, ganz in der Tradition der sündenbock-konstituierenden Hörner und Schweineohren der frühneuzeitlichen Karikaturen - Opferzeichen, die, wie gezeigt, gerade die frühe Rezeptionsgeschichte des Ahasver-Mythos kennzeichnen. Jedoch scheinen diese in den Mythos eingewobenen Opferzeichen hier eher unreflektiert hinsichtlich ihrer Bühnenwirksamkeit verwendet worden zu sein. Insofern kann schon vorweggenommen werden, dass *Le Juif errant* hier hinter ihm vorausgegangenen Problematisierungen von Fremdheit auf der Opernbühne zurückbleibt. Die Thematisierung religiöser Minderheiten und die implizite Frage nach diesbezüglichen Mechanismen und der Konstituierung von Opferzeichen, wie sie auf der Opernbühne neben Halévys *La Juive* ausgesprochen vielschichtig in Meyerbeers *Les Huguenots* gestellt wird, stehen nicht im Zentrum von *Le Juif errant*. Es wird im Folgenden zu zeigen sein, dass die Kraft des Ahasver-Mythos offensichtlich eine starke Eigendynamik entfaltet, und die Arbeit am Mythos eine Arbeit an den Mythologemen der Ahasver-Figur verlangt und nicht nur die Verknüpfung des Mythos vom Ewigen Juden mit einer eigentlich unabhängigen Handlung.

---

[55] Halévy zit. In: Leich-Galland, Karl: *Fromental Halévy et l'âge d'or de l'opéra français*. In: Loyrette, Henri (Hg.): *Entre le théâtre et l'histoire: La famille Halévy (1760-1960)*, S. 68-79, Paris 1996, S. 75.

[56] Historisch gesehen ist die handwerkszunftgebundene Tätigkeit des Goldschmieds zur Zeit der Handlung natürlich eine Unmöglichkeit. Es schwingt allerdings dadurch eine mehr unbewusste Interdependenz zum sagenhaften Reichtum jüdischer Wucherer mit, eines der evidentesten Opferzeichen, das die christliche Gesellschaft produziert hat.

[57] Scribe in: Leich-Galland, Karl: *Fromental Halévy et l'âge d'or de l'opéra français*, a. a. O., S. 76.

[58] Die Reihe dergestaltiger Vaterfiguren in Halévys Opern wird schließlich durch Poitou in *Magicienne* komplettiert.

Allerdings steht die Situierung einer fiktiven „Privat-Handlung" vor dem Hintergrund eines historischen Tableaus symptomatisch für die Konstruktionsweise einer Grand Opéra-Handlung: Das Konstanzer Konzil in *La Juive* liefert ebenso lediglich den Rahmen für eine davon völlig unabhängige Intrige wie die Bartholomäusnacht der *Huguenots* das Colorit für eine Liebesgeschichte präsentiert[59]. Insofern bedingt sich im *Juif errant* das Erzählen eines Familiendramas, das weitestgehend unabhängig vom Ahasver-Mythos abläuft, auch aus der Tradition der Grand Opéra und der Konvention, die ein entsprechendes Libretto zu erfüllen hat. Jedoch beschränkt sich dieses Phänomen keineswegs auf die Grand Opéra: Sues Ewiger Jude fungiert gleichfalls auch als zusätzliche Kulisse für die Fehde einer Familie mit den Jesuiten.

Wie Halévys *Juive* und Meyerbeers *Huguenots* beispielhaft gezeigt haben, bedeutet die Kombination von „privater" und historischer Handlung aber nicht, dass die Darstellung der religiösen Minderheit keine Tiefenschärfe aufzuweisen hat: Gerade der Einsatz des Chores, der die zum Mob geratende Masse repräsentiert, veranschaulicht eindringlich die Funktionsweise von Stereotypen der Verfolgung. Die Tatsache, dass *Le juif errant* diesbezüglich enttäuscht, mag an der prinzipiellen Irrealität eines Legendenstoffes oder sogar an der Beschaffenheit speziell des Ahasver-Mythos liegen, aber bereits einige der skizzierten literarischen Zeugnisse der Arbeit am Mythos Ahasver haben angedeutet, dass auch eine Adaption für die Opernbühne nicht zwingend eine Unterwerfung unter die „reißerischen Aspekte"[60] des Stoffes zur Folge haben muss. Die Blässe von Ashvérus in *Le Juif errant* resultiert hauptsächlich aus der Konstellation der Figur zum übrigen Geschehen, stellt also vor allem eine Schwäche des Librettos dar.[61] Nicht ganz zu unrecht bemerkt Joseph Fétis, Halévys Komposition des *Juif errant* sei: „la plus remaquable et la plus complète qui ait été écrite par Halévy depuis 'La Juive'."[62]

Scribes Charakterisierung gerät zugunsten eines farbenprächtigen Bilderbogens von Schauplätzen in den Hintergrund. Die Palette reicht dabei von Flandern bis in den fernen Orient. Die phantastisch fremde Umgebung Constantinopels etwa, illustriert mit effektvollen Prospekten, figuriert eine Oper voller Exotismus, ermöglicht eine gefahrlose und leichte Reise des Rezipienten in ferne Länder und

---

[59] Die Interdependenzen zwischen geschichtlichem Ereignis und der Interaktion der Opernprotagonisten sind aber im Falle der historischen Grand Opéras, *La Juive, Les Huguenots* oder auch von *Le Prophète* durchaus logisch konsequenter Art.

[60] Döhring, Sieghart: *Le Juif errant*, a. a. O., S. 654.

[61] Inwieweit Scribe selbst für das Libretto *Le Juif errant* verantwortlich ist, lässt sich übrigens kaum nachweisen. Scribes Schaffen steht schon im Zeichen einer „industriellen Librettoproduktion", im Zuge derer er meist mehrere Mitautoren beschäftigte. Vgl. Gier, Albert: *Das Libretto*, a. a. O., S. 36.

[62] Fétis, Joseph, *Revue et Gazette musicale de Paris*, 16 mai 1852, zit. in: Leich-Galland, Karl: *Fromental Halévy et l'âge d'or de l'opéra français*, a. a. O., S. 77.

vernachlässigt dafür die „Fremdheit" der Titelfigur. Wobei der rasche Wechsel der Schauplätze gewiss auch aus den Wurzeln der Grand Opéra resultiert:

> Charakteristisch für die Weltsicht des Melodrams wie des *Grand Opéra* sind scharf zugespitzte Kontraste: zwischen den Schauplätzen und Bühnenbildern der einzelnen Akte, vor allem aber zwischen moralischen Positionen.[63]

Freilich verlangt eine Inszenierung fremder Landschaft - und nur sekundär fremder Kultur - vor allem hochwertige Kulissen, während der - zugegeben - schwierige Weg zur Darstellung des fremden Ewigen Juden in *Le Juif errant* zu den tradierten äußeren Opferzeichen gerinnt: Gewittergrollen und Blitze kündigen die Ankunft Ashvérus' an[64], der Ewige Jude trägt das Kainsmal[65], das heißt, es werden durchaus per se komplexe Mythologeme des Ahasver-Mythos aufgerufen, ein neuer Zugang zur Zerrissenheit der Figur, eine Annäherung an sein Leiden oder gar sein Symbolcharakter für die Verfolgung des Judentums sind aber deshalb noch implizit vorhanden, da die „Arbeit am Mythos" diese Elemente inzwischen untilgbar in den Ahasver-Mythos eingearbeitet hat.
Dieses Ausblenden der höchst schwierigen Thematisierung des Fremden im Eigenen, die Vermeidung der Frage nach dem Judentum liegt sicherlich auch im zeitlichen Kontext begründet. Die apolitische Haltung des Sécond Empire provoziert natürlich kaum eine soziologisch-politische Bewertung des speziell jüdischen Schicksals von Seiten der Oper.
Anzeichen für ein „praktiziertes" Judentum gibt es in *Le Juif errant* weder für den Vater Ashvérus noch für seine Nachkommen. Verfolgt, gefährdet und rastlos sind sie jedoch beinahe alle. In gewisser Weise stellt der Ewige Jude mit seinen unerklärlichen Kräften aber den Schutzpatron seiner „assimilierten" Nachfahren dar. Sein spezieller Nimbus erschreckt dabei nicht nur seine Feinde, sondern auch sein eigenes Geschlecht. Dieser Punkt ist es auch, der Poliakov zu dem Trugschluss verleitet, wenn er von Scribes und Halévys Ahasver schreibt: „Hier handelte es sich um einen bösartigen Juden, dessen Anblick den eigenen Sohn ,vor Schreck erstarren läßt'"[66].

---

[63] Gier, Albert: *Das Libretto*, a. a. O., S. 146.

[64] Vgl. Scribe, Eugène: *Le Juif errant*, Opéra en cinq actes. En société avec M. de Saint-Georges, Musique de F. Halévy, Académie Royale de Musique, 23 avril 1853. In: Michel Lévy Frères (Hg.): Théatre de Eugène Scribe Bd. X (Opéras II), S. 261-311, Paris 1857, z. B. Akt I, Szene 4 (S. 266), Szene 7 (S. 268), Akt II, Szene 3 (Tableau II, S. 286) etc. Vgl. hierzu auch I. 5. Ahasvers Geschwister.

[65] Vgl. Scribe, Eugène: *Le juif errant*, a. a. O., S. 269 (Akt I, Szene 7). Vgl. hierzu I. 5. Ahasvers Geschwister.

[66] Poliakov, Léon: *Geschichte des Antisemitismus*, Bd. VI, a. a. O., S. 154.

Bezieht man sich rein auf das Libretto Scribes, kommt man nicht umhin festzustellen: Die Ashvérus-Figur des *Juif errant* bleibt auffällig glatt, die Ambivalenz des Mythos vom Ewigen Juden findet keinen Reflex. Obwohl der jüdische Komponist Halévy und Scribe in der Figur des Eléazar eine exzeptionelle Möglichkeit für eine vielschichtige jüdische Opernfigur gefunden haben, gelingt ihnen offensichtlich gerade im Falle des Ahasver-Mythos kaum mehr, als konsolidierte mythische Bestände zu verwerten. Offensichtlich generiert der real historische Hintergrund der *Juive* eine realistische jüdische Opernfigur, der Legendenstoff aber unterliegt einem Sonderfall jüdischer Synthetisierung des Ahasver-Mythos: Die Faszination und das Interesse an der Erlösung Ahasvers sowie ganz besonders seine vom Mythos konstituierte jüdische Herkunft erscheinen seine Umarbeitung zum „Vorzeigejuden" lohnend zu machen. Scribes und Halévys Figurenkonzeption vom Ewigen Juden versucht folgerichtig, die Stereotypen der Verfolgung aus der Tradition des Ahasver-Mythos auszublenden, ja sogar die negativen Charakteristika des Einzelschicksals Ahasvers müssen zum Verschwinden gebracht werden. Da der Symbolcharakter Ahasvers für das Judentum längst mythische Bestandheit geworden ist, kann diese Komponente des Mythos in expliziter Ausprägung aber nur vermieden werden, ohne sie aus den Mythologemen, die aus der Arbeit am Ahasver-Mythos entspringen, je tilgen zu können. Das Resultat bei Ashvérus aus *Le Juif errant* ist eine beinahe spiegelbildliche Umkehrung der klassischen Stereotypen der Verfolgung: Der Ewige Jude hat sich auf seiner endlosen Wanderung die „christlichen" Tugenden des leidenden Erduldens und der Güte einverleibt - ein Phänomen, das in der Ausprägung der Ahasverfigur als bußfertiger und reuiger Sünder schon früher zu beobachten war. Der Konfrontation zwischen den Antagonisten Christus und Ahasver mangelt es demzufolge an einem tieferen Sinn, Christus wird substituiert durch die Figur des Racheengels - ebenfalls eine Modifikation des Ahasver-Mythos, die zum Beispiel durch Schubart bereits in den Mythos integriert worden ist. Hierin steckt, wie dargestellt, die Erkenntnis, dass die „unchristliche" Bestrafung Ahasvers eine Sinnsuche für das Leiden des Ewigen Juden verlangt. In der dramatischen Handlung eines Opernlibrettos, das den Konflikt von Ahasver und der göttlichen Ordnung thematisieren wollte, ergäbe sich ein kaum lösbares Problem: Ein geläuterter Ewiger Jude entbehrt eigentlich eines Antagonisten, also einer Spannung, aus der sich eine Handlung entwickeln ließe, es sei denn der Repräsentant der christlichen Ordnung würde als ungerecht dargestellt.[67] Daher klafft bei der Frage nach der Schuld Ahasvers und ihrem Verhältnis zur unmenschlichen Strafe im *Juif errant* eine Leerstelle. Um

---

[67] Dieser Frage wird daher im *Juif errant* nicht nachgegangen. Allerdings schleudert Ahasver dem Mörder Ludgers und seinen Gefährten entgegen: „Le ciel qui me châtie est plus cruel que vous!" Vgl. Scribe, Eugéne: *Le Juif errant*, a. a. O., S. 269 (Acte I, Scène VII).

dennoch ein vor dem Hintergrund des unheimlichen Erscheinens und Leidens Ahasvers handlungsstiftendes Potential zu erzeugen, muss ein neuer Gegenspieler etabliert werden: Im *Juif errant* der Räuberhauptmann Ludgers und seine Kumpane. Es ist offensichtlich, dass dieser neue synthetische Bösewicht der mythischen Kraft der Ahasver-Figur wenig entgegenzusetzen hat, daher bedroht Ludgers nun vor allem Ashvérus' Nachkommen. Das heißt aber auch, dass sich die eigentliche Handlung immer weiter von der Gestalt des Ewigen Juden als Zentrum entfernt, so dass seine Verknüpfung mit dem übrigen Librettogeschehen handlungsdramaturgisch schon nahezu kontingent wirkt.

Die Reaktion auf Halévys *Le Juif errant* und die Rezeptionsgeschichte der Oper, die kaum einmal außerhalb von Paris aufgeführt wurde, betonen angesichts der dargestellten Problematik im Libretto Scribes und Saint-Georges' wenig überraschend das Ungleichgewicht von Äußerlichkeiten und tieferem Gehalt der Oper.[68] Besonders in Deutschland sind die Kritiken polemisch:

> [...] Das bittere Los Ahasverus selbst wird dieser neuen Oper schwerlich zu Theil werden, sie kann sich zur Ruhe legen so früh es ihr nur belieben mag, weder Himmel noch die Hölle und was für Compositeure Himmel und Hölle zugleich ist, noch das Publikum dürften etwas dagegen einzuwenden haben. Mit dem „ewigen" Juden ist man ganz so verfahren, wie die moderne Oper mit allen poetischen oder unpoetischen Stoffen umspringt. Dichter und Compositeur treten bescheiden in den Hintergrund, um dem allmächtigen Gott der gegenwärtigen Theaterschöpfung, der Maschine in ihrem weltengestaltenden Baue nicht beschwerlich zu fallen.[69]

Trotz der sicher nicht unberechtigten Kritik an der Konzeption des *Juif errant* vor allem betreffs der Ahasver-Figur, ist die Gestalt des Ewigen Juden in Scribes und Halévys Oper zwangsläufig mit einem Kontextgeflecht verbunden, das die Mythologeme des Stoffs im Laufe ihrer Rezeptionsgeschichte entfaltet haben. *Le Juif errant* nimmt vor allem insofern eine Sonderstellung ein als hier durch das Vermeiden einer eigentlichen „Arbeit am Mythos" alle konstitutiven Mythologeme des Ahasver-Mythos beibehalten werden: Das Mythologem der Unsterblichkeit rezipiert die vorliegende Oper explizit mit dem ebenso utopischen wie teleologischen Ziel der Apokalypse. Ganz im Gegensatz zu den Ahasver-Varianten Wagners und seiner Nachfolger bleibt der Jüngste Tag die unumstößliche Erlösungsprämisse des Ewigen Juden, das heißt das Mythologem der Erlösung bleibt gekoppelt an den eben unrealisierbaren Nicht-

---

[68] Vgl. Döhring, Sieghart: *Le Juif errant*, a. a. O., S. 654.
[69] *Musikalische Plaudereien aus Paris*. In: *Signale für die Musikalische Welt*. 10. Jg., 20 (1852), ohne Autornamen, S. 187.

Daseinswunsch Ahasvers, erst am Ende der Zeit kann die Erlösungsutopie eingelöst werden.[70] Durch das Erscheinen des „Ange Exterminateur" auf der Bühne wird dem Mythologem der Wanderschaft besondere Bildlichkeit verliehen. Der Racheengel zwingt Ashvérus mit den Worten „Marche! marche toujours!!!"[71] zur permanenten Rastlosigkeit. Um die Tragik dieses durch den Racheengel symbolisierten Zwangs zum Weiterziehen noch zu verschärfen, treibt der Ange Exterminateur Ashvérus einmal sogar weiter als dieser versucht, seinen Nachkommen Léon vor Ludgers und den Räubern zu retten.[72] Der verfolgende Engel bietet zudem ein bühnentechnisch eindrucksvoll darstellbares Bild, das zudem mehr dramatische Substanz enthält als lediglich den Wanderstab des Ewigen Juden, der üblicherweise seine Ruhelosigkeit symbolisiert - obgleich Ashvérus selbstverständlich auch mit diesem Accessoire ausgestattet ist[73]:

La foudre éclate au fond, et l'on voit, à sa lueur, Ludgers donnant à Léon un coup de poignard et le précipitant dans la mer. Théodora pousse un cri de douleur, et tombe anéantie. Le Juif s'éloigne avec désespoir, poursuivi par l'ange vengeur, éclairé dans sa marche par son épée de feu.[74]

Das Mythologem der jüdischen Provenienz Ahasvers schließlich offenbart, inwieweit der Mythos vom Ewigen Juden symbolisch aufgeladen wurde, so daß trotz eigentlicher Ausblendung einer direkten Frage nach dem Judentum, gewisse Assoziationen mit dem Volk Israel naheliegend sind: Der Christus rächende dämonische Engel, der den Juden Ahasver verfolgt, steht geradezu zwangsläufig emblematisch für die Geschichte des Judentums. Zudem scheint es im *Juif*

---

[70] Hier stellt sich die Frage, ob dieses Belassen der konsolidierten Mythologeme nicht quer zu den Erwartungen gegenüber der Ahasver-Rezeption im 19. Jahrhundert steht, als die Fortschreibung des Ausgangsmythos mit neuen Mythologemen bereits verstärkt eingesetzt hatte, insbesondere als gerade die Suche nach alternativen Erlösungsprämissen für den Ewigen Juden immer zentraler geworden war. Die nicht eingelöste Begnadigung Ashvérus' hat das Publikum im Gegenteil enttäuscht: „ Bei einer der letzten Vorstellungen von Halevys 'ewigen Juden' in Paris, gegen halb zwei Uhr Morgens, wo Ahasver zu singen hat 'Ach! mein Schicksal hat noch nicht geendet, Zu sterben glaubt' ich und ich habe nur geträumt!' rief eine geistreiche Dame im selben Ton: 'heiliger Gott, das geht wieder an!'" In: *Signale für die Musikalische Welt*, 10. Jg., 21 (1852), Leipzig, Mai, [Rubrik „Dur und Moll"], S. 198.

[71] Scribe, Eugène: *Le Juif errant*, a. a. O., S. 307.

[72] Ebd., S. 304-307 (Acte IV, Tableau II, Scène III).

[73] Ebd., S. 266 (Acte I, Scène IV): „A ce moment, l'orage gronde, et au milieu d'une obscurité profonde une lueur fantastique brille sur les remparts de la ville et l'on voit Ashvérus, marchant appuyé sur son bâton. Il traverse lentement les remparts, et disparaît."

[74] Ebd., S. 307.

errant Teil der Buße Ashvérus' zu sein, seine eigene Nachkommenschaft be-
schützen zu müssen, wobei er vom Racheengel teilweise gnadenlos behindert
wird. Das von Sue bekannte Konzept, den Ahasver-Mythos mit der Geschichte
einer Familiengenealogie zu koppeln, gewinnt somit bei Scribe und Halévy besondere Brisanz, da der Ewige Jude hier das Überleben seiner eigenen Nachfahren zu sichern hat.[75] Die zusätzliche Tilgung der Negativseite der Ahasver-
Figur, die Zeichnung des ewigen Juden als leidende aber durchweg gute Zaube-
rergestalt, die versuchte Auslöschung seiner Ambivalenz, machen den Ewigen
Juden und seine Familie zu den Identifikationsfiguren der Oper.

Die Zeichnung des Ewigen Juden als leidende, aber auch erhabene, zutiefst hu-
mane Figur hat speziell in Frankreich wohl durch Edgar Quinets *Ahasverus* von
1834 einen Impuls erhalten:

> Die von Quinet gezeichnete edelmütige und der Allgemeinheit verpflichtete
> Gestalt übte gegen Ende des Jahres 1834 ihren Einfluß auf eine Zeitung der
> gleichen Prägung aus: *Le Juif errant, journal* [...]. In ihrer ersten Nummer
> führte sie unumwunden aus:
> „Der umherirrende Jude! Bei der Nennung dieses Namens hält jedermann
> inne und verneigt sich vor der Majestät Gottes: das Kind, der Bauer, die ad-
> lige Dame...
> Der umherirrende Jude ist nach Meinung des gläubigen Priesters die jüdi-
> sche Rasse, die auf ewig unter die Völker zerstreut ist, ohne sich doch mit
> ihnen vermischen zu können und ohne mit ihnen verschwistert zu werden;
> diese Rasse lebt einsam und allein unter den Völkern der Erde und erfüllt so
> die Prophezeiungen von der göttlichen Verfluchung... Unsrer Meinung nach
> ist es die Menschheit, die umherreist, und es ist der Fortschritt, der voran-
> schreitet; darum haben wir zum Banner der Sammlung diesen zugleich
> volkstümlichen und für die Zukunft gleichnishaften Titel gewählt...“[76]

Da von rein jüdischen Protagonisten nicht wirklich die Rede sein kann, ist die
Parallele von *Le Juif errant* zu *Le Juif errant, journal* naheliegend. Zwar wird
Ashvérus eindeutig als Jude identifiziert[77], unterscheidet sich aber hinsichtlich

---

[75] Das verwandtschaftliche Verhältnis zwischen Ahasver, Théodora, Léon und Irène im
Juif errant entspringt zunächst einer rein dramaturgischen Notwendigkeit: Der Mythos
vom Ewigen Juden stände sonst völlig ohne Zusammenhang zur Geschichte von Théodora, Léon und Irène.

[76] Poliakov, Léon: *Geschichte des Antisemitismus*, Bd. VI, .a. a. O., S. 153.

[77] Was bei einer Oper mit dem Titel *Le Juif errant* natürlich schwerlich vermeidbar ist.
Ashvérus' jüdische Provenienz wird aber auch im Dialog betont: „Un Seigneur, regar-
dant à gauche le grand tableau [das den Ewigen Juden zeigt] qui est devant la porte des
bateleurs. 'Mais quel est ce beau cadre?...et cet homme au maintien Triste et fatal!...qui
sait le nom de ce chrétien?' Théodora. 'C'est un Juif!...'“ Scribe, Eugène: *Le juif errant*,
a. a. O., S. 263 (Acte I, Scène II).

seiner Werte nicht von den christlichen, wird auf dem Bild, das ihn darstellt, sogar für einen Christ gehalten, verkörpert also durchaus „die Menschheit". Diese Sicht auf Scribes und Halévys Ewigen Juden bestätigt etwa das Urteil von Théophile Gautier, der zu Ashvérus schreibt, er „n'est autre que l'humantité elle-même, périsable dans l'individu, éternelle dans son type, marchant toujours, pressée par l'ange au glaive de feu."[78]

Seinen Nachkommen Théodora, Léon und Irène fehlt sogar - von ihrer Abstammung von Ashvérus einmal abgesehen - jegliches offenes Indiz für ihr Judentum. Einerseits steckt im *Juif errant* so eine Verwischung der tradierten Polarität von Juden und Nicht-Juden, andererseits, wenn man Ashvérus' Familie - trotz des Mangels eindeutiger Zeichen dafür - als jüdische Figuren werten will, ist das Geschlecht des Ewigen Juden stets Opfer seiner christlichen Umwelt, wie von den Mördern und Sklavenhändlern Ludgers' oder sogar vom verfolgenden christlichen Würgeengel.

Allerdings gehorcht die Verfolgung von Ahasvers Genealogie innerhalb der Handlung nicht den Stereotypen der Verfolgung: Die Feinde der Familie des Ewigen Juden haben keinen Hinweis auf eine jüdische Provenienz ihrer Opfer. Erst als Ashvérus bereits eingreifen muss, um seine Nachkommen zu retten, betritt der christlich konfigurierte Mythos vom Judentum in Gestalt Ahasvers die Bühne.

Obwohl für *Le juif errant* die rein mythische Komponente, seine Umsetzbarkeit in kraftvolle Bilder und der unheimliche Nimbus des unsterblichen Juden zweifellos die Argumente zur Stoffwahl waren, sind die Verfolgertexte derart mit dem Ahasver-Mythos verschmolzen, dass sich absichtlich oder unabsichtlich ein Beziehungsspiel mit einigen Elementen der Geschichte vom Ewigen Juden nicht vermeiden lässt. Ebenso ist die Übersetzung der maßgeblichen Mythologeme des Stoffs in bühnenwirksame Zeichen evident: Für Ahasvers erzwungene Wanderschaft steht - wie dargestellt - der Racheengel, seine Unsterblichkeit wird in Unverwundbarkeit überhöht:

CHOEUR
Sous nos poignards sanglants
Qu'il tombe!...
(Les bandits se précipitent sur lui, le frappent, et s'arrêtent stupéfaits.)
Dans nos mains la lame s'est brisée!
ASHVÉRUS, avec douleur.
Le ciel qui me châtie est plus cruel que vous!
LUDGERS.
Nous verrons s'il saura résister à mes coups!...
Et ma hache, par moi fraîchement aiguissée...

---

[78] Gautier, Théophile: *La Presse.* 26 April 1852. Zit. in: Leich-Galland, Karl: *Fromental Halévy et l'âge d'or de l'opéra français*, a. a. O., S. 77.

(Il lève sa hache sur le Juif, et la hache se brise en éclats.)
TOUS poussent un cri d'effroi et le regardent en tremblant.[79]

Ahasvers Identität als Jude verbirgt sich in seiner mythischen Existenz als der Ewige Jude. Da er weder rein physiognomisch karikiert noch mit stereotypischen Attributen, wie Kipa, Schläfenlocken etc., versehen ist, benötigt der letzte Beweis seines mythischen Daseins als der Ewige Jude - zumindest gegenüber Ludgers und den anderen Mördern, ein sichtbares Zeichen: Das Mal aus dem schon lange mit dem Ahasver-Stoff verwobenen Komplementärmythos von Kain.

> (Ashvérus, sans leur répondre, découvre sa tête et leur montre le signe sanglant dont est marqué son front.)
> LUDGERS
> Ce signe!...O ciel!...Le Juif errant![80]

Das Kainsmal garantiert bekanntlich das Fortleben des Brudermörders, indem es ihn vor der Auslöschung durch Blutrache bewahren soll und fungiert auf der Stirn Ahasvers als Rückbindung zum jüdischen Ursünder Kain einerseits, als Symbol für die Schuld des Ewigen Juden gegenüber Christus andererseits. Zugleich offenbart sich hier in Halévys/Scribes *Le Juif errant* die Intention, Ahasver zur rein positiven Figur umcodieren zu wollen: Wiederholte die Konstellation Christus und Ahasver einst das Muster Abel und Kain, also den Konflikt zwischen Sanftmütigem und Aggressivem, so gerät der Ewige Jude im *Juif errant* im Laufe seiner Charakterisierung seinerseits zum Sanftmütigen und substituiert die Rolle von Abel/Christus als die des Friedvollen. Ihm gegenüber steht der Verbrecher Ludgers mit seinen Gefährten, welche die damit frei gewordene Position des Aggressors besetzen und Ashvérus' Familie bedrohen.
Die Identität Ashvérus' als die des mythischen Ewigen Juden wird dem Opernpublikum freilich schon früher durch äußere bühnenwirksam umsetzbare Zeichen illustriert. „La chasse Cain" beziehungsweise die „Wilde Jagd" steuerten zum Ahasver-Mythos den ihn begleitenden Sturmwind bei, was Scribe und Halévy als ein eindrucksvolles Bild für das erste Auftreten des Ewigen Juden in der Oper erschien:

> A ce moment, l'orage gronde, et au milieu d'une obscurité profonde une lueur fantastique brille sur les remparts da la ville et l'on voit Ashvérus, marchant appuyé sur son bâton. Il traverse lentement les remparts, et disparaît.[81]

---

[79] Ebd., S. 269 (Acte I, Scène VII).

[80] Scribe, Eugène: *Le Juif errant*, a. a. O., S. 269 (Acte I, Scène VII).

[81] Scribe, Eugène: *Le Juif errant*, a. a. O., S. 266 (Acte I, Scène IV).

Schließlich präsentiert *Le Juif errant* im Gegensatz zu anderen Opernadaptionen des Mythos das Mythologem der Erlösung Ahasvers unmodifiziert, das heißt, die Erlösung bleibt gebunden an die Apokalypse, ganz so wie es im Ausgangsmythos präsentiert wurde. Allerdings lässt sich der Vorwurf schwerlich völlig entkräften, die Inszenierung des Jüngsten Tages im *Juif errant* sei vor allem Resultat von Saint-Georges', Scribes und Halévys Intention, ein eindrucksvolles Schlusstableau mit zahlreichen „Spezialeffekten" präsentieren zu wollen. Denn eine spezifische Schuld des Ewigen Juden kann lediglich durch Kenntnis des Ahasver-Mythos per se gefunden werden, im Libretto selbst bleibt das konkrete Vergehen Ashvérus' vage. Die Rückbindung der Strafe Ahasvers an seinen Frevel wirkt im vorliegenden Text des *Juif errant* allein nicht wirklich konsequent.

> In diesem Schlußtableau des „Jüngsten Gerichts" erscheint die megalomane Komponente der Grand opéra zu ihrem stofflich nicht mehr überbietbaren Höhe- und Endpunkt der Effektmaximierung gesteigert und zugleich ins Absurde umgekippt.[82]

Die Kernmythologeme des Ahasver-Stoffs, Wanderschaft des Ewigen Juden bis zur Erlösung am Jüngsten Tag bleiben in Scribes und Halévys Bearbeitung des Mythos so zwar unangetastet, jedoch scheint ein stringenter Grund für Ashvérus Leiden abhanden gekommen zu sein[83], zumal auch die Konstruktionsweise der Verfolgertexte, also vor allem das Zeugnis Ahasvers am Jüngsten Tag wider alle anderen Juden, bei der dezidiert positiven Darstellung der Ahasver-Figur hier ohnehin ausscheidet. Die Koppelung von Erlösung und Apokalypse lassen den Mythos zwar unverformt, zugleich aber auch die „Arbeit am Mythos" stagnieren - zumindest gemessen an den zahlreichen anderen Ahasver-Bearbeitungen der Zeit. Das Jüngste Gericht als Prämisse für das Ende von Ahasvers Qualen verspricht einerseits ein höchst eindrucksvolles Schlusstableau für die Oper, wirft aber andererseits ein neues Problem auf: Die Entwicklung der Grand Opéra, dahingehend Historie und Legende zu verknüpfen, lässt nämlich die Vorgaben des Geschichtswissens mit den Mythologemen vom Ewigen Juden kollidieren. Denn die Librettohandlung setzt im Jahr 1190 ein und erstreckt sich von da ab über ca. 20 Jahre, ein Zeitraum, in dem die Apokalypse, die der Ahasver-Mythos zur Erlösung seines Protagonisten fordert, nicht situierbar ist. Das teleologische Ziel des Mythos vom Ewigen Juden, das Ende der Welt, kann nur etwas Zukünftiges sein. Da Scribes Libretto darauf verzichtet, den Mythos zu modifizieren, kann der Konflikt nur durch einen Kunstgriff ge-

---

[82] Döhring, Sieghart: *Le Juif errant*, a. a. O., S. 654.
[83] Die Suche nach einer Sinnstiftung für die Qualen des Ewigen Juden beschäftigte ja die meisten literarischen Ahasver-Varianten des 19. Jahrhunderts in besonderem Maße.

löst werden: Das Jüngste Gericht des *Juif errant* wird im Nachhinein als eine Vision Ashvérus' deklariert. *Le Juif errant* präsentiert so ein geträumtes Tal Josaphat als Höhepunkt seines pittoresken Kaleidoskops exotischer Tableaus.

De pâles éclairs sillonnent les nuages, au milieu desquels on voit traverser l'ANGE EXTERMINATEUR faisant retentir la trompette du jugement dernier. - Les nuages se dissipent, et l'on voit aperçoit l'immense vallée de Josaphat. - Au milieu de cette solitude, des nuages, placés aux quatre points cardinaux, appellent tous les morts au jugement dernier. - A ces appels sinistres, les tombeaux s'ouvrent, et tous les trépassés de l'univers s'avancent devant leur souverain juge, en chantant le choeur suivant.[84]

Trotz eines mythisch inspirierten Schlusstableaus, statt eines „historischen" wie in der klassischen Grand Opéra, folgt die dramaturgische Konstruktionsweise von *Le Juif errant* den Prinzipien der Grand Opéra:

Die Menge tritt einerseits als (negativ bewerteter) Antagonist zum (positiv bewerteten, wenn auch schwachen) Protagonisten auf; andrerseits haben zahlreiche *Grand Opéra*-Libretti „den blutigen Konflikt zwischen zwei verfeindeten Völkern oder Volksgruppen" zum Thema. Dabei solidarisiert sich das Publikum [...] gewöhnlich mit der unterlegenen Partei, die folglich als die ‚gute' der siegreichen ‚bösen' gegenübersteht.[85]

Die „Menge", im vorliegenden Fall die Chöre des Jüngsten Gerichtes, ist dem Protagonisten, Ahasver, überlegen, auch eine „Solidarisierung" mit der Titelfigur wird so provoziert. Ashvérus bedient ferner die Rolle des „Guten", dem ein zumindest in seiner Grausamkeit nicht nachvollziehbares – und somit zumindest eingeschränkt als „böse" klassifizierbares – Prinzip[86] gegenübersteht. Als Libretto folgt Scribes *Le Juif errant* daher der Konstruktionsweise der Grand Opéra, eine Gattung zu der Scribe immerhin 28 Libretti lieferte. Jedoch fehlt der Finalszene des *Juif errant* eine wirkliche Rückbindung an die Titelfigur[87], wobei das Jüngste Gericht als Vision Ashvérus' natürlich die Passivität seines absoluten Nicht-In-Erscheinung-Tretens in diesem Tableau zu rechtfertigen scheint. Allerdings fehlen auch für eine bloße Erlösungsvision die Thematisierung der Schuld, Sühne und Erlösung Ahasvers. Die Erlösung erfolgt lediglich

---

[84] Scribe, Eugène: *Le Juif errant*, a. a. O., S. 309.

[85] Gier, Albert: *Das Libretto*, a. a. O., S. 146.

[86] Auch bei den Auftritten des „Ange Exterminateur" begleiten den Vollstrecker des „göttlichen Willens" Chöre, denen der einzelne, dem Fluch ausgelieferte Ewige Jude gegenübersteht.

[87] Eine entscheidende Funktion und Sinnstiftung Ahasvers für die Apokalypse erfährt der Ewige Jude etwa bei Busoni.

dadurch, dass die Bestandheit des Mythos, die Wechselwirkung von Ahasvers Untergang und dem Ende der Welt auf der Bühne eingelöst wird.[88] Gerade die zeitgenössische Kritik aus Deutschland verurteilte - wie erwähnt - das mangelnde Bewusstsein der *Juif errant*-Produktion für die metaphysische Dimension besonders heftig, war hier doch ein als deutsch empfundener Mythos in die Fänge der französischen Oper geraten. Schließlich hatten die Librettisten nicht den französischen Namen Isaac Laquedem gewählt, sondern mit Ashvérus die Abwandlung von Ahasver. Noch um einiges vehementer gingen deutsche Kritiker mit französischen Opernadaptionen des „Nationalmythos" Faust, etwa durch Gounod, Berlioz oder des *Werther* durch Massenet um - mit denselben Argumenten: die Tragik sowie die metaphysische Tiefe des Stoffes seien von Franzosen nicht auszuloten. Derartige Äußerungen müssen also mit Skepsis behandelt werden, obwohl die Vorwürfe gegen Scribes und Saint-Georges' Libretto durchaus Grundlagen haben, während der Versuch, aufgrund handlungsdramaturgischer Schwächen auch noch Halévys Komposition mit in den Abgrund zu reißen, ein wenig grotesk wirkt:

> Von der Musik im ganzen fünften Akte ist uns keinerlei Erinnerung geblieben - wir haben vergebens nach einer Ariadne gesucht, uns aus diesem Labyrinth herauszuführen - wir haben sie nicht gefunden. Wir haben die Todten auferstehen, die Sünder braten, die Tugendhaften in den Himmel ziehen, die Teufel Purzelbäume schlagen gesehen, aber gehört haben wir den Wald nicht vor lauter Saxtuben. Ich zog wehmütigen Gefühls in die stille Nacht hinaus, an all den glänzenden Toiletten und schönen Frauen vorüber - ich hatte von sieben bis bald ein Uhr nach Mitternacht mit gespannter Aufmerksamkeit zugehört, ohne gehört zu haben. Sax gellte mir in den Ohren und ich bemühte mich, trotz meiner sonstigen Leichtigkeit, singbare Motive festzuhalten, mich nur Eines glänzenden Momentes zu erinnern. Nichts! nichts! *marche toujours* - und Richard Wagner mag triumphiren.[89]

---

[88] Die Szene des Jüngsten Tages unterscheidet sich in Scribes Librettofassung und dem vorliegenden Klavierauszug (vgl. Scribe, Eugène: *Le Juif errant*, a. a. O., S. 309-311) evident: Der Klavierauszug verzichtet auf die im Libretto formierte Polarität von Dämonenchor und Chor der Toten: Hier haben die Dämonen keine „eigene Stimme", sondern die Geschehnisse in der Hölle werden vom Chor der Toten teichoskopisch kommentiert. Ob diese Änderung der auskomponierten Textfassung künstlerische oder bühnentechnische Gründe hat, lässt sich schwer feststellen, da der Klavierauszug leider generell auf die Regieanweisungen verzichtet und nur der gesungene Text abgedruckt wurde.

[89] *Musikalische Plaudereien aus Paris* (1852), a. a. O., S. 189. Trotz „musikalischer Meyerbeerismen" (Döhring: *Le Juif errant*, a. a. O., S. 654) entfaltet die Partitur stellenweise sehr hohe Qualität, wobei gerade die geschmähten Saxhörner ein eindrucksvolles Instrumentationsgespür illustrieren. Allerdings besteht manchmal ein leichtes

Besonderes Interesse weckt die Tatsache, dass in der gleichen Rezension Wagner nicht nur reflexartig erwähnt, sondern sogar schon der Vergleich zu dessen Ahasver-Variante, dem *Fliegenden Holländer* gezogen wird:

> Das hat der ewige Jude des französischen Vaudeville's aus diesem urpoetischen Stoffe gemacht! Wie anders verstand Wagner die theatralisch noch viel schwerer zu behandelnde Sage vom fliegenden Holländer zu bearbeiten! Jede Scene im französischen Texte beweist, wie der Dichter, der Poesie aus höfischer Ergebenheit für den Augenkitzel aus dem Wege gegangen [ist] und Halevy wurde gleichfalls mit in den alle wirkliche Kunstauffassung verschlingenden Abgrund gerissen.[90]

Nun erschöpft sich die Parallelität zwischen *Le Juif errant* und *Der fliegende Holländer* keineswegs darin, dass beide Opern oberflächlich ähnliche Sagenstoffe behandeln. Vielmehr teilen sich beide Stoffe die maßgeblichen Mythologeme, und Wagner selbst titulierte den Holländer als „Ahasverus des Ozeans".[91] Freilich erscheint der Ahasver-Mythos im Gewande des Holländer stark modifiziert: Wagners *Holländer* ist offensichtlich das Resultat einer Arbeit am Mythos.[92] Weitere Ähnlichkeiten, die nicht nur auf einen im Kern gleichen Ausgangsmythos zurückgeführt werden können, sind in der Tat verblüffend: Sowohl im *Juif errant* als auch im *Holländer* wird der Nukleus der Handlung, also die jeweilige Sage des Unsterblichen in Form einer Ballade vorgetragen. Beide Male von einer Frauenstimme, Senta sitzt dabei unter dem Bildnis des Holländers[93], Théodora unter dem von Ashvérus.[94] Beide Balladen werden maßgeblich bestimmt durch die Ahasver-archetypische Ruhelosigkeit, der Holländer bleibt „ohne Rast, ohne Ruh"[95], Ashvérus wird verkündet: „marche toujours! Sans vieillir, accablé de jours!"[96]

Mißverhältnis zwischen einigen hervorragend gelungenen Einzelarien und dem Gesamtcharakter der Oper.

[90] Ebd., S. 188.

[91] Wagner, Richard: *Aus der „Autobiographischen Skizze"* (1842). In: Csampai, Attila/Holland, Dietmar (Hg.): *Richard Wagner: Der fliegende Holländer. Texte, Materialien, Kommentare*, S. 76-79, Reinbek bei Hamburg 1982, S. 78.

[92] Mit Wagners *Fliegendem Holländer* betritt Ahasver camoufliert bereits 1843 die Opernbühne.

[93] Vgl. Wagner, Richard: *Der fliegende Holländer*. In: Ders.: *Dichtungen und Schriften. Jubiläumsausgabe in zehn Bänden*, hg. von Dieter Borchmeyer, Bd. 2, S. 9-40, Frankfurt am Main 1983, S. 19.

[94] Vgl. Scribe, Eugène: *Le Juif errant*, .a. a. O., S. 261: „(...) A gauche (...) un tableau du Juif errant."

[95] Wagner, Richard: *Der fliegende Holländer*, a. a. O., S. 22.

[96] Scribe, Eugène: *Le Juif errant*, a. a. O., S. 264.

Thematisiert wird jeweils vor allem die furchtbare Qual des Unsterblichen, der unerlösbare Ahasver in der mythostreuen Adaption von Scribe und Halévy wird von einem gottstellvertretenden Engel getrieben, der ihm Erlösung am Jüngsten Tag verheißt, im modifizierten Mythos Wagners verkündet ein von Gott gesandter Engel die Erlösung durch treue Liebe. Auch die im Libretto von *Le juif errant* angelegte Konkurrenz von Choeur des Démons, Choeur d'Anges, Choeur des Maudits und Choeur des Bienheureux erinnert an die des Matrosenchors mit dem Chor der Geistermannschaft des Holländers. All dies spricht dafür, dass Scribe und Halévy Wagners *Holländer* nicht nur bekannt war[97], sondern dass sie sich auch durchaus bewusst waren, im Grunde das gleiche Sujet zu behandeln. Jedoch versucht *Le juif errant*, den Ausgangsmythos von Ahasver im Gegensatz zu Wagner unangetastet zu lassen, wohl auf die ursprüngliche Kraft des Mythos vom Ewigen Juden vertrauend. Gerade damit ergeben sich aber die Probleme: Das Mythologem von Ahasvers Judentum des Ausgangsmythos bleibt indifferent, und die Erlösungsprämisse Jüngster Tag führt zu den angesprochenen Schwierigkeiten für das Ende der Oper. Doch obgleich versucht wurde, den Ausgangsmythos weitestgehend zu belassen, wird der Ahasver-Stoff mancher Komponenten beraubt, die ihn für das 19. Jahrhundert besonders interessant machten. Der metaphysischen Frage nach der Erlösung muss, solange sie an die Apokalypse gebunden ist, ausgewichen werden, eine Frage, die im *Fliegenden Holländer* zentral geworden ist. Das Judentum Ahasvers bleibt zwar durch die Figur des Juif errant existent, doch unbehandelt. Der Holländer bringt dieses Mythologem zunächst scheinbar zum Verschwinden, da der Holländer per se natürlich kein Jude ist. Halévy[98] und Scribe geraten durch die Verwendung eines christlichen Mythos „vom Juden" mit ihrer Absicht, den Juden Ahasver positiv darzustellen, soweit, dass Ashvérus jeglicher Dämonie beraubt wird. Diese der Figur mangelnde Dämonie kann nur oberflächlich durch unheimlich wirkende Bühneneffekte kompensiert werden, so dass die Gestalt des freundlichen Magiers Ahasver weit weniger interessant erscheint als die von Wagners Holländer, zumal dessen Charakter durch Bühneneffekte zusätzlich potenziert wird. Selbstverständlich hätte Wagner eine dämonische Opernfigur jüdischer Provenienz nicht gestört, doch im *Holländer* wird diese Thematik auf erster Ebene vermieden. Es wird somit deutlich, dass der Ahasver-Mythos ohne Abwandlung seiner ins 19. Jahrhundert tradierten Kernmythologeme einer Opernadaption einigen Widerstand entgegensetzt. Insbesondere Ahasvers Erlö-

---

[97] Wagner hatte nach eigenen Angaben Scribe bereits 1838 eine Skizze des Sujets zukommen lassen, damit dieser einen Kompositionsauftrag für Wagner an der Pariser Oper erwirken solle. Vgl. Wagner, Richard: *Aus der „Autobiographischen Skizze"* (1842). In: Csampai, Attila/Holland, Dietmar (Hg.): *Richard Wagner. Der fliegende Holländer*, S. 76-79, a. a. O., S. 76.

[98] Der jüdische Komponist Halévy gehörte bemerkenswerter Weise nicht zu den Zielscheiben von Wagners antisemitischer Polemik.

sung und sein Judentum sperren sich in Scribes und Halévys Fall vor allem gegen eine positive Auslegung des Charakters des Ewigen Juden. Maßgeblich für eine Umsetzung des Ahasver-Mythos erscheint daher im Falle der Figur des Ewigen Juden das, was ihn von Anfang an geprägt hat: seine Ambivalenz. Den Vorwurf gegenüber Halévys und Scribes *Le juif errant,* sich lediglich den reißerischen Aspekten des Ahasver-Stoffes zu unterwerfen, mag man also wohl auch darin begründet sehen, in einer Zeit aufkeimender antijüdischer Ressentiments eine positive jüdische Opernfigur entwerfen zu wollen, ohne dabei jedoch an den Erfordernissen des Ahasver-Stoffs mit seinen Schaueraspekten vorbeikommen zu können. Hier spielt auch die Verwendung des Ahasvermythos durch die Romantik eine wichtige Rolle:

> Jeder von ihnen hält darauf, sich zumindest einmal in seinem Leben ein Wams, das dem tiefsten Mittelalter entnommen ist, zurechtzuschneidern, und wenn ihre Einbildungskraft erschöpft ist, dann fertigen sie ein Pfuschwerk über eine Geschichte von Juden an. [...] Von Shakespeare bis zu Scribe im Theater, von Ivanhoe bis zu Paul de Kock in den Romanen; seit es Schriftsteller gibt, die Feuilletons verfertigen, und ein Publikum, das darin einig ist, daraus täglich einen langweiligen Zeitungsartikel zu verschlingen;[99]

Die Popularisierung des Ahasvermythos hat zur Folge, dass mit dem Ewigen Juden anscheinend – in Frankreich durch den Erfolg von Sues Feuilletonroman besonders – der massenwirksame Aspekt des Stoffs mitgedacht wird. Der Konflikt, eine publikumswirksame und damit den erwarteten Aspekten des Mythos in Opernform zu entsprechen und zugleich den Ewigen Juden als ernsthafte und positive Identifikationsfigur zu etablieren scheint vor diesem Hintergrund als schwierig, wenn nicht unmöglich. Eine rein positive Gestaltung und offene Ausführung des Ahasvermythos kann zugleich den mythisch mittransportierten Gehalt schwerlich zum Verschwinden bringen: Ahasver ersetzt „in der modernen Zeit" Judas „als Verkörperung des jüdischen Volkes".[100] Von der Gegenperspektive entbehrt die Ahasvermetapher auch für die jüdische Emanzipationsbewegung nicht einer gewissen Problematik:

> [...] diese Art der Darstellung war ja auch ganz gewiß ein Verrat an der volkstümlichen Absicht, mit diesem Mythos „das Bild des jüdischen Volkes zu zeichnen, das von Haus und Herd verjagt worden sei, weil es Christus nicht anerkannt habe, und das jetzt in der ganzen Welt umherirren müsse

---

[99] *Archives israélites* zit. in: Polikaiv, Léon: *Geschichte des Antisemitismus*, Bd. VI., a. a. O., S. 149f.
[100] Poliakov, Léon: *Geschichte des Antisemitismus*, Bd. VI., a. a. O., S. 151.

und dabei trotz der Verfolgung seinen reichlich gefüllten Geldbeutel sei sich bewahren könne".[101]

Auch die Konzentration auf die metaphysische Tragik Ahasvers, dessen einzige Schuld darin besteht, Christus nicht als den Heiland erkannt zu haben und der dann, der Legende nach, endlose Buße auf sich nimmt, scheint mit der Grand Opéra und auch dem nachfolgenden Opernkonzept Halévys/Scribes nicht verwirklichbar. Dabei antwortet das Ahasverbild von *Le Juif errant* durchaus dem neuen Bild der antijüdischen Seite, das auf den rassistischen Antisemitismus vorausdeutet:

> Diese neue Wirklichkeit [...] besteht in einer fortdauernden, geheimnisvollen und unklaren Schuld der Juden und diese wird so zu einem noch tragischern Schicksal und einem nicht zu sühnenden Fluch, der [...] nicht mehr mit dem zusammenhängt, was der Jude *tut*, sondern mit dem, was er *ist* [...].[102]

Der Ewige Jude Halévys/Scribes tut dementsprechend nur Gutes, bleibt aber nach wie vor seinem Fluch und der Verfolgung des Racheengels ausgeliefert. *Le Juif errant* begegnet mit dem „guten" Ahasver in gewisser Weise einem Judenbild, das im Judentum einen unabwaschbaren Makel imaginiert. Die Strafe Ahasvers in *Le Juif errant* erscheint als ungerecht und unverhältnismäßig, ungeachtet seiner Taten wird der Ewige Jude gefürchtet und verfolgt. Die Beliebigkeit mit der mythische Stoffe in die Nachfolgewerke der eigentlichen Grand Opéra einfließen, verschüttet aber zugleich die Aufmerksamkeit der zeitgenössischen Rezeption für eine Umsetzung in aktuelle soziale und politische Geschehen – und letztlich ist dies ja auch die Absicht der neuen Tendenz, mythische Stoffe zu adaptieren. Zudem eingebettet in eine bühnentechnische Umsetzung, die den Zuschauer unterhalten und verblüffen will, ist die Aussage des *Juif errant* als Bild der aktuellen jüdischen Situation nicht wahrgenommen worden. Gemessen an anderen Bearbeitungen des Mythos, die eine Tragik Ahasvers als Einzelschicksal oder als Symbol der Menschheit insgesamt darstellen, kann *Le Juif errant* solche Qualitäten nicht erreichen – und will es auch gar nicht. Allerdings bleibt *Le Juif errant* damit hinter den Möglichkeiten von Librettist und Komponist zurück: Ahasver wäre eine ähnlich differenzierte, plastische und eindringliche Charakterzeichnung zu wünschen gewesen wie sie Scribe und Halévy beim Eléazar der *Juive* gelungen ist, der sich durch gerade die Ambivalenz auszeichnet, die Ashvérus fehlt. Die Gesamtkonstruktion der

---

[101] Ebd., S. 150f. Vgl. Paris, Gaston: *Le Juif errant.* Auszug aus der *Encyclopédie des Sciences religieuses*, Paris 1880, S. 16f.

[102] Poliakov, Léon: *Geschichte des Antisemitismus*, Bd. VI: *Emanzipation und Rassenwahn*, Worms 1987, S. 152.

Juive „underline the author's desire to place Christian oppression and antisemitism at the forefront of the drama, but also to highlight Eléazar's anti-Christian hatred and alienation from Christian society."[103]

Insofern ist Halévys/Scribes Oper sowohl in ihrer Dimension zur „jüdischen Frage" des Second Empire als auch in ihrer künstlerischen Relevanz als Beitrag zur „Arbeit am Mythos" weitgehend unbeachtet geblieben. Lediglich die inszenatorische Überzeugungskraft der Bühnenumsetzung bescherte *Le Juif errant* einen Erfolg als Medium der „Massenunterhaltung".

---

[103] Hallman, Diana R.: *Opera, Liberalism and Antisemitism in Nineteenth-Century France*, a. a. O., S. 150.

IV. WAGNERS EWIGE JUDEN

Für die „Arbeit am Mythos" vom Ewigen Juden ist neben allen anderen Umwälzungen, die durch ihn das Musiktheater neuformierten, Richard Wagner der entscheidende Wendepunkt. Dies hat auch mit Wagners spezieller Bedeutung für eine neue Form der Operndichtung zu tun.

> Will man [...] seine Stellung in der Geschichte der Librettistik, sein Verhältnis zur literarischen und die Bedeutung seiner Konzeption für die spätere Zeit bestimmen [...], dann ist die isolierte Betrachtung des Beitrags, den Wagners Theorie und Praxis der Operndichtung geleistet hat, nicht nur statthaft, sondern aus Gründen der Vergleichbarkeit sogar geboten.[1]

Was hier für die allgemeine Bedeutung Wagners für das Libretto beschrieben wird, gilt für die Geschichte der Libretti vom Ewigen Juden im speziellen. Die Erlösungsdramen Wagners kreisen schließlich offensichtlich um das Mythologem des Ahasverstoffes, das im 19. Jahrhundert in den Mittelpunkt der Rezeption geraten war. Dass Wagner die Texte seiner Opern selbst verfasste ist ein weiterer Punkt: Sowohl die Wagnerianer nach ihm, die sich des Ahasvermythos annehmen, wie Weingartner und Sachs, als auch diejenigen, die sich aus dem Schatten Wagners lösen, zum Beispiel Busoni, schreiben, geprägt von Wagner, ihre Ahasverlibretti selbst.[2] Zugleich verkörpern Wagners Adaptionen des Mythos einen problematischen Sonderfall, der die allgemeine Schwierigkeit einer Beschäftigung mit dem „Bayreuther Meister" im speziellen spiegelt: Ahasver irrlichtert nicht nur durch die Musikdramen, sondern auch durch die theoretischen Schriften des antisemitischen Künstlers. Insofern muss auch die Frage gestellt werden, inwieweit Wagners Judenfeindschaft auch seine Libretti imprägniert hat. Dass einige, mehrere oder gar fast alle Opernfiguren mit camoufliert jüdischen Zügen versehen seien oder gar einen antisemitischen Subtext transportierten, wird bekanntermaßen von der Wagnerforschung nach wie vor kontrovers diskutiert.[3]

> Es ist ganz unwahrscheinlich, daß eine so zentrale lebensbegleitende Obsession im Werk des Künstlers Richard Wagner ohne Wirkung geblieben sein soll. Diese Wirkung ist aber nicht so eindeutig und an der Oberfläche liegend, wie einige Wagner-Kritiker meinen, sondern sie taucht nur gelegentlich auf, ist außerdem camoufliert, in einen Subtext eingewoben, dem zeit-

---

[1] Gier, Albert: *Das Libretto. Theorie und Geschichte einer musikoliterarischen Gattung*, Darmstadt 1998, S. 163.
[2] Vgl. ebd., S. 24.
[3] Vgl. etwa Weiner, Marc A.: *Antisemitische Fantasien. Die Musikdramen Richard Wagners*. Aus dem Amerikan. von Henning Thies, Berlin 2000.

genössischen Publikum gewissermaßen mit Augenzwinkern dargeboten.[...] Die ungläubige und oft aggressive Abwehr des heutigen Wagner-Publikums gegenüber Hinweisen, daß etwa in Figuren wie Mime und Beckmesser die antijüdischen Ressentiments ihres Schöpfers erkennbar sind, beruht vor allem darauf, daß die in der zweiten Hälfte des 19. Jahrhunderts selbstverständliche Imprägnierung mit dem kulturellen Code des Antisemitismus (in ganz verschiedenen Intensitätsgraden) angesichts dessen, was im 20. Jahrhundert geschah, nicht mehr selbstverständlich sind.[4]

Die Verbrämung durch das Mittel der Camouflage betrifft auch die Ahasvergestalten Wagners, die nicht wie noch Halévys *Le Juif errant* offen die Gestalt des Ewigen Juden zeigen, dem seine Identität schon durch seine Benennung als Jude eingeschrieben ist. Allerdings hat Wagner dafür – und das macht den Fall im Vergleich zu den von Jens Malte Fischer oben angesprochenen Figuren wie Mime und Beckmesser einfacher – seinen Holländer und seine Kundry in Kommentaren zu *Der fliegende Holländer* und *Parsifal* mit dem Ahasver-Mythos in Verbindung gebracht. Was jedoch die Auslegung des Mythos vom Ewigen Juden anlangt, verkompliziert sich die Sachlage sofort wieder, da die Ahasverfigur – wie dargestellt – von Anfang an durch ihre Ambivalenz geprägt war, changierend zwischen dem Inbegriff aller Negativstereotypen die bezüglich der Juden aufzutreiben waren und zwischen dem reumütig büßenden „Vorzeigejuden". Und auch die Spur, in den mehr oder weniger verdeckten Ahasvergestalten nach antijüdischen Komponenten zu forschen, hat Wagner selbst gelegt. Denn in seiner zu trauriger Berühmtheit gelangten Hetzschrift *Das Judentum in der Musik* verwendet er den Mythos vom Ewigen Juden. Der nachfolgend zitierte Absatz ist – keineswegs ganz zu Unrecht – zu einem der zentralen Argumente derjenigen geworden, welche sich gegen ein Verdrängen des Wagnerschen Antisemitismus angesichts seiner künstlerischen Verdienste wehren.

> Gemeinschaftlich mit uns Mensch werden, heißt für den Juden aber zu allernächst so viel als: aufhören Jude zu sein. [...] Nehmt rücksichtslos an diesem durch Selbstvernichtung wiedergebärendem Erlösungswerke teil, so sind wir einig und ununterschieden. Aber bedenkt, daß nur Eines eure Erlösung von dem auf Euch lastendem Fluche sein kann: Die Erlösung Ahasvers, - der Untergang![5]

---

[4] Fischer, Jens Malte: *Richard Wagners „Das Judentum in der Musik". Eine kritische Dokumentation als Beitrag zur Geschichte des Antisemitismus*, Frankfurt am Main/Leipzig, 2000, S. 15f.

[5] Wagner, Richard: *Das Judentum in der Musik*. In Fischer, Jens Malte: *Richard Wagners „Das Judentum in der Musik"*, a. a. O., S. 139-196, S. 173.

Diese Sätze Wagners waren, aufgrund des Eifer Wagners Antisemitismus zu illustrieren, nicht davor gefeit, überinterpretiert zu werden. Zunächst scheint das „aufhören Jude zu sein" dem frühneuzeitlichen Bekehrungswahn der ersten Ahasver-Drucke näher zu stehen, als eine Vorwegnahme der „Endlösung", wie sie manchmal auf diese Passage bezugnehmend behauptet wird. Andererseits muss die fortwährende Exemplifizierung des unheilvollen Judentums in der Musik in der Person des (getauften) Mendelssohn durch Wagner das Argument, es gehe hier lediglich um einen Aufruf zur Taufe, entkräftet werden.[6] Die verhängnisvolle Wirkung von Wagners Schrift, aber auch Ungenauigkeiten in englischen Übersetzungen, wo „Untergang" mit „destruction" wiedergegeben wird[7] – was zweifellos Folgen für einen Teil der angloamerikanischen Wagnerforschung hatte – haben den Wirbel um diesen Schlüsselsatz aus *Das Judentum in der Musik* zusätzlich angefacht. Der Gebrauch Ahasvers als Metapher, die entsprechend der Ambivalenz des Mythos ja auch positiv als Identifikation für das ruhelose, Vertreibungen ausgesetzte Los des Judentums Verwendung fand, beinhaltet aber, rein auf die zugrundeliegende Bestandheit des Mythos rekurrierend den „Untergang", da der Ewige Jude erst durch den jüngsten Tag zu erlösen ist. Dass jedoch die Ewigen Juden als Opernfiguren gerade bei Wagner, dem geschickten Verwerter und Verformer tradierter Mythenbestände, keineswegs der Apokalypse zu harren haben, wird der Blick auf den Holländer und die Kundry erweisen.

Dies ändert jedoch keineswegs die Schwierigkeit, die Ahasvergestalten von Wagners Musikdramen klar zu situieren. Denn auch wenn Richard Wagner als einer der prominentesten Exponenten einer sich etablierenden judenfeindlichen Strömung in Deutschland gelten muss, so darf der historische Kontext, dem diese Tendenz entspringt, nicht vergessen werden: Die aufkeimende „Emanzipation und Akkulturation der deutschen Juden"[8] hatte gerade in den Reihen der romantischen Bewegung eine entschiedene, christlich geprägte Gegenreaktion evoziert. Die ambivalente Auslegbarkeit des Mythos vom Ewigen Juden spiegelt diesen soziokulturellen Kontext geradezu. Die „höchste Steigerung erfuhr die Ablehnung der Juden in der vereinzelt geäußerten Vernichtungsvorstellungen"[9], die sich allerdings gegen „kontingente Eigenschaften der Juden", also

---

[6] Vgl. Fischer, Jens Malte: *Richard Wagners „Das Judentum in der Musik"*, a. a. O., S. 24ff.

[7] So in der Übersetzung in „Wagner", der Zeitschrift der englischen Wagner Society. Vgl. hierzu Fischer, Jens Malte: *Richard Wagners „Das Judentum in der Musik"*, a. a. O., S. 137.

[8] Ebd., S. 33.

[9] Erb, Rainer/Bergmann, Werner: *Die Nachtseite der Judenemanzipation. Der Widerstand gegen die Integration der Juden in Deutschland 1780-1860 (= Antisemitismus und jüdische Geschichte*, Bd. 1), Berlin 1989, S. 174.

gegen das Judentum, und weniger gegen jüdische Menschen richteten.[10] Dies resultiert in erster Linie daraus, dass sich die Gegner der jüdischen Emanzipation selbst in ihrem „ständisch-christlichen Staats- und Gesellschaftsgefüge[s]"[11] bedroht sahen. Die „Abwehrreaktion" auf die Judenemanzipation führt dabei schon zu proto-antisemitischem Vokabular: „Parasiten", „Schädlinge", „Unkraut" oder Krankheiten beginnen als Metaphern zu dienen und konkurrieren mit tradierten mythischen Bildern oder verschmelzen mit ihnen, wie im Bild vom Juden als Vampir/Blutegel oder dem Ewigen (unausrottbaren) Juden.[12] Die Kontroverse, wie Ahasver „moralisch" gerade hinsichtlich seiner jüdischen Provenienz zu bewerten sei, geht auch an Wagner nicht vorbei. Karl Gutzkow, Dramaturg am Dresdner Hoftheater, zu dem Wagner als Kapellmeister am gleichen Ort in den 1840ern regen Kontakt unterhielt, sieht im Ewigen Juden anlässlich einer Besprechung von Mosens Ahasver alle Schlechtigkeit des Judentums verkörpert.[13] Jens Malte Fischer hat bereits darauf hingewiesen, dass der Terminus der „Selbstvernichtung" bereits von Gutzkow ins Spiel gebracht wird, bevor er im Judentum in der Musik von Wagner verarbeitet wird. Zentrale Kritik Gutzkows an Mosens Ahasver ist, dass das jüdische Kollektiv nicht den Erlösungswunsch oder radikal gesagt den Selbstvernichtungstrieb Ahasvers teilt. Während Wagner in seinem Pamphlet dem jüdischen Kollektiv diese Selbstvernichtungskomponente als Erlösungsprämisse präsentiert, erscheint der Erlösungs- bzw. Selbstvernichtungswunsch in seinen Libretto durchaus losgelöst von einer jüdischen Identität – man denke an den Holländer. Und selbst Kundry kann nicht als „explizite" Ahasver-Figur gelten. Warum erscheint aber der Ewige Jude im Kunstwerk Richard Wagners nicht unmaskiert? Ist dies Teil eines dezidierten Erfolgskalküls, dem bewusst ist, dass der beträchtliche jüdische Prozentsatz von Wagners Publikum zwar die Prosaausfälle des Meisters geflissentlich ignorieren kann, nicht aber eine Verunglimpfung im „hehren" Drama Wagners? Für die Camouflage hinsichtlich solcher Figuren wie Mime oder Beckmesser ist dies zweifellos ein einleuchtendes Argument, doch die Ambivalenz des Ahasver-Mythos verschließt sich auch im Falle Wagners einer solchen Eindeutigkeit.

Wagner selbst postuliert in hanebüchener Argumentation im Judentum in der Musik, Juden seien auf dem Theater nicht anzutreffen, weder als dargestellte Figur noch als Künstler.[14] Konsequenterweise kommt im Wagnerschen Oeuvre kein Jude explizit, sondern bestenfalls camoufliert vor, wobei jedoch dem Ewi-

---

[10] Ebd., S. 183.

[11] Ebd., S. 19.

[12] Vgl. ebd., S. 195 ff.

[13] Vgl. Fischer, Jens Malte: Richard Wagners „Das Judentum in der Musik", a. a. O., S. 40f.

[14] Ebd., S. 49. Fischer räumt hier auch die für Wagner nicht wirklich zählenden Ausnahmen, wie z. B. Shylock, ein.

gen Juden eine besondere Rolle zukommen könnte. Die jüdische Identität Kundrys wird im *Parsifal* zwar keineswegs offen behauptet, liegt jedoch rein aus der Logik der Handlung heraus näher als bei allen anderen Figuren Wagners, in denen man jüdische Züge suchen mag. Legt man die Ahasversequenz aus *Das Judentum in der Musik* als den Gipfelpunkt einer antijüdischen Denkweise Wagners zu Grunde, kommt man nicht umhin, in Ahasver den „Juden der Zukunft" auszumachen, den von Christus gestraften, büßenden, der für Christus Zeugnis ablegenden, vom Selbstauslöschungsimpuls getriebenen, den Juden, der nicht mehr (Jude) ist. Die propagierte Erlösung durch Selbstauslöschung macht den Juden aus Wagners Pamphlet aber in diesem Punkt zahlreichen Figuren aus den Musikdramen verwandt, sei es Tristan, Amfortas oder der Holländer.

Hinzu kommt eine von der Forschung wiederholt festgestellte Eigenidentifikation Richard Wagners mit dem Schicksal des Ewigen Juden[15], die wohl hauptsächlich aus der romantischen Verwertung des Ahasvermythos und den dadurch abgeleiteten Symbolcharakter für die Künstlerproblematik entspringt. Von Interesse ist, daß Wagners Beschäftigung mit dem Mythos vom Ewigen Juden als Stoff für ein Opernsujet mit der entscheidenden Phase bezüglich der Entwicklung zum Antisemiten in Wagners Biographie zeitlich zusammentrifft.

---

[15] Vgl. z. B. Zelinsky, Hartmut: *Die „feuerkur" des Richard Wagner oder die „neue religion" der „Erlösung" durch „Vernichtung".* In: *Musikkonzepte 5. Richard Wagner. Wie antisemitisch darf ein Künstler sein?* hg. von Heinz-Klaus Metzger/Rainer Riehn, S. 79-112, München 1978, S. 93f [...]„im eigenen Leben das Schicksal Ahasvers erkennen zu müssen, oder anders gesagt, das Bewußtsein zu haben, ein oder wie ein Jude zu sein. Schon zu seinem *Fliegenden Holländer* bemerkt Wagner, daß dieser ‚ganz wie Ahasver, der ewige Jude' am Ende seiner Leiden den Tod ersehne [...] Gelegentlich hat Wagner sein Ahasverbewusstsein an versteckter Stelle auch direkt ausgesprochen, so wenn er am 21. Juni 1859 an Mathilde Wesendonck schreibt, dass er sich hüten müsse, eine Passion für das Pferd aufkommen zu lassen, da ‚der Wanderung des ewigen Juden kein Pferd beigegeben sein' dürfe."
Vgl. auch Borchmeyer, Dieter*: Richard Wagner. Ahasvers Wandlungen*, Frankfurt am Main/Leipzig 2002: „Der Untertitel *Ahasvers Wandlungen* spielt nicht nur auf den Fliegenden Holländer und Kundry im *Parsifal* an, mit denen Wagner die Gestalt des Ewigen Juden in Verbindung gebracht hat – mittelbar auch den „Wanderer" im *Siegfried* -, sondern vor allem auf die Tatsache, daß Wagner die Gestalt des nicht sterben könnenden, ewig unbehausten Wanderers als Existenzsymbol seiner selbst und seines Künstlertums angesehen hat, dessen „Wandlungen" auch seine Wirkungsgeschichte manifestiert. Daß sich in der Ahasver-Legende für Wagner zugleich das Schicksal des Judentums spiegelt, läßt tief blicken, deutet auf die von ihm verkannte und verleugnete, von den Zeitgenossen und Nachgeborenen aber sehr wohl durchschaute Affinität zu manchen Traditionen jüdischen Denkens hin [...]."

Die für Wagners Antisemitismus entscheidende Phase ist ohne Zweifel der erste Aufenthalt in Paris vom September 1839 bis April 1842. Hier ballt sich in einer Inkubationszeit besonderer Art zusammen, was sich rund zehn Jahre später Aufmerksamkeit verschafft.[16]

Während also Wagners Antisemitismus beginnt sich zu entwickeln, ist Wagner zugleich damit beschäftigt mit dem *Fliegenden Holländer* seine erste „Ahasveroper" in Angriff zu nehmen. Das Konglomerat aus der tradierten Sündenbockstruktur des Mythos, romantisch geprägtem Weltschmerz, Eigenidentifikation und Künstlerproblematik, mythischer Bestandheit und Arbeit am Mythos integriert Wagner in seine Librettoadaptionen des Stoffs vom Ewigen Juden.[17] Und so ambivalent sich Ahasver vom Beginn seiner Rezeption an entfaltete, so ambivalent entwickelte sich Wagners Position gegenüber dem Judentum:

Die tiefe Ambivalenz Wagners im Verhältnis zum Judentum charakterisierte [...] seine Einstellung.[...] Das Schwanken zwischen Wut und Mißmut über diese oder jene jüdische Äußerung einerseits und Rührung über diesen oder jenen jüdischen Anhänger und Interpreten ist typisch für den späten Wagner.[18]

Gerade hinsichtlich der Ahasverfigur besteht bei Wagner eine Interdependenz zwischen der mythischen Tradierung vom Ewigen Juden und Wagners eigenen Projektionen: Der Ahasver des Ausgangsmythos ist gekoppelt an die Apokalypse, den Untergang. Bei Wagner findet sich – dem Mythos der Symbolfigur des Judentums entlehnt – der Bedeutungszusammenhang von jüdischem Kollektiv und Weltenbrand.

[Wagner] sagt in heftigem Scherz, es sollten alle Juden in einer Aufführung des ‚Nathan' verbrennen. Wie sehr Wagners Brand- und Zerstörungsphanta-

---

[16] Fischer, Jens Malte: *Richard Wagners „Das Judentum in der Musik"*, a. a. O., S. 59. Auch in Martin Gregor-Dellins Wagner-Biographie wird – freilich weniger dezidiert – auf diese besondere Phase Wagners hinsichtlich seiner Positionierung zum Judentum hingewiesen. Vgl. Gregor-Dellin, Martin: *Richard Wagner. Sein Leben. Sein Werk. Sein Jahrhundert*, München 1980, S. 148: „Erst 1841 begann der um seine Berühmtheit vorläufig Betrogene [...] journalistisch zu sticheln, Meyerbeer habe seine Erfolge der Bestechlichkeit der Pariser Operndirektoren zuzuschreiben, bis es dann Anfang 1842 in einer Korrespondenz für Schumann gar hieß, Halévy sei kein ‚absichtsvoll schlauer Betrüger wie Meyerbeer' [...]."
[17] Nicht umsonst bezeichnet Claude Lévi-Strauss Wagner als Vater der strukturalen Mythenanalyse, was mit der Montage der Wagnerschen Opernmythen – eben auch demjenigen von Ahasver zusammenhängt. Diese entspricht Lévi-Strauss Auffassung vom Mythos als „bricolage". Vgl. Gier, Albert: *Das Libretto*, a. a. O., S. 167.
[18] Fischer, Jens Malte: *Richard Wagners „Das Judentum in der Musik"*, a. a.O., S. 118.

sien, zu denen auch der über Jahrzehnte sich erhaltende Wunsch nach dem ‚Brand von Paris' zu zählen ist, den er als ‚Symbol der endlichen Befreiung der Welt von dem Druck alles Schlechten' ansah und den er im Brand von Walhall in seinen *Ring* aufnahm – wie sehr diese Phantasien sich gerade immer wieder an den Juden entzünden, kann [...] nur angedeutet werden.[19]

Der Jude gerät, auch im Sinne Girards, zu Wagners persönlichem Sündenbock, während er parallel dazu der gesellschaftliche Sündenbock des 19. Jahrhunderts wird, was am Beispiel Ahasvers in speziellen Adaptionen des Mythos, wie Dumas' *Isaac Laquedem*, Mosens *Ahasver*, bei Gutzkow, Schopenhauer etc. bereits illustriert wurde. Zugleich bleibt der Ewige Jude aber auch ein mythischer Sündenbock der frühen Neuzeit, so dass eine Trennung von „Autorintention" und tradierten Mythologemen nicht mehr klar möglich ist.

Ebenso wie Wagner die entscheidende Gelenkstelle für die Rezeptionsgeschichte des Ewigen Juden im Libretto darstellt, ist er aufgrund seiner besonderen Mythenverarbeitung eine Schlüsselfigur für das oben genannte Problemfeld. Die These, dass Wagner den „Mythos als Schutzschild"[20] verwendet hat in diesem Zusammenhang absolut ihre Berechtigung:

> *Mythos als Schutzschild*: das war auch für Wagner ein Thema. Denn es gab für ihn [...] Gründe, Teile seiner „Botschaft" nicht offen zu sagen. Bereits in der Einleitung wurde das Thema Antisemitismus genannt, das Wagner zu verbergen trachtete, damit sein Publikum nicht „*kopfscheu*" werde [...]. Ein *offen* antisemitisches oder sonst rassistisches, gesellschafts-, kirchen-, oder staatskritisches Kunstwerk ist im 19. Jahrhundert inopportun für jeden Künstler, der öffentlichen kulturpolitischen Einfluß anstrebt – und das war ja Wagners erklärtes Ziel. Darüber hinaus wusste Wagner, dass seine Absichten auf das Publikum stärker zu wirken vermochten, wenn sie in den emotionalen Bereich übersetzt waren und allzu präzise rationale Aussagen vermieden.[21]

Die Arbeit am Mythos verfolgt bei Wagner insofern nicht zuletzt den Zweck eigene Anschauungen unter der Patina des Mythos zu transportieren. Für eine Betrachtung von Wagners Ahasverfiguren sollte dies neben der Analyse seiner Umcodierung des Mythos vom Ewigen in Hinblick auf die Veränderung der Bestandheit des Mythos ein entscheidender Blickwinkel sein. Denn hinsichtlich der gesellschaftliche Entwicklung gegenüber dem Judentum im 19. Jahrhundert erscheinen Veränderungen etwa bezüglich der Erlösungsprämisse Ahasver (z.

---

[19] Zelinsky, Hartmut: *Die „feuerkur" des Richard Wagner*, a. a. O., S. 81f.

[20] Drüner, Ulrich: *Schöpfer und Zerstörer. Richard Wagner als Künstler*, Köln 2003, S. 73.

[21] Ebd.

B. treue Liebe statt Apokalypse) von anderer Relevanz als die Unterfütterung mit proto-antisemitischem Gedankengut. Die Ambivalenz des Ahasver-Mythos, den Mitleid und Antijudenbild von Beginn an prägen, bleibt – wie zu zeigen sein wird – in Wagners Werk enthalten. Vielmehr sind es genau die Ahasvergestalten Wagners, denen seine Verfahrensweise, Figuren mit antijüdischem Subtext zu unterfüttern, eher zuwiderläuft, wie Ulrich Drüner konstatiert:

> Außerhalb von Karikatur und Satire gehört das Verborgene und Dezente wesentlich zu antisemitischer Kunst; selbst im Dritten Reich warnt die parteiamtliche Literaturwissenschaftlerin Elisabeth Frenzel davor, Judengestalten in „tragischen Erschütterungen" darzustellen, um zu vermeiden, dass jene „das Mitleid des Publikums" erregen! Wagner hat diese „Regel", von zwei Ausnahmen abgesehen, textlich befolgt, nicht aber musikalisch. Eine der ersten und eine der letzten unter seinen großen Bühnenfiguren, der Holländer (in *Der fliegende Holländer*) und Kundry (in *Parsifal*) sind dramaturgisch offen als Repräsentanten des *Juif errant*, des Ewigen Juden erkennbar. Doch sind sie musikalisch so packend gestaltet, dass sie das Mitgefühl des Publikums sogar in sehr hohem Grade erwecken. Ebenso verhält es sich mit weiteren, weniger offensichtlichen Judengestalten (laut Adorno: Alberich, Mime und Beckmesser). Dem Verständnis all dieser Gestalten widersetzt sich jedoch ein gravierendes Problem: Die jüdisch-deutsche Kulturtradition ist seit 1945 so gründlich ausgerottet, dass die mit jenen Figuren verbundenen Bilder heute ohne Erklärung nicht mehr erkennbar sind.[22]

---

[22] Ebd., S. 11.

IV.1. „DIE SEHNSUCHT IST ES NACH DEM HEIL..." – *DER FLIEGENDE HOLLÄNDER* (1843)

Die Klassifizierung von Wagners Titelfigur in *Der fliegende Holländer* als Ahasverfigur birgt zuallererst ein entscheidendes Problem. Die Gestalt des Holländers ist mit allen zentralen Mythologemen des Ewigen Juden gezeichnet, dem der Wanderschaft, dem der Unsterblichkeit und dem der Erlösungssuche, bis auf eines – das der jüdischen Provenienz des Protagonisten, ein Mythologem, das sich im Gegensatz zum *Holländer* zumindest implizit in der Kundry des *Parsifal* intratextuell finden lässt.

Wagner selbst jedoch brachte seinen Holländer jenseits aller mythischen Übereinstimmungen zu Ahasver mit dem Ewigen Juden in Zusammenhang:

> Die Gestalt des „*Fliegenden Holländers*" ist das mythische Gedicht des Volkes: ein uralter Zug des menschlichen Wesens spricht sich in ihm in herzergreifender Gewalt aus. Dieser Zug ist, in seiner allgemeinsten Bedeutung, die Sehnsucht nach Ruhe aus Stürmen des Lebens.[...] Das irdisch heimatlose Christentum faßte diesen Zug in die Gestalt des „ewigen Juden": diesem immer und ewig, zweck- und freudlos zu einem längst ausgelebten Leben verdammten Wanderer blühte keine irdische Erlösung; ihm blieb als einziges Streben nur die Sehnsucht nach dem Tode, als einzige Hoffnung die Aussicht auf das Nichtmehrsein.[...] Wir treffen auf eine vom Volksgeist bewerkstelligte, merkwürdige Mischung des Charakters des ewigen Juden mit dem des Odysseus.[...] Als Ende seiner Leiden ersehnt er, ganz wie Ahasveros, den Tod; diese dem ewigen Juden noch verwehrte Erlösung kann der Holländer gewinnen durch – *ein Weib*, das sich ihm aus Liebe opfert:[...] *das Weib der Zukunft*.[23]

Dieser Autokommentar Wagners erweist sich für die Perspektive Wagners auf den Mythos vom Ewigen Juden als bedeutsam: Die mythische Bestandheit des Ahasverstoffs ändert sich durch die Erlösungskomponente, „ein Weib, das sich [...] aus Liebe opfert". Mit der „menschlichen [...] Sehnsucht nach Ruhe aus Stürmen des Lebens" erkennt Wagner den Symbolcharakter des Ewigen Juden für die gesamte Menschheit an, auch seine Eigenidentifikation mit dem Schicksal des Ruhelosen schwingt hier mit. Ahasvers Leiden bezeichnet Wagners als „zwecklos", obgleich doch schon die zweite Druckversion der Ahasverlegende

---

[23] Wagner, Richard: *Eine Mitteilung an meine Freunde* (1851). In: Richard Wagner. *Dichtungen und Schriften. Jubiläumsausgabe in zehn Bänden* hg. von Dieter Borchmeyer, Bd. 6 Reformschriften 1842-1852, S. 199-325, Frankfurt am Main 1983, S. 237f.

den Sinn für die endlose Existenz darin sah, am Jüngsten Tag einen Zeugen gegen das jüdische Kollektiv zu haben. Wagner offenbart sich in diesem Punkt also als weit mehr von der Weltschmerz- und Todespoesie der Romantik geprägt als von frühneuzeitlichen antijüdischen Verfolgertexten. Wohlgemerkt es geht nur um die Konstatierung einer Abweichung von einer speziellen Ahasvertradition, denn eine Kenntnis der ersten Drucke vom Ewigen Juden, eine rezeptionsgeschichtliche Kenntnis der Arbeit am Mythos vom Ewigen Juden, darf getrost bezweifelt werden. Der Mythos vom Ewigen Juden ist das, was am Ende vom Mythos sichtbar geblieben ist. Allerdings ist sich Wagner der mythischen Ausgangslage, welche die Erlösung an die Apokalypse bindet durchaus bewusst, auch wenn die Suche nach alternativen Erlösungsvarianten schon zu Beginn des 19. Jahrhunderts sich durchzusetzen beginnt. Neben all dem von Wagner in den Holländer/Ahasver eingebrachten „herzergreifenden" Identifikationspotential, neben der Zeichnung einer mitleidswürdigen, erlösungsbedürftigen Ahasvergestalt, die auch als Metapher der Künstlerproblematik fungiert, bleibt die Parallele zur Ahasverpassage aus *Das Judentum in der Musik* offenkundig.[24] Indem Wagners Ahasver jedoch nur ein ‚Bruder' des Ewigen Juden ist, bleibt der „Untergang" des Ewigen Juden als einzige Erlösung unangetastet – trotz aller Züge des Ewigen Juden, der Holländer ist kein Jude.

Auch bezüglich des Mythologems der Wanderschaft unterliegt der klassische Ahasver-Mythos in *Der fliegende Holländer* freilich einer Abwandlung: die „Mischung des Charakters des Ewigen Juden mit dem des Odysseus" gibt Ahasver statt des Wanderstabs ein Schiff als Symbol seiner ewigen Reise. Der eigentliche Kern des Motivs bleibt aber unangetastet: „Nie werd' ich die Heimat erreichen[...]".[25] Das Mythologem der Unsterblichkeit mündet unmittelbar in romantische Todespoesie, wie sie in der Stoffgeschichte des Mythos vom Ewigen Juden für die Lyrik, etwa von Béranger, Wordsworth oder Wilhelm Müller geprägt wurde.

Wie oft in Meeres tiefsten Schlund
stürzt' ich voll Sehnsucht mich hinab: -
doch ach! den Tod, ich fand ihn nicht!
Da, wo der Schiffe furchtbar Grab,
trieb *mein* Schiff ich zum Klippengrund: -
doch ach! mein Grab es schloß sich nicht! -
Verhöhnend droht' ich dem Piraten,
im wilden Kampfe hofft' ich Tod:

---

[24] Den ersten noch unter Pseudonym erschienene Druck von *Das Judentum in der Musik* (1850) und *Eine Mitteilung an meine Freunde* (1851) trennt nur ein Jahr.
[25] Wagner, Richard: *Der fliegende Holländer*. In: Ders.: *Dichtungen und Schriften. Jubiläumsausgabe in zehn Bänden*, hg. von Dieter Borchmeyer, Bd. 2, S. 9-40, Frankfurt am Main 1983, S. 17.

„hier" – rief ich – „zeige deine Taten!
Von Schätzen voll ist Schiff und Boot." -
Doch ach! des Meers barbar'scher Sohn
schlägt bang das Kreuz und flieht davon. -[26]

Das Mythologem der Erlösung schließlich wird durch die alternative Heilsbrin-
gerin, „das Weib der Zukunft", von der unabdingbaren Abhängigkeit von der
Apokalypse zwar gelöst, wirklich überschrieben wird die Kettung der Erlösung
Ahasvers an den Weltuntergang aus dem Ausgangsmythos jedoch nicht. Das
Leiden bis zum Jüngsten Tag ist vielmehr die eigentliche Perspektive des Hol-
länders:

Nirgends ein Grab! Niemals der Tod!
Dies der Verdammnis Schreckgebot. ---
Dich frage ich, gepries'ner Engel Gottes,
der meines Heils Bedingung mir gewann:
war ich Unsel'ger Spielwerk deines Spottes,
als die Erlösung du mir zeigtest an? -
Vergebne Hoffnung! Furchtbar eitler Wahn!
Um ew'ge Treu' auf Erden – ist's getan! --
Nur *eine* Hoffnung soll mir bleiben,
nur *eine* unerschüttert stehn:
so lang' der Erde Keime treiben,
so muß sie doch zu Grunde gehn.
Tag des Gerichtes! Jüngster Tag!
Wann brichst du an in meine Nacht?
Wann dröhnt er, der Vernichtungs-Schlag,
mit dem die Welt zusammenkracht?
Wann alle Toten auferstehn,
dann werde ich in Nichts vergehn.
Ihr Welten, endet euren Lauf!
Ew'ge Vernichtung, nimm mich auf![27]

Für den Holländer, der definitiv nach Wagners Intention Mitleid verdient, was
in der Haltung Sentas ihm gegenüber kulminiert, erscheint es offensichtlich,
„dass nur Eines [...] Erlösung von dem [...] Fluche sein kann: Die Erlösung

---

[26] Wagner, Richard: *Der fliegende Holländer*, a. a. O., S. 13.

[27] Ebd., S. 13f. Dieter Borchmeyer weist zurecht auf die enge Verwandtschaft des Hol-
ländermonologs mit den Balladen *Ahasver, der ewige Jude* (1833) und *Der ewige Jude*
(1839) von Nikolaus Lenau hin, „dem deutschen Weltschmerzpoeten par excellence".
Borchmeyer, Dieter: *Richard Wagner. Ahasvers Wandlungen*, Frankfurt am
Main/Leipzig 2002, S. 125.

Ahasvers, - der *Untergang*!"[28] Denn auch die Erlösungstat Sentas resultiert letztlich in Tod (und Verklärung) des Holländers und ihrer selbst. Senta konstituiert lediglich einen neuen Transgressor, einen alternativen Sündenbock, der die Schuld und den Fluch des Holländers aufhebt: Senta wird geopfert bzw. opfert sich, um den Ahasver der Meere zu erlösen, so wie Christi Opferung am Kreuze die Menschheit erlöst. Da die Gestalt des Holländers auch „ganz allgemein eine Metapher menschlicher Angst vor Moderne und unabwägbarer Zukunft"[29] darstellt, spielt *Der fliegende Holländer* die Sündenbockstruktur des christlichen Weltsanierungsmodells nach. Die Funktion des Ewigen Juden des Ozeans als Symbol der Menschheit wird außerdem zu einem gewichtigen Argument dafür, dass von „offener Judenfeindlichkeit [...] im *Fliegenden Holländer* keine Rede sein"[30] kann.

Der Fluch, der zu Beginn der Ahasverrezeption klar aus dem Munde Christi kommt – ein für das Christusbild als duldendes Opferlamm problematischer Bestand - [31] wird in *Der fliegende Holländer* dem göttlichen Antagonisten zugeschrieben, während die Instanz Gottes mittels eines Engels die versöhnlichere alternative Erlösungsbedingung offenbart:

> Bei bösem Wind und Sturmes Wut
> umsegeln wollt' er einst ein Kap;
> er schwur und flucht' mit tollem Mut:
> „In Ewigkeit lass' ich nicht ab!" -
> Hui! - Und Satan hört's, - Johohe!
> Hui! - nahm ihn beim Wort! - Johohe!
> Hui! - Und verdammt zieht er nun
> durch das Meer ohne Rast, ohne Ruh'! --
> Doch, daß der arme Mann noch Erlösung fände auf Erden,
> zeigt' Gottes Engel an, wie sein Heil ihm einst könne werden!
> ach! Könntest du, bleicher Seemann, es finden!
> Betet zum Himmel, daß bald
> ein Weib Treue ihm halt'![32]

Im Zuge einer Arbeit am Mythos wird so in *Der fliegende Holländer* die unverhältnismäßige Strafe durch den mitleidvollen Christus, die mit christlichen Werten und dem konsolidierten Jesusbild kollidiert, zu einer Strafe des Teufels, der

---

[28] Wagner, Richard: *Das Judentum in der Musik*, a. a. O., S. 173.

[29] Drüner, Ulrich: *Schöpfer und Zerstörer*, a. a. O., S. 63.

[30] Ebd.

[31] Daher wurde schon mit Beginn der Ahasverbearbeitungen des 19. Jahrhunderts – wie dargelegt – schnell ein Platzhalter für Christus eingefügt, meist wie in Schubarts *Der ewige Jude. Eine lyrische Rhapsodie* ein „Todesengel".

[32] Wagner, Richard: *Der fliegende Holländer*, a. a. O., S. 22f.

den Platz eines rächenden (alttestamentarischen) Gottes besetzt. Diese Neuformierung des Mythos forciert dadurch Mitleid für den ungerecht Verdammten, da ein Fluch, der statt aus dem Munde Christi dem des Teufels entstammt, natürlich jeglichen Nimbus von ‚gerechter Strafe' enthebt. Das Schicksal Ahasvers wird somit zu einem ungerechten. Richard Wagner selbst freilich benennt zwar den Teufel, interpretiert ihn aber abweichend vom der christlichen Mythologie in naturphilosophischer Weise folgendermaßen:

> Der holländische Seefahrer ist zur Strafe seiner Kühnheit vom Teufel (das ist hier sehr ersichtlich: dem Elemente der Wasserfluten und der Stürme) verdammt, auf dem Meere rastlos umherzusegeln.[33]

Ulrich Drüner zieht aus dieser naturmystischen Interpretation des Teufels bei Wagner den Schluss, dass „Christlich-Antijüdisches aus dem ‚kulturellen Archiv' [...] zur naturgegebenen Tatsache umgedeutet"[34] werde, da er eine Untrennbarkeit der Ahasvergestalt auch in der Variante als fliegender Holländer annimmt. Wie festgestellt, gibt es textimmanent in *Der fliegende Holländer* jedoch keinen Hinweis auf eine jüdische Herkunft von Wagners Titelhelden. Trotzdem ist die Konnotation des Holländers mit dem Judentum nicht so weit hergeholt, wie es auf den ersten Blick scheinen mag. Natürlich provoziert die ausführliche Verwertung von Mythologemen des Ahasverstoffs eine Assoziation mit Jüdischem, selbst wenn das Mythologem der jüdischen Provenienz fehlt. Wirklich einleuchtend wird die Suche nach dem Judentum des Holländers aber erst bei der Herstellung eines intertextuellen Bezuges zwischen Wagners Romantischer Oper und ihrer Vorlage.

Denn in Heinrich Heines *Aus den Memoiren des Herrn von Schnabelewopski* geht es durchaus um das europäische Judentum, genauer gesagt um eine Problematik für welche die Renaissance des Ahasvermythos im 19. Jahrhundert Indikator ist. Denn der Ewige Jude, dessen Kollektiv, das er mitsymbolisiert, Anfang des 19. Jahrhunderts an der Schwelle zur Emanzipation steht, bleibt der *Ewige* Jude. Der Mythos von Ahasver kann daher dazu missbraucht werden zu postulieren, dass der Jude Jude bleibt, egal was er tut. In der von Wagner adaptierten Fabel vom „Fliegenden Holländer" beschäftigt sich Heine genau mit dieser Frage nach der Integration des Judentums. Nur ob Wagner, indem er dieses Thema Heines – das wohlgemerkt auch in Heines Text nur als in die Geschichte vom Holländer eingeschobenes Intermezzo offensichtlich wird – aus seinem Libretto ausklammert, absichtsvoll dem Judentum die Integration verweigern will, bleibt doch mindestens zweifelhaft. Die Anforderungen an ein komponier-

---

[33] Wagner; Richard: *Eine Mitteilung an meine Freunde*, a. a. O., S. 238.
[34] Drüner, Ulrich: *Schöpfer und Zerstörer*, .a. a. O., S. 67.

bares und erfolgreich umsetzbares Textbuch verschließt sich zweifellos einer direkten Umsetzung der Heineschen Prosa.

> Heinrich Heine denkt beim fliegenden Holländer an den Ahasver, den Fluch des Judentums, an Erlösung des Einsamen durch „Emanzipation": durch seine Verbindung mit einem sterblichen, daher zeitgebundenen Menschen der Alltagswelt. Weshalb sich Heine sehr wohl hütet, den Ausgang der Geschichte mitzuteilen. Sein Bericht vom fliegenden Holländer klingt aus im Verlöbnis des seltsamen Bräutigams mit der Tochter des habgierigen Schotten. Da für Heine hinter dieser Geschichte (wie auch hinter seinem anderen großen epischen Fragment, dem *Rabbi von Bacharach*) das Thema der Judenemanzipation steht, kann und will der Erzähler keine Lösung geben. [...] Einen solchen Verzicht auf Lösung des Konflikts konnte es für Wagner, den Dramatiker und Musikdramatiker, nicht geben. Da ihn weder Ahasver kümmert noch das Thema der Judenemanzipation, muß das Geschehen auf der Bühne schließlich über Tod und Weiterleben des Holländers dramatisch entscheiden.[35]

Die unterschiedliche Akzentuierung des Ahasver-Mythos bei Heine und bei Wagner illustriert trotz, oder gerade wegen ihrer unmittelbaren Beziehung zueinander, lediglich das, was für die im 19. Jahrhundert blühende Ahasver-Literatur kennzeichnend ist: Die Auslegung des Mythos vom Ewigen Juden als positive wie negative Symbolfigur für das jüdische Kollektiv oder als Einzelschicksal mit der Tendenz zur Metapher für die Künstlerproblematik romantischer Prägung. Und diese parallelen Interpretationen kennzeichnen den Mythos bereits seit dem siebzehnten Jahrhundert, wo mit der *Kurtze*[n] *Beschreibung und Erzehlung von einem Juden mit Namen Ahasverus* und *Wunderbarlicher Bericht von einem Jüden aus/Jerusalem bürtig/und Ahasverus genennet* diese beiden Perspektiven auf die Ahasverfigur präfiguriert wurden.
Indem Richard Wagners Interesse an der Figur des Holländers in der Künstlerproblematik liegt, mag man den Schluss ziehen, dass ihn das Thema der Judenemanzipation – so Hans Mayer – „nicht kümmert". Wagners *Das Judentum in der Musik* spricht jedoch eine andere Sprache. Man muss also spezifizieren: Die Problematik der jüdischen Emanzipation im 19. Jahrhundert ist in Wagners *Der fliegende Holländer* keineswegs im Focus des Interesses, auch wenn die intertextuelle Abhängigkeit von Heines Vorlage die Suche nach diesem Thema pro-

---

[35] Mayer, Hans: *Nicht-mehr und Noch-nicht im „Fliegenden Holländer".* In: Csampai, Attila/Holland, Dietmar(Hg): *Richard Wagner. Der fliegende Holländer. Texte, Materialien, Kommentare*, S. 167-174, Reinbek bei Hamburg 1982, S. 169.

voziert.[36] Es ist nicht so, dass Ahasver Wagner „nicht kümmert", jedoch erfährt seine Funktion als Symbolfigur für das Judentum im *Holländer* keine Verwendung. Andere Aspekte des Ahasvermythos stehen hier im Mittelpunkt, obwohl Wagner die Ebene einer gesamtjüdischen Repräsentation durch den Ewigen Juden durchaus nicht fremd war – wie etwa der Gebrauch der Ahasvermetapher in *Das Judentum in der Musik* nahelegt. Die Repräsentation der leidenden Menschheit durch den Holländer ist dabei keineswegs Wagners Erfindung, sondern ist bereits in Heines Fabel angelegt, in dessen *Elementargeistern* Ahasver als Menschheitssymbol fungiert.[37] In Heines Lyrik erscheint der Ewige Jude sowohl als Chiffre für das „ewige Judentum" als auch als alter Germanengott mit den Zügen Wotans.[38] Die sehr variable Nutzbarkeit des Ahasvermythos erstreckt sich – wie erläutert – sogar in die Extreme vom antisemitischen Missbrauch bis zur positiven Identifikationsfigur des Judentums:

1842 beklagte die Zeitschrift „Archives israelites", es gebe nach der ersten Generation jüdischer Emanzipation auf französischem Boden keine jüdische Nation mehr. Die romantischen Dichter würden stattdessen stereotyp den dichterischen Typus des Ewigen Juden in unzähligen Fassungen des Ahasver-Mythos als einem „Pfuschwerk über eine Geschichte von Juden" festschreiben.[39]

Ahasver erscheint im antisemitischen Argumentationszusammenhang Wagners ebenso wie in der Gestalt der (jüdischen) Kundry im Bühnenwerk. Der Ahasvermythos wird andererseits von jüdischer Seite eingesetzt: als recht subtiler Hinweis auf die soziokulturellen Konflikte des Judentums im 19. Jahrhundert durch Heine, oder als definitiv positiv charakterisierte Operngestalt in Halévys *Le Juif errant*. Heines Holländergeschichte trägt in sich die Sehnsucht nach einer sich öffnenden deutschen Gesellschaft, das Streben nach einer Integration des Ewigen Juden. Offenkundig wird dies in der Rahmenhandlung, die den Theaterbesuch[40] von Heines Icherzähler unterbricht. Das Versprechen Katharinas – die bei Wagner Senta heißt – dem „ewigen Juden des Ozeans"[41] „Treu bis

---

[36] Levin Schücking verfasst 1851 eine Novelle mit dem Titel *Die drei Freier*, in der die „mythologischen Geschwister", Ahasver, der Fliegende Holländer und der Wilde Jäger zusammen auftreten. Vgl. Borchmeyer, Dieter: *Richard Wagner*, a. a. O., S. 129.

[37] Vgl. Drüner, Ulrich: *Schöpfer und Zerstörer*, a. a. O., S. 63.

[38] Zum Zusammenhang zwischen Ahasver und Wotan vgl. I. 5. Ahasvers Geschwister.

[39] Drüner, Ulrich: *Schöpfer und Zerstörer*, a. a. O., S. 62.

[40] Heines Icherzähler erlebt die Aufführung eines Theaterstückes auf Basis der Fabel vom *Fliegenden Holländer*. Vgl. Heine, Heinrich: *Aus den Memoiren des Herrn von Schabelewopski*. In: Ders.: *Werke*, hg. von Wolfgang Preisendanz, Zweiter Band: *Reisebilder, Erzählende Prosa, Aufsätze*, S. 495-558, Frankfurt am Main 1982, S. 532ff.

[41] Ebd., S. 533.

in den Tod"[42] zu bleiben, wird von einer „wunderschöne[n] Eva"[43], blond und blauäugig[44], mit Gelächter quittiert, die den jüdischen Erzähler und Theaterbesucher mit Apfelsinenschalen bewirft. Dem jüdischen Integrationswunsch wird in *Aus den Memoiren des Herrn Schnabelewopski* mit Ablehnung begegnet, und in die Schlußsentenz von Heines Holländerepisode, „Die Moral des Stückes ist für die Frauen, daß sie sich in acht nehmen müssen, keinen fliegenden Holländer zu heuraten"[45], kann man getrost für Holländer auch Jude einsetzen. Bedenkt man Heines Biographie, der seit 1834 permanent antisemitischen Anfeindungen ausgesetzt war, erscheint die Relevanz des Ewigen Judentums für den jüdischen Autor Heine offensichtlich.

Richard Wagners Holländer-Adaption steht soziokulturell trotz ihrer Umsetzung von Heines Plot in einem ganz anderen Zusammenhang.[46] Sein Holländer steht als Figur in der Tradition der deutschen Romantik, „die einen zukunftsabweisend-weltverneinenden Antisemitismus einschließt."[47] Bedenkt man gerade die Ahasvervarianten der deutschen Romantik, die ein wenig über die Weltschmerzthematik des Ewigen Juden hinausgehen, wie Arnims *Halle und Jerusalem* oder auch E. T.A. Hoffmanns Ahasver Manasse aus *Die Brautwahl* [48] so ist das Bezugsfeld für Wagners „Romantische Oper" abgesteckt. Hans Mayer ist jedoch rechtzugeben, dass Wagner Ahasver „nicht kümmert", sofern man einschränkt, dass er ihn in *Der fliegende Holländer* als jüdische Symbolfigur nicht kümmert. Da diese symbolische Aufladung aber der mehrhundertjährigen Rezeptionsgeschichte des Ahasvermythos zu diesem Zeitpunkt bereits unauslöschbar eingeschrieben ist, kann Wagner als Autorinstanz diesen Strang des Diskurses nicht zum Verschwinden bringen, auch wenn er ihn „nicht kümmert." Die Relevanz des Ewigen Juden als kollektive Identifikationsfigur in Wagners Vorlage tut ihr übriges. Andererseits geht man zu weit, unterstellt man Wagner als Autor seines *Holländer*-Librettos eine antisemitische Absicht durch das Ausblenden von Heines Argumentationszusammenhang. Die Behauptung, es liege in Wagners Intention, mit *Der fliegende Holländer* Stellung zur Judenproblematik des 19. Jahrhunderts darf bezweifelt werden.

---

[42] Ebd., S. 534.

[43] Ebd.

[44] Vgl. ebd., S. 535.

[45] Ebd., S. 536.

[46] Wagner ging im Laufe seines „antisemitischen Werdegangs", aber auch aus programmatischen Gründen schließlich dazu über, die Tatsache, dass sich die Handlung von *Der fliegende Holländer* Heine verdankt, zu verschweigen. Vgl. Borchmeyer, *Dieter: Richard Wagner. Ahasvers Wandlungen,* Frankfurt am Main/Leipzig 2002, S. 119.

[47] Drüner, Ulrich: *Schöpfer und Zerstörer*, a. a. O., S. 66.

[48] Die Vorlage zu Busonis gleichnamiger Oper, von der noch zu sprechen sein wird.

Die männliche Hauptfigur, der Holländer, ist als eine Darstellung des *modernen* Juden zu interpretieren. Auch Wagner zeigt den innerlich zerrissenen, kulturell entwurzelten, emanzipierten Juden des frühen 19. Jahrhunderts. Dieser ist aber nicht nur Jude, sondern ganz allgemein eine Metapher menschlicher Angst vor Moderne und unabwägbarer Zukunft.[49]

Durch den rezeptionsgeschichtlich symbolisch aufgeladenen Gehalt der Ahasverfigur und insbesondere die unmittelbare Entwicklung des *Holländers* aus dem Heinetext, ist der Protagonist Wagners zwar als „moderner Jude" interpretierbar, doch dass Wagner ihn zeigen würde, geht einen Schritt zu weit. Die Funktion Ahasvers als Sinnbild des „modernen Juden" ist neben seiner metaphorischen Bedeutung für die „menschliche Angst vor Moderne" vielmehr so in den Mythos des Ewigen Juden eingewoben, dass sie die Tendenz hat, auch unabhängig von der Autorinstanz sichtbar zu bleiben. Indem Wagner aber Ahasver in anderem Zusammenhang durchaus als Emblem des Judentums gebraucht, kann es nicht verwundern, dass auch in *Der fliegende Holländer* diese Verfahrensweise dem Autor zugeschrieben wurde und wird. Man darf hier weder dem Fehler verfallen Wagners Antisemitismus absichtsvoll in seinen Libretti verkündet zu sehen, noch strikt zu behaupten, Wagners Haltung zum Judentum habe keinen Reflex in seinen Opern gefunden. Legt *Der fliegende Holländer* bei eingehender Betrachtung eher nahe, Ahasver als Metapher des Judentums nicht überzustrapazieren, so darf hieraus nicht der Schluss gezogen werden, dies gelte für alle Bühnenwerke Wagners. Je mehr sich Wagners Antisemitismus konsolidiert, desto naheliegender erscheint, dass er - bewusst oder unbewusst – miteingeflossen ist. Je prägender der Judenhass für Wagners Persönlichkeit wird, desto unwahrscheinlicher wird es, dass diese Komponente Wagners nicht doch als Subtext irgendwie spürbar wird. Der *Holländer* aber steht zu Beginn dieser Entwicklung Wagners; erst die Kontextualisierung mit den Prosaschriften und späteren Musikdramen legt die Spur, die durch die Abhängigkeit von Heine und die Bestandheit des Ahasvermythos scheinbar bestätigt wird. Da hier keineswegs radikal eine Irrelevanz der Autorinstanz behauptet werden soll – was zudem quer zur gesamten Wagnerforschung stehen würde – erscheint eine andere Parallelisierung zwischen der Genese von Wagners Antisemitismus und der Verwendung Ahasvers sinnvoll. Der im Mythos vom Ewigen Juden enthaltene Weltschmerz-Topos[50], der den *Holländer* prägt, bringt Wagner nachhaltig in Berührung mit dem Ahasvermythos und damit auch mit den anderen Elementen des Stoffs. In *Der fliegende Holländer* steht für Wagner der romantisch geprägte Weltschmerz im Mittelpunkt, in *Das Judentum in der Musik* die propagandistische Verwertbarkeit als Sinnbild des Judentums und der *Parsifal* schließlich

---

[49] Drüner, Ulrich: *Schöpfer und Zerstörer*, a. a. O., S. 63.
[50] Borchmeyer spricht von „Romantische Oper als Weltschmerzdrama." Vgl. Borchmeyer, Dieter: *Richard Wagner*, a. a. O., S. 121.

bietet ein komplexeres, wohlgemerkt vom Antisemitismus nicht freies, Bild vom Ewigen Juden. Wagner schöpft damit die Komplexität des Mythos mit unterschiedlichen Schwerpunkten in unterschiedlichen Arbeiten aus, obgleich natürlich auch bei Forcierung eines speziellen Komplexes andere Mythologeme keineswegs verschwinden – als Teile des Mythos bleiben sie so „aufspürbar". Wagners Raffinesse in der Verwertung, Verformung und Neucodierung von Mythen ist vor allem in Hinblick auf *Der Ring des Nibelungen* ja auch immer wieder thematisiert worden.

Die Einbettung von *Der fliegende Holländer* in die Tradition der deutschen Romantik muss dabei zwar mitgedacht, nicht aber auf die politisch soziale Haltung der Romantiker reduziert werden. Freilich äußert Wagner hinsichtlich des *Holländers* sein Deutschtum, wenn er schreibt, die Oper sei verfasst, „wie es der uns Deutschen angeborene poetische Sinn eingibt", ohne die geringsten „Zugeständnisse an eine fremde Mode"[51] und rekurriert hiermit auf romantisches Gedankengut ebenso wie auf seinen persönlichen Hass gegen Meyerbeer als Inbegriff des undeutschen, „modeabhängigen", künstlerisch impotenten Juden. Andererseits entspringt gerade die positive Ahasverfigur des Holländers dem romantischen Geist: Der Holländer ist ein prometheischer Ahasver byronscher Prägung. Und auch die Identifizierung des Teufels „mit dem Elemente der Wasserfluten und der Stürme"[52] steht durchaus im Einklang zum pantheistischen Naturbild der Romantik, und sollte nicht so eindeutig einzig und allein als Indiz einer speziellen Wagnerschen „Demagogie" verstanden werden:

> Dieser Teufel gehört also in Wagners frühes naturphilosophisches Denken [...]. Christlich-Antijüdisches aus dem „kulturellen Archiv" wird demnach zur naturgegebenen Tatsache umgedeutet. Unter gewaltigem klanglichen Aufwand kleidet er diesen ideologischen Anspruch in ein naturphilosophisches Gewand ein, oder besser: er versteckt ihn in einer klangrauschenden Naturmystik. In der Anmaßung, eigenes Denken künstlerisch als Naturgesetz darzustellen, liegt bereits ab dem *fliegenden Holländer* jener demagogische Zug Wagnerscher Kunst [...].[53]

Wagner ist zwar durchaus ein Autorknotenpunkt, dessen Relevanz gerade hinsichtlich der „Arbeit am Mythos" vom Ewigen Juden besondere Relevanz besitzt, jedoch ist weder die Suche nach einer alternativen Erlösungsprämisse noch eine „naturmystische" Rückbindung seiner Kunst Wagners persönliche Erfindung im Dienste des Antisemitismus. Sowohl die Frage nach der Erlösung als auch das „Belauschen" der Natur, die Identifikation von Naturklang mit wahrer, unverfälschter und authentischer Kunst, werden durch die Programma-

---

[51] Wagner, Richard zit. in: Drüner, Ulrich: *Schöpfer und Zerstörer*, a. a. O., S. 66.

[52] Wagner, Richard: Eine Mitteilung an meine Freunde, a. a. O., S. 238.

[53] Drüner, Ulrich: *Schöpfer und Zerstörer*, a. a. O., S. 67.

tik der deutschen Romantik ins Spiel gebracht. In gewisser Weise ist das Antijüdische des Ahasvermythos zwar nicht etwas Naturgegebenes, aber etwas Ver-
gleichbares: Stereotyp und Verfolgertext antijüdischer Prägung sind bereits im
17. Jahrhundert untrennbar mit dem Mythos vom Ewigen Juden verschmolzen.
Würden sie in *Der fliegende Holländer* zur Ausgangsbasis einer neuen, antisemitisch motivierten Haltung zum Judentum des 19. Jahrhunderts, müsste die
Charakterisierung des Titelhelden anders ausfallen. Der ursprüngliche Ahasvermythos benennt Christus als denjenigen, der Ahasver verflucht. Eine romantisch pantheistische Vorstellungswelt substituiert das personalisierte Gottesbild
durch ein naturmystisches. Strukturell mag dies durchaus einer Postulierung der
ewigen Wanderschaft der Juden als naturbedingt, extremer gesagt, als etwas in
der jüdischen „Rasse" begründetes, Vorschub leisten. Die Ablösung einer religiös motivierten Anfeindung des Judentums durch eine rassistisch begründete
im 19. Jahrhundert würde damit zusammenpassen. Jedoch ist Wagner mit *Der
fliegende Holländer* bestenfalls ein prominentes Beispiel, ein Indiz, für diese
Entwicklung, nicht ihr Generator, zumal der Titelheld als Figur keinerlei Züge
enthält, die ihn zu einem rassistisch sinnfälligen Sündenbock machen. Erst mit
einer späteren Verwendung Ahasvers, welche das Jüdische klar zum Thema hat,
mag die bereits vorgenommene Etablierung des Schicksals des Ewigen Juden
als etwas Naturgegebenes zum Tragen kommen. Diese Etablierung scheint in
Der fliegende Holländer jedoch vielmehr das Resultat romantischer Topoi als
ein unmittelbar mit Wagners Haltung zum Judentum zusammenhängender
Kunstgriff zu sein.

In engem Zusammenhang mit der Romantik steht auch das Sujet des *Fliegenden
Holländers*: Wagners Interesse an einer Geisterschiffgeschichte beruht sicher
auch an der Begeisterung für die Schauerromantik, nicht umsonst klebt auf dem
von Wagner besonders geschätztem E. T. A. Hoffmann bis heute das Etikett
vom „Gespenster-Hoffmann". Hinsichtlich des Ahasvermythos rückt das
Schauerelement in der Romantik insgesamt mehr in den Vordergrund, und die
Nähe zur Revenant- und Geisterthematik hat auch im Opernlibretto in der Figur
des polnischen (Ewigen) Juden, bei Karl Weis und Erlanger ihren Anknüp-
fungspunkt gefunden, während *Der fliegende Holländer* seinerseits zu einer der
Hauptinspirationsquellen von Vincent d'Indys ahasverartiger Titelfigur in
L'Etranger wurde. In letzterem Werk wird ganz ähnlich zu Wagners „Romantischer Oper" der Ozean musikalisch beinahe zu einem eigenständigen Protagonisten. Die musikalische Gestaltung des *Holländers* muss neben der Komposition
eines romantischen Naturbildes noch in einem weiteren Punkt Erwähnung finden. Die Partitur von *Der fliegende Holländer* liefert nämlich jenseits des Li-
brettotextes in Hinblick auf das Mythologem der jüdischen Provenienz Ahasvers ebenfalls keinen Anhaltspunkt für eine Zeichnung des Helden der Oper als
Judenfigur. Dem kann man – nicht ganz zu Unrecht – natürlich entgegenhalten,
die Tonsprache Wagners sei in den 1840ern dazu auch noch nicht genug gereift.

Auch in Halévys *Le Juif errant* von 1852 wird das Jüdische musikalisch nicht transportiert. Trotzdem sollte nicht ungesagt bleiben, dass der *Holländer* im Gegensatz zum *Parsifal* oder auch zu *Der Ring des Nibelungen* kompositorisch auf Mittel wie Orientalismen, die im 19. Jahrhundert zu etablierten Markierungen für eine Opernfigur als jüdisch wurden, verzichtet. Dies trifft besonders für die Partie des Titelhelden zu: Während Kundrys Rolle neben dem Gesang Stöhnen und Schreien beinhaltet und „camouflierte Judenfiguren" Wagners wie Beckmesser oder Mime eine extrem hohe Tessitura aufweisen, was in krähendem Überschlagen der Stimme kulminiert[54], repräsentiert der Holländer eine – gemessen am sängerischen Anspruch späterer Wagnerrollen - gut singbare Partie.[55] Auch musikalisch ist von einer jüdischen Stereotypik des Holländers also nichts zu bemerken.

Genau genommen findet sich ein antijüdisches Klischee noch ehesten in einer anderen Figur von Wagners „Romantischer Oper": Daland, Sentas Vater, der in der Attitüde eines „Schacherjuden" seine Tochter aus Goldgier dem Holländer verkauft. Zweifellos ein unzureichendes Argument, um in Daland eine verkappte Judenfigur zu vermuten. Und auch die Ausdehnung dieses kapitalistischen Verhaltens auf den Holländer führt nicht zu einem befriedigenden Ergebnis: Man kann zunächst durchaus eine „kapitalistische Tendenz" des Holländers festhalten:

> Der Holländer ist aufgrund seiner kulturellen Stigmatisierung ohnehin der Liebe nicht fähig; als (jüdischer) Materialist wähnt er, sie durch Geschenke und Schmuck erkaufen zu können, um so der Erlösung teilhaftig zu werden, doch ist Erlösung im christlichen Sinne nicht zu erlangen, für den, der den Heiland nicht anerkennt. So fehlen dem Duett Holländer-Senta die emotionalen Höhenflüge klassischer Liebesduette;[56]

Es ist vollkommen richtig, dass es dem Holländer nicht um Liebe geht, sondern um Erlösung. Er selbst spricht dies aus:

> Wohl hub auch ich voll Sehnsucht meine Blicke
> aus tiefer Nacht empor zu einem Weib:
> ein schlagend Herz ließ, ach! mir Satans Tücke,

---

[54] Das Singen jenseits der eigentlich angemessenen Höhe der jeweiligen Stimmlage verweist auf den absurd angenommenen Zusammenhang von Beschneidung mit Kastration. Als besonders einschlägiges Beispiel, das sich stark der Mimefigur aus Wagners *Ring* verdankt, ist das „Judenquintett" von Richard Strauss' *Salome*.
[55] Wie gesagt könnte dies für sich allein als Argument durchaus mit dem Stellenwert des *Fliegenden Holländers* als ein frühes Werk Wagners begründet werden – der *Holländer* besitzt noch klassische Opernformen wie Arie.
[56] Drüner, Ulrich: *Schöpfer und Zerstörer*, a. a. O., S. 68.

daß eingedenk ich meiner Qualen bleib'.
Die düstre Glut, die ich hier fühle brennen,
sollt' ich Unseliger sie Liebe nennen?
Ach nein! Die Sehnsucht ist es nach dem Heil:[57]

Als „jüdischer Materialist" würde er aber doch den Besitz der Frau als Ware anstreben. Doch der Holländer verzichtet auf seinen Anspruch auf Senta, als er irrtümlich annimmt, sie hätte dem sie liebenden Erik die Treue geschworen. Der Holländer strebt nicht Besitz, sei es Gold oder Frau, an, sondern ein transzendentes Heil. Sein „schlagend Herz" kann sehr wohl differenzieren zwischen Liebe und der „Sehnsucht nach dem Heil". Da aber das end- und sinnlose Leben als Ahasver des Meeres teleologisch nur auf die transzendente Erlösung abzielen kann – der erlösende Tod ist das Ziel der mythischen Ahasvergestalt vom Beginn der Rezeptionsgeschichte an – strebt er eine „normale" Liebe gar nicht an. Und die erlösende Liebe Sentas unterscheidet sich dementsprechend von „emotionalen Höhenflügen". Ihre Zuwendung an den Holländer entspringt dem (christlichen) Mitleid und keinem erotischen Begehren oder auch nur einer emotionslosen Liebe mit dem reichen Fremden. Der Inbegriff einer solchen christlichen Agape ist jedoch der Opfertod des heilsstiftenden Sündenbocks nach dem Vorbild Christi – oder zahlreicher Märtyrer in seinem Gefolge. Diesen Opfertod vollzieht Senta, und die sich opfernde Frau als Heilsbringerin taucht in Wagners Erlösungsdramen ja keineswegs nur in *Der fliegende Holländer* auf. Die Aufspaltung in die Extrempole Heilige oder Hure[58] ist dabei keineswegs eine Neuschöpfung Wagners, sondern entspringt erneut einem vor allem durch die Literatur der Romantik gezeichneten Frauenbild. Die klare Rückbindung an die Opferstruktur des Christentums, in der eine Frau die Rolle Christi substituiert, wird von Wagner aber im Gegensatz zu Heine leicht abgemildert, oder besser gesagt kaschiert: Statt Heines Namen, Katharina, der sowohl den christlichen Bezug als auch die Charakteristik der Figur in sich trägt[59], wählt Wagner den nordischen Namen Senta, dessen Bedeutung unbekannt ist. Die ironische Erzählweise Heines muss die Entlarvung der madonnenhaften, sich opfernden Heilsbringerin nicht scheuen, während Wagner, dem es um dramatische Wirkung geht, genau das vermeiden möchte. Es zeigt sich somit wiederum, wie komplex das Beziehungsgeflecht[60] zwischen der Heine-Erzählung und dem Wagner-Libretto gewoben ist. Bei Heine steckt der Wunsch nach Inte-

---

[57] Wagner, Richard: *Der fliegende Holländer*, a. a. O., S. 29.

[58] Wagners *Tannhäuser* besitzt mit der Senta eng verwandten Elisabeth und der Verführerin Venus beide Ausprägungen, während die Kundry des *Parsifal* diese Gegensätzlichkeiten in einer Bühnenfigur vereint.

[59] Katharina = „die Reine".

[60] Zum Verhältnis zwischen Wagner und Heine vgl.: Rose, Paul Lawrence: *Wagner. Race and Revolution*, London 1992, S. 31ff.

gration des Judentums in der Metapher des Ewigen Juden der Meere. Bei Wagner steht die Dramatik des erlösungssuchenden Individuums im Vordergrund. Heine lässt die christliche Prägung des Stoffes unverdeckt, um das Ideal christlicher Nächstenliebe und Opferbereitschaft mit der Ausgrenzung der Juden zu konfrontieren. In Wagners Libretto fehlt die zweite Bildhälfte Heines genrebedingt, weshalb er die zu offene Beziehung zum Christentum reduziert. Ulrich Drüner spricht in diesem Zusammenhang von einer „antithetischen Annexion" bei einer Adaption des Heine-Textes für das Wagnersche Opernlibretto:

> Die christlichen Spuren des in Wagner wirksamen Kulturarchivs sind indes keineswegs verloren. Wenn man die Technik der *antithetischen Annexion* verfolgt, in der Wagner Heines Stoffe behandelt, so findet man die Rück-Verchristlichung in der Transformation von Heines Katharina zur Senta-Figur. Ein mariologischer Bezug besteht bereits in der heiligen Zahl des Siebenjahresrhythmus, den schon Heine als Zeitabstand für des Holländers Heiratsurlaube an Land angibt, und womit auch Wagner das Thema des Ewigen Juden um den mittelalterlich-kirchlichen Bezug der heilig-unheiligen Sieben erweitert. Mit den Farbsymbolen schwarzer Mast und blutrotes Segel für das Holländer-Schiff wird der bildhafte Bezug auf das mit dem Ewigen Juden assoziierbare Passions-Trauma des Mittelalters verstärkt.[61]

In gewisser Weise liegt die Verformung von *Aus den Memoiren des Herrn von Schnabelewopski* aber eben auch in den Anforderungen eines Opernlibrettos im Unterschied zur Erzählprosa begründet: Die notwendige Konzentration auf die Dramatik der Geschichte vom Ahasver des Ozeans, rückt die mythische Aura des Ewigen Juden zwangsläufig mehr in den Vordergrund. Die Erlösung kann nicht beiläufig lapidar wie bei Heine erwähnt werden, sondern ist als Opernfinale der Auflösungspunkt des dramatischen Konfliktes. Deshalb muss die Figur der Senta auch im Gegensatz zu Heines Katharina mehr in den Mittelpunkt rücken, da ihr Opfertod die Erlösung des Holländers garantiert. Die Frage nach dem Jüdischen in Wagners Ahasvergestalt liegt also neben der Verwendung des Mythos durch Wagner an anderer Stelle, durch seine Entwicklung zum Antisemiten und durch das Mythologem der jüdischen Herkunft Ahasvers auch darin, dass der Bezug zur aktuellen Situation des europäischen Judentums, den Heines Holländerfabel aufweist, von Wagner gekappt wird, beziehungsweise für eine Verwertung als Librettosujet gekappt werden muss. Dies verhindert freilich nicht, dass als Resultat dieser Maßnahme noch lose Enden von Heines Vorlage aufspürbar sind, ebensowenig wie die Tatsache, dass die Frage nach dem Jüdischen in einer Ahasvergeschichte immer gestellt werden wird.

---

[61] Drüner, Ulrich: *Schöpfer und Zerstörer*, a. a. O., S. 67.

Aus diesem Grund erscheint es als übertrieben, bereits in *Der fliegende Holländer* als einer Arbeit Wagners am Ahasvermythos durch die Weglassung des soziokulturellen Kontextes zur Situation des Judentums, die Heine vornimmt, eine dezidierte Verweigerung gegenüber der jüdischen Integration zu sehen. Was an einer Bewertung Wagners als Antisemit insgesamt nichts ändert und natürlich nicht zu dem Fehler führen darf, nicht länger nach solchen Implikationen in noch folgenden Dramentexten zu suchen. Auch die Umkehrung, die Tatsache, dass Wagner mit seiner Holländergestalt eine positiv charakterisierte Ahasverfigur gestaltet, sollte ebensowenig wie Wagners Eigenidentifikation mit dem ewigen Juden oder seiner „Freundschaft" mit einzelnen Juden zu einer absichtsvollen Sympathiebekundung für das Judentum fehlinterpretiert werden.[62] Das Schicksal des einzelnen, umhergetriebenen Fremden, des Leidenden und Ruhelosen, der dadurch auch Metapher der Menschheit schlechthin werden kann, ist dem Mythos vom Ewigen Juden genau so von Anfang an eingeschrieben wie seine Funktion als spezielle Symbolfigur für das Judentum. Man darf in *Der fliegende Holländer* jedoch eine Art Initialzündung sehen: Nicht nur, dass mit ihm die Reise der Ahasvergestalt auf der Opernbühne ihren Ausgang nimmt, sondern auch speziell für Wagner. Durch seine Berührung mit dem Mythos vom Ewigen Juden in seiner Arbeit am *Holländer* ist er sich der Vielschichtigkeit des Stoffes bewusst geworden, wie die unterschiedliche Verwendung Ahasvers durch Wagner belegen mag: Als dankbarer Mittelpunkt einer romantischen Oper, geprägt von Weltschmerz mit bühnenwirksamen Schauereffekten im *Holländer*, als antisemitisches Propagandaargument in *Das Judentum der Musik*, bis zur Komplexität der Kundry-Figur.

Wie sich gezeigt hat, bietet *Der fliegende Holländer* trotz Wagners Eigeninterpretation seines Titelhelden als Ahasver, durch das Fehlen des Mythologems der jüdischen Provenienz des Helden der Auslegung als Ewigen Juden einen gewissen Widerstand. In ausgeprägterer Form stellt sich dieses Problem bei Wagners *Der Ring des Nibelungen*, der zwischen den beiden Arbeiten am Ahasvermythos im *Holländer* und im *Parsifal*, liegt. Es wurde bereits darauf hingewiesen, dass der Ewige Jude in gewisser Hinsicht als Transformation der

---

[62] Eine solche Sympathiebekundung, die Ahasver auch offen als den Ewigen Juden auf die Opernbühne stemmt, findet sich viel eher in Halévys *Le Juif errant*, der ja durchaus starke Parallelen zu *Der fliegende Holländer* aufweist. Vgl. III. 1. Die Unerlösbarkeit Ahasvers. „Marche! Marche! marche toujours!" – Halévys *Le Juif errant*. Vgl. auch Borchmeyer, Dieter: Richard Wagner, a. a. O., S. 126: „Gerhart von Graevenitz, der auf sie [die Oper *Le Juif errant* von Halévy] wieder aufmerksam gemacht hat, hält es sogar für denkbar, dass Scribe von Wagners dramatischer Ballade beeinflusst worden ist. In der Tat stand Wagner ja in persönlichem Kontakt zu Scribe, [...] den er sich ursprünglich auch als Librettisten des *Fliegenden Holländers* wünschte. Den französischen Prosaentwurf von *Le Hollandais volant – (nom d'un fantôme de mer)* hat Scribe jedenfalls von Wagner erhalten und gewiss gelesen.

älteren Mythos-Figur Wotan gesehen worden ist. Wotan geriet mit der Christianisierung zum Inbegriff des Heidentums[63], ebenso wie die Gestalt des Ewigen Juden im christlich konfigurierten Mythos. In ihrer Archetypik, aber auch in einzelnen Ausschmückungen weisen beide Wanderer augenfällige Übereinstimmungen auf: In seiner Ausprägung als der „wilde Jäger" folgen Wotan zum Beispiel Elemente wie das Ahasver begleitende Hundegebell oder der die Wanderschaft des Ewigen Juden begleitende Sturm.[64] Paradigmen, die eigentlich der wilden Jagd zugeordnet sind, werden somit dem Ahasver-Mythos einverleibt.

> In vielen volkstümlichen Versionen kommt es zu einer Verschmelzung oder Verwechslung der Figur des „ewigen Juden" mit der des wilden Jägers oder anderen aus der heidnischen Mythologie übernommenen Gestalten.[65]

Das bestimmende Mythologem Wotans und Ahasvers findet sich im ruhelosen Umherschweifen. Da sich Wotan in den ersten beiden Teilen des *Rings* aber als herrschender germanischer Gott präsentiert, tritt dieser Zug erst im dritten Teil der Tetralogie zu Tage. Als Bauherr Walhalls, der seine Schuld an die Erbauer der Burg, die Riesen Fafner und Fasolt, mit dem Gold und dem Ring zahlt, das er Alberich raubt und das Alberich durch Verfluchung der Liebe gewann, hat der Gott wenig mit dem Ewigen Juden gemein. Auch der von seiner Götterburg regierende und ins Weltgeschehen eingreifende Wotan der *Walküre*, der zum Knecht seiner eigenen Gesetze wird, seinen eigenen Sohn dem Tod überantworten muss und seine Lieblingstochter, die Walküre Brünnhilde für den Versuch seinen eigenen inneren Wunsch zu verwirklichen, mit einem Zauberschlaf bestrafen muss, trägt er kaum die Züge einer Ahasverfigur.
Doch Wagners Wotan in *Der Ring des Nibelungen* tritt im dritten Abend des Bühnenfestspiels nur noch als „Wanderer" in Erscheinung. Auch seinem rastlosen Umhergetriebensein geht ein Sündenfall voraus: Der Raub des Ringes aus den Händen Alberichs, die Gier nach der Macht – in *Das Rheingold* gibt der Gott den Rheintöchtern das Gold nicht zurück, weshalb auch er letztlich dem vom Nibelungen gesprochenem Fluch verfällt:

> WOTAN in wildem Schmerz der Verzweiflung ausbrechend.
> Ich berührte Alberichs Ring –
> gierig hielt ich das Gold!
> Der Fluch, den ich floh,

---

[63] Als Gottheit der „bösen" Zauberin Ortrud erscheint Wotan in dieser Antagonistenfunktion auch bei Wagner in *Lohengrin.*
[64] Vgl. Isaac-Edersheim, E.: *Messias, Golem, Ahasver*, a. a. O., S. 299.
[65] Bâleanu, Avram Andrei: *Die Geburt des Ahasver*, a. a. O., S. 35.

nicht flieht er nun mich: -
was ich liebe, muß ich verlassen,
morden, was je ich minne,
trügend verraten
wer mir vertraut! –
Fahre denn hin, herrische Pracht,
[...]
Eines nur will ich noch:
das Ende - -
das Ende! -[66]

Auch Wotans Ziel erweist sich also als dasjenige Ahasvers: der Untergang. Dieser Untergang ist dazu gekoppelt an Ragnarök, die Götterdämmerung, entsprechend zur Apokalypse, dem Jüngsten Tag, im Mythos vom Ewigen Juden. Dem Sündenfall Wotans folgt in Siegfried die Wanderschaft, der unsterbliche Gott sehnt sich nach der Erlösung durch Untergang. Bis auf das Mythologem der jüdischen Provenienz finden sich also die entscheidenden Bestandteile des Ahasvermythos in der Figur Wotans. Den „arischen" Gott jenseits der übereinstimmenden Mythologeme mit dem Judentum in Zusammenhang zu bringen, erweist sich selbstverständlich als schwierig.

Der Gedanke vom Ring des Nibelungen als Sinnbild der vom Juden beherrschten Welt des Geldes, des Besitzes und des Eigentums mit ihren Gesetzen und Verträgen und die Erlösergestalt des Siegfrieds, als Vertreter des ‚starken und schönen' Menschen, des ‚Reinmenschlichen' und als ‚Christus des deutschen Volkes' ist in den Entwürfen dieser neuen Lebensepoche bereits ebenso ausgebildet wie der Gedanke, daß ‚der Gral als der ideelle Vertreter und Nachfolger des Nibelungenhortes gelten (muß) [...].[67]

In der Tat soll Siegfried den unsterblichen Wotan erlösen, so wie die Erlöserfigur Parsifal in Wagners „Bühnenweihfestpiel" die ewige Jüdin Kundry erlöst. Wotan verstrickt sich zwar in Schuld, die Hemisphäre des jüdischen Kapitalismus, sofern man sie im *Ring* sucht, scheint aber weit eher dem Nibelungenherrscher Alberich zugeordnet. Eine sinnfälligere Ordnung ergibt sich erst, wenn man Zelinskys Behauptung von einer engen Beziehung von Wagners Tetralogie mit *Das Kunstwerk der Zukunft* und *Das Judentum in der Musik* folgt:

---

[66] Wagner, Richard: *Der Ring des Nibelungen*. In: Ders.: *Dichtungen und Schriften*, a. a. O., Bd. 3, S. 111.

[67] Zelinsky, Hartmut: *Die „feuerkur" des Richard Wagner oder die „neue religion" der „Erlösung" durch „Vernichtung"*. In: Metzger, Heinz-Klaus/Riehn, Rainer (Hg.): *Musik-Konzepte, H. 5, Richard Wagner. Wie antisemitisch darf ein Künstler sein?*, München 1978, S. 79-112, S. 84f.

Zieht man noch eine andere Stelle aus der [...] Schrift *Erkenne dich selbst* hinzu, wo Wagner das Gold als den ‚Unschuld würgenden Dämon der Menschheit' bezeichnet und davon spricht, daß ‚der verhängnisvolle Ring des Nibelungen als Börsenportefeuille [...] das schauerliche Bild des gespenstischen Weltbeherrschers zur Vollendung bringen (dürfte)', dann wird [...] deutlich, daß Wagner den Brand von Walhall nicht auf den Kapitalismus, nicht auf den Imperialismus, sondern auf sein Bild vom Juden bezieht.[68]

Der das Ende suchende Wanderer, verstrickt in die Welt der Verträge und des Geldes, folgt, indem er seinen Untergang wünscht, der Aufforderung Wagners an die Juden aus *Das Judentum in der Musik*. Zugleich erscheint aber die Identifikation der in Walhall verbrennenden Götter mit dem jüdischen Kollektiv als unpassend und unwahrscheinlich – die Judenfiguren des *Rings* sind nicht die Götter. Vielmehr liegt hier ein ähnliches Phänomen wie in *Der fliegende Holländer* vor: Wotan und dem Holländer sind die tragischen Züge der Ahasverfigur eingeschrieben, ohne jedoch die „Stigmatisierung" des Juden zu tragen. Daher geraten sowohl Wotan als auch der Holländer zu Identifikationsfiguren Wagners, deren Streben nach Selbstauslöschung Wagner in *Das Judentum in der Musik* als die ahasversche Erlösungsprämisse für das jüdische Kollektiv benennt.

Wir müssen sterben lernen, und zwar *sterben,* im vollständigsten Sinn des Wortes; die Furcht vor dem Ende ist der Quell aller Lieblosigkeit... Wodan schwingt sich zu der tragischen Höhe, seinen Untergang – *zu wollen.*[69]

Beziehungen zwischen *Das Judentum in der Musik* und *Der Ring des Nibelungen* bestehen: Die über den Ahasvermythos transportierte Todessehnsucht und den Willen zum eigenen Ende sind in beiden Texten vertreten, doch kann dies nicht genügen, um einleuchtend von einer jüdischen Identität, von einer Metapher der Götterdämmerung für das Ende des Judentums zu sprechen. Bestenfalls von einem Symbol für das von Wagner postulierte Ende einer Gesellschaft, die durch das Judentum infiziert ist, könnte die Rede sein. Der Wanderer trägt ebenso wie die anderen Götter oder der Holländer keine Insignien des Judentums. Konnte man im *Holländer* noch davon ausgehen, dass die Tonsprache Wagners noch nicht weit genug entwickelt war, um „Jüdisches" über einen musikalischen Code auszuweisen, so ist der Fall in *Der Ring des Nibelungen* anders gelagert. Maßgebliches Ziel der Forschungen nach einem antijüdischen

---

[68] Ebd., S. 92f.

[69] Wagner, Richard: Brief an August Röckel vom 25. Januar 1854, zit. in: Zelinsky, Hartmut: *Die „feuerkur" des Richard Wagner*, a. a. O., S. 94.

Subtext in den Bühnenfiguren Wagners war und ist an erster Stelle der Mime des *Siegfried*.[70]

> Der gesamte erste Teil der Szene zwischen dem Wandrer und Mime besteht aus dem optischen Bild eines Gottes, der langsam und entschlossen über die Bühne schreitet, und diese Bewegung steht in markantem Kontrast zur umtriebigen, hektischen Präsenz des Nibelungenzwerges. Die unterschiedliche Gangart der beiden wird durch gestische Unterschiede zwischen dem Wanderer-Motiv, das während dieses ganzen Eröffnungstableaus wiederholt wird, bis der Wandrer am Herd sitzt, und der lebhaften, sprunghaften Musik des Nibelungen noch weiter unterstrichen.[71]

Statt einer Markierung als Jude zu unterliegen, fungiert der Wanderer vielmehr als Kontrastfolie zur Hervorhebung einer mit Defiziten versehenen Figur, in die musikalisch und textlich antijüdische Stereotypen eingeflossen sind. Allerdings muss daran erinnert werden, dass im Ahasvermythos schon sehr früh ein „Vorzeigejude" etabliert wurde, eine der beiden Extremausprägungen des Mythos. Keineswegs soll das heißen, der Wandrer sei lediglich ein positiv gezeichneter Jude, der durch seinen Willen zum eigenen Ende kurz vor der Erlösung aus seiner jüdischen Identität steht. Doch erklärt die Auslegung des Mythos vom Ewigen Juden mit dem Protagonisten als geläutertem Büßer bis zum Kronzeugen gegen alle Juden, seine Konfigurierung als „christlicher" Jude, dass die Rezeption des Stoffs neben ihrem Symbolgehalt für das Judentum auch für ein Verschwinden genau dieses Mythologems offen ist. Der Wandrer trägt so entscheidende Insignien des Ewigen Juden, ohne Jude zu sein. Einem Juden könnte - folgt man der Annahme eines impliziten Einflusses von Wagners Haltung zum Judentum in *Der Ring des Nibelungen* – ja auch schwerlich Stammvater des Wälsungengeschlechts sein, dessen Spross Siegfried die Hoffnung auf Sanierung der Welt transportiert. Den Helden Siegfried charakterisiert Wagner dementsprechend mit den gleichen kontrastdramaturgischen Mitteln gegenüber Mime wie den Wanderer. *Der Ring des Nibelungen* verwendet Züge des Ahasvermythos ebenso, wie er zahlreiche andere Mythen zum „Ring zwingt". Dieses eklektische Verfahren Wagners, den „Mythos zu Ende zu bringen", erschwert natürlich eine exakte Festlegung. Der Verfasser ist überzeugt davon, dass die Figur einen antijüdischen Subtext enthält, zur stereotypen offen antisemitisch gezeichneten Hassfigur Wagners lässt sich Mime aber nicht reduzieren.
Schließlich sollte noch erwähnt werden, dass sich zwischen einigen Figuren des *Rings* und des im Folgenden analysierten *Parsifal* in den Tagebüchern Cosima Wagners teilweise überraschende Verbindungen finden.

---

[70] Vgl. Weiner, Marc: *Antisemitische Fantasien. Die Musikdramen Richard Wagners*. Aus dem Amerikan. von Henning Thies, Berlin 2000.
[71] Ebd., S. 331.

Richard findet Ähnlichkeit im Wesen Wotan's und Kundry's, beide sehnen sich nach Erlösung und bäumten sich gegen sie auf; Kundry in der Szene mit P.[Parsifal], Wotan mit Siegfried.[72]

Aber es wird auch Klingsor mit Alberich assoziiert, das Verhältnis von Wotan/Brünnhilde mit dem von Amfortas/Kundry verglichen und eine Verwandtschaft von Wotan mit Amfortas gesehen.[73] Ebenso spielt der Ahasvermythos sowohl, wie dargestellt, im *Holländer* als auch im *Parsifal* eine entscheidende Rolle.

---

[72] Wagner, Cosima: *Die Tagebücher*, hrsg. und kommentiert von Martin Gregor-Dellin/Dietrich Mack, Bd. II (1878-1883), S. 108 (5. Juni 1878).
[73] Vgl. Bermbach, Udo: *„Blühendes Leid". Politik und Gesellschaft in Richard Wagners Musikdramen*, Stuttgart/Weimar 2003, S. 281.

IV. 2. „...ENTSÜNDIGT SEIN UND ERLÖST!" – *PARSIFAL* (1882)

Fast vierzig Jahre liegen zwischen dem *Holländer* und Wagners letztem Werk, dem *Parsifal.* Um in den kontroversen Diskussionen um Wagners Antisemitismus – ist Wagners musikdramatisches Werk „unbefleckt" von seiner Haltung zum Judentum oder nicht? – nicht die Orientierung zu verlieren, muss natürlich festgehalten werden, dass Wagners „Verhältnis zu Juden und Judentum Wandlungen unterworfen war."[74] Die Wiederveröffentlichung von *Das Judentum in der Musik* 1869 muss sicher als ein entscheidender Punkt genannt werden. Aber auch gerade Wagners letzte Jahre, offenbaren Veränderungen hinsichtlich seiner Position zum Judentum. Nicht zuletzt durch den Einfluss Gobineaus verlor Wagners Judenhass das Persönliche, wie es sich in seinen Angriffen gegen Meyerbeer ausdrückt. Die pseudowissenschaftliche Argumentation von Wagners Judenfeindschaft nimmt dabei langsam die Züge einer Rassentheorie an. Gerade die „Blut-Metaphorik" des *Parsifal* provoziert heute deshalb eine kritische Haltung gegenüber Wagners Bühnenweihfestspiel.

Im Mittelpunkt des Interesses steht dabei nicht zuletzt die Figur der Kundry, zweifellos eine der interessantesten Schöpfungen Wagners. Im Gebiet des Grals bringt sie Medizin aus fernen Ländern, um dem siechen König Amfortas Linderung zu verschaffen – trotzdem besitzt sie bei den Gralsrittern kaum mehr als den Status eines Tieres. Als sie einst abwesend war, verführte eine wunderschöne Frau Amfortas: Der feindliche Zauberer Klingsor nutzte die Stunde, entwand den Heiligen Speer (die legendäre Lanze, mit der Christus am Kreuz in die Seite gestoßen wurde) und verwundete Amfortas, der seither eine sich nie schließende Wunde trägt. Dienerin ist Kundry auch im Zweiten Akt: doch nun wird sie vom Zauberer Klingsor beschworen, um als Verführerin den „Erlöser" Parsifal zu verlocken, der ausgezogen ist, den Heiligen Speer zurückzubringen. Sie offenbart sich als Verderberin und Pflegerin des Amfortas gleichermaßen. Parsifal widersteht jedoch ihrer Verführung, erobert den Speer und erlöst die durch ständige Reinkarnationen im Leben gefangene Kundry von ihrer Schuld, einst den Heiland auf dem Kreuzweg verlacht zu haben. Kundrys Erlösung ist die des Ewigen Juden, der Tod. Ihre Entsühnung besteht in der durch Parsifal gespendeten Taufe.

Mit der Kundry des *Parsifal* betritt eine „Ahasvera" von entscheidender Wirkung die Opernbühne; sie und ihre Ausgestaltung durch Richard Wagner wird der entscheidende Ausgangspunkt für die Librettoadaptionen in der Wagnernachfolge, die Grundlage für Mammutprojekte wie Melchior E. Sachs *Kains*

---

[74] Katz, Jacob: *Richard Wagner. Vorbote des Antisemitismus*, Königstein/Ts. 1985, S. 194.

Schuld und ihre Sühne oder Felix Weingartners *Die Erlösung.* Der erste weibliche Ewige Jude der Operngeschichte präsentiert sich dabei als „ein desperates Doppelwesen aus Verderberin und büßender Magdalena mit kataleptischen Übergangszuständen zwischen den beiden Existenzformen."[75] Die beiden Ausprägungen der Ahasverfigur, der bußfertig Sühnende und der verderbte Frevler sind in *Parsifal* in eine Figur gefasst:

> Aber die Figur Kundry's, der Höllenrose, ist geradezu ein Stück mythischer Pathologie; in ihrer qualvollen Zweiheit und Zerrissenheit, als instrumentum diaboli und heilssüchtige Büßerin, ist sie mit einer klinischen Drastik und Wahrheit, einer naturalistischen Kühnheit im Erkunden und Darstellen schauerlich krankhaften Seelenlebens gemalt [...][76]

Die ewige Jüdin ist allerdings keine originäre Erfindung Wagners: Herodias, mit der Klingsor Kundry identifiziert, verschmilzt schon früh mit dem Mythologem der endlosen Wanderschaft Ahasvers. Direkt mit dem Ewigen Juden in Zusammenhang gebracht wird sie auch im höchst populären Feuilletonroman *Le Juif errant* von Sue, der Wagners wohl bekannt gewesen sein dürfte.

> Die Vorstellung von der zu ruhelosem Umhergetriebensein verdammten Herodias stammt bereits aus dem Mittelalter. (Ahasver und Herodias sind Kontrastfiguren zu Johannes, dem Lieblingsjünger Jesu, der nach dem Glauben des Urchristentums und der Legende nicht stirbt, bis Christus zur Erde wiederkehrt). Diesen Mythos greift Eugène Sue in seinem – sofort ins Deutsche übersetzten – Roman *Le Juif errant* (1844) wieder auf, von dem Wagner mit Sicherheit gewußt hat.[77]

Und schließlich muss Herodias als ewige Jüdin auch in Heinrich Heines *Atta Troll* von 1847 in der Wilden Jagd mitziehen. Gerade vor der Folie der oben ausgeführten Adaption Heines für das Libretto zu *Der fliegende Holländer* leuchtet die These Dieter Borchmeyers, *Atta Troll* sei eine der Inspirationsquellen zur Kundry, ein.[78] Herodias stellt aber lediglich eine Hälfte – die dämonisierte – der Figur dar. Der zweite Teil ihrer Existenz ist die Gralsbotin. Die Ambivalenz des Ahasver-Mythos findet in der ewigen Jüdin Kundry also wie gesagt eine direkte Entsprechung: Sie ist „Vorzeigejüdin" und Sündenbock in

---

[75] Mann, Thomas: *Leiden und Größe Richard Wagners.* In: Ders.: *Gesammelte Werke in dreizehn Bänden,* Bd. IX *Reden und Aufsätze 1,* S. 363-426, Frankfurt am Main 1990, S. 404.

[76] Ebd., S. 371.

[77] Borchmeyer, Dieter: *Richard Wagner. Ahasvers Wandlungen,* Frankfurt am Main/Leipzig 2002, S. 129.

[78] Vgl. Borchmeyer, Dieter: *Richard Wagner,* a. a. O., S. 129.

einem; denkt man an dieser Stelle schon die Thesen Robert Gutmans oder Hartmut Zelinskys[79] mit, könnte man auch sagen, Kundry Schuld, ihre Verführung des Gralshüters Amfortas, die eine geschwächte, marode Gralsgemeinschaft zur Folge hat, ist übertragbar auf die Gesellschaft. Die Argumente Wagners aus *Das Judentum in der Musik*, mit dem jüdischen Sündenbock für die desolate Lage der (deutschen) Kunst, wären jedenfalls mit der Funktion Kundrys parallelisierbar, besonders wenn man auch noch Wagners *Religion und Kunst* von 1880, also unmittelbar aus der Zeit der Parsifal-Schöpfung, in Betracht zieht.

Die Oper wurde zu einer Zeit in Wagners Leben geschrieben, als er von den Ideen einer „rassischen Reinheit" und der angeblichen Notwendigkeit zu einer „Regeneration" der menschlichen Rasse besessen war. Der wesentliche Gedanke dabei war, daß die Menschheit aufgrund ihrer Entfernung von einer natürlichen vegetarischen Ernährung entartet sei [...]. Doch sogar die entartetsten Rassen könnten durch das Blut Christi gereinigt und so gerettet werden. Zu diesen degenerierten Rassen gehörten natürlich die Juden.[80]

Dass der Symbolgehalt der „Ahasvera" Kundry, sicherlich angeregt durch Wagners Rolle als Galionsfigur deutschnationaler Judenfeindschaft in der zweiten Hälfte des 19. Jahrhunderts, keineswegs etwas fast 100 Jahre später nachträglich Hineininterpretiertes ist, belegen zeitgenössische Reaktionen:

Großes Aufsehen erregte beispielsweise der ‚Trauer-Commers' der deutschen Studentenschaft Wiens für den gerade verstorbenen Wagner am 6. März 1883. Die ganze Veranstaltung trug deutschnationalen und antisemitischen Charakter. Unter anderem sprach auch der Studiosus Hermann Bahr, bald darauf eine zentrale Figur des Literaturbetriebs der Jahrhundertwende, der Österreich „eine schwer büßende Kundry, die sehnsüchtig des Erlösers harrt" nannte.[81]

Noch weiter geht im selben Jahr, 1883 nur ein Jahr nach der Uraufführung des *Parsifal,* der Philologie-Professor und Wagnerianer Arthur Seidl, der in der Ahasvergestalt Kundry das gesellschaftszersetzende jüdische Prinzip ausmacht:

---

[79] Beide Autoren sehen im *Parsifal* protorassistische Elemente, wie das Streben nach der Reinheit des Blutes, enthalten. Vgl.v. a.: Gutman, Robert: *Richard Wagner. Der Mensch, sein Werk, seine Zeit*, München 1968, S. 438ff. und Zelinsky, Hartmut: *Richard Wagner – Ein deutsches Thema. Eine Dokumentation zur Wirkungsgeschichte Richard Wagners 1876-1976*, Berlin 1983.

[80] Millington, Barry: *Das musikalische Werk.* In: Ders. (Hg.): *Das Wagner-Kompendium. Sein Leben – seine Musik*, S. 288-354, München 1996, S. 335.

[81] Fischer, Jens Malte*: Richard Wagners „Das Judentum in der Musik"*, a. a. O., S. 124.

Erscheint Kundry also wie die Vertreterin des jüdischen [...] Prinzips, [...] so wird Parsifal dagegen unter solchen Verhältnissen zum arisch-germanischen Typus des christlichen Erlösers[...]. Amfortas [...] trägt in der mimischen Darstellung die Maske des orientalisch-semitischen (schwarzen) Christustypus, während Parsifal im Schlußakt den germanischen (blond umrahmten) Christuskopf zeigt. [...] Daß aber Klingsor sich auch noch des Grales selber bemächtigen will und zu diesem Zwecke keine Mittel und Wege scheut, [...daß] das reine Judentum überall christlich-germanische Kultur an sich reißen, in sie eindringen möchte und sie so bis ins Mark zersetzen würde, dünkt uns nicht nur verständlich, es ist eine allbekannte, schier triviale Wahrheit, daß es hier kaum mehr hätte besonders in Erinnerung gebracht werden sollen.[82]

Diese Reaktionen illustrieren den Paradigmenwechsel, den die Verwertung des Ahasvermythos im 19. Jahrhundert erfahren hat. Konnte der Ewige Jude des Ozeans in *Der fliegende Holländer* noch als romantische (Künstler-)Existenz jenseits einer offenen soziokulturellen Positionierung zum Judentum interpretiert werden, so ist er spätestens mit der Verwendung der Ahasvermetapher in *Das Judentum in der Musik* nicht länger seines Symbolcharakters für das Judentum schlechthin zu berauben.[83] Trotz seiner komplexen Struktur kann sich *Parsifal* ungeachtet all seiner künstlerischen Qualität nicht von diesem Makel reinwaschen.

Kundry wurde als „Venus und Elisabeth in einem, jungdeutsche Huldin und Heilige"[84] interpretiert. Der Nietzsche-Anhänger Kurt Hildebrandt sah sie als „hysterische Somnambule", als „tierisch grunzende Mißgestalt", als das „Weib als Urbild der Sünde."[85] In ihrer Rolle als „Ur-Teufelin"[86] führt Dieter Borchmeyer sie auf Lilith, „das Urbild des dämonisch-verführerischen Weibs"[87] zu-

---

[82] Seidl, Arthur, zit. in: Drüner, Ulrich: *Schöpfer und Zerstörer*, a. a. O., S. 307f. Drüner führt zu Seidl ferner aus: „Seidl erwähnt [...] außerordentlich zahlreiche ähnliche Äußerungen aus dem frühen Wagner-Kreis, so dass er eine weithin gültige Meinung vertritt." (S. 344).

[83] Die Thesen von Wagners Pamphlet finden noch bis in die fünfziger und sechziger Jahre des 20, Jahrhunderts eine unkritische Reproduktion. Vgl. Fischer, Jens Malte: *Richard Wagners „Das Judentum in der Musik"*, a. a. O., S. 129.

[84] Mayer, Hans: *Richard Wagner. Mit Selbstzeugnissen und Bilddokumenten*, Hamburg 1992, S. 159.

[85] Ebd., S. 160.

[86] Wagner, Richard: *Parsifal. Ein Bühnenweihfestspiel.* In: Ders.: *Dichtungen und Schriften. Jubiläumsausgabe in zehn Bänden*, hg. von Dieter Borchmeyer, Bd. 4, S. 281-331, Frankfurt am Main 1983, S. 302.

[87] Borchmeyer, Dieter: *Richard Wagner. Ahasvers Wandlungen*, a. a. O., S. 313.

rück und sieht in ihr auch als „wichtigste[s] und deutlichste[s] Urbild"[88] Ahasver. Zugleich trägt Kundry in sich das Bild von der „schönen Jüdin"[89] und das vom tierähnlichen „Untermensch". Streng genommen ist Kundry nur in ihrer Inkarnation der Herodias Jüdin.

> Herodias [...]. Diese Spur führt in den jüdisch-orientalischen Kulturkreis und bildet das unmittelbare Bindeglied zu Kundrys späterem Bericht, sie habe einst den Heiland verlacht. Von der biblischen Herodias ist solches indessen nicht überliefert. Nach einer Darstellung Burchards von Worms aus dem 6. Jahrhundert hat Herodias das abgeschlagene Haupt des Johannes verlacht [...], so daß sie seither verflucht ist, als Hexe durch die Nacht zu fliegen. [...] Wagner kannte diese Sage aus verschiedenen wissenschaftlichen Abhandlungen, z. B. aus Jacob Grimms *Deutscher Mythologie*.[90]

Da sie auch als „Gundryggia"[91] benannt wird, besitzt sie auch eine Identität als eine Walküre aus der *Edda*.[92], führt also „in den vorchristlich-germanischen Kulturkreis"[93]. Ihre vierte Inkarnation, Kundry, schließlich entstammt dem *Parzival* Wolframs von Eschenbach, bei dem Kundry eine heidnische Zauberin ist. Aber der Mythos vom Ewigen Juden ist, wie dargestellt, nicht stets mit einer klar umrissenen jüdischen Identität kombiniert. So trägt der Ahasver in Halévys *Le Juif errant* auch kaum spezifisch jüdische Merkmale. Da er aber als der *Ewige* Jude die Symbolisierung des Judentums in sich trägt, erscheint dies auch nicht notwendig. Folgt man der These, Halévys *Le Juif errant* repräsentiere „assimilierte Juden", welche trotz ihrer Anpassung den Stereotypen der Verfolgung ausgesetzt bleiben, erscheint dies einsichtig. Auch Kundry versucht sich als Gralsbotin – wenig erfolgreich – der Gemeinschaft einzugliedern. Als demütige Büßerin wird sie geduldet, doch ihr Fluch treibt sie dazu, gegen ihren Willen, immer wieder Mitglieder der Gralsgemeinschaft ins Verderben zu ziehen. Die Figur der Kundry resultiert in der Tat aus den etablierten Kernmythologemen des Ahasvermythos: Sie ist unsterblich durch den Fluch Christi, den sie in nahezu völliger Entsprechung zum „klassischen" Ewigen Juden auf dem Kreuzweg verspottet:

---

[88] Ebd., S. 314.

[89] Scheit, Gerhard: *Verborgener Staat, lebendiges Geld. Zur Dramaturgie des Antisemitismus*, Freiburg (Breisgau) 1999, S. 331.

[90] Kienzle, Ulrike: *Komponierte Weiblichkeit im „Parsifal": Kundry*. In: Vill, Susanne (Hg.): *„Das Weib der Zukunft". Frauengestalten und Frauenstimmen bei Richard Wagner*, S. 153-172, Stuttgart/Weimar 2000, S. 157f.

[91] Wagner, Richard: *Parsifal*, a. a. O., S. 302.

[92] Borchmeyer, Dieter: *Richard Wagner. Ahasvers Wandlungen*, a. a. O., S. 317.

[93] Kienzle, Ulrike: *Komponierte Weiblichkeit im „Parsifal": Kundry*, a. a. O., S. 158.

Kenntest du den Fluch,
der mich durch Schlaf und Wachen,
durch Tod und Leben,
Pein und Lachen,
zu neuem Leiden neu gestählt,
endlos durch das Dasein quält! –
Ich sah – Ihn – Ihn –
und – lachte...
da traf mich sein Blick. –[94]

Bei aller Deckungsgleichheit zu den konsolidierten Mythologemen sind jedoch die Abweichungen und Verformungen in Nuancen – nicht zuletzt für die weitere Rezeption – von entscheidender Bedeutung. Frevel und Strafe Kundrys entspringen wie die des etablierten Ahasvermythos der Begegnung mit Christus auf seinem Weg nach Golgatha. Statt der Verweigerung der Rast des Urmythos steht im *Parsifal* das Lachen Kundrys, das ihren Urfrevel markiert: Die Mitleidsunterlassung, dem im Wertegefüge von Wagners „Bühnenweihfestspiel" die christlich mitleidende Agape gegenübersteht – „durch Mitleid wissend"[95] -, symbolisiert durch das Weinen.[96] Das Lachen ist in gewisser Hinsicht Kundrys Kainsmal, das sie brandmarkt, dem sie sich erst im Augenblick ihrer entsühnenden Erlösung entledigen kann, wo es durch das Weinen auf der Karfreitagsaue substituiert wird. Das Lachen steht für die Verweigerung des Mitleids gegenüber Christus, die Umkehrung des mitleidsvollen Weinens. Das Weinen ist Kundry versagt, bis zur Brechung ihres Fluches: durch die Taufe auf der Karfreitagsaue.

Trotz der Begeisterung, den das im Lachen Kundrys markierte Verfluchtsein in der Wagnerrezeption hervorrief, muss nochmals festgehalten werden, dass das Verlachen Christi als Motiv des Ahasvermythos nicht Wagners originäre Erfindung ist, sondern bereits in Bérangers Gedicht *Le Juif errant* aus dem Jahre 1831, das Wagners bekannt gewesen sein dürfte, eingeführt wird.[97] Wie Ahas-

---

[94] Wagner, Richard: *Parsifal*, a. a. O., S. 315.

[95] Wagner, Richard: *Parsifal*, a. a. O., S. 285.

[96] Vgl. Borchmeyer, Dieter: *Richard Wagner*, a. a. O., S. 316. Borchmeyer spürt hier auch dem Ursprung des Lachens als Motiv nach. Er verweist so auf das Lachen als Leitmotiv in Thomas Manns *Doktor Faustus*, der ja immer wieder mit Wagners *Parsifal* spielt, und sieht Manns wie Wagners Inspiration in Baudelaires *De l'essence de rire*.

[97] Vgl. Béranger, Pierre Jean de: *Le Juif errant*, a. a. O., S. 218: «J'outrageais d'un rire inhumain.» Vgl. II. 2. Weltschmerz und Todespoesie. Zur Kenntnis Bérangers durch Wagner vgl.: Gregor-Dellin, Martin: *Richard Wagner*, a. a. O., S. 147. Vgl. auch: Poliakov, Léon: *Geschichte des Antisemitismus*, Bd. VI, a. a. O., S. 152f.: „[...] in Frankreich schuf [...] der Liederdichter Béranger einen ‚umherirrenden Juden', der ‚mit einem unmenschlichen Lachen den Gottmenschen kränkte [...]'".

ver ist Kundry zu ewigem Leben verdammt und sucht dem Heiland wieder zu begegnen, was ihre Erlösung bedeuten würde – so weit eine völlige Übereinstimmung zum Ausgangsmythos. Das über die Beschäftigung Wagners mit der Philosophie Schopenhauers in den *Parsifal* eingegangene buddhistische Gedankengut verschiebt das ewige Leben Ahasvers jedoch in einen Zyklus von Wiedergeburten – schon frühe legendenhafte Ergänzungen zum Ahasver-Mythos präfigurieren dies durch die Annahme, dass sich der Ewige Jude innerhalb gewisser zeitlicher Zyklen verjüngt. Die Reinkarnationsidee bezüglich des Ewigen Juden im *Parsifal* wird gerade für die Librettisten im Schatten Wagners zum entscheidenden Impuls, liefert sie doch die Möglichkeit Epochen- und Weltgemälde sinnfällig in eine Dramenstruktur einzubinden. Dass der Ewige Jude aber durch „Seelenwanderung" nicht mehr nur eine, sondern viele Identitäten besitzt, beinhaltet auch hinsichtlich seines Symbolcharakters für das jüdische Kollektiv eine implizite Umwertung: Es forciert die Fokussierung auf eine unausrottbare jüdische Rasse, Ahasver als Singularexistenz – wie er bei Wagner ja als Titelfigur in *Der fliegende Holländer* erscheint, gerät zunehmend aus dem Blickwinkel.

Die Erlösung Kundrys ist natürlich zunächst die Ahasvers – der Untergang. Wie bereits in zahlreichen Ahasvervarianten des 19. Jahrhunderts besteht die Erlösungsprämisse nicht mehr im Jüngsten Tag, obwohl Kundrys Worte zunächst diesen Anschein erwecken:

> Nun such' ich ihn von Welt zu Welt,
> ihm wieder zu begegnen:
> in höchster Not –
> wähn' ich sein Auge schon nah',
> den Blick schon auf mir ruh'n: -[98]

Es genügt aber letztlich schon ein Stellvertreter, der reine Tor Parsifal, um Kundrys Erlösung zu gewährleisten, indem er ihrer Verführungskunst widersteht, wenngleich sie zunächst die sexuelle Vereinigung in der Verwechslung von Eros und Agape als heilsstiftende Handlung imaginiert:

> da kehrt mir das verfluchte Lachen wieder, -
> ein Sünder sinkt mir in die Arme!
> Da lach' ich – lache -,
> kann nicht weinen:
> nur schreien, wüten,
> toben, rasen
> in stets erneuter Wahnsinns Nacht,
> aus der ich büßend kaum erwacht –

---

[98] Wagner, Richard: *Parsifal*. Textbuch, a. a. O., S. 316.

Den ich ersehnt in Todesschmachten,
den ich erkannt, den blöd Verlachten,
laß mich an seinem Busen weinen,
nur eine Stunde mich dir vereinen,
und, ob mich Gott und Welt verstößt,
in dir entsündigt sein und erlöst![99]

Doch auch Parsifals Verweigerung gegenüber Kundry ist nur der erste Schritt zur Erlösung der ewigen Jüdin: die mythische Bestandheit koppelt die Erlösung immer noch an den Tod. Kundry darf aber erst entsündigt sterben, nachdem ihr Fluch durch den symbolischen Akt der Taufe abgewaschen wird, sie von der Heidin zur Christin wird. Der missionarische Bekehrungswahn der frühen Verfolgertexte im Umfeld des Ahasvermythos findet somit im *Parsifal* seine direkte Entsprechung. Durch das Zusammenfallen der Erlösung des Ewigen Juden mit der Taufe ist in der Tat von einer Taufe zum Tode zu sprechen, dem dazu der ikonographische Topos von der Fußwaschung Christi durch die Sünderin Maria Magdalena vorausgeht. Dies verweist seinerseits wieder auf die Sündenbock- und Opferstruktur, welche dem Ahasvermythos zugrunde liegt: Der Gral entfaltet seine ganze Kraft erst nach Rückgewinnung des Speers und Befreiung aus den Händen des entweihten und sündigen Amfortas; und diese Sanierung der Gralswelt geht mit dem Tod – der Opferung – Kundrys einher:

Was [...] als Säkularisierung erscheint – die Transsubstantiation von Blut in Wein, Fleisch in Brot, statt umgekehrt von Wein in Blut, Brot in Fleisch – ist die wahre Resakralisierung: die Wiedereinführung des Opferkultes.[100]

Hartmut Zelinsky hat auf den Kommentar der Orchesterpartitur zu dieser Taufe zum Tode hingewiesen sowie auf Wagners Eigenäußerung, der in diesem Zusammenhang selbst vom „Vernichtungsklang" spricht:

Der entscheidende Knotenpunkt des „*Parsifal*" und die unabdingbare Voraussetzung der „Erlösung des Erlösers" - und es sei an den Schluß der Schrift „Das Judentum in der Musik" erinnert – ist die Taufe und damit der Untergang Kundrys, der Vertreterin all dessen, was Wagner mit Judentum verbindet. Es ist daher von höchstem Interesse, daß Cosima Wagner, als ihr Wagner auf dem Flügel die „Salbung Parsifals durch Titurel mit dem wunderbaren Kanon und die Taufe von Kundry" vorspielt, zu der „Taufe von Kundry" hinzusetzt – und hier gewinnt man einen Eindruck, in welchem Maße Wagners Musik Weltanschauungsträger ist und sein soll -: „mit dem

---

[99] Ebd., S. 316.
[100] Scheit, Gerhard: *Verborgener Staat, lebendiges Geld*, a. a. O., S. 329.

Vernichtungsklang der Pauke" und Wagners Bekenntnis festhält „daß der Eintritt der g-Pauke das Schönste ist, was ich je gemacht habe"[101].

Carl Dahlhaus widerspricht dieser Argumentation Zelinskys zurecht auf der musikalischen Ebene, da in der Partitur hier „nicht die geringste Spur von Aggression enthalten ist."[102] Hier zeigt sich, dass der Mythos eine Panzerung darstellt, die schwerlich zu durchbrechen ist. Die mythische Bestandheit des Ahasvermythos, in welcher der Tod, der Untergang, in der Tat die Erlösung des Ewigen Juden darstellt, besteht. Insofern bleibt die Frage nach einer Erlösung durch Verlöschen des Willens zum Leben als nicht eindeutig auf das Judentum übertragbar. Denn eine Interpretation Kundrys als Einzelschicksal, als eine spezifische Bühnenfigur kann nicht als „falsch" abgetan werden. Andererseits ist dem Ahasvermythos selbstverständlich der Symbolcharakter für das jüdische Kollektiv im Laufe der Rezeption eingeschrieben worden. Doch offen identifiziert Wagner den Ewigen Juden und dessen mythische Erlösung mit dem Judentum nur in *Das Judentum in der Musik*. Dies provoziert natürlich den Verdacht auf ein paralleles Verfahren im *Parsifal*, definitiv zu bestätigen ist es aber nicht. Man kann sich also auf den Standpunkt begeben, Wagner habe in dieser Hinsicht seine antisemitische Ideologie in den *Parsifal* nicht eingebracht oder man kann sie in seinem letzten Musikdrama als implizit enthalten verstehen. In Vermengung mit den offenen Antisemitismus Wagners in seinen theoretischen Schriften, bildet der *Parsifal* jedoch zweifellos eine Instanz, die im Wagnerismus antisemitische Ideologie mit der Bühnenfigur Kundry in Zusammenhang bringt. Diese Wirkungsebene ist nicht zu leugnen, und es erscheint dem Verfasser sekundär, ob sie von Wagner intendiert war oder nicht, da es hier ja keineswegs um eine „Schuldzuweisung" an irgend jemand geht.

Wenn Drüner also der Stoßrichtung Zelinskys entsprechend von einem „zynischen Mitleidspotential"[103] spricht, dass Kundry zuteil wird, indem sie sterben „darf", so bleibt dies problematisch. Dieses Mitleidspotential resultiert nämlich auch aus dem Bestand, den der Ahasvermythos bereits seit Jahrhunderten bereithält: Dies ist die besondere Raffinesse Wagners, er verwendet „mythische Wahrheiten", die er zwar oftmals transformiert – im Falle des Ahasvermythos etwa dezidiert bezüglich der Erlösung des Ewigen Juden -, die aber in ihrer musikdramatischen Verarbeitung schwer auf eine soziale oder politische Stellung-

---

[101] Zelinsky, Hartmut: *Der verschwiegene Gehalt des „Parsifal". Zu Martin Gregor-Dellins Wagner-Biographie.* In: Csampai, Attila/Holland, Dietmar (Hg): *Richard Wagner. Parsifal. Texte, Materialien, Kommentare*, S. 244-251, Reinbek bei Hamburg 1984, S. 247.

[102] Dahlhaus, Carl: *Erlösung dem Erlöser. Warum Richard Wagners „Parsifal" nicht Mittel zum Zweck der Ideologie ist.* In: Csampai, Attila/Holland, Dietmar (Hg): *Richard Wagner. Parsifal*, a. a. O., S. 262-269, S. 266.

[103] Drüner, Ulrich: *Schöpfer und Zerstörer*, a. a. O., S. 18.

nahme festzulegen sind. Hinzu kommt die rezeptionsgeschichtliche Integration einer stilisierten „Sehnsucht zum Tode" aus dem Geiste der Romantik. Wagners Dramen tragen somit zuerst einmal einen „Mythos-Panzer", der rein werkimmanent kaum zu durchbrechen ist. Zelinsky benötigt daher auch Quellen jenseits der Bühnenwerke, wenn er auf einen Zusammenhang des *Parsifal* mit „den sogenannten Regenerationsschriften der Jahre 1879/81" hinweist, „in denen Wagner seine schaurige antisemitische Blutideologie entwickelt."[104] – so eine von Zelinskys Thesen. Wagners Vorstellung von einem „arischen Jesus"[105] mit dem *Parsifal* mit seiner augenfälligen Blutmetaphorik in Beziehung zu setzen ist naheliegend, begegnet zunächst jedoch demselben Problem: Ahasver als christlich konfigurierter Mythos konfiguriert zwar keinen „arischen Jesus", wohl aber einen Protagonisten Christus, der in seiner Göttlichkeit dem Antagonisten, dem jüdischen Repräsentanten überlegen ist. Insofern kann durchaus von einer „neu fundierten Polarität von Christentum und Judentum"[106] in *Parsifal* gesprochen werden. Die Verfolgertexte im Geleit des Ahasversmythos, in denen zum Beispiel alle Stämme Israels als verflucht imaginiert werden, entheben Jesus Christus bereits seiner jüdischen Identität. Die religiös motivierte antijüdische Tendenz der ersten Ahasvertexte findet dabei im 19. Jahrhundert freilich eine dankbare Aufnahme für rassistisch eingefärbte Angriffe auf das Judentum - wie eben Wagners *Das Judentum in der Musik*. Der Schutzschild aus Mythos und Musik schützt den *Parsifal* vor einer ebenso klaren Entlarvung antisemitischer Ideologie wie die auch von Wagnerianern reinster Prägung nicht zu rechtfertigenden Schriften Wagners. Schlüsse wie der folgende von Zelinsky müssen daher als „übers Ziel hinausgeschossen"[107] gewertet werden:

---

[104] Zelinsky, Hartmut: *Die „feuerkur" des Richard Wagner oder die „neue religion" der „Erlösung" durch „Vernichtung"*. In: Metzger, Heinz-Klaus/Riehn, Rainer (Hg.): *Musik-Konzepte, H. 5, Richard Wagner. Wie antisemitisch darf ein Künstler sein?*, München 1978, S. 79-112, S. 80/81.

[105] Ebd.

[106] Scheit, Gerhard: *Verborgener Staat, lebendiges Geld. Zur Dramaturgie des Antisemitismus*, Freiburg 1999, S. 327.

[107] Fischer, Jens Malte: *Richard Wagners „Das Judentum in der Musik"*, a. a. O., S. 359. Fischers Einschätzung kann man sich nur anschließen: „[...] er [Zelinsky] hat doch das Verdienst, reichhaltiges Material zur verhängnisvollen Wirkungsgeschichte Wagners gesammelt zu haben und auch auf die in der deutschen Wagner-Literatur lange verdrängte oder vertuschte Bedeutung des Wagnerschen Antisemitismus mit Entschiedenheit und Insistenz hingewiesen zu haben. Zelinsky hat es seinen Gegnern gelegentlich leichtgemacht, wenn er seine Thesen mit immer größerer Verbissenheit verfolgte und sich dabei auch Blößen gab. Wer aber seine Publikationen in toto beiseite schiebt, macht es sich zu einfach. Es reicht ja schon, sie als Antidot gegen ein Jahrhundert kritikloser Wagner-Verhimmelung vor allem im deutschen Wagner-Schrifttum zu begreifen."

Da Wagner die Erfüllung seiner „reinen Christuslehre" seit 1848 an den Untergang und die Vernichtung der Welt des Geldes gekoppelt hatte, und weil er den Juden und den Judengott als Repräsentanten dieser Welt – so Meyerbeer als den Vertreter der seinen Herrschaftsplänen im Weg stehenden auf Geldverdienst ausgerichteten Opernwelt – sah, war der „Untergang" und damit der Sieg des „reinen Christus", das heißt sein Sieg, der Sieg seiner unbarmherzigen, verachtungsvollen und schonungslosen Zerstörungs- und Ausrottungsphantasien und seines künstlerischen Terrorismus, das zentrale Thema und die einzige Zukunftslinie seines Denkens und seines „Kunstwerkes der Zukunft". Der entscheidende Knotenpunkt des „Parsifal" [...] ist [...] der Untergang Kundrys, der Vertreterin alles dessen, was Wagner mit dem Judentum verbindet.[108]

Um in Kundry überhaupt eine „Vertreterin alles dessen, was Wagner mit dem Judentum verbindet" sehen zu können, ist das Mythologem der jüdischen Provenienz, das in *Der fliegende Holländer* kaum verifizierbar war, entscheidend. Es war zu zeigen, dass die Kundry-Figur schon in der zeitgenössischen Rezeption als „die Vertreterin des jüdischen [...] Prinzips"[109] gesehen wurde, dennoch besteht immer noch eine Kontroverse hinsichtlich der jüdischen Identität der Gralsbotin. Sie ist allerdings definitiv als „Heidin"[110] markiert, was die Taufe im dritten Aufzug nochmals hervorhebt. Trotzdem wurde einem Judentum Kundrys sowie einer Ausformung als „Ahasvera" von prominenter Seite vehement widersprochen:

> Kundry ist Heidin, nur mühsam als „Jüdin", als Ahasver interpretierbar, obwohl gewiß heimatlos wie der ewige Jude. Und außerdem: Die Musik verdammt Kundry nicht, sondern tönt mitleidig.[111]

Wie geschildert ist die Urszene Kundrys, ihr Sündenfall jedoch beinahe deckungsgleich mit derjenigen Ahasvers. Was sucht Kundry, wäre sie keine Jüdin, in Jerusalem am Kreuzweg? Ruhelos wird sie doch erst, indem sie Christus verlacht. Ist sie etwa Römerin – wofür es noch viel weniger Anhaltspunkte gäbe wie für ein Judentum? Und wäre sie Römerin, weshalb ruft Klingsor sie mit Herodias? Da sie Christus wieder zu begegnen sucht, ist ihre Erlösungsprämisse zunächst die Ahasvers, der den Sohn Gottes am Jüngsten Tag wieder zu sehen hofft. Jedenfalls ist sie bis zu ihrer Erlösung unsterblich – im *Parsifal* heißt das,

---

[108] Zelinsky, Hartmut: *Der verschwiegene Gehalt des „Parsifal"*, a. a. O., S. 247.

[109] Seidl, Arthur, a. a. O.

[110] Wagner, Richard: *Parsifal*, a. a. O., S. 287.

[111] Kaiser, Joachim: *Hat Zelinsky recht gegen Wagners „Parsifal"?* In: Csampai, Attila/Holland, Dietmar (Hg.): *Richard Wagner. Parsifal*, a. a. O., S. 257-259, S. 259.

endlosen Wiedergeburten ausgesetzt. Wenn sie nicht „ewig" ist, ist sie doch 1000-jährig, und der Blick auf die Rezeptionsgeschichte des Ahasvermythos offenbart, dass dieses „ewig" so wörtlich nicht mehr zu nehmen war, da die Suche nach alternativen Erlösungsmodellen schon lang vor Wagner eingesetzt hatten. Kundry trägt zudem beide Ausprägungen der Ahasvergestalt in sich: Sie ist der Sündenbock, das Symbol und der Inbegriff des ungläubigen Juden, die Verhöhnerin Christi, ganz den Stereotypen und antijüdischen Klischees entsprechend, und sie ist zugleich die ewig büßende Sünderin, die allein durch ihre Unsterblichkeit Zeugnis von der Macht Christi ablegt, oder wie Ernst Bloch es ausdrückt:

> Kundry, sündig, verworren, doppellebig, vom Guten zum Schlechten durch einen totenähnlichen Schlaf getrennt, der Schoß der Wollust und endlosen Geburt, ewig verlachend, ewig ungläubig, aber auch die heilende, kräutersuchende, demutvollste Dienerin.[112]

Wagner selbst bestätigt sowohl ihr unsterbliches Leben – „sie muss uralt sein"[113] als auch ihr eindeutig dem Ewigen Juden entlehntes endloses Wandern, ein weiteres der entscheidenden Mythologeme des Ahasverstoffes:

> In einem Winkel gekauert wohnt sie der qualvollen Szene des Amfortas bei: sie blickt mit wunderbarem Forschen (sphinxartig) auf Parzival. Der – ist auch dumm, begreift nichts, staunt – schweigt. Er wird hinausgestoßen. Die Gralsbotin sinkt kreischend zusammen; dann ist sie verschwunden. (Sie muß wieder wandern).[114]

Darüber hinaus bringt Wagner seine Kundry selbst mit Ahasver in Verbindung:

> Kundry lebt ein unermessliches Leben unter stets wechselnden Wiedergeburten, in Folge einer uralten Verwünschung, die sie, ähnlich dem ‚ewigen Juden', dazu verdammt, in neuen Gestalten das Leiden der Liebesverführung über die Männer zu bringen.[115]

Die Parallele zu Funktionierung des Ewigen Juden als böses Prinzip, wie etwa bei Dumas, ist deutlich: Dumas *Isaac Laquedem* bringt das Übel über die

---

[112] Bloch, Ernst: *Das metaphysische Adagio. Zu „Parsifal".* In: Csampai, Attila/Holland, Dietmar (Hg.): *Richard Wagner. Parsifal,* a. a. O., S. 181-184, S. 182.

[113] Wagner, Richard: *Parsifal. Ein Bühnenweihfestspiel (1877).* Prosaentwürfe. 1. Entwurf 1865. In: Ders.: *Dichtungen und Schriften,* a. a. O., Bd. 4, S. 332-352, S. 336.

[114] Wagner an Mathilde Wesendonck, Anfang April 1860. In. Csampai, Attila/Holland, Dietmar (Hg.): *Richard Wagner. Parsifal,* a. a. O., S. 126.

[115] Wagner, Richard: *Parsifal, Prosaentwurf 1,* a. a. O., S. 342/343.

Menschheit, Kundry als Verführerin über die Männer. Allerdings bringt Kundry das Verderben nur in ihrer Ausprägung als Instrument Klingsor und versucht als Gralsbotin in ihrer zweiten Identität das Unheil wieder gutzumachen. Allzu großen Respekt verdient sie sich, bei denen, denen die dient dabei nicht, denn „Sie wird von der Ritterschaft weniger als ein Mensch, sondern mehr wie ein seltsames, zauberhaftes Tier behandelt."[116]

> In Kundrys Gestalt kehrt [...] der *ewige Jude* als *schöne Jüdin* wieder, die das Blut der Gralsritter durch geschlechtlichen Kontakt verdirbt. Kundry ist in aller Deutlichkeit Ahasver nachgebildet.[117]

Als „Höllenrose", welche die Gralsritterschaft verführt, verstrickt sie die ihr Verfallenen in die Erbsünde, die letztlich auch den Gralkönig Amfortas stigmatisiert. Die sexuell konnotierte Erbsünde, die die ewige Jüdin Kundry quasi als Infizierung in die Gemeinschaft des Grals trägt, hat dabei durchaus ihrerseits Querverbindungen zu antijüdischen Stereotypen der Verfolgung: das Klischee der jüdischen Verführerin.

> All [...] den Darstellungen jüdischer Frauen liegen im Kern christliche Sündenmetaphern zugrunde: die weibliche Umkehr der Geschlechterrollen, d. h. das Erstreben der männlichen überlegenen Rolle durch die Frau, die *sexuelle Hemmungslosigkeit* [...] und die Geldgier – paradigmatisch im Bild der Prostituierten. In allen drei Fällen wurden solche Bilder oft mit Darstellungen des Teufels, des Teuflischen verknüpft.[118]

Die Figur der Kundry folgt in Wagners *Parsifal* diesem Muster, das die Jüdin mit dem Teufel in Verbindung setzt: sie ist „Urteufelin"[119], „Höllenrose"[120], „des Teufels Braut"[121]. Der neurotische Konflikt Kundrys, ausgelöst durch die

---

[116] Wagner, Richard: *Parsifal, Prosaentwurf 1*, a. a. O., S. 337.
[117] Scheit, Gerhard: *Verborgener Staat, lebendiges Geld*, a. a. O., S. 331.
[118] Jakubowski, Jeanette: *„Die Jüdin". Darstellungen in deutschen antisemitischen Schriften von 1700 bis zum Nationalsozialismus*. In: Schoeps, Julius H./Schlör, Joachim: *Antisemitismus. Vorurteile und Mythen*, a. a. O., S. 196-209, S. 196/197. [Hervorhebung von FH]
[119] Wagner, Richard: *Parsifal*, a. a. O., S. 302. „Urteufelin" verweist auf die dämonische Lilith, im jüdischen Aberglauben Adams erste Frau und die Mutter von Dämonen. Richard Wagner parallelisiert die Figuren mit denen seines *Parsifal* in einem Wagner Brief an Ludwig II vom 7. September 1865 wie folgt:„Adam – Eva: Christus. [...] Anfortas – Kundry: Parzival?" (In: Csampai, Attila/Holland, Dietmar (Hg.): *Richard Wagner. Parsifal*, a. a. O., S. 108). Vgl. auch Jakubowski, Jeanette: *„Die Jüdin"*, a. a. O., S. 197: „Sinnbild der teuflischen Sexualität der jüdischen Frau wird Eva."
[120] Wagner, Richard: *Parsifal*. Textbuch, .a. a. O., S. 302.
[121] Ebd., S. 304.

Begegnung mit Christus, betrifft in erster Linie ihre Sexualität, zu der sie ein zutiefst ambivalentes Verhältnis besitzt. Die Identifizierung mit Teufel und Hölle, Stereotypen patriarchalischer Frauenverachtung, werden dabei von außen an sie herangetragen: Kundry will nicht verführen, obgleich Klingsor ihr alle Etikette der Verführerin zuweist. Alle Männer unterliegen jedoch ihrer Verführung, Kundry drückt nach ihrem „Sieg" ihre Verachtung für die gefallenen Männer in ihrem Lachen aus.[122] Ihr pathologisches Lachen diente Thomas Manns *Doktor Faust* als Inspiration zum Lachen als Leitmotiv für den Teufel. Die Sexualisierung der Jüdin bestimmt ferner eines der etablierten Argumente des Antisemitismus. In diesem Zusammenhang muss von einer *Pathologisierung des jüdischen Körpers*[123] gesprochen werden. So schreibt, der von Klaus Hödl zitierte Wiener Arzt und Zionist Martin Engländer:

> „Die jährliche Zunahme der Nervosität, Neurasthenie, Hysterie und Geisteserkrankungen ist im allgemeinen eine erhebliche", [...] „doch stellt die jüdische Rasse auf diesem Gebiete den übrigen gegenüber ein auffallend hohes Kontingent, daß jeder hervorragende Autor auf diese Erscheinung aufmerksam macht."[124]

Frauen und Juden wurden im „Zeitalter der nervenschädigenden Moderne"[125] pathologischen Nervenerkrankungen als besonders ausgesetzt interpretiert. Nerven und Nervenerkrankungen war in der zweiten Hälfte des 19. Jahrhunderts verstärkt Interesse entgegengebracht worden. Die vorrangig Betroffenen sah man in Frauen und Juden – Hödl weist ausdrücklich auf „Parallelen" zwischen Judenhass und Frauenfeindschaft hin. Wagners Kundry verbindet in sich beides, freilich aus mythischen Mustern entwickelt: Sie steht in Verbindung mit dem christlichen Vorwurf des Gottesmordes durch ihr Ahasver-Schicksal und trägt in sich (beziehungsweise bekommt zugeschrieben) alle Klischees der verhängnisvollen Verführerin, die seit dem Alten Testament Ausdruck der Abwertung von Frauen geworden sind. Die pathologische Bewusstseinspaltung Kundrys, mit den Symptomen kataleptische Zustände und hysterische Lachkrämpfe, ist das „Stigma des Anderen"[126]. Hinzu kommt, dass eine der „bedeutendsten Kategorien, mit denen Pathologie häufig in Verbindung gebracht wird, [...] die

---

[122] Vgl. Kienzle, Ulrike: *Komponierte Weiblichkeit im „Parsifal": Kundry*, a. a. O., S. 164f.

[123] Hödl, Klaus: *Die Pathologisierung des jüdischen Körpers*, Wien 1997.

[124] Engländer, Martin: *Die auffallend häufigen Krankheitserscheinungen der jüdischen Rasse,* Wien 1902, S. 18. Zit. in: Hödl, Klaus: *Die Pathologisierung des jüdischen Körpers*, a. a. O., S. 16.

[125] Hödl, Klaus: *Die Pathologisierung des jüdischen Körpers*, .a. a. O., S. 16.

[126] Ebd., S. 23.

menschliche Sexualität"[127] darstellt. Kundrys Doppelexistenz als hässliche Dienerin bei den im Zölibat lebenden Gralsrittern, ihre „abnorm" gelebte Sexualität in Diensten Klingsors sowie ihr Drang nach Vereinigung mit dem „göttlichen Erlöser" entspricht dabei dem Bild von der Hysterie als pathologische Erscheinung im 19. Jahrhundert:

> Die Hysterie war in ihrem Zielgruppenbefall und der Charakteristik des Krankheitsverlaufs einem exaltierten religiösen Gefühl nicht nur ähnlich, sondern trat häufig im Zusammenhang mit ihm auf. Beide hatten bisweilen gleichgelagerte Ursachen, wobei sie auf ein „abnormales" Sexualleben zurückgeführt wurden. Robert Carter, der das Konzept der Verdrängung in die Psychiatrie einführte, fand bei Frauen einen stärker ausgeprägten Sexualtrieb als bei Männern, den sie aber weniger frei ausleben konnten. dadurch mußten sie ihn „unterdrücken", was zur Folge hatte, daß sich der nicht ausgelebte sexuelle Drang ein Ventil suchte und sich dann in der Hysterie niederschlug. Die ätiologische Verwandtschaft zwischen den beiden „Frauenkrankheiten" der Hysterie und dem religiösen Mystizismus zeigte sich auch darin, daß letztere, [...] sich anfänglich in „wunderbaren Erscheinungen", wie sie „Heiligen" eigen sind, kundtat, bevor – als Folge einer weitergehenden Pathologisierung – in eine Hysterie mündete. Gleich wie die übertriebene Frömmigkeit als eine Art Wahnsinn galt, so war auch die Hysterie diesem ähnlich.[128]

Als typische Frauenkrankheit wurde die Hysterie schließlich auf den männlichen Juden übertragen, um dessen „Verweiblichung" zu propagieren.[129] Eine der Phantasien, die auf andere, insbesondere das Judentum übertragen wird, ist die Hypersexualität.[130] Im Europa des 19. Jahrhunderts gilt die Prostituierte als die „sexualisierte Frau an sich."[131] Die der Prostituierten zugeschriebenen Stereotypen gelten in gleicher Weise für Kundry, die sich ja auch als Zwangsprostituierte in der Gewalt Klingsors sehen lässt.

> Sie wird als Verkörperung der Sexualität gesehen und allem, was damit assoziiert wird, Krankheit ebenso wie Leidenschaft.[132]

---

[127] Gilman, Sander L.: *Rasse, Sexualität und Seuche. Stereotype aus der Innenwelt der westlichen Kultur*, Reinbek bei Hamburg 1992, S. 18.
[128] Hödl, Klaus: *Die Pathologisierung des jüdischen Körpers*, a. a. O., S. 201.
[129] Vgl. ebd., S. 164ff.
[130] Gilman, Sander L.: *Rasse, Sexualität und Seuche*, a. a. O., S. 18.
[131] Ebd., S. 133.
[132] Ebd.

Kundry verführt Amfortas als „furchtbar schönes Weib"[133]. Unmittelbare Folge der Leidenschaft wird die unheilbare Wunde des Königs. Der sexuelle Akt mit Kundry mündet in das Siechtum Amfortas und in den Verlust des Heiligen Speers. Die pathologischen Symptome Kundrys – die „Büßerin verfällt [...] in einen Todesschlaf [...] die Verführerin erwacht, bis diese wieder nach Wahnsinnsrasen zur Büßerin wird"[134] entfernen sich jedenfalls nicht weit von Zuschreibungen an die Prostituierte im 19. Jahrhundert, die Beschreibung der Grals-Kundry („schwarzes, in losen Zöpfen flatterndes Haar; tief braun-rötliche Gesichtsfarbe; stechende schwarze Augen, zuweilen wild aufblitzend, öfters wie todesstarr und unbeweglich"[135]) unterstreichen diese Diagnose.

Aber selbst in diesen Schönheiten verbergen sich die Stigmata krimineller Entartung: dichtes schwarzes Haar, ein kräftiger Unterkiefer, ein harter, verbrauchter Blick. Einige zeigen die „wilden Augen und das verstörte Antlitz zusammen mit der Asymmetrie des Gesichts" die von Wahnsinnigen.[136]

Die Pathologisierung des (jüdischen) Frauenkörpers beruht sicher auch auf einer Art der Re-Konstitution tradierter sozialer Strukturen, also auf einem Impuls, der der Verunsicherung durch sowohl jüdische als auch weibliche Emanzipationsbestrebungen entspringt.

Der Berliner Carl Friedrich Grattenauer (1773-1838), ein Notar und Justizkommissär war Besucher der jüdischen Salons in der preußischen Hauptstadt, zugleich Vertreter eines frühen rassischen Antisemitismus und wohl der aggressivste Kritiker der modernen intellektuellen jüdischen Frauen. Um 1803 verfaßte er seine antisemitischen Hauptschriften. In seine Darstellung der Jüdin gehen verschiedene literarische und publizistische Frauenbilder ein:
[...]
- das Bild der „Buhlteufelin" aus M. G. Lewis beliebtem zeitgenössischen Schauerroman „The monk". Diese Teufelin verführt den frommen Abt zum Bruch des Keuschheitsgelübdes und zu Verbrechen.[137]

---

[133] Wagner, Richard: *Parsifal*, a. a. O., S. 288.

[134] Wagner, Richard: *Parsifal. Prosaentwürfe. 1. Entwurf*, a. a. O., S. 343.

[135] Wagner, Richard: *Parsifal*, a. a. O., S. 284.

[136] Gilman, Sander L.: *Rasse, Sexualität und Seuche*, a. a. O., S. 135.

[137] Jakubowski, Jeanette: „*Die Jüdin*", a. a. O., S. 200. Lewis' *The monk* war auch entscheidende Inspirationsquelle für den von Wagner mit Begeisterung gelesenen E. T. A. Hoffmann. In *Die Elixiere des Teufels* wird der Mönch Medardus verführt, allerdings fehlt hier eine eindeutige jüdische Identifizierung der Verführerin.

Völlig übereinstimmend dazu verführt Kundry den frommen Amfortas zum Bruch des Keuschheitsgelübdes, was den Verlust des Heiligen Speers und die Entweihung des Grals nach sich zieht.[138] Genau wie später Richard Strauss' *Salome* versinnbildlicht Kundry mit ihrer als verderblich und bedrohlich inszenierten erotischen Faszination die Projektionsfläche des Bürgertums des 19. Jahrhunderts, das die Erotisierung, welche in der Bühnenhandlung sofort gebändigt und bestraft wird, hier gefahrlos konsumieren kann. Die Koppelung an Exotismus und Orientalismus – wie in der gerade erwähnten *Salome*, aber auch im *Parsifal* – ist dabei durchaus kennzeichnend für das Klischee der jüdischen Verführerin:

> Ebenso wie die Projektion des sexuell hemmungslosen Juden spiegelte dabei die der sexuell hemmungslosen jüdischen Frau – auf einer individuellen psychologischen Ebene – durchaus auch sexuelle Wünsche und gewalttätig erotische Phantasien der nichtjüdischen Verfasser, sowie eine verzerrte Neugier am Exotischen, Fremden [...][139]

Entsprechend zu diesem exotischen Reiz fällt die von Wagner geschilderte Kostümierung Kundrys in ihrer Verführergestalt aus:

> Dort ist jetzt, durch Enthüllung des Blumenhages, ein jugendliches Weib von höchster Schönheit - Kundry, in durchaus verwandelter Gestalt – auf einem Blumenlager, in leicht verhüllender, phantastischer Kleidung - annähernd arabischen Stiles - sichtbar geworden.[140]

Die Einkleidung der bedrohlichen Sexualität in den Exotismus illustriert somit sinnfällig die Faszination Kundrys, der Parsifal zu widerstehen hat, um seiner Sendung entsprechen zu können, um in seiner stellvertretenden Erlöserrolle die Welt zu sanieren. Die Intention zur Sexualisierung der Kundry im zweiten Aufzug des *Parsifal* illustriert auch eine Bemerkung Richard Wagners: „Kundry, so

---

[138] Die Verwundung Amfortas' besteht in der Vorlage von Wolfram von Eschenbach keineswegs in der christushaften Wunde in der Seite, sondern betrifft seine Genitalien. Es ist naheliegend, daß Wagner die Gegebenheiten seiner Zeit berücksichtigend, dies nicht so drastisch auf die Bühne bringen wollte. Aktuellere Inszenierungen zeigen Amfortas aber, um den „Nukleus" von Verwundung und Sünde wissend, den Gralskönig mit blutigem Lendentuch (z. B. Peter Konwitschny in seiner Münchner Inszenierung von 1995). Die Tradition Syphilis als „'jüdisch' angesehene[n] Geschlechtskrankheit" (Jakubowski, S. 203) zu interpretieren mag auch hinsichtlich des *Parsifal* und seiner Verarbeitung in Thomas Manns *Doktor Faustus* von Interesse sein (Manns Protagonist spielt das Schicksals Nietzsches und Amfortas' anhand eines durch Syphilis hervorgerufenen Leidens nach).

[139] Jakubowski, Jeanette: „*Die Jüdin*", a. a. O., S. 197.

[140] Wagner, Richard: *Parsifal*, a. a. O., S. 310.

hatte Wagner am 4. Januar 1881 zu Cosima gesagt, müsse eigentlich wie eine Tizianische Venus nackt daliegen."[141] Sander L. Gilman hat hinsichtlich der Malerei des 19. Jahrhunderts, welche auch „die Idee der sexualisierten Frau"[142] festhält auf den Vorbildcharakter von Tizian hingewiesen:

> Édouard Manets *Olympia*, gemalt 1862-63, [...] nimmt eine Schlüsselposition [...] ein. Es gilt als gesichert: Das Modell, Victorine Meurand, ist „offensichtlich nackt, nicht konventionell entblößt", ihre Pose ist klassischen Vorbildern verpflichtet wie Tizians *Venus von Urbino* von 1583[...].[143]

Marc Weiner sieht in der Sexualisierung und dem Exotismus der Kundry eine Änderung in Wagners Strategie der Charakterisierung von Judentum. Folgt man Weiners These, die in Mime oder Beckmesser camouflierte Judenfiguren sieht, zeigt sich:

> Erst im *Parsifal* wird das Motiv der jüdische sexuellen Bedrohung mit *angenehmen* Geruch verbunden. Vor 1877 waren pseudojüdische Figuren einfach mit Gestank verbunden. Doch jetzt sind Klingsor und Kundry, die beiden Vertreter des Judentums in diesem Werk, mit betörenden Düften assoziiert, die ein Gefühl zwanghafter, drängender Sexualität mit sich bringen, als säße man in einer Falle fest.[144]

In der Tat bleibt der Zauberer Klingsor, der Kundrys Fluch und Identität kennt und sie als Instrument für seine Pläne gegen die Gralsritterschaft einsetzt, nicht frei von Konnotationen zu antijüdischen Klischees. Klingsor, der selbst Gralsritter sein möchte, scheitert an der Integration in die Gemeinschaft des Grals, deren Geboten zu folgen er nicht imstande ist. In einem verzweifeltem Versuch der Mimesis an die „keuschen Ritter" („Ohnmächtig in sich selbst die Sünde zu ertöten, an sich legt' er die Frevlerhand"[145]) entmannt Klingsor sich selbst. Das Phantasma, das in antijüdischen Imaginationen Beschneidung mit Kastration gleichsetzte[146], kennzeichnet in Kombination mit einem unstillbaren Verlangen Kundrys Meister.[147] Zwar ist auch Amfortas, bedenkt man seine Verfehlung

---

[141] Gregor, Dellin, Martin: *Richard Wagner. Eine Biographie in Bildern*, München 1982, S. 206.

[142] Gilman, Sander L.: *Rasse, Sexualität und Seuche*, a. a. O., S. 120.

[143] Ebd.

[144] Weiner, Marc: *Antisemitische Fantasien*, a. a. O., S. 267.

[145] Wagner, Richard: *Parsifal*, a. a. O., S. 289.

[146] Vgl. Gilman, Sander L.: *Rasse, Sexualität und Seuche*, a. a O., S. 233ff.

[147] Dementsprechend weicht Klingsor auch Kundrys Frage nach seiner Keuschheit aus. Vgl. Wagner, Richard: *Parsifal*, a. a. O., S. 304: „KUNDRY (*grell lachend*) Ha ! ha! – Bist du keusch? KLINGSOR Was frägst du das, verfluchtes Weib?"

sowie den klaren Bezug zu Wolfram von Eschenbachs *Parzival*, ebenfalls von einer Kastrationswunde versehrt, Klingsor jedoch entmannt sich selbst, und seine Entmannung ist auch explizit im Librettotext stehen geblieben.

> [...] niemand kann leugnen, dass im *Parsifal* Bilder der Kastration bemerkenswert in den Vordergrund treten, die in erster Linie [...] mit Klingsor verbunden sind. Solche Bilder lassen sich ohne weiteres mit dem ikonographischen Sonderstatus des verweichlichten und verweiblichten Juden in Wagners Schriften und anderen Musikdramen vergleichen, in denen sich wie gesagt, zahlreiche antisemitische Klischees finden.[148]

Hinzu kommt, dass der gesamte Bezirk Klingsors im orientalischen Gewand erscheint[149] – ein weiteres Verfahren der Stereotypisierung gegenüber dem Judentum: man versucht das Fremde im Eigenen beherrschbar zu machen, indem man es in den Osten imaginiert[150]: „Der Jude ist Orientale, was bei Wagner bedeutet: einfach anders, nicht-europäisch."[151] Klingsor und Kundry sind als orientalische Fremde gekennzeichnet, und Kundry bringt Amfortas Balsam aus „Arabia"[152], ein Gebiet, in das offenbar keiner der Heilmittel suchenden Gralsritter vordringen kann oder will. Kundry „als Verkörperung des Anderen, Fremdartigen – als Frau, Umherwandernde, Hexe, Jüdin und Orientreisende"[153] untersteht einem Hexenmeister:

> Im inneren Verliese eines nach oben offenen Turmes; Steinstufen führen nach dem Zinnenrande der Turmmauer; Finsternis in der Tiefe, nach welcher es von dem Mauervorsprunge, den der Bühnenboden darstellt, hinab-

---

[148] Weiner, Marc: *Antisemitische Fantasien*, a. a. O., S. 219f.

[149] Vgl. Wagner, Richard: *Parsifal*, a. a. O., S. 306f: „Tropische Vegetation, üppigste Blumenpracht; nach dem Hintergrunde zu Abgrenzung durch die Zinne der Burgmauer, an welche sich seitwärts Vorsprünge des Schloßbaues selbst (arabischen reichen Stiles) mit Terrassen anlehnen."

[150] Hier sei als illustratives Beispiel für diese Denkkonstruktion nochmals auf Arthur Schopenhauer, Wagners Leibphilosophen hingewiesen. Vgl. Schopenhauer, Arthur: *Parerga und Paralipomena*, Bd. 2, Abt. Kap. IX: Zur Rechtslehre und Politik § 133. In: Frauenstädt, Julius von (Hg.): *Arthur Schopenhauers sämtliche Werke*, S. 278-281, Leipzig 1919. (Hervorhebung von FH): „Vielmehr ist „Jüdische Nation" das Richtige. (...) sie sind und bleiben ein fremdes, *orientalisches Volk*, müssen daher stets nur als ansässige Fremde gelten."

[151] Weiner, Marc: *Antisemitische Fantasien*, a. a. O., S. 281.

[152] Wagner, Richard: *Parsifal*, a. a. O., S. 286. Vgl. hierzu auch Weiner, Marc: *Antisemitische Fantasien*, a. a. O., S. 282.

[153] Weiner, Marc: *Antisemitische Fantasien*, a. a. O., S. 281f.

führt. Zauberwerkzeuge und nekromantische Vorrichtungen. - Klingsor auf dem Mauervorsprunge zur Seite, vor einem Metallspiegel sitzend.[154]

Schon im christlichen Aberglauben des Mittelalters und der frühen Neuzeit waren die Juden traditionell mit der Vorstellung von Alchimie, Sternenkunde und Magie in Verbindung gebracht worden. Während verheerender Pestepidemien wurden Juden daher sogar zu den bevorzugten Ärzten der Christen, da man ihnen zwar einerseits die Schuld, zugleich aber auch die magischen Kräfte zur Heilung zuschrieb.[155] Kundry begegnet im Gralsgebiet übrigens dem gleichen „Vergiftungsvorwurf" dem schon die jüdischen Ärzte des Mittelalters ausgesetzt waren[156]: „Mit ihrem Zaubersafte, wähn' ich, wird sie den Meister vollends verderben."[157] Der oben zitierte erste Auftritt Klingsors ruft zweifellos Assoziationen zu solchen Bildern von Zauberern und Schwarzkünstlern wach:

> Eine der ersten Handlungen des Zauberers besteht darin, Kundry mit einem „Bann", einer Art Zauberspruch, heraufzurufen: Er ruft „mit geheimnisvollen Gebärden nach dem Abgrunde"[...] Im Mittelalter (besonders während des Pontifikats von Papst Martin V. im frühen 15 Jahrhundert) waren Juden häufig angeklagt, mit Zaubersprüchen Dämonen herbeizurufen. Als Sterndeuter, Geisterbeschwörer und „kränklich, leidender" Außenseiter, der sich nach dem heiligsten Christenblut sehnt, das in der mittelalterlichen Fantasie jemals geflossen ist, nämlich nach dem in der Gralsschale aufbewahrtem Blut Christi, wirkt Klingsor wie eine Kompilation exotischer Vorstellungen, die zur Entstehungszeit der Parzival-Legende mit Juden assoziiert waren. Hier sind Bilder und Vorstellungen vereint, die noch in Wagners Deutschland des 19. Jahrhunderts starke antisemitische Untertöne hatten.[158]

Natürlich mag man dem entgegenhalten, es handle sich bei Klingsor um einen klassischen Opernbösewicht, den Inbegriff des bösen Zauberers. Doch das Verlangen nach dem christlichen Symbol, dem Gral, seine Eroberung des Speers und damit die Entweihung der Reliquien und damit die Gefährdung der (pseudo-)christlichen Gralsgemeinschaft, sein Antagonismus zu den Christusgläubigen sowie seine den Konnex zur Beschneidung aufrufende Selbstkastration sind Argumente, die Weiners These stützen. Illustrativ für den Blick auf die Beschneidung und ihre Gleichsetzung mit Selbstverstümmelung steht ein von

---

[154] Wagner, Richard: *Parsifal*, a. a. O., S. 302.

[155] Vgl. Girard, René: *Der Sündenbock*, a. a. O., S. 71.

[156] Vgl. Hödl, Klaus: *Die Pathologisierung des jüdischen Körpers*, a. a. O., S. 62f.

[157] Wagner, Richard: *Parsifal*, a. a. O., S. 286.

[158] Weiner, Marc: *Antisemitische Fantasien*, a. a. O., S. 285.

Gilman gebrauchtes Zitat des „arischen Sexologen"[159] Paolo Mantegazza von 1886:

> Die Beschneidung ist ein Rassenunterschied, ist die grausame Verstümme-
> lung seines Organs, welches die Eichel schützt, ein blutiger Protest gegen
> die universelle Verbrüderung, und wenn auch Christus beschnitten war, so
> protestierte er noch am Kreuze gegen jenes Zeichen, das die Menschen von-
> einander unterschied.[160]

Gerade der Ahasvermythos belegt zusätzlich die Koppelung magischer Kräfte mit dem Judentum: Sowohl das Beispiel des guten Magiers mit *Le Juif errant* von Halévy als auch das des üblen Schwarzmagiers mit Busonis Manasse fin-den sich auch für die Ahasverfiguren der Opernbühne. Die Partitur des *Parsifal* folgt mit ihrer Kontrastdramaturgie, welche der diatonischen (westlichen) Welt des Grales die chromatische (orientalische) von Klingsors Zauberwelt gegen-überstellt, der Strategie das „Böse" im Fremden zu verorten.

Kundry wird allerdings nicht nur in der Klingsorwelt als orientalische Fremde charakterisiert. Auch im Gralsgebiet erscheint sie „wie ein wildes Tier"[161], als „Heidin"[162] und „Zauberweib"[163]. Der Tatsache, dass die Knappen Kundry als „Untermensch" behandeln, tritt Gurnemanz zwar entgegen, indem er sie wegen ihrer Dienste als Botin in Schutz nimmt, postuliert aber zugleich: „[...] nichts hat sie mit euch gemein".[164] Im Dienste des Grals hat Kundry zwar nichts von ihrer exotischen Verführungskraft, doch als fremd wird sie auch hier physio-gnomisch gekennzeichnet:

> Kundry stürzt hastig, fast taumelnd herein. Wilde Kleidung, hoch geschürzt;
> Gürtel von Schlangenhäuten lang herabhängend: schwarzes, in losen Zöp-
> fen flatterndes Haar; tief braun-rötliche Gesichtsfarbe; stechende schwarze
> Augen, zuweilen wild aufblitzend, öfters wie todesstarr und unbeweg-
> lich.[...])[165]

---

[159] Gilman, Sander L.: *Rasse, Sexualität und Seuche*, a. a. O., S. 234.

[160] Ebd., S. 235.

[161] Wagner, Richard: *Parsifal*, a. a. O., S. 286.

[162] Ebd., S. 287.

[163] Ebd.

[164] Ebd. Ulrich Drüner sieht in diesem ambivalenten Verhältnis Wagners Haltung zum Judentum gespiegelt. Vgl. Drüner, Ulrich: *Schöpfer und Zerstörer*, a. a. O., S. 294: „Dieses zwiespältige Bild entspricht [...] Wagners eigener Stellung zum Judentum; denn der opferbereiten jüdischen Jünger Tausig, Rubinstein, Levi und Neumann konn-te er nicht entraten."

[165] Wagner, Richard: *Parsifal*, a. a. O., S. 284.

„Europäisch vertraut" wirkt die aus Arabien zurückkehrende Gralsbotin wirklich nicht. Und die Beschreibung Kundrys durch Wagner weist in der Tat eine starke Ähnlichkeit zu den Klischeevorstellungen vom jüdischen Anderssein auf.

> Der bekannteste Physiognom des 18. Jahrhunderts, Johann Caspar Lavater, zitierte den Dichter des Sturm und Drang, J. M. R. Lenz wie folgt: „Mir scheint es offenkundig, daß die Juden überall auf der Welt das Zeichen ihres Vaterlandes, des Orients, auf sich tragen, Ich meine ihr [...] schwarzes, lokkiges Haar, ihre braune Haut. Ihre schnelle Sprache, ihre brüsken und jähen Bewegungen entstammen derselben Quelle. [...]"[166]

Kundry Sprache wird im *Parsifal* allerdings keineswegs als schnell geschildert, sondern folgt einem anderen Muster. Ihre jenseits der Sprache liegenden Lautäußerungen, die berüchtigten Kundryschreie im zweiten und dritten Aufzug, ihr Lachen, aber auch ihr „Stammeln" – ihre Textpassagen sind immer wieder von Gedankenstrichen unterbrochen – verweisen eher auf Wagners eigene Thesen aus *Das Judentum in der Musik*.[167] Was Kundrys Bewegungen betrifft, fällt auf, daß sie, nachdem sie durch die Verweigerung des Liebesaktes von Parsifal den Weg zur Erlösung eingeschlagen hat, anders geht als zuvor.[168] Auch hier erscheint Marc Weiners Argumentation einleuchtend: Die Markierung des jüdischen Körpers mit Defiziten und die Einschreibung von Insignien des Teufels, insbesondere des Pferdefußes, ziehen die Linie zu Figuren, die durch Humpeln, wenn schon nicht als jüdisch, so doch als „anders" gekennzeichnet werden:

> Jedes jüdische Stereotyp, in Wagners Werken wie in der Kultur seiner Zeit, ist durch einen körperlichen Schaden oder Mangel definiert. Die jüdischen Körpermerkmale sind immer auf idiosynkratische Weise andersartig und minderwertig [...]. Bewegungsmängel fallen dabei besonders auf, weil sie, selbst aus der Ferne, so unmittelbar offenkundig sind.[...] Ein letztes Mal taucht die Ikone des ungelenken Ganges auch in Wagners letztem Musikdrama auf. Nachdem die Welt in *Parsifal* von Klingsors hohem Stimmregister und seinem kastrierten Körper [...] befreit ist, macht Kundry, das Werkzeug von Klingsors böswilliger Andersartigkeit einen Wandel durch, der sich nicht nur auf ihre Erlösung vom Judentum, sondern auch auf ihren Gang bezieht.[169]

---

[166] Gilman, Sander L.: *Der „jüdische Körper"*, a. a. O., S. 167.

[167] Vgl. Fischer, Jens Malte: *Richard Wagners „Das Judentum in der Musik"*, a. a. O., S. 45ff.

[168] Vgl. Wagner, Richard: *Parsifal*, a. a. O., S. 320: „GURNEMANZ *verwundert ihr nachblickend* Wie anders schreitet sie als sonst!"

[169] Weiner, Marc: *Antisemitische Fantasien*, a. a. O., S. 345.

Im Vergleich zu ihrem Schreiten im letzten Akt, war Kundrys Fortbewegung im ersten Akt noch mit „stürzt hastig, fast taumelnd herein"[170] beschrieben worden. Ihre durch Parsifal eingeleitete Erlösung erhebt sie zum Schreiten, ihr patholo- gischer Lachkrampf ist gelöst, versinnbilicht in ihrem die Taufe begleitenden Weinen. Ihr Schrei bei der Erweckung durch Gurnemanz ist abgesehen von ih- rem „Dienen...dienen!"[171] ihre letzte Lautäußerung des „Bühnenweihfestspiels". Ihr anderer Gang bedeutet im Kontext zum Ahasvermythos aber auch das Ende ihres endlosen Wanderns, die Verheißung der letzten Rast, wo ihr Ruhe doch vorher immer nur in der Stunde des Verführungsaktes gegeben war. Die Sehn- sucht nach der Ruhe wird entsprechend dem Mythologem des Mythos vom Ewigen Juden mehrmals geäußert.[172] Das Motiv des Hinkens spielt in einer be- sonderen Ausprägung der Ahasver-Rezeption des 19. Jahrhunderts, innerhalb der „Medikalisierung des ‚Wandernden Juden'"[173], eine dementsprechende Rol- le:

Hinkend [...] waren die Juden scheinbar aufgrund ihrer neuropathologischen Konstitution. Ein solcher Gang konnte zwar ihre Beweglichkeit beeinträch- tigen, war aber unter einem anderen Gesichtspunkt auch für ihre Mobilität verantwortlich, idem er sie zu Ärzten um Heilung trieb, etwa an die Pariser Salpêtrière, wo zwei solcher „hinkenden Juden" als Fallbeschreibung in ei- ne Dissertation Eingang fanden. Diese Doktorarbeit von Henry Meige [...] soll [...] als Paradebeispiel für den Wandel des traditionell begründeten Ste- reotyps von Ahasverus in ein wissenschaftlich fundiertes Vorurteil darge- stellt werden.[174]

Hödl schildert im Folgenden die Projizierung der Gestalt des Ewigen Juden auf „reale Juden" im Laufe derer das jüdische Hausiererwesen als Resultat einer rassischen Begründung gesehen wurde. Daneben lokalisierte man „im Juden" eine Veranlagung zur Migration und stilisierte somit den Ewigen Juden zu ei- nem realen pathologischen Phänomen.[175]
Dass die Bindung des *Parsifal* an den Mythos vom Ewigen Juden zunächst nicht eindeutig erschien, liegt sicher auch an dem Geflecht unterschiedlicher Mythen, die Wagners letztes Musikdrama prägen. Biblische Mythen, der Gralsmythos und der Ahasvermythos bilden ein Beziehungsgeflecht, das den mythischen Raum des *Parsifal* definiert. Der Mythos verweigert sich auch der

---

[170] Wagner, Richard: *Parsifal*, a. a. O., S. 284.
[171] Ebd., S. 320.
[172] Vgl. ebd., S. 284: „Ich bin müde." S. 294: „[...] nur Ruhe will ich. [...] Nur Ruhe! Ruhe, ach, der Müden! – Schlafen! – Oh, daß mich keiner wecke!"
[173] Hödl, Klaus: *Die Pathologisierung des jüdischen Körpers*, a. a. O., S. 153.
[174] Ebd., S. 153f.
[175] Vgl. ebd., S. 154ff.

Festlegung der Handlung auf eine bestimmte Zeit oder einen bestimmten Ort. Der Ahasvermythos wiederum versinnbildlicht dies auf einer weiteren Ebene, indem der Ewige Jude in keiner bestimmbaren Zeit, und durch seine Wanderschaft an keinen lokalisierbaren Ort gebunden ist. Daher ist im *Parsifal* auch der Erlöser eine „archetypische Figur"[176]. Dem Ausgangsmythos nach garantiert die Erlösung nur der Heiland, bis zu dessen Wiederkehr am Ende der Zeit Ahasver zu wandern hat. Diese Erlöserrolle nimmt für die „Ahasvera" Kundry der „reine Tor" Parsifal ein. Dieser ist seinerseits jedoch nur der „Vermittler" der Erlösung. Nicht seine Verweigerung gegenüber Kundry erlöst die ewige Jüdin, sondern bahnt ihr lediglich den Weg zur Taufe, damit zur Erlösung durch Christus und zum entsühnten Sterben als Zielpunkt ihrer ruhelosen Existenz. Dieser Sinn ihres Daseins ist ihr – wie gesagt – schon durch die mythische Bestandheit des Ahasverstoffs eingeschrieben und wird zudem potenziert durch die Anreicherung mit buddhistischem Gedankengut, das auf den Einfluss Schopenhauers zurückzuführen ist. Das Ende der Wiedergeburten, das Aufgehen im „Allgeist"[177] beinhaltet offenkundig die schopenhauerische „Verneinung des Willens" und das metaphysische Ziel des Menschen.[178] Die Vermengung dieses Gedankengutes mit dem christlichen Mythos und der Ahasverlegende führt aber dazu, dass der *Parsifal* sich einer Interpretation als „buddhistisches" Heilsgeschehens widersetzt. Denn das finale Erlöschen der Existenz bleibt Kundry vorbehalten, der ewigen Jüdin, die erst durch die Taufe „entsündigt [...] und erlöst"[179] wird. Wagners Gebrauch vom Ahasvermythos in *Das Judentum in der Musik* tut sein übriges, um der Erlösungsmythologie mit ihren Metaphern von sündigem und reinen Blut zu misstrauen.[180] Den *Parsifal* als „Geheimformel einer ‚neuen Religion' Wagners mit schauerlichen Implikationen"[181] zu deuten, mag über das Ziel hinausschießen. Wagners künstlerische Raffinesse und die Komplexität seines letzten Musikdramas sperren sich einer so eindeutigen Interpretation. Es kann hier auch nicht darum gehen, Wagner eine ideologische Vorwegnahme der Endlösung anhand der Metapher vom Ewigen Juden im *Parsifal* nachzuweisen, obwohl er den Mythos in *Das Judentum in der Musik* definitiv als Argument innerhalb eines proto-antisemitischen Zusammenhangs ge-

---

[176] Borchmeyer, Dieter: *Richard Wagner*, a. a. O., S. 309.

[177] Dieses Aufgehen im Nirwana erlöst schon Isolde aus ihrem irdischen Begehren.

[178] Verwendung buddhistischen Gedankengutes schließt keineswegs antijüdische bis proto-antisemitische Implikationen aus. Dies findet sich schon bei Schopenhauer, weshalb nochmals an *Parerga und Paralipomena* erinnert sei.

[179] Wagner, Richard: *Parsifal*, a. a. O., S. 316.

[180] Dabei soll keineswegs unterschlagen werden, dass die Blutmetaphorik erst durch ihren exzessiven Gebrauch im Nationalsozialismus als so negativ zu brandmarken ist, dass man heute nicht umhin kann, sie argwöhnisch zu beäugen, wo auch immer sie einem begegnet.

[181] Borchmeyer, Dieter: *Richard Wagner*, a. a. O., S. 310.

braucht. Entscheidend für die „Arbeit am Mythos" bleibt im Sinne Blumenbergs das am Ende sichtbar gebliebene. Deshalb mag man zunächst mühevoll postulieren, Kundry sei nicht eindeutig als Jüdin gekennzeichnet, spätestens mit der Rezeption schon durch die Zeitgenossen, bleibt festzuhalten, dass Kundry als „die Vertreterin des jüdischen [...] Prinzips" aufgefasst wurde. Die eingehende Betrachtung der Kundryfigur kann zudem keinen Zweifel daran lassen, daß es sich bei ihr um eine Ahasvergestalt handelt: Sie transportiert das Mythologem der Ruhelosigkeit und Wanderschaft, das der Unsterblichkeit im Gewand eines sich endlos fortsetzenden Wiedergeburtszyklus, zentral für den gesamten *Parsifal* das der Suche nach der Erlösung und schließlich auch das einer jüdischen Provenienz. Die Verknüpfung des Ahasvermythos mit der Reinkarnationsidee, in deren Laufe Kundry alle „heilsgeschichtlichen Epochen"[182] durchläuft, von der heidnischen Herodias über das Judentum Ahasvers bis zur Maria Magdalena, wird zudem zum prägenden Stempel, den Wagner der weiteren Rezeption des Ahasvermythos im Opernlibretto aufdrückt. Denn diesem heilsgeschichtlichen Prozess folgen die an Wagners musikdramatisches Konzept ebenso wie an den Wiedergeburtsgedanken des *Parsifal* angelehnten Großprojekte zu Ahasver für das Musiktheater der Wagner-Folgezeit.

Inspirationsquelle für die folgenden Ahasver-Libretti des Wagnerismus erscheint auf den ersten Blick Wagners Plan zu *Die Sieger* aus dem Jahre 1856, zeitlich also zwischen dem Abschluss der Partitur zu *Die Walküre* und der Aufnahme der Arbeit an *Siegfried* liegend. Dieses Vorhaben verfolgte Wagner bis zu seinem Tod. Dass Wagner die Idee hatte das Sieger-Libretto „als poetisches Erbe"[183] seinem Sohn zur Vertonung zu vererben, konnte die Begeisterung der Wagnerianer, das „Vermächtnis" zu erfüllen, nur zusätzlich anfachen. Die Skizze zu *Die Sieger* offenbart, dass es sich hier um ein weiteres Erlösungsdrama handelt, das Buddha „auf seiner letzten Wanderung"[184] zeigt. Die weibliche Heldin Pakriti sühnt wie Kundry die Schuld aus einem früheren Leben, erst die Aufnahme in Buddhas Gemeinde entsündigt und erlöst sie nach Wagners Entwurf am Ende der Oper. Der Heilsplan entspricht somit weitestgehend dem, der in *Parsifal* zur Ausführung gelangte, mit dem Unterschied, dass es sich hier um keine (semi-)christliche Gemeinschaft handelt, sondern um eine (semi-)buddhistische.

---

[182] Hartwich, Wolf-Daniel: *Jüdische Theosophie in Richard Wagners „Parsifal": Vom christlichen Antisemitismus zur ästhetischen Kabbala*. In: *Richard Wagner und die Juden*, Stuttgart/Weimar 2000, S. 103-122, S. 120.

[183] Gutman, Robert: *Richard Wagner. Der Mensch, sein Werk, seine Zeit*, München 1985, S. 217f.

[184] Wagner, Richard: *Die Sieger*. Aufzeichnungen. In: Ders.: *Dichtungen und Schriften*, a. a. O., Bd. 4, S. 380.

Anders als der Ewige Jude bleibt sie [Kundry] nicht immer dieselbe Gestalt, sondern Wagner bringt die Idee ihrer ewigen Wanderschaft mit der indischen Vorstellung von der Seelenwanderung, der endlosen Folge von Wiedergeburten in Verbindung, für die er später auch in der Kabbala ein Pendant finden konnte. Die Nähe zu dem aufgegebenen Opernprojekt *Die Sieger* (1856) ist unverkennbar.[...] hier wie da die Verhöhnung eines Unglücklichen als Verneinung des Mitleids mit dem Leidenden.[185]

Entscheidender Anstoß zum Interesse am Buddhismus und der Reinkarnationslehre stellt zweifellos Wagners Schopenhauer-Lektüre dar: 1854 beschäftigte Wagner sich intensiv mit *Die Welt als Wille und Vorstellung*, was seine bisherigen philosophischen Ansichten nachhaltig erschütterte. *Das Kunstwerk der Zukunft* (1849) steht noch ganz im Zeichen Feuerbachs. *Der Ring des Nibelungen* mit der Liebe als das weltsanierende Prinzip jenseits des Materialismus spricht die gleiche Sprache. In der Textfassung von 1852 findet sich dementsprechend der sogenannte „Feuerbach-Schluss", der „Gut und Gold" entwertet.[186] Nach dem Schopenhauer-Erlebnis *Die Welt als Wille und Vorstellung* mit ihren Rückgriffen auf Buddhismus und Brahmanismus änderte sich Wagners philosophische Richtung, was 1856 prompt zu einer weiteren Ergänzung des *Nibelungen*-Textes führte, welche die Idee der Wiedergeburt in das Wagnersche Musikdramen-Konzept einführt und auf das sich Felix Weingartner in den Erläuterungen zu seinem Entwurf einer Ahasver-Tetralogie ausdrücklich bezieht. In Brünnhildes Schlussgesang heißt es in dieser Fassung:

Aus Wunschheim zieh' ich fort,
Wahnheim flieh' ich auf immer;
des *ew'gen Werdens* offne Tore
schließ' ich hinter mir zu:
nach dem wunsch- und wahnlos
heiligstem Wahlland,
der Welt-Wanderung Ziel,
von *Wiedergeburt erlöst*,
zieht nun die Wissende hin.[187]

---

[185] Borchmeyer, Dieter: *Richard Wagner. Ahasvers Wandlungen*, a. a. O., S. 318.

[186] Vgl. Wagner, Richard: *Götterdämmerung*. In: Ders.: *Dichtungen und Schriften*, a. a. O., Bd. 4, S. 313f. Wagner merkt dazu an: „Hatte schon mit diesen Strophen der Dichter in sentenziösem Sinne die musikalische Wirkung des Dramas im voraus zu ersetzen versucht, so fühlte er im Laufe der langen Unterbrechungen, die ihn von der musikalischen Ausführung des Gedichtes abhielten, zu einer, jener Wirkung noch besser entsprechenden Fassung der letzten Abschiedsstrophe sich bewogen, welche er hier folgend mitteilt." (ebd., S. 314).

[187] Ebd. [Hervorhebungen von FH]. Auch hierzu ergänzend die Anmerkung Wagners: „Daß diese Strophen, weil ihr Sinn in der Wirkung des musikalisch ertönenden Dramas

Im *Parsifal* ist das Gedankengut Schopenhauers, wie erwähnt, durch die Topoi Mitleid und Entsagung und mit der buddhistischen Wiedergeburtslehre in die Figur der Kundry eingegangen. Der zweite Akt des *Parsifal* erinnert zudem noch stark an den zentralen Wendepunkt im Leben des Gautama Buddha, der in tiefer Versenkung auf die „welthellsichtigmachende" Erleuchtung wartet, die ihn zum Buddha macht. Musikalisch wird der ewige Wiedergeburtenkreislauf Kundrys in der „Abfolge von chromatischem Aufstieg und permanent wiederholter Kreisbewegung"[188] verdeutlicht.

Um die Verquickung des Buddhismus mit der christlichen Mythologie im *Parsifal*, das Nebeneinander der Theorien von sexueller Verneinung, Schopenhauerschem Mitleidethos und Rasse, verstehen zu können, muss man einen Seitenblick auf die theoretischen Schriften, die sogenannten „Regenerationsschriften" Wagners werfen. Die „gesellschaftlich-politische Rezeption"[189] von Wagners zwischen 1871 und 1883 produzierten Schriften ist genauso folgenreich wie die künstlerische. Udo Bermbach sieht die zu kurz greifende Interpretation des *Parsifal* als „konsequent ‚christliches Drama'"[190] durch Nietzsches *Nietzsche contra Wagner* provoziert. Die Etikettierung des *Parsifal* als „Roms Glaube ohne Worte" habe zu einer zielstrebigen Weiterarbeit der Bayreuther Epigonen an diesem Irrtum geführt.[191] Was Wagner aber anstrebte, sei eine aus dem Christentum entwickelte Mitleids-Ethik, „angereichert durch Kerngedanken aus Schopenhauers Philosophie und Elementen des indisch-brahmanischen Kultur- und Religionskreises."[192] Im Falle der Verknüpfung von Reinkarnationsidee mit dem Ahasvermythos verschwimmt daher auch der Unterschied zwischen christlichen und buddhistischen Werten, da Wagner in seiner Begeisterung für den

---

bereits mit höchster Bestimmtheit ausgesprochen wird, bei der lebendigen Aufführung hinwegzufallen hatten, durfte schließlich dem Musiker nicht entgehen."

[188] Kienzle, Ulrike: *Komponierte Weiblichkeit im „Parsifal": Kundry*, a. a. O., S. 161. Vgl. ebd.: „Wir hören ein in sich kreisendes, gewundenes Lineament, das zunächst mit einem chromatischen Aufstieg in den Klarinetten beginnt und sich dann in den Bratschen zu kleinen Terzen vergrößert. [...] Der Gipfelpunkt dieses Terzen-Anstiegs, das eingestrichene d, bildet zugleich eine Spiegel-Achse, von der das Motiv in Umkehrung der Bewegungsrichtung über genau die gleichen Tonschritte wieder abwärts geführt wird. Dieser Vorgang wiederholt sich in den beiden nächsten Takten, indem der Zielpunkt der Bewegung, fis, wiederum zum Ausgangspunkt der nächsten Kreisbewegung wird. So entsteht der Eindruck eines virtuellen ‚Perpetuum mobile': Dieser musikalische Ablauf könnte sich ad infinitum wiederholen, er hat kein eigentliches Ziel."

[189] Drüner, Ulrich: *Schöpfer und Zerstörer*, a. a. O., S. 281.

[190] Bermbach, Udo: *„Blühendes Leid". Politik und Gesellschaft in Richard Wagners Musikdramen*, a. a. O., S. 291.

[191] Vgl. ebd.

[192] Ebd., S. 297.

Buddhismus die jüdische Abstammung Christi in Frage stellt und für die Wagnerrezeption der Folgezeit die Verarbeitung der Wiedergeburtsidee im Musikdrama vorzeichnet. In *Religion und Kunst* (1880) konstruiert Wagner, ausgehend vom „erleuchtetste[n] Wiedergeborene[n]"[193] eine Kunstreligion, innerhalb derer Wagner moralisch entrüstet gegen Vivisektion und Krieg zu Felde zieht sowie den Vegetarismus propagiert. Er rückt die „Erlösungs-Bedürftigkeit"[194] der Menschheit ins Zentrum und präsentiert seine Lösung:

> Sie [die Wagnersche Kunstreligion] soll dem in vollster Verderbnis befindlichen „*germanischen Geist*" die wahre Erlösung durch eine kulturelle, auf den Werten des „*Blutes*" basierende Erneuerung bringen.[195]

Die Idee der Regeneration verfolgt Wagner im Weiteren mit der Identifizierung von Kunst und Religion personifiziert im „künstlerischen Dichter", dem „dichterischen Priester"[196]. Dass Wagner den „wahren Vorfahren" der christlichen Religion im Buddhismus verortet, was zugleich einen Erlöser nicht-jüdischer beziehungsweise arischer Herkunft bedeutet, erleichtert es, die parallele Verwendung von Schopenhauerschem Buddhismus und christlicher Mythologie im *Parsifal* zu erklären. Die Thematik der sexuellen Bedrohung und ihrer Entsagung transferierte Wagner dementsprechend direkt von seinem Entwurf eines buddhistischen Musikdramas, *Die Sieger*, in den *Parsifal*.

> Buddha war nämlich ursprünglich der Meinung, die Frauen, seien Gefangene ihrer Sexualfunktionen und somit unfähig, den Zustand ungetrübter Konzentration und Kontemplation zu erlangen, der für die Erlösung nötig ist. Als er das Zusammenleben von Ananda und der Jungfrau [dem Zentrum der *Sieger*-Handlung] beobachtet, milderte sich seine strenge Auffassung, und er läßt nun auch Frauen im Kreis der Erwählten zu. In dieser Geste sah Wagner seine Chance. Durch einen Akt der Liebe hatte Buddha seine Vollendung erlangt. Seine irdische Bahn war zu Ende. Durch ein intuitives und mitleidsvolles Gefühlserlebnis löste er das letzte Problem, das ihn noch an die menschliche Seinsweise band. So hatte sich gewissermaßen der Holländer selbst erlöst.[197]

---

[193] Wagner, Richard: *Religion und Kunst*. In: Ders.: *Dichtungen und Schriften*, Bd.10, S. 118.

[194] Ebd., S. 158.

[195] Drüner, Ulrich: *Schöpfer und Zerstörer*, a. a. O., S. 285.

[196] Wagner, Richard: *Religion und Kunst*, a. a. O., S. 157.

[197] Gutman, Robert: *Richard Wagner. Der Mensch, sein Werk, seine Zeit*, a. a. O., S. 221f.

Ist der Reflex auf die Reinkarnationsidee in Wagners Ergänzung zum Schlussgesang der Brünnhilde im *Ring* eher ein kurzes Schlaglicht, dessen Vertonung er selbst verwarf, bringt die Thematik der *Sieger*, unmittelbar durch das Sujet bedingt, die Wiedergeburtenlehre verstärkt ins Spiel der Wagnerschen Musikdramen.

> Kundry ist die einzige Figur, an der Wagner die indische Idee der Metempsychose konsequent exemplifiziert. Daher gestaltet er die Lösung ihrer Konflikte ebenfalls nach indischen und hier besonders buddhistischen Vorstellungen. Bereits im ersten Prosaentwurf ist ja im Hinblick auf Kundrys „Erlösung" von „Auflösung" und „gänzlichem Verlöschen" die Rede. Dies ist eine ziemlich genaue Umschreibung dessen, was Wagner im einschlägigen indologischen Schrifttum als Charakterisierung des indischen Nirvana lesen konnte.[198]

Die Kunstreligion Wagners schließlich ebnet ihr den Weg in den *Parsifal*. Die Bindung an den Mythos vom Ewigen Juden ist dabei freilich schon durch literarische Bearbeitung des Stoffs vom Ewigen Juden präfiguriert: die Epochen- und Weltgemälde präsentierten den Ewigen Juden nicht nur als Zeuge verschiedenster historischer Ereignisse, sondern auch in unterschiedlichsten Identitäten, die etwa bei Dumas *Isaac Laquedem* Ahasver als „böses Prinzip" gestalten. Ahasver ist dort zwar der Ewige Jude, erscheint aber auch in (nicht-jüdischen) Gestalten, zum Beispiel als Tigellinus, der Nero die Christenverfolgung einflüstert. Auch Kundry war einerseits die nordische Gundryggia, andererseits die biblische Herodias. Für die Kompositionstechnik der Leitmotive schließlich, bietet ein ewig wiedergeborner Jude ein ideales Sujet, gerade für den Komponisten des Wagnerismus. Da gab es eine Figur, die wie kaum eine andere den zentralen Gedanken, die Erlösungssuche der Wagner-Dramen transportierte. Der Meister selbst hatte seine Mythologeme bereits mit der Reinkarnation in Verbindung gebracht. Als Zeitenwanderer konnte er einerseits als jeweils ganz andere Figur von Akt zu Akt – oder bei Mehrteilern von Oper zu Oper – auftauchen, andrerseits war er durch ein Wagnersches Leitmotiv stets kenntlich zu machen. Und dass, vor allem die Juden, symbolisiert in der Allegorie Ahasver, der Erlösung bedürften - auch das hatte Wagner seinen Jüngern vererbt.

---

[198] Kienzle, Ulrike: *Komponierte Weiblichkeit im „Parsifal": Kundry*, a. a. O., S. 168f.

V. Im Schatten Wagners: Kain und seine Wiedergeburt Ahasver

Entscheidend für die im folgenden betrachteten Arbeiten am Ahasver-Mythos wirkt die vom Wagnerismus geprägte Opernlandschaft zwischen 1880 und 1930.[1] Die gilt in zweifacher Hinsicht: Nachdem Wagners ewige Jüdin Kundry als Symbolfigur des Judentums[2] wahrgenommen wurde, aber auch die polemische Verwendung der Ahasvermetapher in *Das Judentum in der Musik* mit der durch die Wagnerianer forcierten Popularität des Pamphlets sich fortpflanzte, erscheint das Zusammenfallen des Interesses am Ewigen Juden als Opernsujet mit einer neuen Welle des Antisemitismus als auffällig.

> Daß *Das Judentum in der Musik* ein zentraler Text des europäischen Anti-semitismus ist, darüber besteht in der Forschung kein Zweifel. Er ist dies [...] dadurch, daß zu erstem Mal ein europaweit berühmter Komponist und ein Musikdramatiker-Genie eine Geisteshaltung zu erkennen gibt und diese wortreich verteidigt, die man bisher verachtet oder geteilt hatte, aber auf jeden Fall in Kreisen verbreitet oder von Autoren propagiert sah, die auf keinen Fall die Achtung intellektueller Kreise genossen.[3]

Die Thesen Wagners zum Judentum werden von nun an zum Allgemeingut, ebenso wie sein Konzept des Musiktheaters, wie die Ahasverlibretti im „Schatten Wagners" illustrieren. Der Wagnerismus ist dabei keineswegs ein auf Deutschland beschränktes, sondern ein europäisches Phänomen; in Frankreich stehen so prominente Namen wie Baudelaire oder Proust für die „Vergöttlichung" des Meisters.[4] Die oben von Jens Malte Fischer beschriebene Popularisierung des Früh-Antisemitismus mit dem *Judentum in der Musik* findet ihre unmittelbare Fortsetzung in den Schriften Jakob von Friedrich Fries, Heinrich Eberhard Gottlieb Paulus, Karl Streckfuss, Drumont und Theodor Fritsch fort. 1884 entstand der „Deutsche Antisemitenbund", 1890 die „Antisemitische Volkspartei", während der Antisemitismus in Frankreich mit der Dreyfusaffäre einen Höhe- beziehungsweise Wendepunkt erreichte. Die Verwertung von Wagners proto-rassistischen Thesen in „wissenschaftlichen" Argumentationen gegen das „Weltjudentum" und der Bezug auf die künstlerischen Maximen des Wagnerschen Musikdramas laufen zeitlich parallel ab.

---

[1] Eine empfehlenswerte Analyse der kompositorischen Situation nach Wagner im Allgemeinen bietet: Fischer, Jens Malte: *Im Schatten Wagners. Aporien und Auswege der nachwagnerischen Opernentwicklung.* In: Bermbach, Udo (Hg.): *Oper im 20. Jahrhundert. Entwicklungstendenzen und Komponisten*, S. 28-49, Stuttgart/Weimar 2000.

[2] Vgl. IV. 3. „...entsündigt sein und erlöst!" *Parsifal* (1882).

[3] Fischer, Jens Malte: *Richard Wagners „Das Judentum in der Musik*, a. a. O., S. 122.

[4] Vgl. Poliakov, Léon: *Geschichte des Antisemitismus*, Bd. VI, a. a. O., S. 254.

Zwei Jahrzehnte nach der Uraufführung des *Parsifal* hat Otto Weininger, der in Wagner den größten Menschen seit Jesus Christus verehrte, mit seiner Dissertation *Geschlecht und Charakter* so etwas wie die Philosophie dieses Musikdramas niedergeschrieben. Der junge Wiener Philosoph war Jude und beging im Erscheinungsjahr seiner Arbeit Selbstmord – das Buch erlebte wenig später in Österreich und Deutschland einen sensationellen Erfolg.[5]

Der Grad der Deutschtümelei und des Chauvinismus des Wagnerismus Ende des 19. und im ersten Drittel des 20. Jahrhunderts besitzt heute kaum mehr vorstellbare Ausmaße.[6] Dies geht soweit, dass nach den Maximen Wagners geformte Opern trotz künstlerisch eher „bescheidenen" Ergebnissen wohlwollend rezensiert werden. So etwa im Falle des sechsstündigen Oratoriums *Christus* von Felix Draeseke: Der bereits erwähnte Wagnerianer Arthur Seidl postuliert, dass „eine gewisse Sprödigkeit" in Kauf zu nehmen sei. Dafür sei Draeseke „von edelstem arischen Geblüte" und „durch und durch Deutscher".[7] Der Stempel Wagners ist letztlich so prägend, dass man auch heute noch eigentlich nur zwischen Wagnerianern und Nicht-Wagnerianern der Epoche unterscheidet. Noch 1920 wurde so Ferruccio Busoni, über den noch zu sprechen sein wird und der eine neue Opernkonzeption jenseits der von den Wagnerianern ausgetretenen Wege propagierte, vom Wagnerverehrer Hans Pfitzner hart angegangen. Als Antwort auf Busonis *Entwurf einer neuen Ästhetik der Tonkunst* polemisiert Pfitzner mit *Die neue Ästhetik der musikalischen Impotenz* gegen die „Futuristengefahr". Dies illustriert erneut das Konglomerat der musikdramatischen Errungenschaften Wagners und den Thesen seiner Prosa durch die Gefolgschaft des „Meisters": Künstlerische Impotenz war der Hauptvorwurf gegen die „undeutschen" Komponisten Meyerbeer und Mendelssohn gewesen. Dementsprechend prägt Wagners Haltung zum Judentum auch den Ort, der sich primär die angemessene Pflege und Aufführung seiner Musikdramen zur Aufgabe gemacht hat:

Die Fortführung der Bayreuther Festspiele unter der Leitung Cosimas und mit Hilfe des „Bayreuther Kreises" stand im Zeichen einer betont deutschnationalen, die Juden ausschließenden Geistesrichtung. Zwar blieb der Antisemitismus der Wagner-Epigonen, wie Winfried Schüler, der Historiker des Bayreuther Kreises, nachwies, der nebelhaften Vorstellung verhaftet, daß das schädliche jüdische Element in der deutschen Kultur ohne direkte Akti-

---

[5] Scheit, Gerhard: *Verborgener Staat, lebendiges Geld*, a. a. O., S. 335.

[6] Vgl. Fischer, Jens Malte: *Im Schatten Wagners*, a. a. O., S. 29.

[7] Seidl, Arthur: *Die Wagner-Nachfolge im Musik-Drama*, Berlin/Leipzig 1902, S. 61f. Vgl. auch: Fischer, Jens Malte: *Im Schatten Wagners*, a. a. O., S. 30.

on lediglich durch die Regeneration des deutschen Geistes zu beseitigen war. Immerhin bedeutete diese Theorie die grundsätzliche Ablehnung einer jüdischen Beteiligung an der erhofften deutschen Erneuerung – ein Postulat, an das die Nationalsozialisten ihre viel konkreteren antijüdischen Programme anknüpfen konnten.[8]

Die Instanz Bayreuths, als Hort des Wagnerschen Gesamtkunstwerks, war aber auch in einer anderen Hinsicht bedeutsam: Jenseits des Grünen Hügels wagten sich damals nur die großen Bühnen an die sängerisch, orchestral und bühnentechnisch schwer zu stemmenden Musikdramen Wagners. In die dadurch entstehende Lücke an den kleineren Theatern stießen Aufführungen des mittleren Verdi, Leoncavallos, Mascagnis und etwas später Puccinis.[9] Dies wiederum kollidierte mit den Idealen und Kunstpolitik des Wilhelminismus, welche sich für eine deutsche Kunst und eine Ablehnung der „Moderne" stark machten. Die Masse der Wagnerianer war ohnehin vorgewarnt:

> Habt acht! Uns drohen üble Streich': -
> zerfällt erst deutsches Volk und Reich,
> in falscher welscher Majestät
> kein Fürst bald mehr sein Volk versteht;
> und welschen Dunst mit welschem Tand
> sie pflanzen uns in deutsches Land.
> Was deutsch und ächt wüßt' keiner mehr,
> lebt's nicht in deutscher Meister Ehr'.[10]

hatte Wagner Hans Sachs in seiner Schlussansprache mahnen lassen. Nur in der Berufung auf Wagner und der behutsamen Fortführung seines Schaffens schien für die meisten ein mögliches Antidot gegen die fremde „welsche" Kunst auffindbar: „an Wagner vorbei oder um Wagner herum zu kommen, war aussichtslos."[11] Das hat zur Folge, dass die Bedeutung Wagners nicht zuletzt auch in der Überhöhung durch seine Anhänger begründet liegt – Richard Wagner selbst war „kein archetypischer ,Wagnerianer'".[12] Dieser Glorifizierung Wagners nicht nur

---

[8] Katz, Jacob: *Richard Wagner. Vorbote des Antisemitismus*, Königstein/Ts. 1985, S. 199.

[9] Vgl.: Fischer, Jens Malte: *Im Schatten Wagners*, a. a. O., S. 31.

[10] Wagner, Richard: *Die Meistersinger von Nürnberg*. In: Ders.: *Dichtungen und Schriften. Jubiläumsausgabe in zehn Bänden*, hrsg. von Dieter Borchmeyer, Bd. 4, S. 107-212, Frankfurt am Main 1983, S. 212.

[11] Fischer, Jens Malte: *Im Schatten Wagners*, a. a. O., S. 31.

[12] Whittall, Arnold: *Die Geburt der Moderne. Wagners Einfluß auf die Musikgeschichte*. In: Millington, Barry (Hrsg.): *Das Wagner-Kompendium: sein Leben – seine Musik*, übers. aus dem Engl. von G. Kirchberger/Christine Mrowietz, S. 428-431, München 1996, S. 428.

zum Heilsbringer der Oper, sondern zu dem der Kultur insgesamt, verdankt sich auch die infektionsartige Verbreitung seiner Haltung zum Judentum. Durch die Nobilitierung des Frühantisemitismus durch das „Musikdramatiker-Genie"[13] konnte „der Intellektuelle" plötzlich auch in dieser Hinsicht nicht mehr an Wagner vorbei. Zentrum der Pflege des Wagnerschen Gedankengutes war wie im Falle der Bewahrung seines künstlerischen Vermächtnisses erneut Bayreuth.

> Der Bayreuther Kreis widmete sich mit seiner Hauszeitschrift, den *Bayreuther Blättern*, auch nach dem Tod Wagners mit Inbrunst der Verbreitung der von ihm propagierten Ideen und Vorstellungen, und dazu gehörte in erster Reihe der Antisemitismus.[14]

Houston Stewart Chamberlain, der 1909 Wagners Tochter Eva heiratete, ist mit seiner Entwicklung einer arischen Rassenideologie und der Verherrlichung des Germanentums wohl das prominenteste Beispiel aus diesem Kreis. Ausgehend von Gobineaus *Essai über die Ungleichheit der Rassen*, ein Werk, das 25 Jahre relativ „unbeachtet geblieben [war], ehe Wagner das Seine dazu tat, es berühmt zu machen"[15], schuf Chamberlain eine der Grundlagen der nationalsozialistischen Rassentheorie.

> Eine [...] Verbindungslinie, die von Wagner zu den Nazis gezogen wurde, ist durch seinen Schwiegersohn, Houston Stewart Chamberlain, und seine Lehre gegeben. Zwar wich Chamberlain in vielen Elementen seiner Lehre, besonders durch das Gewicht, das er der Rassentheorie verlieh, vom Wagnerschen Erbe ab, doch wurden diese Unterschiede durch die Verehrung und Verherrlichung, die er dem Meister als der höchsten Entfaltung deutscher Schöpferkraft zollte, überdeckt.[16]

Chamberlain ist nur die Spitze des Eisbergs. So forcierte der Antisemit Bernhard Förster, zum Leidwesen des Philosophen Nietzsches Schwager, Wagners antijüdisches Gedankengut. In seinem Vortrag *Das Verhältnis des modernen Judenthums zur deutschen Kunst* von 1881 fingiert er ausgehend von *Das Ju-*

---

[13] Fischer, Jens Malte: *Richard Wagners „Das Judentum in der Musik". Eine kritische Dokumentation als Beitrag zur Geschichte des Antisemitismus*, Frankfurt am Main/Leipzig 2000, S. 122.

[14] Ebd.

[15] Gutman, Robert: *Richard Wagner. Der Mensch, sein Werk, seine Zeit*, München 1986, S. 469. Joseph Arthur Comte de Gobineau wirkte nachhaltig auf Wagner, der mit ihm den *Ring des Nibelungen* in Berlin besuchte, aber auch auf den französischen Historiker Albert Sorel und den Schriftsteller Maurice Barrès, der sich als geistiger Führer der Rechtsopposition und der antisemitischen Kräfte im Dreyfus-Prozess hervortat.

[16] Katz, Jacob: *Richard Wagner. Vorbote des Antisemitismus*, a. a. O., S. 199f.

dentum in der Musik eine – von ihm als positiv gedachte – antisemitische Aura in Beethovens Symphonien, Goethes *Faust* und *Werther* und natürlich den Musikdramen Richard Wagners.[17] Der Philosoph Eugen Dühring, der sich selbst gerne als den eigentlichen „Begründer" des Antisemitismus bezeichnete, der Vater Heinrichs von Stein, seinerseits Hauslehrer von Wagners Sohn Siegfried, wirft Wagner gar in der fünften Auflage seines Buches *Die Judenfrage als Rassen-, Sitten- und Kulturfrage* von 1901 (erstmals erschienen 1881) vor, mit den Juden nicht hart genug ins Gericht gegangen zu sein.[18] Wagners Ideologie, seine Thesen und Argumente bezüglich des Judentums sind in der Zeit des künstlerischen Wagnerismus längst Allgemeingut geworden.

Ausdrücke wie „Glaubensbekenntnis unseres Wagnerianismus oder Bayreuthertums", „Wagnerianische Heilsbotschaft", „Bayreuther Religionslehre", „Bayreuther Offenbarungen" sind beredte Dokumente. Mehr noch: Nicht selten finden sich daneben Wendungen, die unmittelbar auf die entsprechende typische „Wissensorganisation" hindeuten. „Unsere kleine, dem Höchsten geweihte Kirche des neuen Glaubens", „mystische Gemeinde", „gläubige und tätige Jünger des Meisters" – solche und ähnliche Äußerungen enthusiastischer Selbstinterpretation wird man nicht als zufällige Formulierungen werten können.[19]

„An Wagner vorbei oder um Wagner herum zu kommen" ist in künstlerischer und hinsichtlich des Themas Judentum zu dieser Zeit „aussichtslos". Die an Wagner angelehnte musikdramaturgische Konzeption hat nur zu einem geringen Prozentsatz überdauernde, künstlerisch überzeugende Werke hervorgebracht. Erstaunlicherweise in Frankreich mehr als in Deutschland, denn der Wagnerismus war kein rein deutsches Phänomen. Die französische Wagner-Begeisterung, „durch Charles Baudelaire eingeläutet"[20], mündet – wohl auch aufgrund des größeren kulturellen Abstandes – mit César Franck, Albéric Magnard, Amédée Ernest Chausson und Vincent d'Indy, auf die später noch zurückzukommen sein wird, in eindrucksvolle Kompositionen. Gerade d'Indy belegt aber auch von französischer Seite aus die Vermengung Wagnerscher Kunstmaximen mit nationaler und antijüdischer Programmatik. Zwar war das künstlerische „Vermächtnis" Wagners der „Wurzelboden"[21] des Wagnerismus, doch

---

[17] Vgl. Fischer, Jens Malte: *Richard Wagners „Das Judentum in der Musik"*, .a. a. O., S. 122.

[18] Vgl. ebd. 123f.

[19] Schüler, Winfried: *Der Bayreuther Kreis von seiner Entstehung bis zum Ausgang der Wilhelminischen Ära. Wagnerkult und Kulturreform im Geiste völkischer Weltanschauung*, Münster 1971, S. 53.

[20] Fischer, Jens Malte: *Im Schatten Wagners*, a. a. O., S. 40.

[21] Schüler, Winfried: *Der Bayreuther Kreis*, a. a. O., S. 190.

die „Treue gegenüber dem überkommenen Erbe" verlangte, „daß auch künftig den Bestrebungen der Vegetarier, Antivivisektionisten und Antisemiten [...] ein angemessener Platz eingeräumt werde."[22]
Viele Wagner-Epigonen der Zeit verfallen der Versuchung, historische Sujets zu „veropern", z. B. Paul Geisler mit *Die Ritter von Marienburg* (1891), Otto Feller mit *Die Albigenser* (1895), Karl Pfeffer mit *Der Sachsenkönig* (1897) oder Kurt Hösel mit *Der Gotenkönig* (1921), entgegen Wagners Rat in *Eine Mitteilung an meine Freunde* von 1851:

> Um meinen Helden [Siegfried], und die Verhältnisse, die er mit ungeheurer Kraft zu bewältigen strebt, um endlich selbst von ihnen bewältigt zu werden, zu einem deutlichen Verständnisse zu bringen, mußte ich mich, gerade dem geschichtlichen Stoffe gegenüber, zum Verfahren des Mythos hingedrängt fühlen: die ungeheuerliche Masse geschichtlicher Vorfälle und Beziehungen, aus der doch kein Glied ausgelassen werden durfte, [...] eignet sich weder für die Form, noch für das Wesen des Dramas.[23]

Dementsprechend existieren Musikdramen aus der Post-Wagner-Ära, die sich auf „Epen und Volksbücher des Hoch- und Spätmittelalters, oder auch auf die nordischen Mythen und Sagen"[24] beziehen: zum Beispiel *Wieland der Schmied* von Max Zenger (1880), *Gudrun* von August Klughardt (1882) oder *Merlin* von Philip Rüfers (1887). Insgesamt müssen für die Opern der Wagner-Nachfolge folgende Merkmale festgehalten werden:

> der Komponist ist sein eigener Textdichter,
> die alte Nummernoper wird in Szenen aufgelöst,
> das Rezitativ wird in Deklamation aufgelöst,
> das Orchester wächst aus der begleitenden Funktion der italienischen Oper zu symphonischen Anspruch,
> die Erinnerungsmotivik der deutschen romantischen Oper wird nach und nach zur Leitmotivik ausgebaut,
> die Harmonik orientiert sich an den Wagnerschen Errungenschaften – insofern ist es von großer Wichtigkeit, ob die entsprechenden Komponisten die Erfahrung des *Tristan* gemacht haben oder nicht –,

---

[22] Ebd., S. 191.
[23] Wagner Richard: *Eine Mitteilung an meine Freunde*. In: Ders.: *Dichtungen und Schriften. Jubiläumsausgabe in zehn Bänden*, hrsg. von Dieter Borchmeyer, Bd. VI, S. 199-325, Frankfurt am Main 1983, S. 291. Eine Mischform von mythischem Sujet mit dem Historischen stellt vor und damit jenseits Wagners die bereits besprochene Ahasver-Oper Halévys dar, die den Mythos des Ewigen Juden vor der Folie historischer Tableaus präsentiert.
[24] Fischer, Jens Malte: *Im Schatten Wagners*, a. a. O., S. 33.

zunehmend wird das von Wagner so prononciert benutzte Erlösungsmotiv, das wir schon aus dem *Holländer*, dem *Lohengrin und dem Tannhäuser* kennen, zum wichtigen Handlungsmerkmal.[25]

Hinzu kommen andere Ingredienzien, wie zum Beispiel der durch Wagners Vorbild evozierte Hang zu abendfüllenden Opernmehrteilern. Dabei ist trotz aller Wagner-Programmatik einigen Komponisten eine besondere Raffinesse nicht abzusprechen. Um nicht zu sehr in die Falle des reinen Epigonentums zu tappen, werden Stoffe aus den Mythen jenseits der germanischen Mythen adaptiert. August Bungert komponiert so eine Odyssee-Tetralogie, eine andere Richtung entdeckt Indien als Sujet, zum Beispiel Wilhelm Kienzl mit *Uravasi* (1886), Max Vogrichs *Buddha* oder Felix Weingartners *Sakuntala* (1884). Letzterem Tondichter kommt im folgenden noch eine Rolle innerhalb der Ahasver-Rezeption auf der Opernbühne zu und provoziert zugleich die Frage, ob nicht sogar die Entdeckung Indiens und insbesondere des Buddhismus als Librettogegenstand nicht zuletzt auch nur eine Folgeerscheinung Wagners darstellt; schließlich ist über die Schopenhauer-Rezeption Wagners ein nicht unerheblicher Anteil buddhistischen Gedankengutes im *Parsifal* verarbeitet worden. Entsprechende Äußerungen aus dem Kreis der Wagnerianer, die sich auf Wagners Regenerationsschriften beziehen, bestätigen dies:

> Wir alle mögen, je nach unserem Standpunkt und unseren Verstandesgrenzen, an heutiger Kirche und Kirchenlehrweise insbesondere wohl dieses und jenes, manches sogar und darunter recht Bedeutendes auszusetzen finden und sie gleichfalls nicht nur der gründlichen Reform, sondern völliger Regeneration aus dem Kern der christlichen Religion und der geistlichen Individualitäten heraus anzuempfehlen haben... Aber wir werden doch wohl in der freien Luft unserer idealen Kunst gerecht genug zu bleiben wissen, um diejenige Orthodoxie nicht gerade als das allergrößte, vor allem zu verhütende Unglück für die Kirche anzusehen, welche noch offen und ehrlich den Christen unserer Zeit den göttlichen *Erlöser* und die *Wiedergeburt* predigt.[26]

Dies lässt sich außerdem umgehend mit dem zentralen Wagner-Topos, der Suche nach der Erlösung verbinden, welche als entscheidende Frage des 19. Jahr-

---

[25] Ebd., S. 36.

[26] Wolzogen, Hans von: *Unter uns. Ein Brief über Kunst und Kirche. Vom Herausgeber der Blätter an den Verfasser* [=Chamberlain] *von R. W.s „Regenerationslehre.* In: *Bayreuther Blätter*, 1895, S. 183ff. Zit. in: Schüler, Winfried: *Der Bayreuther Kreis*, a. a. O., S. 272f. [Hervorhebungen von FH]. Wolzogens völkisch-christliche Interpretation von Wagners Werken war ein weiterer entscheidender Faktor, welcher die Wagnerrezeption der Nationalsozialisten vorbereitete.

hunderts an den Ahasvermythos, neben den anderen Wagneropern – wie gezeigt – natürlich auch prägend für die Ahasverdarstellungen des *Holländers* und des *Parsifal* waren: „[...] es ist in der Tat auffallend, welche Rolle das Erlösungsmotiv in der Oper der Zeit spielt."[27] Zwischen 1895 und 1904 häufen sich dann auch die Libretti, welche den Ewigen Juden als Sühnenden und Erlösungsbedürftigen in einer Ausweitung des Kundry-Modells aus dem *Parsifal* in den Mittelpunkt stellen.

Wurde schon das von „Wagner so prononciert benutzte Erlösungs-Motiv"[28] ein entscheidender Faktor des Opernsujets nach Wagner, so muss der Einfluss des „Bayreuther Meisters" für die musiktheatralen Ahasver-Entwürfe dieser Epoche als noch höher eingestuft werden.[29] Angeregt vor allem durch Wagners weiblichen Ahasver, Kundry, entstehen eine Reihe von Werken, die sich mit dem Ahasver-Mythos in Verbindung mit der speziellen Idee von der Reinkarnation beschäftigen. Die bestehende Verwandtschaft der Figur des Ewigen Juden mit der des Brudermörders Kain[30] legt eine Verschränkung beider Stoffe nahe, spätestens seit Hamerlings Identifikation[31] des alttestamentarischen Sünders schlechthin mit dem Frevler wider Christus. Die Kain und Ahasver verbindende Strafe, der Fluch des rastlosen Umherirrens, erzeugte in beiden Fällen auch eine Assoziation zum israelitischen Schicksal. Kain steht zudem als Namenspatron für den nomadisierenden Stamm der Keniter, deren halbsesshafte Lebensweise als Strafe für frühere Vergehen interpretiert wurde. War die Funktion des Ewigen Juden durch unterschiedliche Rollen in entsprechenden Zeiten der Weltgeschichte beispielsweise schon bei Dumas[32] thematisiert worden, so durchläuft Wagners Kundry zwar auch archetypische Negativverkörperungen, wie die der Herodias, strebt aber zugleich im buddhistischen Sinn nach der Erlösung und bleibt bis dahin im ambivalenten Spannungsfeld von Eros und Agape gefesselt. Verbindet man nun das Streben einer in Schuld verstrickten Seele, die zahlreiche Reinkarnationen erfährt, mit dem Wagnerschen Konzept vom Bühnenfestspiel und insbesondere mit dem Tetralogiekonzept des *Rings des Nibelungen*, so bleibt es kein weiter Schritt bis zur Ausgestaltung des Schicksals vom Ewigen

---

[27] Ebd., S. 45.

[28] Fischer, Jens Malte: *Im Schatten Wagners*, a. a. O., S. 36.

[29] Tatsächlich verlangt der Ahasver-Mythos mit dem ihm eingeschriebenen Erlösungsmythologem natürlich nach diesem Motiv. Obgleich Wagner die Bedeutung der Erlösung für den Ewigen Juden lediglich mit seinen Werken für die Bühne forciert hat, da die Ahasver-Rezeption des 19. Jahrhundert insgesamt das Mythologem der Erlösung für den Ahasver-Stoff immer mehr in den Mittelpunkt rückte. Die Suche nach einem adäquaten Librettosujet im Zeichen Wagners findet somit im Mythos vom Ewigen Juden zwangsläufig eine ideale Synthese für die komponierenden Wagnerianer.

[30] Vgl. I .5. Ahasvers Geschwister.

[31] Vgl. II. 3. Epochen- und Weltgemälde.

[32] Vgl. ebd..

Juden in einem musikdramatischen Mehrteiler, bei dem zudem aus genannten Gründen eine Art Kopfsatz mit dem Kain-Stoff präfiguriert scheint. Exemplarisch für diese Tendenz der Ära nach Wagner stehen Felix Weingartners Librettoentwurf *Die Erlösung* und Melchior E. Sachs' Heptalogie-Konzept *Kains Schuld und ihre Sühne*[33] - beide nach Wagnerschen Vorbild mit Mehrteilern, als ihre eigenen Librettisten, nach kompositorischen Vorbild Wagners und selbstverständlich mit der Erlösungsfrage als Zentralmotiv - sowie die Arbeiten des Librettisten Heinrich Bulthaupt, der einerseits das Textbuch zu d'Alberts *Kain* verfasst und andererseits einen Komponisten für sein Musikdrama *Ahasver* sucht. Auffällig bleibt, dass fast all diese Projekte schon an ihrer Ausführung scheitern, woran sicherlich nicht zuletzt die gigantomanische Grundkonzeption schuld ist, die es sich offensichtlich zum Ziel macht der Welt mindestens einen zweiten *Ring* zu präsentieren, sowohl was bühnentechnischen Aufwand und Aufführungsdauer anlangt, als auch bezüglich der musikalischen und dramatischen Konstruktion des projektierten Werks. Auch Wagners Musikdramen *Tristan und Isolde*, *Die Meistersinger von Nürnberg*, natürlich dem *Ring des Nibelungen* und dem bis 1913 ausschließlich für Bayreuth reservierten *Parsifal* sieht man sich nur an den großen Bühnen hinsichtlich orchestraler, sängerischer und bühnentechnischer Anforderungen gewachsen.[34] Diese Bühnen scheinen durch die direkte Huldigung Wagners mit seinen eigenen Werken nicht unausgelastet. Die „Erfolgsnische" für die Konzeptionen Weingartners oder Sachs' im unmittelbaren Schatten Wagners, ohne einen Versuch einer Neuorientierung, erscheint daher zwangsläufig besonders eng[35], während der Librettist Heinrich Bulthaupt für sein spezielles Ahasver-Libretto noch nicht einmal einen Komponisten findet. Einzig Bulthaupts Arbeit für d'Albert ist erfolgreicher, sicher nicht zuletzt deshalb, weil sie am wenigsten versucht, in die übergroßen Fußstapfen Wagners zu treten.

---

[33] Beide, Weingartner und Sachs, folgen der idealtypischen musikdramatischen Arbeit à la Wagner auch darin ihre eigenen Librettisten zu sein. Zu den grundsätzlichen Merkmalen der Opern in der Wagner-Nachfolge vgl. Fischer, Jens Malte*: Im Schatten Wagners*, a. a. O., S. 36.

[34] Vgl. Fischer, Jens Malte: *Im Schatten Wagners*, a. a. O., S. 31.

[35] Vgl. ebd., S. 29. Der Qualitätsanspruch an so eindeutig an Wagner angelehnte Musikdramen schraubt sich logischerweise besonders hoch. Jedoch bewahrt das bedingungslose Folgen Wagners – das Aufgreifen des von ihm für seine Epigonen präfigurierten Ahasver-Mythos – auch vor einer Gefahr der Wagnernachfolger. Weingartner oder Sachs wollen Wagners musikdramatische kompositorische und theatrale Mittel für ihre Ahasver-Adaptionen, also ein mythisches Sujet anwenden. Gerade für den Mythos hatte Wagner seine Mittel auch konzipiert. Doch kam es im Schatten Wagners durchaus zur Zusammenfügung völlig inkohärenter Elemente, wie dem Entfalten eines mythischen Leitmotiv-Klangteppichs mit einem bäurischen Sujet (z. B. in Julius Bittners *Der Bergsee*; vgl. Fischer, Jens Malte: *Im Schatten Wagners*, a. a. O., S. 32f.).

Alle koppeln sich an das Ahasver- und das dem Wagnerschen Musikdrama immanente Erlösungsmythologem:

> Wagner hat über Nichts so tief wie über die Erlösung nachgedacht: seine Oper ist die Oper der Erlösung. irgend wer will bei ihm immer erlöst sein: bald ein Männlein, bald ein Fräulein – dies ist *sein* Problem _ Und wie reich er sein Leitmotiv variiert! Welche seltenen, welche tiefsinnigen Ausweichungen! Wer lehrte es uns, wenn nicht Wagner, daß die Unschuld mit Vorliebe interessante Sünder erlöst? (Der Fall im *Tannhäuser*) Oder daß selbst der ewige Jude erlöst wird, seßhaft wird, wenn er sich verheirathet? (Der Fall im *Fliegenden Holländer*) [...][36]

Da aber Erlösungsmotivik und künstlerisch musikdramaturgische Gesamtkonzeption der Wagner-Nachfolge, wie oben kurz umrissen, beinahe untrennbar mit der antijüdischen Positionierung Wagners in Zusammenhang zu bringen sind, was gerade am Beispiel des Ewigen Juden, insbesondere mit der Ahasvermetapher in *Das Judentum in der Musik*, evident wird, liegt der Schluss nahe, eine solche Imprägnierung auch bei den Ahasver-Opern im Schatten Wagners zu vermuten: Bulthaupt feiert Richard Wagner in seiner *Dramaturgie der Oper* als den Heilsbringer der deutschen Kultur. Weingartner war unter Cosimas Leitung als Dirigent in Bayreuth tätig und hatte somit Zugang zum „Bayreuther Kreis". Melchior Sachs' Festspielkonzeption, seinen Siebenteiler mittels eines Festspielschiffes weltweit aufzuführen, offenbart seine künstlerisch ideologische Abhängigkeit von Wagner ebenso wie die weltumfassende Bekehrung zum Christentum am Ende seiner Heptalogie den Reflex auf Wagners antijüdische Argumente darstellt.

---

[36] Nietzsche, Friedrich: *Der Fall Wagner*. In: Ders.: *Sämtliche Werke. Kritische Studienausgabe*, hrsg. von Giorgio Colli/Mazzino Montinari, Bd. VI, München 1988, S. 16f. Zit. in: Fischer, Jens Malte: *Im Schatten Wagners*, a. a. O., S. 45.

V.1. FELIX WEINGARTNER: *DIE ERLÖSUNG* (1895)

Felix Weingartner (1863-1942) war als Dirigent und Komponist schon als junger Mann beeinflusst von Wagner, vor allem durch den Kontakt mit Franz Liszt, bei dem er ab 1883 Unterricht nahm. Vor seiner Nachfolge Mahlers an der Wiener Hofoper (1908-1911) war er als Kapellmeister an der Berliner Oper tätig (1891-1898). Zu dieser Zeit war vor allem Weingartners Oper *Genesius* (1892) durchaus erfolgreich. Richard Wagner war für Weingartner als genialer Umwälzer des Musiktheater unumstritten. Wie andere Wagnerianer nennt er ihn „Meister", ein „überragendes Genie", sein Werk ist für ihn voll „erhabener Schönheit", welche auch „Lästermäuler verstummen"[37] lässt. Doch der sich im Zuge des Wagnerismus ausbreitenden Übernahme des Judenhasses steht er eher skeptisch gegenüber. Seine Instanz ist das Kunstwerk Wagners und der Wille des „Meisters". Mit den „Gralshütern" des Bayreuther Kreises, besonders mit Cosima und Wagners Sohn Siegfried, geht er hart ins Gericht: Ihre Anbeter sind ihm „Speichellecker"[38] und die Maxime „In Bayreuth darf man nur dienen" führt für ihn zur „charakterlosen Selbstentäusserung"[39]. Ein Gegenstand seiner Kritik wird auch der Umgang „Wahnfrieds" mit Hermann Levi, dem jüdischen Uraufführungs-Dirigenten des *Parsifal*:

> Levi kann ebenso der musikalische Hort des „Parsifal" genannt werden wie Richter der der „Meistersinger", und ich selbst war Zeuge der überschwänglichsten Lobes- und Dankesbezeugungen, die Frau Wagner Levi nach manchen besonders gelungenen Parsifal-Vorstellungen spendete. Warum also plötzlich dieser Umschwung? – Weil Levi Jude ist? – War er das 1882 nicht auch und hat er deshalb weniger gut dirigiert? – Man mag über der semitischen Rasse feindlich oder freundlich gegenüberstehen; man mag aus nationalen, künstlerischen, ethischen und ästhetischen Gründen sich zu ihr stellen, wie man will: stets aber ist es kleinlich und unwürdig, diese Stellungnahme prinzipiell auf ein einzelnes Individuum aus keinem anderen Grunde als eben nur dem der Verschiedenheit der Rassen zu übertragen.[40]

Levi war schließlich von Wagner aufgrund seiner dirigentischen Fähigkeiten, die seinem Werk dienten, eingesetzt worden – auch wenn Wagner Levis Judentum ein steter Dorn im Auge war. Das obige Zitat zeigt auch, dass Weingartner

---

[37] Weingartner, Felix: *Bayreuth (1876-1896)*, Berlin 1897, S. 1f.

[38] Ebd., S. 45.

[39] Ebd., S. 7.

[40] Ebd., S. 16. Vgl. auch: Gutman, Robert: *Richard Wagner. Der Mensch, sein Werk, seine Zeit*; München 1985, S. 463.

die Positionierung des Genies Wagner zum Judentum nicht offen in Frage stellt, ebenso wie er auch ganz selbstverständlich von der „semitischen Rasse" spricht. Doch wenn es um die Aufführung der „geheiligsten" Werke des „Meisters" geht, ist Weingartner nur das Beste gut genug: Diesbezüglich prangert er durchaus an, dass die „fremdländischen Sänger"[41] auf den Besetzungslisten überhand nähmen, doch scheint diesbezüglich die von Wagner geforderte Textverständlichkeit seiner Musikdramen Weingartners ausschlaggebendes Argument zu sein, obgleich er hierbei auch die stilistischer Ablehnung des im Schatten Wagners stehenden deutschen Operngeschmacks reproduziert:

> Lohengrin und Elsa sangen so affektiert, mit so unnatürlichen Portamentos ausser Takt und Rhythmus, dass man meinen konnte, Gounods Faust und Margarethe in Kostümen der wagnerischen Oper vor sich zu haben.[42]

Wenn aber unter den besten Künstlern – und nur diese sind ihm gut genug – Juden sind – nun gut! Eine Vertreibung der sängerischen Elite aus rassenideologischen Gesichtspunkten, mag Weingartner nicht tolerieren. Im Fall der jüdischen Sängerin Lilli Lehmann, greift er daher den posthumen Schwiegersohn, Wahnfried-Chef-Ideologen und Antisemiten Houston Stewart Chamberlain scharf an:

> Nach einer Invektive gegen Frau Lilli Lehmann, der hier [von Chamberalain] der Umfang und die Ausbildung ihrer Stimme als „Unarten" vorgeworfen werden, lesen wir wörtlich, dass die „Nibelungen" 1876 und „Parsifal 1882 unter Zuziehung von Künstlern zur Aufführung gelangt seien, die „für die Absichten Wagners mehr oder weniger ruiniert waren." Das stimmt genau mit den früher erwähnten abfälligen Aeusserungen über jene Künstler, die ich schon vor zehn Jahren in Wahnfried vernommen hatte. [...] Das wagt Herr Chamberlain offen zu verkündigen?[43]

Wohlgemerkt, es geht Weingartner hier nur um eine künstlerische Argumentation, um eine bestmögliche Aufführung der Werke Wagners. Das Schlagwort Rassismus oder auch nur Jude fällt in dieser Passage über Chamberlain nicht, obwohl die intendierte „Reinigung" Bayreuths von jüdischen Künstlern klar erkennbar ist.

Trotzdem sah Weingartner sich hinsichtlich seiner Oper *Genesius* dem Vorwurf des Antisemitismus ausgesetzt, in der Tat eine Hypothese, die bei Künstlern im

---

[41] Weingartner, Felix: *Bayreuth (1876-1896)*, a. a. O., S. 24.

[42] Ebd., S. 25. Im gleichen Zusammenhang spricht Weingartner von „stylwidrige[r], undeutsche[r], widerliche[r] Manier." (ebd.).

[43] Ebd., S. 64ff.

Fahrwasser Wagners oftmals zutreffend ist. In seinen *Lebenserinnerungen* reagiert Weingartner hierauf entschieden:

> Inzwischen war aus dem Opernhaus verbreitet worden „Genesius" sei nichts weiter wie eine Anhäufung abscheulicher Dissonanzen.[...] Viel unheimlicher aber wucherte [...] der Fliegenpilz eines anderen Gerüchtes, dessen Lächerlichkeit nur durch seine abgrundtiefe Bosheit übertroffen wurde. – Meine Oper sei ein *antisemitisches* Werk. – Seit früher Jugend gewohnt, im Menschen das Individuum zu sehen, nicht aber nach Rasse und Religion zu fragen, lag und liegt mir der Antisemitismus ferne, was ich durch meine Lebensführung zu bewiesen habe glaube.[44]

Der 1892 uraufgeführte *Genesius* präsentiert zwar ein Erlösungsdrama, das die Liebe eines Schauspielers im Dienste des römischen Kaisers Diocletian zu einer Christin nebst dazugehörigen Bekehrungswirren und Christenverfolgung zum Thema hat[45], um Juden geht es aber nicht. Der als überlegen dargestellte Glaube des Christentums sowie die Christenverfolgung aus der Feder eines (in künstlerischer Hinsicht) bekennenden Wagnerianers genügt aber offensichtlich, die (keineswegs zu Unrecht) sensibel gewordnen Sündenböcke Wagners, die Juden, zu beunruhigen. Die folgende Schilderung Weingartners in seinen *Lebenserinnerungen* erscheint allerdings ambivalent: Er beschreibt eine Situation, die sicherlich nicht unabsichtsvoll an den *Tannhäuser*-Skandal in Paris von 1861 erinnert. Ein „Herr jüdischer Abkunft"[46] bietet Weingartner gegen Entgelt an, einen Skandal zu verhindern und stattdessen durch eigens engagierte Claqueure Stimmung im Zuschauerraum für Weingartners Werk zu machen. In aller expliziten Negierung des Antisemitismus, bleiben also die Wagnerschen Ingredienzien erhalten: Jüdische Profitsucht mit daraus resultierender Verschwörung gegen die „wahre deutsche Kunst" bedrohen den Komponisten – auch den Aufruhr des Pariser *Tannhäuser*-Uraufführung lastete Wagner seinem jüdischen Feindbild Meyerbeer an.

---

[44] Weingartner, Felix: *Lebenserinnerungen*, Bd. II, Zürich/Leipzig 1929, S. 28.

[45] Nicht zuletzt dürfte die Stoffwahl in der Intention begründet liegen, „nicht direkt in Nibelheim landen zu wollen"(Fischer, Jens Malte: *Im Schatten Wagners*, a. a. O., S. 42; vgl. Anmerkung 1). Also ein Sujet jenseits der „Wagner-typischen" germanischen Heldensagen. Dementsprechend komponierte Weingartner 1884 *Sakuntala* und 1886 *Malawika*. Beides Stoffe des indischen Dichters Kalidasa (ca. 400 n. Chr.), der schon Goethe, Schiller und Herder in der Übersetzung durch Forster begeisterte – „alle wußten natürlich, daß auch Wagner einmal einen buddhistischen Opernplan vorangetrieben hatte." (Fischer, Jens Malte: *Im Schatten Wagners*, a. a. O.). Auch in Weingartners *Die Erlösung* tritt dieses „buddhistische Element", wie zu zeigen sein wird, deutlich zu Tage.

[46] Ebd., S. 29.

Felix Weingartner hat seine Rückbindung an die Ideen seiner Idole Schopenhauer und Wagner ausführlich in seiner Schrift *Die Lehre von der Wiedergeburt
und das musikalische Drama* dargestellt.[47] Gustav Mahlers Nachfolger als Di-
rektor der Wiener Hofoper (1914-1919), sicherlich einer der bedeutendsten Dirigenten seiner Zeit, erklärt hier Schopenhauers „Gestaltung der neueren Philosophie" und die „Schöpfung des musikalischen Dramas durch Richard Wagner"[48] zu den beiden bedeutsamsten geistigen Errungenschaften des 19. Jahrhunderts. Inspiriert durch die Figur der Kundry bemüht Weingartner sich, der
im *Parsifal* anklingenden Lehre von der Wiedergeburt eine philosophische
Rechtfertigung zu liefern. Daher identifiziert er Schopenhauers Lehre von der
Verneinung des Willens, die er mit buddhistischem Gedankengut anreichert, mit
der Lehre von der Wiedergeburt. Gleichzeitig rekapituliert Weingartner die mythologische Konzeption des Dramas im Sinne Richard Wagners, die das Drama
als „künstliche Nachbildung jener Zeit, in welcher die Helden wirklich gelebt"[49]
und somit als Substitut für die „alten Heldengesänge"[50] begreift. Weingartner
scheut sich dabei keineswegs die Polemik Wagners gegen die Gattung der
Grand Opéra, insbesondere deren Repräsentanten Meyerbeer, nochmals zu ze-
lebrieren. Allerdings verzichtet er darauf künstlerische Mängel mit der jüdischen Herkunft Meyerbeers zu begründen:[51]

> War es den großen Meistern Gluck, Mozart, Beethoven und Weber gelun-
> gen, auch einer so sinnwidrigen Kunstform, wie sie die Oper darstellte,
> durch den Hauch ihrer genialen Musik Leben und Wärme einzuhauchen, so
> war nach ihren Tode in Italien und Frankreich die sogenannte „Große Oper"
> zuletzt durch den unkünstlerischen und trivialen Meyerbeer zu einem wi-
> derwärtigen Spektakelstück geworden, von welchem sich inmitten des
> jauchzenden Pöbels ein fein musikalischer, wenn auch offenbar niemals
> ganz normaler Geist wie der Robert Schumann's mit Grauen abwandte, ob-
> wohl er merkwürdigerweise nicht genau angeben konnte, woher seine Ab-
> neigung eigentlich stamme, weshalb er sich einmal statt einer Besprechung
> des damals neuen „Propheten" mit einem schwarzen Kreuze, welches er
> hinzeichnete, behalf, darauf aber selbst in den Fehler verfiel, mit der besten
> Absicht eine sehr unnatürliche Oper „Genoveva" zu Stande zu bringen. Erst
> Richard Wagner war es vorbehalten, Dank der reinen Wahrhaftigkeit seines
> Empfindens und seiner enormen Begabung als Dichter und Musiker, den

---

[47] Weingartner, Felix: *Die Lehre von der Wiedergeburt und das musikalische Drama
nebst dem Entwurf eines Mysteriums „Die Erlösung",* Kiel/Leipzig 1895.

[48] Ebd., S. 3.

[49] Ebd., S. 18.

[50] Ebd.

[51] Selbstverständlich stellt beispielsweise Wagners *Rienzi* nichts anderes als eine intentional effektmaximierte Grand Opéra dar. Erst das Scheitern in direkter Konkurrenz zu
Meyerbeer lässt Wagner das ganze Genre verdammen.

Grund einzusehen, warum die Art und Weise, wie die Kunstarten in der Form der Oper vereinigt waren, ein Unding sei (...)[52]

Obwohl Weingartner auch hier offen antisemitisches Gedankengut ausspart, schleicht sich doch der Terminus „entartete Kunst"[53] ein. Zugleich muss darauf hingewiesen werden, dass sein pathetisches Lob Wagners als Erlöser der Kunst einschließlich der Übernahme von Wagners Abneigungen sowie langwieriges Zitieren aus dem *Kunstwerk der Zukunft* für die Künstler der Zeit keineswegs unrepräsentativ ist.[54] Der Impetus, Wagner nachzueifern, beeinflusst im vorliegenden Fall nicht nur kompositorische und dramaturgische Verfahrensweisen, sondern sogar die Sujetwahl, ein Faktum, das ein im Schatten Wagners Stehen unterstreicht. Andere aufkeimende Tendenzen, wie die Rückkehr zur alten Opernform, aber auch das Schaffen etwas vollkommen Neuen, lehnt die breite Wagnerianer-Front, der Weingartner angehört, ab: „[...] so können auch weitere künstlerische Bestrebungen, soweit sie das musikalische Drama betreffen, nur von Richard Wagner ausgehen [...]."[55]

Weingartners Postulat, der „Inhalt des musikalischen Dramas bestimmt die Form"[56], muss daher mit Skepsis begegnet werden: Denn sein Entwurf einer Ahasver-Tetralogie folgt den musikdramaturgischen Maximen Wagners ebensosehr, wie die Stoffwahl unmittelbar dem *Parsifal* entbunden ist. Ob hier die Form dem Inhalt, oder der Inhalt der Form folgt, wird schwerlich festzustellen sein, zumal Weingartners Stoffwahl a priori bestimmten Einschränkungen unterliegt. Die historischen Stoffe, im Sinne der Grand Opéra treffliche Libretto-Sujets, wie Götz von Berlichingen und Julius Cäsar, werden abgelehnt[57], nur der Mythos hat als Handlungsgrundlage seine Berechtigung.[58] Das Musikdrama

---

[52] Weingartner, Felix: *Die Lehre von der Wiedergeburt*, a. a. O., S. 21.

[53] Ebd., S. 19.

[54] Vgl. Krebs, Wolfgang: *Der Tod Gottes als Ende der Romantik. Zu Felix Weingartners „Kain und Abel".* In: Kienzle, Ulrike/Kirsch, Winfried/Neuhaus, Dietrich (Hg.): Kain und Abel. *Die biblische Geschichte und ihre Gestaltung in bildender und dramatischer Kunst, Literatur und Musik*, S. 249-273, Frankfurt am Main 1998, S. 254: „Die möglichst getreue Nachahmung des Bayreuther Vorbildes galt in den Jahren nach Wagners Tod gleichsam als Ehrentitel (...)." Vgl. auch Fischer, Jens Malte: *Im Schatten Wagners*, a. a. O., S. 39.

[55] Ebd., S. 28.

[56] Ebd., S. 38.

[57] Ebd., S. 72.

[58] Durch diese Maxime wird eine Problematik im Sinne der angesprochenen Zusammenfügung „von inkohärenten Elementen, wie z. B. in Bittners *Der Bergsee* von 1911 ebenso vermieden, wie Wagners Ablehnung rein historischer Stoffe für die Kunst. Vgl. Fischer, Jens Malte: *Im Schatten Wagners*, a. a. O., S. 32/33. Fischer zitiert hier als Beleg Wagners theoretische Hauptschrift *Oper und Drama* von 1851.

verträgt „keine Tendenzstücke, nichts über spezifische Probleme der Gegenwart, keine Bauerncomödien und kleinbürgerliche Schauspiele."[59] Anstatt nun den Impuls für einen musikdramatischen Ahasver-Mehrteiler in Wagners Kundry zu verorten, begibt sich Weingartner auf eine ausgedehnte Spurensuche nach der Thematisierung der Wiedergeburt in Wagners Oeuvre. Er findet dabei das Modell des Buddhismus in einem unkomponierten Teil von Brünnhildes Schlussgesang aus der *Götterdämmerung:*

Aus Wunschheim zieh ich fort,
Wahnheim flieh' ich auf immer;
Des ew'gen Werdens
off'ne Thore
schließ ich hinter mir zu:
nach dem wunsch- und wahnlos
heiligsten Wahlland
der Welt-Wanderung Ziel,
von Wiedergeburt erlöst
zieht nun die Wissende hin.[60]

„Welt-Wanderung" und „Wiedergeburt" stellen natürlich auch maßgebliche Komponenten der Charakterisierung des Ahasver-Mythos bei Wagner dar. Doch nur mit dieser Parallele möchte Weingartner seinen Plan zu einer Ahasver-Oper noch nicht rechtfertigen. Erneut wird Wagner, diesmal mit einem Zitat aus *Religion und Kunst*[61] , zum Gewährsmann. An diese Überlegung anknüpfend fixiert Weingartner im „moralischen Genie"[62] Jesus den „Wendepunkt in der metaphysischen Geschichte des Menschengeschlechts."[63] Konterkarierend zum vollendeten Christus, der den Willen zum Leben bereits überwunden hat, bedarf das Erlösungsdrama eines Antagonisten: Den erlösungsbedürftigen Kain sowie seine wiedergeborenen Existenzen Ahasver und Judas. Dies entspricht

---

[59] Ebd., S. 72/73. Gezwungenermaßen macht Weingartner hier eine Ausnahme, wenn mit spezieller „Ironie" vorgegangen wird, um die „Meistersinger" in seinem Konzept unterzubringen.

[60] Ebd., S. 76.

[61] „Da der Heiland selbst als durchaus sündenlos, ja unfähig zu sündigen erkannt ist, mußte in ihm schon vor seiner Geburt der Wille vollständig gebrochen sein, so daß er nicht mehr leiden, sondern nur noch mitleiden konnte; und die Wurzel hierzu war nothwendig in seiner Geburt zu erkennen, welche nicht vom Willen zum Leben, sondern vom Willen zur Erlösung eingegeben sein mußte." Wagner, Richard: *Religion und Kunst*, zit. In: Weingartner, Felix: Die Lehre von der Wiedergeburt, a. a. O., S. 89. Vgl. Wagner, Richard: *Religion und Kunst* (1880), *Gesammelte Werke*, a. a. O., Bd. X, 122/123.

[62] In: Weingartner, Felix: *Die Lehre von der Wiedergeburt*, a. a. O., S. 91.

[63] Ebd.

sowohl dem Modell von Parsifal, dem Erlöser, und der erlösungssuchenden Kundry, als auch der Grundprämisse, dass generell ein Suchender und ein Spendender zu erwarten sind, wenn es um das Thema Erlösung geht. Viel entscheidender erscheint, dass die Idee der Erlösung ohne die Erlösungsdramen Wagners nicht darstellbar erscheint: Die „Musik soll die Verneinung des Willens ausdrücken"[64], das heißt, sie ist das Medium mit dem die Idee der Erlösung gestaltet werden soll. Um seine Vision einer solchen Musik zu illustrieren, legt sich Weingartner für sein Kompositionsvorhaben eine sehr hohe Meßlatte: Das Beispiel des Verheißungsmotivs[65] aus dem Finale der *Götterdämmerung* wird als vorbildliches und einzuholendes Ideal gleichermaßen postuliert. Schließlich erlegt sich Weingartner mit einem weiteren Bezugspunkt zu Wagner noch die Bürde auf, das Vermächtnis Wagners nicht nur fortführen, sondern sogar übertreffen zu wollen. Dem Verweis auf die deutlich angelegte Verbindung der Idee der Erlösung mit derjenigen der Wiedergeburt in Wagners zuletzt geplantem Werk *Die Sieger* lässt er unmittelbar den Wunsch nach einer Erweiterung dieses Stoffs folgen:

> [...] statt nur einen erleuchteten Vollendeten von den früheren Lebensläufen einer Person [...], sondern in einer Reihenfolge von Dramen die diese Lebensläufe wirklich darstellt und zeigt, wie der eine von Geburt zu Geburt sich dem Nirwana nähert und es endlich erreicht, während der andere, sich von Schuld zu Schuld verstrickend, immer weiter in die tiefsten Sphären sinkt, bis eine furchtbare Katastrophe auch ihm die Augen öffnet [...][66]

ist Weingartners Vorsatz.

> Was der philosophischen Forschung unmöglich wäre, nämlich zu entdecken, wie der vergangene oder der zukünftige Lebenslauf eines Wesens beschaffen sei, das wird der Künstler in einem reinen, erhabenen Bilde darzustellen im Stande sein. Endlich wird es dem unendlich idealem Geiste der Musik auch gelingen, ein Drama zu gebären, welches den hehrsten Menschen, den jemals die Erde getragen hat, welches Jesus von Nazareth selbst zu seinem Helden hat.[67]

---

[64] Ebd., S. 92.

[65] Dieses Motiv erscheint einerseits bei der Verkündigung von Siegfrieds Geburt in der *Walküre* und andererseits nach dem vernichtenden Weltenbrand in der *Götterdämmerung*, der Gott und Welt erlöst. Weingartner nennt dieses Motiv ein „Wunder aus dem neues Leben keimt." Vgl. Weingartner, Felix: *Die Lehre von der Wiedergeburt*, a. a. O., S. 94.

[66] Weingartner, Felix: *Die Lehre von der Wiedergeburt*, a. a. O., S. 96.

[67] Ebd..

Es ist leicht einzusehen, dass die Ausführung von Weingartners Ahasver-Tetralogie letztlich an seinen eigenen Ansprüchen scheiterte. Da Felix Weingartner aber bereits auf Wagners *Sieger*-Fragment verweist, ist es bemerkenswert, dass der Entwurf zu *Jesus von Nazareth* keine Erwähnung findet. Die Idee, Christus zum Opernhelden zu machen, ist nämlich keineswegs neu: Denn Wagner konzipierte bereits 1849 einen fünfaktigen *Jesus von Nazareth*, der Wagners Berührung mit dem progressiven Gedankengut der Generation der 1848er deutlich zeigt. Ganz offensichtlich laufen somit zahlreiche von Wagner aufgenommene Fäden wieder bei Weingartner zusammen: Die Ahasver-Thematik, vor allem die des *Parsifal*, die Frage nach Erlösung und Erlösbarkeit, die Wagners gesamtes Schaffen bestimmt, die Ideen der *Sieger* und des *Jesus von Nazareth* und schließlich die ganze musikdramatische Konzeption eines „Kunstwerks der Zukunft". Schließlich erstrebt Weingartner nicht weniger als eine Aufführungspraxis im Stile Wagners:

> Dem verständnisvollen Leser wird aber nach Kenntnißnahme des Entwurfes nicht entgehen, daß es sich hier, sowohl durch den Stoff selbst, als auch durch die Auffassung desselben keineswegs um eine Reihe von Opern handelt, welche an einem bestehenden Theater innerhalb seines Repertoires gegeben werden können, sondern daß nur bei einer besonderen Gelegenheit, in einem besonders errichteten Haus, mit der Auswahl der geeignetsten Kräfte und den notwendigen scenischen Vorbereitungen, in dem Sinne wie Wagner seine Bühnenfestspiele geplant hat, eine Aufführung denkbar wäre.[68]

Weingartners Skizze des „Mysteriums in drei Abtheilungen", die *Erlösung*[69], ist ein ausführlicher Entwurf, bereits mit einigen Hinweisen auf die geplante Komposition versehen und in drei Hauptteile untergliedert: I. Kain (erster Abend/Prolog), II. Jesus von Nazareth (zwei Abende) und III. Ahasverus (ein Abend/Epilog). Weingartners Version der biblischen Kain-Erzählung entwirft ein Szenario, in dem Kain und Abel um die Gunst ihrer einzigen Schwester Ada kämpfen. Das Paradies soll dabei vor allem musikalisch charakterisiert werden, durch „Harmonien ohne Dissonanz". Dann plant der Komponist ein aufstrebendes Thema „in gewaltiger Steigerung bis zu einem schmerzlichen Aufschrei des ganzen Orchesters".[70] Kain wird von einem ihm machtverheißendem „Dämon in Gestalt eines schönen Weibes"[71] versucht, dem er schließlich nachgibt, als Ada sich für Abel entscheidet. Die Sphäre des Dämons wird dabei als eine der Lust

---

[68] Ebd., S. 99.

[69] Weingartners Entwurf *Die Erlösung* von 1895 reicht im laut seiner eigenen Aussage auf das Jahr 1886 zurück. Vgl. Weingartner, Felix: *Aus eigener Werkstatt.* In: Ders.: *Akkorde. Gesammelte Aufsätze*, S. 88-108, Leipzig 1912, Neuauflage 1977, S. 102 .

[70] Weingartner, Felix: *Die Lehre von der Wiedergeburt*, a. a. O., S. 103.

[71] Ebd.

gedacht – der Anklang der sich hieraus zu Wagners Venusberg im *Tannhäuser* ergibt, ist bei Weingartner sicherlich nicht zufällig, jedoch nicht unbedingt absichtsvoll. Der Dämon der *Erlösung* repräsentiert vor allem den Antagonisten zur Ordnung Gottes, dem er ein ihm treues Geschlecht neidet und daher die Intrige spinnt, infolge derer Abel durch Kains Hand getötet wird.[72] Neben der Brandopferszene und dem Brudermord aus dem alttestamentarischen Mythos flicht Weingartner allerdings noch weitere Bezüge ein, die vor allem der dramaturgischen Notwendigkeit entspringen, die seine Gesamtkonzeption nach sich zieht: Da die Protagonisten der vier Abende vorwiegend stets neue Reinkarnationen darstellen, strebt Weingartner folgerichtig eine Verknüpfung der drei Handlungszeiträume an. So begegnet Kain eine Vision von Christus, eine weitere Erscheinung mahnt den Brudermörder mit „Entsage! entsage! entsage!"[73] Entscheidende Bedeutung schließlich gewinnt ein Symbol der Art, wie es vor allem den *Ring des Nibelungen* auszeichnet: Nach dem Mord überreicht der Dämon Kain ein Schwert[74], das in allen vier Teilen der *Erlösung* für Gewalt, Mord und Machtgier steht. Auch die Begegnung Kains mit Noah am Ende des ersten Abends dient wohl vor allem dazu, eine Klammer zum nächsten Teil herzustellen: Der ewig wandernde Kain begegnet mit Noah nämlich dem später als Johannes wiedergeborenen Täufer der Christushandlung. Zugleich greift Weingartner tradierte Mythologeme der Kain/Ahasver-Figur auf: Die drohende Sintflut verweist auf die erlösungsverheißende Apokalypse. Kain verzweifelt an seinem Schicksal, er ist zum büßenden Wanderer geworden[75] und er ersehnt an Amfortas erinnernd nur noch den Tod, den er metaphysisch gesehen bei Weingartner nicht finden kann, obwohl er sich in den Wogen der Sintflut ertränkt. Todessehnsucht und Unsterblichkeit – letztere hier leicht variiert zur Reinkarnation wie schon bei Kundry – stellen bekanntermaßen Kernmythologeme des Ahasver-Stoffes dar. Weingartner selbst erwähnt ferner intertextuelle Bezüge zu Byrons *Kain*, der auch noch entscheidender d'Alberts *Kain* prägt[76], als auch zu Hamerlings *Ahasver in Rom*[77], aus dem er die Identifikation Ahasvers mit Kain nochmals legitimiert.[78]

---

[72] Vgl. ebd., S. 105.

[73] Ebd., S. 106. Die Entsagung bedeutet in Weingartners Mysterium ebenso die Erlösung wie schon in Wagners *Parsifal*.

[74] Vgl. ebd., S. 108f.

[75] Er schleudert infolgedessen sogar das fluchbeladene Schwert in die Fluten, das aber vom Dämon sofort geborgen wird. Vgl. Weingartner, Felix: *Die Erlösung*, a. a. O., S. 111.

[76] Vgl. V.3.

[77] Vgl. II. 3.

[78] Vgl. Weingartner, Felix: *Die Lehre von der Wiedergeburt*, a. a. O., S. 141.

Die nächste Parallelfigur Ahasvers nach Kain verkörpert im zweiten Teil der *Erlösung* Judas Ischariot.[79] Das ist insofern bemerkenswert, als die Judas-Figur zwar sicherlich Mythologeme mit Ahasver/Kain gemeinsam hat[80], aber eigentlich im Laufe der „Arbeit am Mythos" funktional durch den Ewigen Juden substituiert worden ist.[81] Durch die Verfolgung des Wiedergeburts-Motivs könnte Weingartner allerdings gleichzeitig dem biblischen Mythos entsprechen und Judas sterben lassen als auch die Parallelfiguren Kain und Ahasver direkt mit ihm identifizieren. Noch offensichtlicher als im Kain-Teil zeigt sich in der Jesus-Handlung Weingartners Verwendung der Bibelerzählungen als Mythos. Wenn er auch nicht wagt, Judas im Wortsinn dauerhaft überleben zu lassen – was die Reinkarnationskonzeption ohnehin nur stören würde – so arbeitet er doch nachhaltig am Mythos des Neuen Testamentes. Judas' Suizid wird nicht thematisiert; das Ende des dritten Abends der *Erlösung* legt vielmehr ein Beginn der Wanderschaft Ahasvers noch in der Existenz als Judas nahe. Gemessen an der mythologischen Bestandheit seines Ausgangsmythos ist Weingartners Heilsgeschichte voller mythologischer Abweichungen. Der Mythos wird gedehnt mit der Tendenz im Sinne Blumenbergs zu Ende gebracht zu werden. Das entscheidenste Indiz dafür besteht sicherlich in der Verwendung des Stiftungstextes des Christentums als Librettosujet einer buddhistischen Wiedergeburtsgeschichte, deren Ziel eine Erlösung im Nirwana durch eine schopenhauersche Verneinung des Willens ist. Neben dem als Judas wiedergeborenen Kain taucht im „Jesus von Nazareth" der *Erlösung* auch der Dämon in der Gestalt Salomes, die später von Jesus getauft wird und den Namen Maria (Magdalena) erhält, wieder auf. Weiter ist Simon (Petrus) die Wiedergeburt Adams und Johannes, Jesus' Lieblingsjünger, ist die des Abel. Judas ist zunächst Schatzmeister des Herodes und liebt Salome, deren Begeisterung für den gefangenen Täufer, ihm ein Dorn im Auge ist. Weshalb der Dämon/Salome allerdings für ihre Forderung nach dem Haupt Johannes' in Weingartners Version noch die Einflüsterungen Herodias' benötigt, bleibt zunächst unklar. Konzeptionell wirkt die Szene der Hinrichtung des Täufers, die Judas und Salome teichoskopisch schildern, durchaus eindrucksvoll. Das Richtschwert, das Salome nach der Enthauptung „in wilder Liebkosung"[82] an sich rafft, ist selbstverständlich das Dämonenschwert, das Kain bereits im ersten Teil der Erlösung erhielt. Problematisch erscheint dagegen der Auftritt der Jünger des Täufers mit Jesus, welche die Freilassung ihres Meisters fordern. Jesus kann Salome zwar mit seinem Blick tief erschüttern, wird aber andererseits von den anderen Anhängern Johannes' nach

---

[79] Vgl. ebd., S. 114 (*Jesus von Nazareth, erster Abend*).

[80] Vgl. I. 5. Ahasvers Geschwister.

[81] Vgl. I. 3. Der Sündenbock Ahasver: „[...] Judas mußte sterben und kam nicht mehr in Frage. Man hatte ein Symbol nötig. Ahasver wurde zum ewigen Sündenbock [...]. (Wambach, Lovis M.: *Ahasver und Kafka*, a. a. O., S. 24.)

[82] Weingartner, Felix: *Die Lehre von der Wiedergeburt*, a. a. O., S. 118.

Verkündigung des Todesurteils fortgezogen.[83] Im weiteren Verlauf der Handlung wird Judas vom Hohen Rat beauftragt das Wirken Jesus' zu beobachten. Am See Genezareth trifft er dabei zufällig die nun in einer Höhle hausende, gänzlich verwilderte Salome, der er schließlich das Schwert entwindet. Nachdem die vorher verführerische Tänzerin jetzt als wilde Büßerin sich auch noch des Blicks des Heilands, der auf ihr ruhte, erinnert, ihn schließlich aufsucht[84] und nach der Taufe „weinend zu seinen Füßen"[85] niedersinkt, wird sie zur aufdringlichen Kopie von Wagners Kundry. In der Charakterisierung des Kain/Judas/Ahasver wird nach der Predigt am See Genezareth eine weitere Komponente der Tradition des Ahasverstoffes aufgegriffen. Wie bereits bei Goethes[86]Ahasver missversteht Judas die Predigt als Rebellion gegen Rom[87] und sieht somit in Jesus einen weltlichen statt metaphysischen Erlöser - eine Erwartung, die Christus enttäuschen muss.

Der zweite Abend der Jesus-Handlung präsentiert Jesus beim Zöllner, die Erweckung des Lazarus, den Einzug nach Jerusalem sowie Jesus' Zorn über die Schändung des Tempels durch die Pharisäer und Händler. Judas reicht Jesus das Schwert, um die Revolution zu beginnen, doch der Messias weist jegliche Gewalt zurück. Judas führt Salome/Maria Magdalena daraufhin vor Kaiphas und den Hohen Rat, um sie zur Aussage gegen Jesus zu zwingen. Sie weigert sich. Als sie fliehen will, streckt Judas sie mit dem Schwert nieder. Es folgen das Abendmahl[88], die Gefangennahme, das Gericht gegen Jesus und die Kreuzigung. Während des Kreuzwegs wird die Urszene des Ahasver-Mythos eingeflochten: Judas verspottet Christus und mahnt ihn schneller zu gehen, worauf Jesus antwortet: „Ich habe nur noch einen kurzen Weg zu gehen, du aber wirst noch lange wandern müssen."[89] Weingartner nimmt nun das „Blickmotiv" wieder auf: Judas vermeint sich an den Blick Jesu zu erinnern[90] und folgt damit Salome und intertextuell dem *Parsifal*. Unter dem Kreuz wird Kain/Judas erneut zum Bußfertigen: Er schleudert das Schwert von sich und stürzt mit „so muß ich denn wandern – wandern!"[91] davon.

Mit dem vierten Teil der *Erlösung,* „Ahasverus", gelingt es Weingartner, den biblischen Mythos zu verlassen. Die Handlung spielt in einer als Endzeitvision vorgestellten Zukunft mit „verheerendem Völkerkrieg" und „apokalyptischen

---

[83] Ebd., S. 117.

[84] Ebd.: „Diesen Blick hab ich gesucht – seit jenem Tag." S. 121.

[85] Ebd.

[86] Vgl. II. 1. Weichenstellung für das 19. Jahrhundert: Goethe und Schubart.

[87] Vgl. Weingartner, Felix: *Die Lehre von der Wiedergeburt,* a. a. O., S. 120.

[88] Christus als Stifter der buddhistischen Idee ist bei Weingartner Vegetarier!

[89] Ebd., S. 132.

[90] Vgl. ebd.. Er meint damit die Vision von Christus die er als Kain in Teil I hatte (vgl. S. 105).

[91] Ebd., S. 133.

Zeichen"[92], einer Zeit, in der zahlreiche Sagen Ahasver mit einem besonderen Nimbus umgeben. Der wiedergeborene Judas begegnet nachts auf dem Schlachtfeld Maria/Salome, die Erlösung ersehnt, wodurch sie offensichtlich ihre Existenz als Dämon abgeschüttelt hat. Denn der Dämon erscheint nun mit den Zügen der Herodias, die Ahasver mit dem Schwert berührt, wodurch er sich verjüngt und schließlich als Anführer mit zahlreichen Soldaten in den Krieg zieht. Ahasver ist bald zum König der Welt geworden, indem er, durch die Macht des Dämonenschwertes unbesiegbar und unverwundbar, alle unterworfen hat. Mit dem Schwert als Symbol des Unheils greift Weingartner das Unsterblichkeitsmythologem des Ahasverstoffes erneut auf und dehnt es wie schon Scribe/Halévy zur Unverwundbarkeit aus. Einzig und allein Indien beherrscht Ahasver noch nicht. Als er nach Indien zieht, stellt sich ihm kein Heer entgegen, und er beschließt als Zeichen seiner Macht einen Buddha-Tempel zu zerstören. Da tritt ihm Maria/Salome im Büßergewande entgegen und befiehlt ihm umzukehren. Er dringt darauf mit dem Schwert auf sie ein, das jedoch kraftlos seiner Hand entfällt. Dadurch verliert Ahasver den Nimbus der Unbesiegbarkeit, weswegen seine Soldaten sich betrogen fühlen. Im anschließenden Streit verwundet einer der Krieger Ahasver mit dem Schwert, Maria/Salome pflegt den Verletzten, zerbricht das Schwert und sendet Ahasver schließlich weiter.[93] Kain/Judas/Ahasver ist wiederum zum Büßer geworden. Es gibt keine Kriege mehr, überall herrscht Frieden. Als er erneut nach Indien kommt, begegnet er Metteya, dem letzten Buddha (Abel/Johannes), der ihn mit Maria/Salome erwartet. Der Buddha enthüllt Ahasver schließlich das Geheimnis des Daseins, dessen gesamte Lebensläufe Ahasver jetzt überblicken kann. Erschüttert erkennt er in Metteya seinen Bruder Abel, den er erschlug. Darauf verkündet der Buddha:

> Morsch ist die Welt. Sie zergeht wie ein Traum, sie zerfließt wie eine leichte Wolke im urewigen Blau des Himmels. Näher und immer näher wandeln wir dem Urquell des Lichtes. Ende alles Seins, nimm uns auf!" (...) Die Musik läßt die Seligkeit des Nirwana ahnen.[94]

Weingartners *Die Erlösung* steht ganz unübersehbar im Schatten Wagners: Angefangen bei Maria/Salomes Imitatio der Kundry über die Thematik der für Wagner zentralen Erlösungsidee bis zur Art seiner „Arbeit am Mythos". Da sich die Frage nach der Erlösung im 19. Jahrhundert zur entscheidenden des Ahasver-Mythos entwickelt hat, und der Ewige Jude zudem bei Wagner camoufliert mehrmals erscheint, liegt es für Weingartner nahe, Wagners „Erlösung dem Er-

---

[92] Ebd., S. 134.
[93] Weingartner, Felix: *Die Lehre von der Wiedergeburt*, a. a. O., S. 137f. „Noch mußt du wandern und die Nichtigkeit des Lebens erkennen; dann erst kannst du erlöst werden." (S. 137).
[94] Ebd., S. 140.

löser"[95] mittels des Ahasver-Stoffes zu beantworten. Das Konzept der Verneinung des Willens, das Wagner von Schopenhauer entlehnte – und dessen Ausarbeitung er in der letzten Wanderung des Buddha in *Die Sieger* plante – möchte Weingartner in einer Art großem Passionsspiel umsetzen. Der Entwurf Weingartners deckt sich in der Jesus-Handlung stoffbedingt mit mehreren Szenen von Wagners Libretto *Jesus von Nazareth*. Doch auch die besondere Betonung von Christus als metaphysischem Menschen-Erlöser und nicht weltlichem Juden-Erlöser entspricht der von Wagners Jesus-Text.[96] Von besonderem Interesse bleibt jedoch die von Wagner beeinflusste Bearbeitungsweise des Mythos: Das vorliegende Ergebnis, ein Libretto-Entwurf mit einem buddhistischen Heilsmodell, das Christus gleichsam als dessen Stifter initiiert, erscheint geradezu paradox. Der sehr freie Umgang vor allem mit dem biblischen Mythos, den zu bearbeiten, zu verändern und neu zu montieren sich Weingartner nicht scheut, zielt aber auf eine „Arbeit am Mythos" ab, wie sie vergleichsweise der *Ring des Nibelungen* präsentiert: Dessen Bestände sind rezeptionsgeschichtlich so prägend geworden, dass mit den Nibelungen keineswegs länger nur der Ausgangsmythos, sondern auch Wagners zahlreiche Einflechtungen aus der Edda assoziiert werden. Weingartners Ausgangspunkt für einschneidende Eingriffe in die klassischen Bestände des biblischen Mythos resultiert daraus, dass er alles seiner zentralen Frage, der nach der Erlösung, unterordnet. Dabei sind die Archetypisierung sowie die Identifikation von Kain, Judas und Ahasver durch die Reinkarnationslehre mythologisch gesehen nicht unberechtigt. Zugleich wird der Figur so ein Nimbus endloser Existenz verliehen. Weingartners Konzept nähert sich dem Ziel, das unendliche Leben Ahasvers mit Inhalt zu versehen. Dem lässt sich entgegen halten, dass es beispielsweise Hamerling oder eben Wagner gelingt, ihren Ahasver-Figuren mit wesentlich weniger Aufwand zu solchem Nimbus zu verhelfen: Das bloße *namedropping*, wie ‚Kain' oder ‚Herodias', mythisch stark aufgeladener Namen, transportiert hier die Aura ewigen Daseins. Weingartners geplante Tetralogie besitzt ihre Reize potentiell vor allem in Einflechtung neuer Elemente in die bekannten mythischen Bestände, während der breite Raum, den die Aufbereitung der bekannten Passionsgeschichte einnimmt, zum Problem gerät. Trotz aller Vorbehalte erscheint daher die Zukunftsvision des Ahasver-Teils am vielversprechendsten. Durch alle vier Teile ziehen sich die Mythologeme des Ahasverstoffs: Das Mythologem der Unsterblichkeit in Form der Wiedergeburt, das der Wanderung, die alle Reinkarnationen, Ahasver, Kain und Judas, aufnehmen, sowie natürlich das titelstiftende der Erlösung. Die Erlösung bleibt allerdings bei Weingartner an einen

---

[95] Wagner, Richard: *Parsifal*. In: *Gesammelte Werke*, a. a. O., Bd. IV, S. 331.
[96] Wagner hat als Vorstudie zu seinem nicht ausgeführten Projekt zahlreiche Bibelzitate zusammengestellt, unter anderem wollte er das gesamte Kapitel VIII der Offenbarung des Johannes einarbeiten.

jüngsten Tag, obgleich in einer speziellen Variante, gekoppelt: Das apokalyptische Schreckensszenario weicht schließlich einer paradiesischen globalen Karfreitagsaue. Ahasver kann nicht durch die Liebe einer Frau, wie der Holländer, oder durch einen Erlöser wie Kundry, gerettet werden, sondern nur durch seine eigene Verneinung des Willens zum Leben. Lediglich ein zentrales Mythologem des Ahasver-Mythos ist in *Die Erlösung* stark in den Hintergrund getreten: Die Thematisierung des Judentums bleibt zugunsten eines wiedergeborenen Einzelschicksals von geringer Bedeutung. Die Charaktere sind lediglich aufgrund ihrer Verortung im biblischen Mythos Juden, die Taufe der Salome zur Maria Magdalena markiert zwar ihre Läuterung[97], für Ahasvers Erlösung bleibt das Motiv jedoch bedeutungslos. Zwar mag man generell das Schicksal Ahasvers mit dem der Juden assoziieren, doch spielt die Differenz von Christ und Jude in Weingartners *Die Erlösung* keine Rolle. Dies ist wegen einer Erlösung durch Verneinung des Willens und eine Orientierung zur buddhistischen Heilslehre, also einer Neuorientierung, derer für Weingartner Christen und Juden gleichermaßen bedürfen, sicherlich ebenso einleuchtend, wie die Tatsache, dass *Die Erlösung* aus genannten Gründen schon an ihrer Ausführung scheitern musste. Zugleich offenbart sich die Tendenz, den Ewigen Juden, den Wagner nie offen auftreten ließ, als Librettosujet für das Musikdrama aufzugreifen, vor allem für Komponisten und Textdichter, die sich an Wagner orientierten, da die implizite Verwendung des Ahasver-Mythos bei Wagner dazu anregte. Die absolute Orientierung am „Bayreuther Meister" stellt dann aber Projekte wie Weingartners *Erlösung* in Wagners übermächtigen Schatten, was zahlreiche Ingredienzien nachhaltig illustrieren: Neben der Kundry-Kopie Salome/Maria findet sich auf der Symbolebene Notung mit umgekehrten Vorzeichen, im zweiten Teil der Kainhandlung eine Imitatio des Venusberges aus dem *Tannhäuser*, und sogar musikalisch scheinen die Mittel Wagners im Falle einer Auskomposition apodiktisch: Die Themen Wiedergeburt und Erlösung lassen bei Weingartners Ausführungen sofort an die durch die Gegenüberstellung von Chromatik und Diatonik erzeugte Dualität von Gralsgebiet und Klingsors Reich oder Venusberg und Pilgerchor denken.[98]

Zugleich gerät *Die Erlösung*, die zudem die gesamte biblische Passionsgeschichte dramatisieren möchte, als ganze Handlung zu verästelt. Eine eindrucksvolle Charakterisierung der wiedergeborenen Protagonisten scheint zwar durch die Leitmotivtechnik gut vorstellbar, aber selbst bezüglich der reinkarnierten Helden birgt der Entwurf Probleme: Abels Wiedergeburt Johannes kommt in der Jesus-Handlung kaum ein handlungsorientiertes Moment zu[99], so

---

[97] Auch Salome wird durch die Taufe nicht sogleich aus ihrem Wiedergeburtenzyklus erlöst. Sie begegnet Ahasver als indische Priesterin.

[98] Vgl. Krebs, Wolfgang: *Der Tod Gottes als Ende der Romantik*, a. a. O., S. 254.

[99] Vgl. ebd., S. 253.

dass das dramaturgische Bindeglied der verwinkelten, aus mehreren Stoffen zusammengesetzten Handlung nicht seine volle Wirkung entfalten kann. Freilich können die Stoffmontage Weingartners und die starke Ausprägung epischer Elemente innerhalb seines geplanten Musikdramas wieder auf das Idol des Komponisten zurückgeführt werden: *Der Ring des Nibelungen* ist ebenso aus zahlreichen Stoffquellen entbunden, und die ausführlichen Erzählungen im *Ring* rücken ihn in die Nähe des musikalischen Epos.

> Die Komposition von Vier-Abende-Opern vom Ausmaß der Ring-Tetralogie setzte eine musikalische und dramatische Potenz voraus, die derjenigen Wagners mindestens hätte gleichkommen müssen. Ob Weingartner dieser lange künstlerische Atem, wie ihn das Erlösungsmysterium forderte, zugetraut werden darf, läßt sich natürlich nicht mit Sicherheit entscheiden, aber wahrscheinlich wäre das Ergebnis am Ende doch, wie in Weingartners „Orestes"-Trilogie, nur eine Häufung musikalischer Belanglosigkeiten mit rudimentärem leitmotivischen Zusatz geblieben.[100]

Diese polemische Spekulation folgt daraus, dass Weingartner sich aus eigener Intention an Wagner messen lassen muss. Allerdings sieht Krebs bei Weingartner eine Entwicklungstendenz. Wenn auch das *Erlösungs*-Projekt unausgeführt blieb, so vollendet Weingartner doch einen Einakter zum Kainstoff. *Kain und Abel*[101] emanzipiert sich, sicherlich angeregt durch das Schaffen Schrekers und Strauss', von der so lange zentralen Frage Wagners nach der Erlösung. Hier sind nur noch vereinzelte Spuren des *Erlösung*-Entwurfes zu finden: Aus dem fluchbeladenen Schwert des Tetralogie-Konzepts ist ein Beil geworden, der musikalische Stil bleibt Wagner verhaftet. Das Kain-Motiv wird aus dem zentralen Beil-Motiv entwickelt.[102] Die Erlösungsthematik spielt nur noch eine untergeordnete Rolle: Abel erlöst als „Christus und Bacchus in einer Person, zuzüglich einiger Siegfried- und Parsifal-Elemente"[103] Ada durch seine Liebe, bevor er und die Oper durch Kains Untat ein abruptes Ende finden. Das gottrepräsentierende Naturgefühl von *Kain und Abel*, eindrucksvoll in einer Art Karfreitagsauen-Liebesduett zwischen Abel und Ada auskomponiert, wird durch den Mord Kains zerstört. Weingartner selbst negiert hier die lange entwickelte Erlösungsutopie seines Tetralogie-Vorhabens – sicherlich durch sein aktuelles Zeitgeschehen beeinflusst: Weingartner, einer der wenigen Intellektuellen, die sich gegen die Gräuel des Ersten Weltkrieges wandten, lässt die Daseinsleere über

---

[100] Ebd., S. 253.

[101] Felix Weingartner: *Kain und Abel, Oper in einem Akt.* Klavierauszug mit Text, Wien/Leipzig 1912.

[102] Vgl. Krebs, Wolfgang: *Der Tod Gottes als Ende der Romantik,* a. a. O., S. 261. Weingartners Beil-Motiv muss sich leider an Richard Strauss' *Elektra* messen lassen.

[103] Ebd., S. 263.

die Daseinsfülle siegen. Von dem zunächst so kunstvoll mit dem Kain-Stoff verwobenen Ahasver-Mythos ist nicht mehr viel geblieben: Außer dem Antagonismus Gottes gegenüber dem trotzigen Frevler Kain, der jedoch mit einem Sieg des Niederen über das Edle[104] aufgelöst wird, bleibt nur eine vage Verbindung zum Stoff vom Ewigen Juden, die ohne die Kenntnis von Weingartners *Erlösung*-Entwurf kaum erkennbar wäre.

So liegt das Gewicht weder auf dem christlichen Dualismus von Gut und Böse, noch auf einem universal-religiösen Gegeneinander eines guten und bösen Prinzips. Daß Weingartner dies bewußt aufgab und den Schwerpunkt verlagerte, wird aus einem Vergleich des Werkes mit dem 1895 erschienenen Entwurf für den Opernzyklus „Die Erlösung" deutlich, zu dem eine mehraktige Oper Kain den Prolog bilden sollte.[105]

---

[104] Vgl. ebd., S. 272. Parallel dazu führt Krebs das Beispiel Hagen und Siegfried an.

[105] Gilbert, Heike: *„Ich hab' ihn erschlagen!"* oder: *Das Ende der Romantik als Bühnenereignis. Zu Felix Weingartners Oper „Kain und Abel.* In: Kienzle, Ulrike u. a. (Hg.): *Kain und Abel,* a. a. O., S. 239-248, hier S. 243.

V. 2. MELCHIOR E. SACHS: *KAINS SCHULD UND IHRE SÜHNE*

Heute so gut wie vergessen ist Melchior Ernst Sachs (1843-1917). Er war als Gesangs- und Kompositionslehrer in München tätig. 1886 wurde seine Oper *Palestrina* in Regensburg aufgeführt, 1912 kam in München sogar ein Substrat von *Kains Schuld und ihre Sühne* in Oratorienform zur Aufführung. Von gewisser Bekanntheit ist heute nur noch sein Schüler Walter Abendroth, der weniger durch seine Kompositionen als durch seine Tätigkeit als Musikschriftsteller in Erinnerung geblieben ist.

Seine in den 90er Jahren des 19. Jahrhunderts entstandene Adaption des Ahasvermythos in Form eines musikdramatischen Mehrteilers von gigantischer Dimension steht in enger Verwandtschaft zu Weingartners Ahasver-Projekt. Obwohl über Sachs wenig bekannt ist, genügt ein Blick in das Nachwort seines 1898 in München gedruckten Librettosiebenteilers *Kains Schuld und ihre Sühne*, um ihn schon nach dem ersten Satz mit dem Wagnerismus in Verbindung zu bringen:

> Auf dem Weg zum reinen Menschentum, das gleich ist mit dem von kirchlichen Fesseln befreitem Christentum, ist kein Volk weiter fortgeschritten als das deutsche.[106]

Dies verweist unmittelbar auf Wagners Regenerationsschrift *Religion und Kunst* mit ihrer Kirchenkritik und auf ein ideologische Kernstück des „Bayreuther Christentums" mit der „Auffassung, dass Christentum und Deutschtum ihrem Wesen nach verwandt sind, dass wahres Christentum ‚deutsches Christentum' ist."[107] Auch die Maxime, „die höchsten erkannten Wahrheiten [...] im Kleid der Dichtung [...] auf der Schaubühne [...] vorzuführen"[108], verdankt sich Wagners Entwurf einer Kunstreligion.

Mit dem Titel *Kains Schuld und ihre Sühne* intendiert er, Richard Wagners *Ring* schon in Bezug auf Komplexität und Aufführungsdauer nicht bloß einzuholen, sondern vielmehr weit zu übertreffen. *Kains Schuld und ihre Sühne* stellt eine Heptalogie vor, die den Ewigen Juden im Komplementärmythos zu Ahasver,

---

[106] Sachs, Melchior E.: *Kains Schuld und ihre Sühne. Wort und Tondichtung für die Schaubühne in sieben Teilen, VII. Teil Ahasvers Erlösung. Mit dem Vorspiel König Salomo im neuen Jerusalem*, München 1898, S. I [Nachwort]
[107] Schüler, Winfried: *Der Bayreuther Kreis von seiner Entstehung bis zum Ausgang der Wilhelminischen Ära. Wagnerkult und Kulturreform im Geiste völkischer Weltanschauung*, Münster 1971, S. 273.
[108] Sachs, Melchior E.: *Kains Schuld und ihre Sühne*, a. a. O., S. I [Nachwort].

der alttestamentarischen Kain-Geschichte, auf seine Wanderung schickt, um ihn – wie schon Weingartner in seinem geplanten Vierteiler – erst in ferner Zukunft seine Erlösung finden zu lassen.

Im Gegensatz zum Entwurf Felix Weingartners ist das unglaubliche Vorhaben Sachs' allerdings recht weit gediehen: Alle sieben Libretti liegen vollständig ausgeführt vor, der erste Teil des Zyklus ist sogar auskomponiert. Die einzelnen Teile dieser „Wort und Tondichtung für die Schaubühne" sind dabei unterschiedlicher künstlerischer Qualität und ebenso unterschiedlich stark mit Mythologemen des Ahasver-Stoffes sowie judenthematisierenden Stereotypen durchsetzt. Musikalisch bietet der Klavierauszug des ersten Teils[109] hauptsächlich die kompositorischen Versuche Wagner hinsichtlich eines zusammenhängenden musikalischen Gewebes zu erreichen, wobei gerade die deutlich erkennbare Leitmotivtechnik erst gerecht zu beurteilen wäre, wenn sie denn über sieben Opern entwickelt vorläge. Das Vorspiel zu *Kain*, währenddessen sich drohend das „Schuldmotiv" aus den „Paradiesklängen" entwickelt[110], bietet beispielsweise durchaus reizvolles Material: Die Transformation des Themas ist über die Faktoren Tonalität und Tempo außerhalb geschlossener musikalischer Nummern konsequent umgesetzt. Da jedoch grundsätzlich weder eine ähnliche Qualität, noch eine Fortentwicklung, noch eine Emanzipation von Wagners Stil erreicht wird, steht Sachs' Tondichtungs-Zyklus schon im Schatten Wagners, bevor man einen Blick auf die angestrebten Aufführungsbedingungen dieses Mammut-Werkes wirft.

Die sieben Musikdramen *Kain, Nimrud, Moses, Ahas, Juda ben Salem, Levi und Ahasvers Erlösung* sollen, so Sachs, – ganz dem Festspielgedanken Wagners verpflichtet – nur auf einer eigens dafür eingerichteten Schaubühne aufgeführt werden. Und es klingt schon sehr nach Utopie, wenn Melchior Sachs schreibt:

> Zu diesem Zweck brauche ich ein Schiff, das als Schaubühne eingerichtet ist. Soweit die Wasserstraßen es möglich machen, soll dies Schiff samt Allen, die für die Darstellung des Werkes notwendig sind, zunächst in Deutschland von Ort zu Ort, dann von Land zu Land und vielleicht von Erdteil zu Erdteil fahren.[111]

Die Finanzierungsfrage eines solchen Unternehmens lehnt Sachs ebenso naiv wie selbstsicher an die ursprünglichen Bayreuth-Idee Richard Wagners an: Ihm

---

[109] Sachs, Melchior E.: *Kains Schuld und ihre Sühne. Wort- und Tondichtung für die Schaubühne in sieben Teilen. I. Teil: Kain*. Klavierauszug mit Text, München 1912.

[110] Vgl. ebd., S. 3ff.

[111] Sachs, Melchior E.: *Kains Schuld und ihre Sühne. Wort und Tondichtung für die Schaubühne in sieben Teilen, VII. Teil Ahasvers Erlösung. Mit dem Vorspiel König Salomo im neuen Jerusalem*, München 1898, S. II/III

[Nachwort]

schweben niedrige bis gar keine Eintrittspreise für die Allgemeinheit vor – allerdings möchte er die durch hohe Preise für Wohlhabende kompensieren -, um einen mobilen Kunsttempel zu etablieren mit „hohe[r] veredelnde[r] Wirkung auf die Sinne".[112] Er kritisiert dabei durchaus die gegenwärtige Situation Bayreuths, das „nur für wohlhabende Leute zugänglich"[113] sei, ebenso wie er herkömmliche Opernbühnen zur Aufführung seines Werkes vollkommen ablehnt:

> Von den vorhandenen Bühnen muß allerdings abgesehen werden, da sie leider fast alle ihres hohen Berufes vergessen und sich in den Dienst des Geldes und der Gemeinheit gestellt haben.[114]

Das heißt, er sucht einen Mäzen. Selbst bei einer Vollendung der vorliegenden Ahasver-Heptalogie erscheint eine Aufführung daher von vornherein ausgeschlossen, auch ungeachtet der Tatsache, dass Melchior E. Sachs seinen eigenen künstlerischen Ansprüchen, gemessen an Richard Wagner, kaum hätte genügen können. Schließlich propagiert er die „Absicht, durch die noch nicht vollendete Musik dieser Dichtung eine höhere Weihe zu geben"[115], da ihm Handlung und Text als nicht ausreichend erscheinen, die „Wahrheiten mit voller Eindringlichkeit zu verkünden."[116]
Weder die Wirkung noch die künstlerische Qualität sind somit der Focus des Interesses für *Kains Schuld und ihre Sühne* in Hinblick auf die Geschichte des Ahasver-Mythos im Libretto. Andererseits bietet der Siebenteiler wesentlich mehr als nur ein weiteres Beispiel für die Bedeutung Wagners für die Rezeptionsgeschichte des Stoffs vom Ewigen Juden auf der Opernbühne. Melchior E. Sachs' Ahasver-Bearbeitung steht vielmehr geradezu mustergültig für die Arbeit am (Ahasver-)Mythos im Sinne Blumenbergs: Gerade die kleinen Unzulänglichkeiten dieser Adaption des Mythos offenbaren, wo sich einzelne Mythologeme des Ahasver-Stoffes einer Abwandlung in besonderer Weise widersetzen, wo sich Klischees und Stereotypen einschleichen, wie sogar der zeitweise vermeintlich getilgte Bekehrungswahn des Ausgangsmythos von 1602 hier am Ende nicht zum Verschwinden gebracht werden kann. Auch die Notwendigkeit, die endlose Existenz des wandernden Juden mit Inhalt zu füllen, illustriert *Kains Schuld und ihre Sühne* – nicht umsonst liegen sieben Teile vor. Schließlich konfrontiert uns Sachs' Werk noch mit verschiedenen Komplementärmythen zu Ahasver, unterstreicht nochmals die Sündenbockfunktion des Ewigen Juden und präsentiert die Ambivalenz der Ahasver-Figur, indem der Jude hier, erneut ausgehend von der Reinkarnationsidee, sieben Existenzen durchläuft.

---

[112]Ebd., S. I, vgl. auch S. III.
[113] Ebd., S. II.
[114] Ebd.
[115] Ebd.
[116] Ebd., S. I

Ermüdende und langwierige Inhaltsangaben der ausgedehnten Handlung, die bei einem derart unbekannten Text beinahe notwendig erscheinen, können dabei dank der kursorischen Repetition im Finale von *Ahasvers Erlösung*[117] weitestgehend vermieden werden. Die Erkenntnis des Ewigen Juden, die er im letzten Akt der Heptalogie im Traum gewinnt – ähnlich wie schon Halévys Ashvérus seine Erlösung visionierte[118] - konfrontiert den Erlösungssuchenden mit den Stationen seiner bisherigen Leben, in denen er sich, zwischen reuiger Buße und monomanischem jüdischen Fanatismus hin- und hergerissen, stets auf neue in Schuld verstrickte:

> [...] Die beiden Schlafenden [neben Ahasver ruht Madaleba, die Reinkarnation Adams] haben dann folgendes Traumgesicht, das dem Zuschauer durch Bilder sichtbar wird, die mittels optischer Vorrichtungen auf die Mitte der Bühne geworfen werden. Diese Bilder in Lebensgröße stellen Vorgänge aus den verschiedenen Menschformen Kains dar, in der Umgebung, wie sie in den vorhergehenden 6 Teilen des Werkes angegeben ist.
>
> 1. Bild
> Kain neben Abels Leichnam vor Adam [...]
>
> 1. Engel
> Adam und Eva waren reines [sic] Herzens;
> Hochmut brachte sie in Schuld und Leid.
> Hochmut trieb auch Kain, den eignen Willen
> zu setzen gegen Gottes Willen.
>
> Schuldbeladen irrt er durch die Zeiten,
> Sühne suchend für den Brudermord.
> Sein blöder, schuldgetrübter Blick
> Sah nur den Bach des Bruderblutes;
> Verborgen blieb ihm seine Quelle.
> Was er als Sühne sich auferlegte,
> nur seiner eigenen Kraft vertrauend,
> vermochte er nicht zu erzwingen.[119]

Der Kain-Mythos, den Sachs auch durch ein Dingsymbol mit dem Ahasver-Mythos verknüpft – Kain erschlägt Abel mit seinem Stab, dem späteren Wanderstab Ahasvers - , wird im ersten Teil von *Kains Schuld und ihre Sühne* aller-

---

[117] Sachs, Melchior E.: *Kains Schuld und ihre Sühne*, a. a. O., *VII. Teil: Ahasvers Erlösung*, a. a. O.
[118] Vgl. III. 1. Die Unerlösbarkeit Ahasvers. „Marche! marche! marche toujours!» - Haléys *Le Juif errant*.
[119] Ebd., S. 93/94.

dings nicht in seiner ursprünglichen biblischen Bestandheit belassen. Vielmehr reichert Sachs die Kain-Handlung mit neuen Elementen und neuem Personeninventar an. Neben der zentralen Konstellation Kain und Abel, ihren jeweiligen Familien, Adam und Eva findet sich als zweite Gruppierung die indische Fürstin Algaia mit ihrem Volk. Der Hofstaat Algaias wird zugleich Anlass für eine üppige exotistische Ausstattung und für die Etablierung einer Differenz zu den eigentlichen Geschöpfen Gottes: Algaias Volk, gekennzeichnet durch „dunkle Hautfarbe"[120], betet nämlich die überlegenen Sprösslinge Adams als „Lichtsöhne" an. Diese Überlegenheit stellt Kain als Gast Algaias noch eindrucksvoller unter Beweis, indem er die tapfersten Inder mit Leichtigkeit bei den Waffenspielen besiegt. Die Figur Kain rekurriert hier deutlich auf Wagners törichte Helden: Er ist stark und heldenhaft wie Siegfried oder Parsifal[121], weiß aber nicht, was Keule oder Schleuder sind, und er kennt den Tod nicht. Wie Siegfried das Fürchten erfahren wollte, möchte Kain den Tod lernen. Kain geht mit diesen Charakteristika weit über die Figur der zugrundeliegenden biblischen Genesis hinaus, vielmehr werden in Sachs' Kain entscheidende Komponenten des Byronschen Kain eingearbeitet: Der suchende, allen Dingen auf den Grund gehende, prometheische Kain.[122] Versucht von Wissensdurst und Neugier forscht er nach dem Tod und fragt seinen Vater Adam nach dem ehrfürchtigen Volk Algaias. Adams Bericht offenbart eine vom biblischen Mythos abweichende Urschuld, nämlich den Hochmut, die Herrschaft über die Inder auszuüben. Verformt wird die Bestandheit des Bibelmythos auch insofern, als die Zeugung Kains und Abels vor dem Sündenfall liegt. Sachs versucht also in geradezu dreister Weise die Erbsünde schlechthin durch einen neuen metaphysischen Sündenfall zu substituieren, indem er sich zum fest konsolidierten Mythos quer stellt. Maßgeblich bleibt aber vor allem die positive Umcodierung des mythischen Urbösewichts Kain. Sogar auf Adams Warnung vor der Rückkehr zu Algaias Volk –

> Zum Licht gewandt sei stets des Lichtsohns Blick! Von dunklen Menschen halte er sich fern! Vermißt er sich zu herrschen über sie, so wird im Dunkel, das ihn rings umgibt, sein eignes Wesen immer tiefer sinken.[123]

- erwidert er, vor Gott seien alle Menschen gleich. Kain gewinnt also eine spezielle Dimension des Außenseitertums. Er ist der Sinnende und Suchende, der zunächst nicht erkennt, was er getan hat, als er Abel erschlagen hat, bevor er der

---

[120] Sachs, Melchior E: Kains Schuld und ihre Sühne: I. Teil Kain, a. a. O., S. 13.
[121] Der Terminus „Lichtsohn" reiht ihn zusätzlich in die Genealogie des Wagnerschen Wotan ein. Auch die Götter des *Ring des Nibelungen* werden „Lichtsöhne" genannt.
[122] Byrons Kain liegt auch d'Alberts musikalischer Tragödie zu Grunde.
[123] Sachs, Melchior E.: Kains Schuld und ihre Sühne: I. Teil Kain, a. a. O., S. 104.

reuige Büßer wird. Letzteres ist eindeutig ein entscheidendes Mythologem des Ahasver-Mythos, das in „Kain" auf den Brudermörder der *Genesis* rückprojiziert wird. Die Bußauflage, die Kain sich selbst auferlegt, ist es schließlich, alle Völker zu Adam zu führen, um sie zum einzig wahren Gott zu bekehren. Der Bekehrungseifer, der dem Ahasver-Mythos intentional innewohnt, wird dadurch auf eine vorchristliche Zeit verschoben und führt innerhalb Sachs' Heptalogie zum entscheidenden Fehler: Denn nur das Christentum wird in *Kains Schuld und ihre Sühne* zur heilbringenden Erlösungsprämisse, die Kain/Ahasver im vierten Teil des Zyklus fatalerweise verkennt. Die Verknüpfung des Kain-Stoffs mit dem Mythos vom Ewigen Juden resultiert bei der „Arbeit des Mythos" darin, dass die Ambivalenz der Ahasverfigur, die doppelte Ausprägung von Sünder und Büßer, die ursprünglich eindeutige Zeichnung Kains in der *Genesis* überlagert.

Diese Ambivalenz beeinflusst auch im weitern Verlauf der siebenteiligen Handlung maßgeblich die verschiedenen Wiedergeburten Kains/Ahasvers. Offensichtlich ist dabei, dass Sachs sich nicht für eine Hälfte des Ahasver-Mythos entscheiden wollte, obwohl der fanatisch christenfeindliche Jude und der reuige Büßer beide in einzelnen Ausprägungen vorkommen. Um eine Homogenität der biblischen Mythen von Kain, Moses, Nimrud und Jesus sowie dem Ahasver-Stoff und eigenen Motiven zu synthetisieren, stellt Sachs bereits in den ersten Teil eine Prophezeiung, die auf das Finale der letzten Oper vorausweist. Dieses Orakel Adams wird dabei an das sinnfälligste Symbol der Ahasvergestalt gekoppelt, welches seine ewige Wanderschaft charakterisiert, den Stab des Ewigen Juden:

> Der Stab mit dem du Abel schlugst, der laste auf dir als Zeichen der Schuld, bis einst er wird emporgehoben vom ragenden Stab, der den Büßer trägt für deine, meine, für alle Schuld. Die Stäbe seien das Zeichen des Heils für die lichten und dunklen Menschen![124]

Neben den Verformungen an den verwendeten Mythen zugunsten einer Einheit verschiedener Stoffkomplexe mit dem Ahasver-Mythos als gemeinsamen Nenner, zeigen gerade der zweite Teil *Nimrud* und der dritte Teil *Moses* Abwandlungen, die aus einer Rücksicht für traditionelle Operndramaturgie resultieren. Die bemühte Einflechtung einer jeweiligen Liebeshandlung in die alttestamentarischen Vorlagen hemmt dabei die ohnehin nicht gerade knappe Handlung, in ihrem Lauf. Zwar versucht Sachs, – als Wagnerepigone sicherlich eher unabsichtsvoll – das bewährte Modell der Grand Opéra anzuwenden, nämlich die Entwicklung einer „privaten" Handlung vor dem Hintergrund eines historischen, hier mythischen, Tableaus. Da sich die mythischen Strukturen von Ahas-

---

[124] Ebd., S. 152/153.

vers Schicksalen jedoch nur schwierig in davon abhängigen Liebesschicksalen spiegeln lassen, zumal die Ahasver-Reinkarnationen von letztern ausgeschlossen bleiben, vermag Sachs dieses Konzept nicht sinnfällig umzusetzen und hätte die Geduld eines möglichen Publikums mit Teil II und III der Heptalogie wohl auf eine harte Probe gestellt. Allerdings unterstreicht die vorliegende Abfolge von Ahasvers Existenzen die angesprochene Ambivalenz des Mythos vom Ewigen Juden, aus der hier das Wechseln zwischen negativen und positiven Widergeburten erzeugt wird.

> Kain als Nimrud unterjochte die Völker,
> daß er mit Gewalt zum Heil sie führe
> durch Priesterweisheit und Fürstenmacht.
> Sein Plan mißlang; sein Reich zerfiel.
> [...]
> Kain als Moses, machte sein Volk
> Zum Träger seines starken Willens
> Und pflanzte ihm die Hoffnung ein,
> daß einst aus ihm der Büßer komme,
> den Adam schon im Geiste sah,
> der Sühne bringe für alle Schuld.[125]

Nimrud bietet wenig Originelles, sondern spielt mit mehreren Versatzstücken unterschiedlicher Provenienz. Vor dem Hintergrund des Turmbaus zu Babel und der babylonischen Sprachverwirrung konzentriert sich Teil II auf den Konflikt zwischen dem Fürst Nimrud und den Parsenpriestern, verkompliziert durch die Liebe von Nimruds Lieblingstochter Hela zum Priestersohn Menu, der natürlich bereits einer anderen versprochen ist. Auf diesem Umweg gewinnt die Bußthematik erneut Relevanz: Menu erkennt seine erotische Zuneigung zu Hela als Sünde, für die er „sieben mal sieben Jahre"[126] zu sühnen gedenkt. Im verbreiteten Aberglauben zu Ahasver werden ebenfalls häufig 49 Jahre genannt, nach denen sich der Ewige Jude verjüngt. Auffällig ist noch die Zeichnung des Verhältnisses von Nimrud zu seiner Tochter, die der Herrscher Babylons, als sie sich auf die Seite der Priester stellt, erschlägt. Hier wird die Konstellation der Vater-Tochter-Beziehung aus Halévys *La Juive* nachgespielt, was besonders eklatant wird, indem sich dieser Topos im V. Teil nochmals wiederholt. Der Zusammenhang zum Shylock-Sujet, einer Urszene vom fanatischen jüdischen Vater einer sich abwendenden Tochter, scheint Sachs also besonders präsent gewesen zu sein.

---

[125] Sachs, Melchior E.: *Kains Schuld und ihre Sühne: VII. Teil Ahasvers Erlösung*, a. a. O., S. 93.
[126] Ebd., II. Teil *Nimrud*, a. a. O., 1897, S. 42.

Der negative, unerbittliche Nimrud wird im *Moses* durch einen positiven Helden konterkariert, der aber gleichfalls eine weitere Existenz Ahasvers darstellt. Offensichtlich ist hier die Verbindung zum I. Teil: Gelobte Kain, alle Völker zum „wahren" Gott zu führen, so sinnt Moses darüber, wie er diese seine Bestimmung einlösen kann. In vorchristlicher Zeit besteht auch kein Anlass dazu, den jüdischen Gott im Libretto durch die Lehre Christi abzulösen: Moses gerät daher zum gottesgefälligen, wunderwirkenden Merlin, der entsprechend zum Alten Testament sein Volk aus der ägyptischen Sklaverei führt. Auch hier wird eine Liebesbeziehung eingewoben, folgerichtig zwischen einer jüdischen Sklavin und einem ägyptischen Priestersohn. Die breit angelegten Szenen im Isistempel tun ein Übriges dazu mit antik exotischer Ausstattung einen Hauch von *Aida* zu verbreiten. Der Liebeskonflikt generiert in *Moses* jedoch keine Katastrophe, sondern wird damit gelöst, dass der Ägypter Rostanes zum Judentum konvertiert, zu Micha wird und sich dem Exodus anschließt. Statt Moses nach der gelungenen Flucht vor dem Pharao Aaron gegenüber zu stellen, kreiert Sachs eine Gruppe jüdischer Verschwörer, die letztlich für den frevelhaften Tanz um das goldene Kalb verantwortlich sind. Diese blassen, rein einer dramaturgischen Notwendigkeit entspringenden Figuren, sind von gleicher Problematik wie die synthetischen Antagonisten in Halévys *Le Juif errant*.[127] Mit effektvollem Blitzgewitter werden die Intriganten schließlich von der Bühne gefegt und alle Verführten zur öffentlichen Bußandacht gerufen, während derer sich ihre Schuldbekenntnisse merkwürdig genau an den katholischen Beichtspiegel halten. Die Ausdehnung des zentralen Bußthemas, das immerhin einen *Parsifal* zu tragen vermochte, auf einen Siebenteiler, beginnt hier eine fragwürdige Funktionalität zu gewinnen. Allerdings weckt die Einflechtung eines Motivs, das keineswegs einer für den *Moses* handlungsdramaturgischen Notwendigkeit entspricht, besonderes Interesse. Es ist die Sündenbockthematik, die bereits als einer der zentralen Mechanismen des Ahasver-Mythos formuliert wurde.[128] Im *Moses* soll die klassische Ausgangsszene der Gesellschaftssanierung durch einen Sündenbock auf die Bühne gebracht werden.

Dir sei auferlegt
Alle unsere Schuld!
Trage sie hinaus;
Bleibe in der Wüste!
Wie du niemals wieder
Uns vor Augen kommst
Schwinde unsere Schuld

---

[127] Vgl. III. 1. Die Unerlösbarkeit Ahasvers. „Marche! marche! marche toujours!" – Halévys *Le Juif errant*.
[128] Vgl. I. 3. Der Sündenbock Ahasver.

Vor den Augen Gottes![129]

So wird der Sündenbock besprochen, bevor er vertrieben wird. Dass gerade der Held eines Mythos, und, wie von Girard dargestellt, besonders derjenige Jesus' von Nazareth, der die Funktionsweise des Sündenbockkomplexes offenlegt[130], zum Garant der Rekonstitution einer Gesellschaft zu werden vermag, hat auch in Sachs' *Kains Schuld und ihre Sühne* seinen Niederschlag gefunden. Denn unmittelbar auf die Vertreibung des Sündenbocks folgt im *Moses* die Vorausweisung auf den folgenden Teil:

> Dich hat der Herr erwählt,
> daß du vollenden sollst,
> was er durch mich begann. –
> Ins Land der Väter führ das Volk;
> Aus ihm entsprießt das Heil der Welt![131]

Das „Heil der Welt" erwirkt Christus durch seine Sündenbockfunktion mit dem Kreuzestod im IV. Teil *Ahas* in offensichtlicher Art und Weise. Jedoch erlangt Ahasver dieses Heil erst, wenn er sich dem christlichen Heilsmodell unterwirft. In *Kains Schuld und ihre Sühne* wird der Ewige Jude schließlich auch zum letzten, das heißt nicht konvertierten, Juden. Insofern gewinnt Ahasver hier seinerseits die Sündenbockfunktion, die bereits den Ausgangsmythos prägt: Die christliche Gesellschaft erscheint erst dann als entsühnt, wenn der letzte Jude Christ geworden ist.

> Abel, in hohen Kreisen schwebend,
> schon nah der Vollendung auf diesem Stern,
> sah auf Kains nutzlos Ringen
> voll erbarmender Liebe herab.
> Menschengestalt nahm er wieder an,
> litt als Christus den Tod am Kreuz,
> sühnte, schuldlos, alle Schuld.
> Christus erschloss den Weg zum Heil,
> führte durch Liebe die Menschen zu Gott.
> Kain, als Ahas, erkannte nicht,
> dass Jesus Sühne für ihn brachte
> und fluchte dem Erlöser.[132]

---

[129] Sachs, Melchior E.: Kains Schuld und ihre Sühne, a. a. O., III. Teil Moses, S. 61.

[130] Vgl. Girard, René: Der Sündenbock, a. a. O., Vgl. auch I. 3.

[131] Sachs, Melchior E.: Kains Schuld und ihre Sühne, a. a. O., III. Teil Moses, S. 62. Mit diesen Worten tritt Moses sein Amt an Josua ab.

Die Ausgangssituation von *Ahas* zeichnet eine Ahasverfigur, die mit dem Entwurf Goethes korrespondiert. Denn Ahas unterliegt hier dem Irrtum, in Jesus einen politischen Messias zu erhoffen, eine Fehleinschätzung, die er mit Judas Ischariot teilt. Das bisherige Rezeptionsverfahren, dem der Mythos vom Ewigen Juden unterworfen ist, wird somit mitverantwortlich für eine dem Ausgangsmythos überlegene Charakterisierung Ahasvers, indem ihm eine Motivation zugewiesen wird; die enttäuschte Erwartung einer jüdischen Revolution gegen das herrschende Rom wird dadurch der eigentliche Anlass für den Frevel an Christus. Doch bereits die moralisch positiv konnotierte Intention, das Volk Israel wie schon Moses aus der Knechtschaft führen zu wollen, bleibt nicht ohne Ambivalenz. Die Befreiung Israels stellt für Ahas nämlich den Ausgangspunkt einer erwünschten jüdischen Weltherrschaft dar, die noch dazu mit dem fatalen Begriff „Durchrassung" in Zusammenhang zu bringen ist:

Ahas
Mir ist's auferlegt vom Herrn,
dass ich mein Volk befreie,
dass es ein Sauerteig,
die Völker der Erde durchdringe [...][133]

Für das primäre Ziel der Überwindung der römischen Herrschaft ist Jesus für Ahasver dabei zunächst nur Mittel zum Zweck. Der folgende Schritt, der einer „jüdischen Weltrevolution" wird im weiteren Verlauf der Heptalogie noch weitere Relevanz gewinnen. Weiterhin ist der zur Jahrhundertwende umhergeisternde Topos einer jüdischen Weltverschwörung[134], der hier anklingt, natürlich

---

[132] Ebd., *VII. Teil Ahasvers Erlösung*, S. 95.

[133] Ebd., *IV. Teil Ahas*, S. 8.

[134] Das Ideologem der jüdischen Weltverschwörung hat streng genommen eine jahrhundertealte Tradition. Bei Alfred Rosenberg, einem der führenden Parteiideologen Hitlers wird als Gipfelpunkt dieses Ideologems dem imaginierten Weltherrschaftstraum des Judentums durch die „Lichtgestalt" Adolf Hitlers begegnet. Doch schon im 19. Jahrhundert, mit dem sich etablierenden „gesellschaftlichen Antisemitismus" findet der Topos eine neu dimensionierte Relevanz. Der folgenreichste Text ist dabei sicher *Die Protokolle der Weisen von Zion*, in denen die Wahnidee einer freimauerisch-jüdischen Weltverschwörung beschworen wird, indem von einer geheimen jüdischen Sitzung berichtet wird, die angeblich 1897 stattgefunden habe. Der Inhalt der *Protokolle von Zion* basiert hauptsächlich auf Maurice Jolys „Dialogue aux Enfers entre Montesquieu et Machiavel" von 1864. Vgl.: Piper, Ernst: *„Die jüdische Weltverschwörung"*. In: Schoeps, Julius H./Schlör, Joachim (Hg.): *Antisemitismus. Vorurteile und Mythen*, a. a. O., S. 127-135.

von einer besonderen Brisanz, die von Sachs – so viel sei vorweggeschickt – nicht hinsichtlich einer Rassenideologie ausgereizt wird. Vielmehr bleibt das Unverständnis Ahas' für die Haltung des Nazareners zunächst nachvollziehbar.[135]

So interessant das Ergebnis einer „Arbeit am Mythos" hinsichtlich einer komplexen Ahasver-Figur erscheint, so problematisch bleibt die Situierung der Geschichte vom Ewigen Juden vor dem Hintergrund einer ausgeführten Christus-Geschichte. Beweisen die unterschiedlichen Einflüsse auf Sachs' Ahas die Biegsamkeit des Ahasver-Mythos, so illustriert die Abfolge der Ereignisse des Neuen Testaments, welche die Folie für den IV. Teil bieten, dass sich die Bestandheit der biblischen Geschichte einer „Arbeit am Mythos" weitestgehend widersetzt.[136] Präzisiert muss man für *Kains Schuld und ihre Sühne* feststellen, dass besonders die Bestandheit des Neuen Testamentes verfestigt ist, da Sachs in der Lage ist, sich in den alttestamentarischen Sujets wesentlich freier als im Jesus-Teil zu bewegen. Dies ist als Indiz dafür zu werten, dass in *Kains Schuld und ihre Sühne* das Christentum gegen das Judentum ausgespielt wird, eine Aussage, die durch das noch zu bewertende Finale der Heptalogie konsolidiert wird. Das Dilemma besteht darin, dass die breiten Schilderungen der Wundertaten Christi zwar eine dramaturgische Notwendigkeit besitzen, um dem Antagonisten Ahasvers Profil zu verleihen und vor allem Ahas' Haltung als Irrtum und Frevel herauszustellen, aber in ihrer bekannten biblischen Konsistenz, zumindest rein textlich, ermüdend bleiben.[137]

Nachdem alle Versuche von Ahas' und Judas, Jesus zum bewaffneten Widerstand gegen die Besatzer zu bewegen, scheitern, will der Ewige Jude den Messias, von dessen Macht er inzwischen überzeugt ist, zum Handeln in seinem Sinne zwingen. Hier wagt Sachs, in die traditionelle Evangelienüberlieferung einzugreifen. Denn neben Ahas meint auch Judas, Christus durch den Verrat veranlassen zu können, sich der Gefangennahme gewaltsam zu widersetzen.[138] Das heißt, Judas und Ahasver haben keineswegs das Ziel, Jesus zu vernichten, sondern ihn für ihre politischen Ziele einzuspannen. Allerdings können die verwandten mythischen Figuren Judas und Ahasver[139] dabei nicht gleichberech-

---

[135] Vgl. z. B., ebd., S. 13: „Warum befreit er nicht sein Volk, das seufzt unter dem Joch der Römer?"

[136] Vgl. I. 5. Ahasvers Geschwister

[137] Unter anderem dürfen die Erweckung des Lazarus, der Einzug nach Jerusalem und Jesus auf dem Ölberg nicht fehlen. Vgl. Sachs, Melchior E.: *Kains Schuld und ihre Sühne*, a. a. O., *IV. Teil Ahas*, S. 14 ff, S. 29 ff, S. 38ff

[138] Vgl. ebd., S. 34. „Man muss ihn drängen zur Tat, zum Gebrauch seiner Gotteskraft, zur Befreiung seine Volkes! – Der Hass der Priester soll dazu helfen! In ihre Hände muss er fallen; sie müssen ihn so hart bedrängen, dass er dazu gezwungen wird, durch seine Kraft sie zu vernichten!"

[139] Vgl. I. 5. Ahasvers Geschwister.

tigt koexistieren, so dass der verräterische Jünger einerseits in den Hintergrund tritt und andererseits bereits nach der Verhaftung Jesu sein Scheitern erkennt. Ahas hingegen glaubt beinahe bis zuletzt an eine Treueprüfung durch Christus[140], bevor er mit „Gotteskraft alle niederstreckt"[141]. Umso größer ist seine Enttäuschung und Verbitterung, als er folgende Erwartung nicht erfüllt sieht:

> Die Feinde sollen glauben,
> dass ihrem Hass wir dienen;
> doch dienen sie nur uns
> und fördern unsere Sache!
> Der Meister wird sich zeigen
> Als seines Volks Messias,
> wird sitzen auf Davids Stuhl
> in Macht und Herrlichkeit.[142]

Schließlich kommt es zur nur leicht variierten Nachstellung der Urszene des Ahasver-Mythos in *Kains Schuld und ihre Sühne*.

> Ahas
> (in furchtbarer Erbitterung über seine getäuschte zuversichtliche Hoffnung, stösst Jesus von seiner Schwelle hinweg und ruft in Zorneswut:)

> Hinweg, Betrüger, von meiner Schwelle!
> Du sollst nicht ruhen, wo ich weile!
> (Er tritt das Kreuz mit Füssen)
> Am Holz der Schmach verdient zu enden,
> der schmachvoll unsere Hoffnung trog!
> Hinweg von hier! Trag du dein Kreuz;
> Es ist zu gut, dass es dich trage,
> dich den Erzbetrüger,
> dich den Mörder Israels!

> (Jesus sieht den Ahas mit einem schmerzlich traurigen Blick an, während dieser seine Beschimpfungen hervorstösst. Die Kraft dieses Blickes bewirkt, dass Ahas plötzlich verstummt.)

> Jesus
> (in grosser Erschöpfung)

---

[140] Vgl. Kains schuld und ihre Sühne, a. a. O., IV. Teil Ahas, S. 51. „Er will nur seine Freunde prüfen. Wozu bedarf er unsrer Hilfe, da Gottes Kraft in seiner Hand?! Vernichten wird er seine Feinde, belohnen seine Freunde."

[141] Vgl. Kains Schuld und ihre Sühne, a. a. O., IV. Teil Ahas, S. 36.

[142] Ebd..

Zuletzt – nach Allen –
Wirst du mich erkennen!
Wandle, bis du mich aufnimmst![143]

Ahas handelt hier zwar weder ohne Grund, noch aus „Ruhmsucht bei anderen Juden"[144], begeht aber dennoch den archetypischen Frevel Ahasvers. Hervorzuheben sind der Vorwurf an Christus, „Mörder Israels" einerseits, Jesus abgewandelte Verfluchung des Ewigen Juden andererseits. Dabei hat Ahasver mit seiner Anschuldigung faktisch gesehen so Unrecht nicht: Der Kreuzestod Christi wird in *Kains Schuld und ihre Sühne* zur Prämisse für den Untergang des Judentums sowie aller anderen nicht christlicher Religionen. Christi Urteilspruch über den Frevler verheißt dem Ewigen Juden, dass er der letzte Nicht-Christ auf Erden sein wird. Die Erlösung Ahasvers ist damit nicht länger an die mythische Apokalypse gekoppelt, sondern an seine Konvertierung zum „wahren Glauben". Zum Tag der Erlösung wird der Tag, an dem das Christentum letztes und einziges Bekenntnis darstellt. Offensichtlich an der „Fluchszene" erscheint auch die Anlehnung an Wagner: Der Blick Christi, der das hysterische Verlachen des Heilands durch die „Ahasvera" Kundry zum Schweigen zwingt, ist der Blick, der die hysterische Schimpftirade von Sachs' Ahas verstummen lässt. Bleibt im Ausgangsmythos vom Ewigen Juden aber diese Szene der unmittelbare Wendepunkt, der Ahasver zum Büßer werden lässt, so bleibt der Ahas von *Kains Schuld und ihre Sühne* zunächst ohne Erkenntnisgewinn. Nach wie vor intendiert Ahas den bewaffneten Aufstand gegen Rom. Zugleich verstärkt Sachs den Frevel Ahasvers durch eine zusätzliche Szene unter dem Kreuz, die den in der „Fluchszene" noch nachvollziehbaren Zorn Ahas' revidiert. Der fanatische Hass, den der Ewige Jude noch dem ans Kreuz genagelten Christus entgegenbringt, beraubt Ahas seiner Menschlichkeit. Der fingierte Antagonismus fanatischer Juden und duldender Christus, der die zahlreichen Verfolgertexte evozierte, wird hier rekonstruiert. Und wieder bindet Sachs das Verstummen von Ahasvers grausamen Schmähungen an das dem *Parsifal* entlehnte Blickmotiv:

Ahas
(zu Nicodemus)
Siehe den Verfluchten am Holz der Schmach!
Er ist tot! – O dass er lebte
Und ich vermöchte es, hundertfach,
nein! Tausendfach seine Qual zu mehren!
Das wäre ein Labsal für meine Brust;
Doch löschte es nicht meinen Grimm!

---

[143] Ebd., S. 59/60.

[144] Vgl. *Wunderbarlicher Bericht von einem Jüden aus Jerusalem bürtig*, a. a. O. Vgl. I. 2. Die Geschichte Ahasvers: Mythos und Verfolgertexte.

(Maria sieht Ahas traurig an; sein Blick wird von dem ihren angezogen und er verstummt plötzlich. Nicodemus und alle anderen erheben bei den Wutausbrüchen des Ahas abwehrend die Hände und sehen ihn entsetzt an. Ahas hält kurze Zeit den Blick der Maria aus, dann erschrickt er heftig.)

Ahas.
Sein Blick trifft mich aus ihren Augen!
(Er reisst mit Gewalt seinen Blick von Maria los und sieht die anderen an.)

Ahas.
Aus allen Augen sieht er mich an!
Weiche! Verschwinde,
qualvoller Blick!
(Er hält sich die Augen zu; dann macht er mit den Händen Bewegungen, als wollte er den Blick aus seinen Augen reissen. Plötzlich streckt er seine Arme starr in die Höhe und ruft entsetzt:)
Ha! nun tönt auch wieder sein Wort:
Wandle! Wandle! Wandle![145]

Der fanatische Hass Ahasvers aus dem IV. Teil wird als das bestimmende Charakteristikum des Ewigen Juden in dem 300 Jahre später spielenden fünften Text, *Juda ben Salem*, überführt. Diese Episode verläuft ihrerseits auffällig parallel zum Prinzip von Alexandre Dumas' Ahasveradaption[146]: Flüsterte der Ewige Jude bei Dumas als Tigelinus Kaiser Nero die Christenverfolgung ein, so versucht Ahasver bei Melchior Sachs als Kaiser Constantins Leibarzt Juda ben Salem, den gleichen Einfluss geltend zu machen. Ahasvers Existenz als jüdischer Arzt[147] stellt zugleich den moralischen Tiefpunkt aller Wiedergeburten von *Kains Schuld und ihre Sühne* dar. Die Figur Juda ben Salem unterliegt separat gesehen keiner Entwicklung und weist keine Ambivalenzen auf. Das einzig bestimmende Element für den Charakter bleibt der Wunsch nach der Vernichtung des Christentums. Den Auslöser für antike Christenverfolgungen im „jüdischen Fanatismus" zu verorten, ist insofern von besonderer Perfidie, als das Judentum rückwirkend zur fingierten einstigen Existenzbedrohung der Christenheit stilisiert wird. Allerdings bleibt Sachs keineswegs bei einer einseitigen Proklamierung der jüdischen Bedrohung des *Juda ben Salem* stehen, sondern konterkariert dieses Bild in Teil VI *Levi* mit Szenarien christlicher Judenverfolgungen. Jedoch muss im speziellen Kontext der Problematik von Ahas-

---

[145] Sachs, Melchior E.: *Kains Schuld und ihre Sühne*, a. a. O., IV. Teil *Ahas*, S. 66f.

[146] Vgl. II. 3. Epochen- und Weltgemälde.

[147] Vgl. I. 3. Der Sündenbock Ahasver und Girard, René: *Der Sündenbock*, a. a. O., S. 71. Der Aberglauben weist den Juden um 1600 sowohl die Macht zu, Krankheit als auch Heilung zu bringen.

ver-Mythos und ihn umgebender Verfolgertexte differenziert werden: Selbst-verständlich bleibt *Kains Schuld und ihre Sühne* eine Librettofiktion, die sich unterschiedlichster Vorlagen und Einflüsse unterworfen sieht. Aber die mittelal-terliche Judenverfolgung, die real historischen Ereignissen entspringt, kann nur textimmanent in *Kains Schuld und ihre Sühne* durch eine jüdische Manipulation römischer Christenverfolgung aufgewogen werden. Vielmehr legt die Montage der einzelnen Teile von Sachs' Heptalogie die Funktionsweise antijüdischer Verfolgertexte bloß: Stereotype Funktionen sind gleichberechtigt mit Tatsachen geworden; das christliche Bild vom Judentum ist untrennbar mit Vorurteilen verwoben, die auch mit bester Absicht nur noch schwer ausgelöst werden kön-nen. Positiv hervorzuheben bleibt trotzdem erneut, dass sich Sachs' *Kains Schuld und ihre Sühne* einer rassenideologischen Lesart verschließt. Der Über-tritt zur christlichen Religion ist zwar apodiktisch für Ahasvers Erlösung, der Hass auf das Christentum wird aber individuell dem Ewigen Juden zugeschrie-ben. Obwohl Ahasver eigentlich niemals den einzelnen Juden meint[148], wird der Fanatismus des Ewigen Juden bei Sachs durch andere Judenfiguren kontrastiert. Umso mehr kostet *Juda ben Salem* die Zeichnung eines von irrationalem Hass zerfressenen Außenseiters aus:

> Nun ist die Freudenzeit ganz nah gekommen,
> die ich von Jugend auf schon heiss ersehnte!
> Wird Nazerenerblut in Strömen fließen,
> soll's meinem Auge hohe Wonne sein!
> Der schwer gemarterten Christen Wehgeschrei,
> wird meinen Ohren süsser Wohllaut sein!
> Verzehren lohende Flammen ihre Leiber,
> scheint mir die Luft mit Wohlgeruch erfüllt!
> Vernichtung allen Verhassten!
> Erlösung meinem Volk![149]

Die Christus-Handlung der Heptalogie konstituiert somit zunächst einen Wen-depunkt hinsichtlich der Positionierung der Reinkarnationen Ahasvers: Waren die Wiedergeburten des Ewigen Juden aus dem Alten Testament jeweils kei-neswegs ausschließlich böse, so entwickelt sich Ahas zum Negativen, bis Juda im ersten nicht-biblischen Sujet der Handlung zum klischeehafter Opernböse-

---

[148] Vgl. Mayer, Hans: *Außenseiter*, a. a. O., S. 315. Ahasver selbst identifiziert sich innerhalb des *Juda ben Salem* mit dem gesamten Judentum. Vgl. Sachs, Melchior E.: *Kains Schuld und ihre Sühne*, a. a. O., *V. Teil Juda ben Salem*, S. 11: „(...) Vertilgen wird er alle Nazarener und meinem Volk die Heimat wieder geben, und neu erstehn wird Davids Reich durch mich!"
[149] Sachs, Melchior E.: *Kains Schuld und ihre Sühne*, a. a. O., *V. Teil Juda ben Salem*, S. 12.i

wicht abgestempelt wird. Ahasvers Irrlichtern neben der Wahrheit und Menschlichkeit unter dem Index des Christentums, wird in Teil V durch das Personeninventar des Librettos exemplifiziert. Einerseits stehen da der vom „Christengott" faszinierte Kaiser Constantin, der hartnäckig den Einflüsterungen Judas widersteht, sowie seine getaufte Mutter Helena, andererseits wird erneut die Konstellation aus *Nimrud,* die Beziehung der Ahasver-Figur zu einer ihm schließlich widerstrebenden Tochter durchgespielt. Neben Motiven des Shylock-Themas variiert Sachs für letzteres Verhältnis den biblischen Salome-Mythos: Juda instrumentiert seine Tochter, die noch dazu Herodias heißt, um den Kaiser Roms zur Ausrottung der Christen zu veranlassen. Der verführerische Reiz der schönen Jüdin[150] soll beim Herrscher in *Juda ben Salem* aber nicht nur die Enthauptung eines Mannes, sondern den Tod aller Christen erwirken. Da Constantins Gattin Fausta die Christen zwar für gefährlich hält, jedoch bei weitem nicht einen Juda vergleichbaren Hass gegen die Nazarener pflegt, gerät Herodias schnell zu Ahasvers einziger Verbündeten. Unter der Kontrolle ihres Vater ist Herodias in ihrer Einflussnahme auf den Kaiser höchst erfolgreich: Sie erhält einen Ring geschenkt, der ihr die Erfüllung eines beliebigen Wunsches durch Constantin garantiert. Der Kaiser ist dann über Herodias Begehren ebenso entsetzt, wie es Herodes über Salomes Wunsch war. Im Laufe der Handlung hat sich allerdings Constantin zum Christentum bekehrt. Als der Kaiser Herodias nach dem Grund ihres Hasses fragt, offenbart sich die Jüdin mit:

Sie[die Christen] tief zu hassen, lehrte mich mein Vater.
Es gibt nur einen Wunsch, der ihn erfüllt:
Die Christen zu vertilgen von der Erde
Und Israel zu versammeln im Land der Väter.
Das kann nur durch des Kaisers Macht geschehen.
Gabst du Befehl die Christen zu vertilgen,
darf ich nach meinem heiligen Schwur dich lieben,
wie ich sonst nie dich lieben darf, o Herr.
Denn Zwang käm ich zuvor durch meinen Tod.
Nun weisst du, was du selbst erraten solltest;
nun tue bald, wozu dich die Liebe treibt![151]

Im Dialog zwischen Constantin und Herodias erweist sich schließlich immer deutlicher, dass Ahasvers Hass für Herodias zwanghafte Bürde statt wahre Mo-

---

[150] Zur Stereotypisierung der verführerischen und schönen Jüdin vgl. Jakubowski, Jeanette: *Die Jüdin.* In: Schoeps, Julius/Schlör, Joachim: *Antisemitismus. Vorurteile und Mythen,* a. a. O., S. 196-209.
[151] Sachs, Melchior E.: *Kains Schuld und ihre Sühne,* a. a. O., *V. Teil Juda ben Salem,* S. 46.

tivation ist. Sie möchte sich von ihrem Eid entbinden lassen, was Ahasver, der sein Ziel durch den Einfluss seiner Tochter schon vor Augen sieht, ablehnt. Doch Herodias' aufkeimende Liebe zu Constantin ist größer als die Loyalität zu ihrem Vater. Als sie deshalb verkündet, Christin werden zu wollen, ersticht Ahasver sie. Juda ben Salem stellt sich somit in der Figurenkonstellation des Librettos als völlig isolierter Außenseiter heraus. Intertextuelle Bezüge zum *Kaufmann von Venedig*, der biblischen Salome, aber auch zu Halévys *La Juive* unterstützen diese Positionierung. Der Topos des fanatischen jüdischen Vaters, der aus Hass gegen die Christen seine Tochter verstößt, ist ganz offensichtlich Element antijüdischer Verfolgertexte geworden. Doch damit lässt es Sachs in *Juda ben Salem* nicht genug sein. Zugunsten einer Entwicklungskurve, die in *Kains Schuld und ihre Sühne* Ahasvers Weg zum christlichen Heil beschreibt, zeichnet Sachs in *Juda ben Salem* einen jüdischen Dämon: Juda weicht beispielsweise vor dem Kruzifix in Helenas Gemach zurück und vermag den Raum nur unter höchster Selbstbeherrschung zu betreten. Komponenten, die also eher Revenant- oder Vampir-Geschichten entlehnt sind, werden dem Ahasver-Mythos einverleibt, der freilich im Aberglauben schon früh mit den Insignien eines Dämons ausgestattet war.[152] Dass dies alles vor dem Hintergrund einer dekadenten römischen Gesellschaft abläuft, mit exotischen Tänzen anlässlich einer Saturnalienfeier im Stile des Venusberg-Bacchanals, mit einer Kaiserin, deren Christenfeindschaft gegenüber derjenigen Ahasvers menschenfreundlich erscheint, und mit einem Kaiser, der nicht zögert, seine Gemahlin auch nach seiner Taufe einfach zu beseitigen, als sie ihm im Weg ist, verstärkt die teuflische Aura des jüdischen Antichristen Juda nur zusätzlich. Mit der Situierung des Ahasver-Mythos in einem quasi historischen Kontext wechselt Sachs zudem das bisherige Genre seiner Heptalogie. Teil I bis IV bewegten sich innerhalb der Grenzen rein mythischer Stoffe, der Ahasver-Mythos wurde mit biblischen Mythen verbunden. Mit *Juda ben Salem* stellt Sachs sich in die Tradition des Entwicklungsendpunktes der Grand Opéra, die in Halévys *Le Juif errant* anfing historisierende Tableaus mit einem Mythos zu konfrontieren.[153]

Eine Fortentwicklung des Ewigen Juden hinsichtlich einer Wanderung zum Christentum, setzt im VI. Teil von *Kains Schuld und ihre Sühne* ein. In *Levi* findet sich der Ahasver-Mythos erneut in einer historischen Umgebung, diesmal jedoch bieten die Pogrome des Mittelalters den Hintergrund der Handlung.

Kain, als Levi, schwer verfolgt.
Von falscher Christen blinder Wut,
traf auf wahre Menschenliebe.
Sein starres Herz ward tief erschüttert

---

[152] Vgl. I. 5. Ahasvers Geschwister.
[153] Vgl. III. 1. Die Unerlösbarkeit Ahasvers. „Marche! marche! marche toujours! – Halévys *Le Juif errant*.

Und trieb ihn an zum Opfertod.[154]

Levi präsentiert zwar mordende, brennende und plündernde Christen, kommt aber natürlich nicht ohne Repräsentanten des wahren und überlegenen Christentums aus. Das praktizierte Christentum letzterer wird im VI. Teil auch zum entscheidenden Anlass für Ahasvers Wandlung. Allein die Tatsache, dass Mainz und Köln die Schauplätze der Handlung bieten, während alle anderen Teile im exotisch illustrierten Palästina, Indien oder Rom ablaufen, wird durch *Levi* in der Heptalogie hervorgehoben. Die Distanz schaffenden Elemente von fernem fremden Ort und anderer Zeit, werden hier auf letzteren Faktor reduziert. Und die Selbstverständlichkeit, mit der die mordbrennenden Wallbrüder ihre antijüdischen Spottverse auf ein als Sündenbock fungierendes jüdisches Kollektiv absingen, wirkt wahrhaft verstörend:

Hetzt sie mit Hunden
Fort aus dem Land.
Jud wird geschunden,
Jud wird verbrannt!
In nomine domini
spiessen wir homini!

Lasst keinen laufen,
aus unserer Hand!
Jud muss ersaufen,
Jud wird verbrannt!
In nomine domini
rösten wir homini!

Erst auf recht harte
Folter gespannt,
wird dann recht zarte
Jüdlein verbrannt.
In nomine domini
braten wir homini.[155]

Der erste Auftritt des *Levi* präsentiert vor dem Hintergrund der „rauchenden Trümmer der zerstörten Judenstadt"[156] noch einen fanatisch hassenden Ahasver, dessen Monolog zwischen Heimatsuche und Rachsucht changiert:

---

[154] Sachs, Melchior E.: Kains Schuld und ihre Sühne, a. a. O., VII. Teil Ahasvers Erlösung, S. 95.
[155] Sachs, Melchior E.: Kains Schuld und ihre Sühne, a. a. O., VI. Teil Levi, S. 30.
[156] Ebd., S. 5.

Levi
Bedeckt von Schutt und Trümmern
liegt nun meiner Brüder Heimat!
O Heimat, Heimat! Süsses Wort!
Eine Heimat hatten sie gefunden
bis sie ruchloser Tat zum Opfer fielen.
Ist Gottes Rächerarm erlahmt,
dass er nicht straft den Bruch des Eides
am Schänder seines Fürstennamens?
Zum Himmel schreit meiner Brüder Blut
um Rache, Rache, Rache!
(Levi kniet nieder und breitet die Hände zum Himmel:)
Hörst du nicht den Racheruf, Jehova?
Hast du dieses Volkes ganz vergessen?
Schütte deines Zornes Schale aus
über alle Feinde deines Volkes!
Lasse nicht Abrahams Samen vertilgen!
Lasse mich retten der Brüder Leben
vor ihrer Feinde blinder Wut.[157]

Die „blinde Wut" ist bislang Signum der Ahasver-Figur geworden. Und mit einem kontrastdramaturgischen Zug wird das jüdische Rachegebet sofort mit christlicher Nächstenliebe konterkariert. Adelgilde von Brunnen, die Nichte des Erzbischofs von Köln versucht nämlich, Levi-Ahasver vor der Ersäufung durch den sie begleitenden Judenhasser Bodo von Rauenfels zu bewahren. Der Ritter Bodo erhebt im Gespräch mit Adelgilde den pauschalisierenden Vorwurf des Gottesmordes[158] an alle Juden, ein Stereotyp, das bekanntlich das Anschwellen einer Reihe von Verfolgertexten zur Folge hatte, die im Umfeld des Ahasver-Mythos gediehen. Auf Bodos „Mit Freuden müssen wir Christen begrüßen, dass endlich das schnöde Judenvolk wird ausgerottet bis zur Wurzel!" entgegnet Adelgilde: „Wir Christen dürfen das Volk nicht hassen, aus dem unser Heiland entsprossen ist."[159] Adelgilde kann zwar nicht verhindern, dass Ahasver in den Fluss geworfen wird, doch ihre überhöht dargestellte christliche Nächstenliebe beeinflusst im Laufe des *Levi* nachhaltig Ahasvers Einstellung. Hermann III., der Fürstbischof von Köln, komplettiert die positive christliche Seite der Figurenkonstellation. Daneben findet sich noch die jüdische Gemeinde Köln unter dem Ältesten Samuel, seine Frau Esther sowie sein Sohn David mit seiner Verlobten Rebekka. Ahasver propagiert zwar Misstrauen gegenüber dem Bischof, indem er auf die Geschehnisse in Mainz hinweist, das jüdische Kollektiv folgt aber seinem Hass nicht. David wird, als Schreiber getarnt, in den Hof des Bi-

---

[157] Ebd., S. 5/6.

[158] Vgl. ebd., S. 6: „Dies Volk hat den Heiland an's Kreuz geschlagen..."

[159] Ebd..

schofs eingeschleust, wo er zwar bald als Jude erkannt wird, jedoch trotzdem mit Bodo als Bote an die Wallbrüder auserkoren wird, denen der Bischof das Betreten Kölns verwehrt. Gerade die Darstellung Davids, aber auch seine Verabschiedung durch die jüdische Gemeinde stehen dem fanatischen Ahasver mit seinem Rachegebet gegenüber und widersprechen dem Klischee eines ausnahmslos negativ konotierten Judentums. Vertreter der handlungskonstituierenden bösen Seite werden in erster Linie Bodo und die Wallbrüder, denn auch Ahasver ist in *Levi* weit mehr Opfer als Täter. Ritter Bodo hingegen verrät den Fürstbischof und schlägt sich auf die Seite der mordenden Wallbrüder, welche die Juden Kölns zu verfolgen beginnen. Ahasver gelingt es dabei, Davids Eltern zu retten, wird aber selbst gefangen genommen. Sein Leben rettet ein Mönch, der ihn als den Ewigen Juden erkennt, was alle angsterfüllt zurückweichen lässt:

Alle guten Geister loben ihren Meister!
Das ist der Verfluchte, der nicht sterben kann,
bis einst der Heiland wiederkehrt zum Weltgericht!
Mir hat's ein Mönch vertraut, ein alter frommer Mann,
der täglich hat sein Fleisch gegeisselt Gott zu Ehren.
Er hat ihn so beschrieben, wie er hier vor uns steht.
Dem Heiland gönnte er nicht Rast an seiner Schwelle,
da unter seiner Kreuzeslast der Herr erlag;
dafür muss er nun ewig wandern ohne Ruhe,
bis unser Heiland kommt den Fluch von ihm zu nehmen.
Der Alte hier ist Ahasver, der ewige Jude!

Alle Wallbrüder
(rufen voll Staunen und Entsetzen)
Ahasver, der ewige Jude![160]

Innerhalb des Librettos werden also unmittelbar die Mythologeme des Ahasver-Mythos repetiert, um sie im Folgenden einer Arbeit am Mythos zu unterwerfen. Als man Ahasver zur Aburteilung vor den Bischof bringt, nimmt dieser ihn in Schutz, indem er einen heiklen Punkt des Mythos vom Ewigen Juden anspricht: „[...] Glauben kann ich nicht, dass dir der Heiland fluchte, weil er sterbend noch für seine Feinde bat."[161] Der Ausgangsmythos wird hier neben seiner impliziten Abwandlung in der Heptalogie explizit negiert. Ahasver selbst ist in *Levi* eine Reinkarnation und kein ewig lebender Wanderer, der sich zudem seiner ehemaligen Identitäten noch nicht bewusst ist. Hier gelingt es Sachs in der Tat auf kunstfertige Art und Weise mythologisch zu lügen, um den Mythos von Unwahrscheinlichkeiten zu reinigen, die seiner Intention zuwiderlaufen. Die Wall-

---

[160] Ebd., S. 36.
[161] Ebd., S. 39.

brüder allerdings wollen eine Verurteilung Ahasvers vom Bischof erzwingen. Dass Hermann sich diesem Zwang verweigert und seinen eigenen Tod riskiert, erschüttert Ahasvers Weltbild und illustriert die Überlegenheit des wahren Christentums, um dessen Darstellung Sachs so bemüht ist. Der Bischof, Adelgilde, David und Ahasver müssen fliehen, um sich dem rasenden Mob zu entziehen. Als sie dabei Davids Eltern und Rebekka begegnen, halten diese David zunächst für einen Verräter. Ausgerechnet Ahasver legt nun Zeugnis für die Rechtschaffenheit des Bischofs ab.[162] Dies bedeutet natürlich wiederum eine Variation der anfänglichen Verfolgertexte im Schlepptau des Ahasver-Mythos: Der Ewige Jude ist hier nicht länger Zeuge wider das Judentum, sondern Zeuge für das gelebte und „wahre" Christentum. Die negative Darstellung der Juden wird lediglich für eine Argumentationsweise, die das Positive des Christentums hervorhebt, aufgegeben. Die anfängliche Bekehrungskomponente des Ausgangsmythos bleibt jedoch bestehen. *Kains Schuld und ihre Sühne* implantiert dem Judentum eine zwangsläufig eintretende Bekehrung zum Christentum, die aus einer überhöhten Stilisierung christlicher Heroen resultiert. Kaum sind Rebekka und David wieder vereint, erbitten sie vom Bischof die Taufe. *Levi* transportiert somit ein Ambivalenz, die weit über das textimmanente Alternieren positiver und negativer Existenzen in *Kains Schuld und ihre Sühne* hinausreicht. Geschickt instrumentalisiert Sachs Anleihen von Meyerbeers *Les Huguenots* und Goethes *Götz* für ein Historientableau, das Pogrome rezipiert und sogar den Missbrauch Ahasvers als Sündenbock bloßlegt:

> Die Wallbrüder.
> Er wehrte unserem Herrn die Ruhe;
> dafür muss er nun ewig wandern.
> Fluch ihm! Fluch dem ewigen Juden!

> Bischof.
> Was euer Wahn aus ihm gemacht,
> das überzeugt mich wahrlich nicht!
> Weil euer ganzes Tun und Treiben
> ein solches ist, das Christen schändet,
> so sucht ihr einen *Sündenbock,*

---

[162] Vgl. ebd., S. 53: „Dein Sohn ist ohne Schuld; nimm den Fluch von seinem Haupt! Dann fluche mir, der Unheil bringt, wenn er seine Brüder retten will." Einerseits wird hier das Motiv des Aberglaubens aufgegriffen, der das Vorbeiwandern Ahasvers mit Pest und Unheil verbindet (Vgl. I. 5. Ahasvers Geschwister), andererseits bringt Ahasver in *Kains Schuld und ihre Sühne* nur deshalb Unheil über sein Volk, weil er es in seiner Identität zu bewahren versucht. Als das einzig mögliche Heil wird jedoch eine Bekehrung zum Christentum stilisiert.

um eure Schuld ihm aufzuladen.[163]

Die uncamouflierte Funktionsweise als Sündenbock, die Girard für den Christus-Mythos als signifikant herausstellt hat, wird hier für den Ahasver-Mythos hervorgehoben.[164] Die Kritik am Ahasver-Mythos übt jedoch der Garant christlicher Werte, der mit seinen Argumenten nicht nur Sachs' Arbeit am Mythos stützt, sondern durch sein Verhalten sogar die ursprüngliche Intention des Mythos vom Ewigen Juden umsetzt: die christliche Bekehrung der Juden. Die aktive und körperlich aggressive Verfolgung des Judentums wird zwar in Frage gestellt, die Unumstößlichkeit einer christlichen Wahrheit jedoch wird umso fundamentaler festgehalten.

Für eine operngerechte Umsetzung greift Sachs auf bewährte Ingredienzien Wagners zurück: Die Wallbrüder bedrängen den Bischof und Ahasver mit Waffen. Adelgilde stellt sich schützend vor Ahasver, wie Elisabeth vor Tannhäuser, und wird tödlich getroffen. Die „Heilige" rettet durch christliche Agape den Sünder Ahasver. Dieser sucht in Parsifal-Attitude alle Schuld bei sich: „Um mich hat sie den Tod erlitten! Nun fluche mir dem Unheilsbringer!"[165] Halévys *Le Juif errant* klingt zwar in der Szene an, als alle angsterfüllt vor dem Ewigen Juden zurückweichen, wird am Ende jedoch völlig subvertiert: Ahasver erweist sich als sterblich. Er opfert sich für das Leben des Bischofs und stirbt ohne Bühnenzauber. *Levi*, der wohl interessanteste Teil von Sachs' Heptalogie, zieht damit allerdings für das Gesamtkonzept ein Problem nach sich. *Levi* bedeutet einen Wendepunkt für Ahasver. Hatte er im Jesus-Teil den entscheidenden Frevel neben dem Brudermord als Kain begangen, war er in *Juda ben Salem* die Verkörperung antijüdischer Stereotypen, so wird er hier am Ende zum christlichen Märtyrer. Seine Anerkennung für das Christentum durch seinen Opfertod für den Bischof schien Sachs aber offensichtlich nicht deutlich genug. Um aber überhaupt nochmals einen auf Ahasvers Weg zum Christentum bezogenen Spannungsbogen aufbauen zu können, wird ein Ewiger Jude, der seinen alten Fanatismen und „Fehlern" erneut verhaftet ist, zum Protagonisten der Schlussepisode.

Der siebte Teil, *Ahasvers Erlösung,* wartet daher mit einem umfangreichen Vorspiel auf, das in allegorischer Art Ahasvers Symbolcharakter für das Judentum aufgreift. Eine neue Dimension gewinnt das finale Libretto auch dadurch, dass es die Handlung – wie schon bei Weingartner – in die ferne Zukunft, das „3.

---

[163] Ebd., S. 55 (Hervorhebung von FH).

[164] Vgl. I. 3. Ahasver als Sündenbock. Es wurde bereits z. B. im *Moses*-Teil der Heptalogie auf die deutliche Thematisierung des Sündenbockkomplexes durch Melchior E. Sachs hingewiesen.

[165] Sachs, Melchior E.: *Kains Schuld und ihre Sühne,* a. a. O., *VI. Teil Levi*, S. 57.

Jahrtausend nach Christus"[166], verschiebt. Ahasver/Salomo ist inzwischen, gleich dem Ewigen Juden Brachvogels[167], zum reichsten Mann der Erde geworden und hat das Volk Israel wieder in Palästina versammelt.[168] Der Reichtum des Ewigen Juden entspringt dabei natürlich dem verbreiteten Vorurteil, das die Juden schon seit langem mit Geld und Gold in Verbindung brachte. Im Vorspiel *König Salomo im neuen Jerusalem* klingt nun doch die numinose Angst vor einer jüdischen Weltverschwörung, gekoppelt an die den Juden zugeschriebene Finanzkraft, an: Der neue König der Juden empfängt in der üppigen Pracht seines Palastes die

> Väter der herrschenden Völker, welche alle Christen; er hatte von ihnen alles Geld, das sie ihm schuldeten, in baarem Gold eingefordert, und sie kamen nach Jerusalem, um durch Zählung dieser Schulden zugleich ihre im Dienste der Juden stehenden Volksangehörigen zu befreien und wieder in die Heimat zu führen.[169]

Ahasver/Salomo denkt aber nicht daran, seine christlichen Diener ziehen zu lassen. Denn einerseits will der Ewige Jude immer noch alle Christen unterwerfen, andererseits benötigt er die Handwerker der fremden Völker, weniger weil seine jüdischen Untertanen zu vornehm, als vielmehr unfähig für die meisten Tätigkeiten sind.[170] Erneut wirft hier Wagner seinen Schatten: Ein Alberich-gleicher Ahasver, der sich durch sein Gold die christliche Welt unterwerfen will[171], bedroht die „freien Völker". Waren die Nibelungen der camouflierten Judenfigur Alberich aber noch in der Lage Gold zu bergen und Geschmeide zu schmieden, schleicht sich in *König Salomo im neuen Jerusalem* ein lange tradierter Antisemitismus ein, dessen Wirkmächtigkeit wiederum Richard Wagner begründete: das Absprechen einer eigenen Schaffenskraft der Juden.[172] Allerdings wird das

---

[166] Sachs, Melchior E.: *Kains Schuld und ihre Sühne, VII. Teil Ahasvers Erlösung. Mit dem Vorspiel König Salomo im neuen Jerusalem*, München 1898.

[167] Vgl. II. 5. Ahasver als Gegenstand der Satire-

[168] Vgl. Sachs, Melchior E.: *Kains Schuld und ihre Sühne*, a. a. O., *VII. Teil Ahasvers Erlösung*, S. 7.

[169] Sachs, Melchior E.: *Kains Schuld und ihre Sühne*, a. a. O., *VII. Teil Ahasvers Erlösung*, S. 7.

[170] Vgl. ebd., S. 11 und S. 31f.

[171] Vgl. Wagner, Richard: *Das Rheingold*. In: *Gesammelte Werke*, a. a. O., Bd. III, „Schätze zu schaffen und Schätze zu bergen, nützt mir Nibelheims Nacht; doch mit dem Hort, in der Höhle gehäuft, denk' ich dann Wunder zu wirken: die ganze Welt gewinn' ich mit ihm mir zu eigen."

[172] Vgl. Wagner Richard: *Das Judentum in der Musik*. In: Fischer, Jens Malte: *Richard Wagners „Judentum in der Musik"*, a. a. O., S. 158: „Der Jude hat nie eine eigene Kunst gehabt (...)." Das gesamte „Judentum in der Musik" vertritt die Negierung einer eignen Schaffenskraft der Juden als zentrales Argument. In der Folgezeit hat dies

jüdische Kollektiv von Ahasvers Untertanen bei weitem nicht ähnlich negativ charakterisiert wie der Ewige Jude. Sogar die Kinder des Königs, Israel und Rahel, empfinden so für die christlichen Arbeiter und Diener liebende Zuneigung, weshalb sie über den bevorstehenden Exodus der Christen aus Jerusalem keineswegs erfreut sind. Ahasver/Salomo aber empfängt den Vater der deutschen Völker, den Vater der römischen Völker, den Vater der slavischen Völker und die drei Väter der persischen, indischen und mongolischen Völker. Der Ewige Jude weigert sich schließlich eine Bezahlung des Vaters der slavischen Völker durch Edelsteine zu akzeptieren und besteht auf Gold, auf das er das Monopol anstrebt. Fatalerweise können sich die Slawen aber durch eine Anleihe bei den jüdischen Fürsten behelfen. Notgedrungen bietet Ahasver den christlichen Gastarbeitern dreifachen Lohn, wird jedoch vom Vater der deutschen Völker damit konfrontiert, dass kein Christ mehr einem anderen für Gold diene.[173] Erbost über das Geldgeschäft seiner Fürsten bezichtigt Ahasver seine Volksgenossen als Verräter – seine Finanzgeschäfte muss er jetzt selber tätigen, denn sein indischer Schatzmeister hat Jerusalem in dem Moment verlassen, als sein Volk die Schulden beglichen hat. Doch zu nützen vermag ihm dies alles nichts; selbst für tausendfachen Lohn vermag Ahasver keinen Diener aus seinem eigenen Volk zu verpflichten. Die schöpferische Impotenz der Juden und der Ausbruch aller Völker aus einem kapitalistischen System unter jüdischer Herrschaft führen zum Zerfall des neuen Jerusalem.

Da sich die Christen nicht durch Geld gewinnen lassen,
und ihre Dienste uns ganz unentbehrlich sind,
so wollen wir, wie früher, unter ihnen leben.
Wir wollen unser Väter Land den Christen schenken,
dass sie in frommer Andacht beten an den Stätten,

Künstlern jüdischer Provenienz – z. B. Gustav Mahler - immer wieder mit dem Vorwurf des Eklektizismus konfrontiert. Freilich ist Wagners Stoßrichtung das Kunstschaffen, während Sachs' *Ahasvers Erlösung* mit der Unfähigkeit der Juden für gewöhnliches Handwerk Wagners Vorlage noch radikalisiert. Andererseits verfolgt Melchior E. Sachs mit *Kains Schuld und ihre Sühne* einer gänzlich anderen Zielsetzung als Wagners Judentum-Pamphlet: Sachs thematisiert eine zwangsläufige Bekehrung der Juden zum Christentum, entsprechend dem Ausgangsmythos von Ahasver, eine Maxime, die Richard Wagner längst hinter sich gelassen hat: „ In der Religion sind uns die Juden längst keine hassenswerten Feinde mehr", heißt es im *Judentum in der Musik* (a. a. O., S. 144. Das von Sachs gebrauchte Klischee von einer auf Finanzkraft aufgebauten jüdischen Weltverschwörung schließlich, darf auch in Wagners „Judentum in der Musik" nicht fehlen: „er [der Jude] herrscht, und wird so lange herrschen, als das Geld die Macht bleibt, vor welcher all unser Tun und Treiben seine Kraft verliert." (a. a. O., S. 146).
[173] Vgl. Sachs, Melchior E.: *Kains Schuld und ihre Sühne*, a. a. O., *VII. Teil Ahasvers Erlösung*, S. 25.

wo ihres Glaubens Stifter einstmals starb.
Wir wohnen dann bei ihnen und finden Diener genug![174]

Indem sich die Christen also dem Machtinstrument des Ewigen Juden, dem Gold, verweigern[175], zerbricht Ahasvers Utopie von einem Land Israel. Vielmehr führt Ahasvers Herrschaftsanspruch zu einer Zwangsassimilierung aller Juden an die christliche Welt. Ahasvers Kämpfen dagegen bleibt vergeblich: Er spricht von einer Prüfung Gottes, die Arbeit, welche die Christen bisher taten, nun selber verrichten zu müssen. Die fingierte schöpferische Impotenz und das Überlassen der Arbeit an Christen führt hier zu einer selbstverschuldeten Katastrophe, obwohl doch in Wirklichkeit das mittelalterliche Handwerksverbot für Juden die entscheidenden Referenzpunkte für das Entstehen solcher Stereotypen darstellen. Doch es kommt noch schlimmer: Das jüdische Kollektiv, dem Ahasver zornbebend gegenübersteht, will auch noch geschlossen zum Christentum konvertieren und dem Gold entsagen. Die sozialkritische Dimension, die Wagners *Ring des Nibelungen* entfaltete[176], wird bei Sachs zur Sozialutopie, die eine Erlösung Israels fingiert, die das Verschwinden des Judentums bedeutet. *Kains Schuld und ihre Sühne* mündet in der Erlösungsprämisse, die Wagner für das Judentum proklamierte und mit Ahasver in Verbindung brachte:

> Nehmt rücksichtslos an diesem durch Selbstvernichtung wiedergebärenden Erlösungswerke teil, so sind wir einig und ununterschieden! Aber bedenkt, daß nur Eines eure Erlösung von dem auf Euch lastenden Fluche sein kann: Die Erlösung Ahasvers, - der *Untergang*![177]

Der letzte Jude, der nach dem Vorspiel *König Salomo im neuen Jerusalem* in *Kains Schuld und ihre Sühne* noch der Erlösung harrt, ist der Ewige Jude. Ahasver zwingt Sohn und Tochter, ihm treu zu bleiben und zieht mit ihnen aus Jerusalem. Seine Kinder Rahel und Israel sind seine letzte Hoffnung geworden, denn aus ihnen will er ein neues Volk züchten. Mit dem Ewigen Juden widersetzt sich noch ein letzter Rest des Judentums dem Untergang, der Aufgabe der eigenen Identität. So bleibt auch der Hass, der Ahasver schon sieben Operntexte lang immer wieder zugeschrieben wurde bestehen: Ahasvers Wanderung ist immer noch nicht vollendet.

> O du verblendet, abtrünnig Volk, noch bin ich dein König!

---

[174] Ebd., S. 29.
[175] Vgl. ebd., S. 30: „Die Christen sind geeinigt und haben durch ihren Beschluss dem Gold den Wert genommen."
[176] Vgl. Shaw, George B.: *The Perfect Wagnerite: a Commentary on the Niblung's Ring*, New York 1967.
[177] Wagner, Richard: *Das Judentum in der Musik*, a. a. O., S. 173.

Ich und meine Kinder bleiben treu dem Gott der Väter;
doch euch, die ihr seinen Bund verlasset, treffe die Rache des Herrn;
Verflucht seid Alle! Verflucht seid Alle! Verflucht seid Alle von mir!
Ihr sollt so tief im Dunkel wandeln, als hell mein Licht erstrahlt![178]

Ahasver irrt nun mit seinen Kindern, Rahel und Israel durch die Welt, bis er den Schauplatz erreicht, der Ausgangspunkt der Heptalogie war. Dort wird die beinahe verdurstende Tochter des Ewigen Juden von einem Einsiedler und dessen Sohn gerettet. Der Name des Eremiten ist Melchior, und sein Sohn Michael beginnt sofort sich in Rachel zu verlieben. In dieser Szene schleicht sich zwar ein rassistisch gefärbter Topos ein, der jedoch in einer grotesken Verdrehung den Juden untergeschoben wird: Gefragt, was er und seine Kinder in dieser Einsamkeit denn suchten, antwortet Ahasver: „Wir müssen einsam wohnen, dass rein mein Volk erblühe."[179] Die mögliche Frucht eines Inzestes seiner Kinder bedeutet für den Ewigen Juden die letzte Chance für ein neues Volk Israel. In *Kains Schuld und ihre Sühne* wird aber gerade das Verlöschen des Judentums apodiktisch für die finale Erlösung der Welt. Ahasvers ewiges Irren verdeutlicht erneut die Konfrontation mit einem überhöht positiv gezeichneten Christen Melchior. Die Shylock-Motivik wiederholt sich mit der aufkeimenden Liebe zwischen Michael und Rachel. Wichtig war es Sachs hier außerdem, die Wiedergeburtsidee herauszustellen, um seine Ahasver-Variante vom klassischen Mythologem der Unsterblichkeit des Ewigen Juden abzusetzen. Melchior bringt Ahasver, als er seiner ansichtig wird, zwar sofort mit dem Mythos vom Ewigen Juden in Verbindung[180], Ahasver jedoch weiß nichts davon. Er ist sich nur seiner letzten Existenz bewusst, die Erkenntnis einer auf Kains und Ahas' Schuld basierenden Wiedergeburtskette fehlt ihm. Dafür redigiert Melchior den Ahasver-Mythos sofort zugunsten einer Verformung des Mythos vom Ewigen Juden, wie Sachs sie mit *Kains Schuld und ihre Sühne* präsentiert:

Das Volk begnügt sich mit dem Kleid der Wahrheit.
Doch wer sie selbst erkannt, der kann die Form zerbrechen!
Du bist nicht Ahasver, der seit Jahrtausenden wandert,
und dessen Leib so lang dem Tode widerstand;
doch mich erfaßt es jetzt, als stehe vor mir der Geist,
der durch viel längere Zeiten widerstrebt dem Zug,

---

[178] Sachs, Melchior E.: *Kains Schuld und ihre Sühne*, a. a. O., *VII. Teil Ahasvers Erlösung*, S. 34.

[179] Ebd., S. 44.

[180] Vgl. ebd., S. 47. Ahasver trägt hier zudem seinen Stab, wandert, trägt wilde Bart- und Haartracht etc. Alle äußeren Zeichen weisen ihn also als die Verkörperung des tradierten Ahasver-Mythos aus.

der durch die Menschheit geht, in Liebe eins zu sein![181]

Implizit beinhalten die ersten beiden Zeilen dieses Zitates Melchior E. Sachs' Selbstrechtfertigung für seine „Arbeit am Mythos": Der Mythos ist nur ein „Kleid der Wahrheit". Die „Form zerbrechen" oder den „Mythos zu Ende bringen", bedeutet, andere vermeintliche Wahrheiten ans Licht zu bringen. Ahasvers Trotz bleibt aber bestehen, erst recht als Melchior ihm rät, dem Beispiel seines Volks zu folgen. Die friedliche Einsiedleridylle, die latent an Gurnemanz' Karfreitagsaue aus dem *Parsifal* erinnert, ganz besonders aber Michael haben es Rahel derart angetan, dass sie sich schließlich weigert, weiter mit ihrem Vater zu ziehen. Auch der Starrkrampf, dem Ahasver vorübergehend verfällt und die Rettung aus diesem durch die christlichen Einsiedler, findet in Gurnemanz' Erweckung Kundrys eine direkte Entsprechung. Nochmals wird die alte Konstellation der Verstoßung einer Tochter, die einen Christen liebt, durch einen jüdischen Vater durchgespielt, um die Übermacht des jüdischen Fanatismus sogar über die Liebe zum eigenen Kind zu illustrieren. Ahasver und Israel ziehen fortan allein weiter und gelangen schließlich zu einer „Brahminen-Ansiedlung".[182] Bezeichnend ist, dass abgesehen vom letzten und Ewigen Juden mit seinem Sohn der Buddhismus die letzte existierende Religion neben dem Christentum in Sachs' *Ahasvers Erlösung*-Utopie darstellt. Bei allen Anleihen an Wagner war es Sachs offensichtlich wichtig, eine klare Trennung weltanschaulicher Elemente vorzunehmen, die Wagner, sich frei aus philosophischen, buddhistischen und christlichen Elementen bedienend, im *Parsifal* miteinander verwoben hatte. In der Essenz bleibt die Überlegenheit des Christentums in *Kains Schuld und ihre Sühne* konkurrenzlos. Wagners Verwendung von Schopenhauers Gedankengut, das vom Buddhismus nicht unentscheidend beeinflusst war, ist allerdings wohl maßgeblich für die zwar positive, aber letztlich „nicht wahre", weil unchristliche, Zeichnung des Buddhismus, während eine Thematisierung des Islam vollkommen fehlt. Der Hohepriester der letzten verbliebenen buddhistischen Enklave im dritten Jahrtausend nach Christus ist in *Ahasvers Erlösung* immerhin der wiedergeborene Adam, Madaleba. Das „Brahminengesetz" erweist sich dabei zwar dem fanatischen Judentum Ahasvers überlegen, dem Christentum jedoch unterlegen. Ferner doppelt die Sequenz im Zufluchtsort Madalebas das Spiel mit der Liebesproblematik um die Kinder des Ewigen

---

[181] Ebd., S. 47.

[182] Vgl. ebd., S. 62. Auch hier erfolgt in einem eher erscheinenden nebensächlichen Detail ein Rückgriff auf den *Parsifal*. Ahasver schlägt einen im Weg stehenden Ziegenbock und erntet dafür ähnliche Empörung wie Parsifal, der eines der durchweg heiligen Tiere des Gralsgebietes, einen Schwan erlegt. Zugleich weckt das im Moses-Teil explizit als Sündenbock ausgewiesene Tier, die Assoziation zur Sündenbock-Thematik. Der einzig heilsbringende Sündenbock ist in *Ahas* aber Christus geworden. Eine Erkenntnis derer der Ewige Jude noch bedarf.

Juden: Israel verliebt sich in Madalebas Urenkelin Aveleia. Die Verbindung seines Sohnes mit der Brahminentochter bedeutet einerseits eine neue Hoffnung auf die Erzeugung einer Nachkommenschaft als neues Volk Israel, andererseits ist gerade deshalb die Forderung, Ahasvers Sohn müsse für eine Heirat den Glauben wechseln, inakzeptabel für den Ewigen Juden. Aveleias bisheriger Verlobter hingegen ist in Imitatio Parsifals sofort bereit zur Entsagung. Die buddhistische Entsagung allerdings wird in *Ahasvers Erlösung* ebenfalls disqualifiziert, um einer gerechtfertigten und unwidersprechbaren Weltherrschaft des Christentum den Weg zu ebnen: Als Ansporn zur Entsagung entlarvt Sachs den Stolz. Dennoch fällt nun auch Israel von Ahasver ab und wird dafür vom Vater verstoßen. In trotziger Verzweiflung verschwindet der Ewige Jude. Nachdem der finale Aufzug Madaleba und Melchior zusammenführt, muss Madaleba selbst in direkter Konfrontation mit dem „Überchristen" Melchior eingestehen, die Anhänger Jesu hätten alle Weisheit der Brahminen überflügelt. Melchior ist damit jedoch keineswegs zufrieden, sondern verlangt die Suche nach dem letzten nicht bekehrten, dem Ewigen Juden:

> Wenn jener fliehen will vor seiner Rettung,
> hält ihn der Arzt zurück, selbst mit Gewalt!
> Der uns entfloh ist krank an seinem Herzen,
> weil dessen glühender Wunsch sich nicht erfüllt.
> Sein Volk ein edler Zweig am Baum der Menschheit,
> hat einst geblüht und herrliche Frucht gereift
> in Christus, der das Heil der Welt gebracht.
> Der uns entflohen ist, will das nicht glauben;
> den abgestorbenen Zweig wollt er zum Blühen bringen.
> Doch dessen Kraft lebt nun allein im mächtigen Baum,
> der aus der Frucht erwuchs, die jener Zweig gereift,
> und nun die ganze Erde überschattet.[183]

Eingeschränkt zwar durch das Zugeständnis, Christus sei dem Judentum entsprungen, knüpft *Ahasvers Erlösung* in einer Rückwendung nahtlos an den Bekehrungswahn der ahasverischen Verfolgertexte an: In der Attitüde christlicher Nächstenliebe vom Arzt, der den Kranken „selbst mit Gewalt" heilen muss, hetzt der zum Heiligen stilisierte Melchior den letzten Nichtchristen, den Ewigen Juden, um ihn zum Heil zu zwingen. Madaleba hat inzwischen einer Taufe aller seiner Brüder und Schwestern zugestimmt; nachdenkend spazierend findet er, der wiedergeborene Adam und neu bekehrte Christ, schließlich Ahasver auf der Kulisse des Berggipfels aus dem zweiten Akt des *Kain*-Teils. Dort legt sich Madaleba zum schlafenden Ahasver und beide empfangen die anfangs erwähnte Traumvision: Sachs lässt alle Wiedergeburten Kains Revue passieren, der Ge-

---

[183] Ebd., S. 83.

sang der Engel kommentiert Ahasvers Leiden und Verfehlungen. Hier kristallisieren sich nochmals die entscheidenden Faktoren von Sachs Ahasver-Adaption heraus: Die Ambivalenz des Mythos vom Ewigen Juden, die dazu geführt hat, dass Ahasver in *Kains Schuld und ihre Sühne* in eher positive (Moses und Levi) und eher negative Existenzen (Ahas und Juda ben Salem) aufgespalten wurde; damit natürlich auch die Verarbeitung von Mythen aus dem Bereich von „Ahasvers Geschwistern"[184]. Dann wird hier natürlich ganz besonders das teleologische Ziel von Ahasvers Reise durch *Kains Schuld und ihre Sühne* proklamiert: Die Erlösung der Welt durch ein Christentum als Weltreligion ohne Alternative, was den Untergang des Judentum beinhaltet.

---

[184] Vgl. I. 5. Ahasvers Geschwister.

V.3. „Du hast deines Vaters schwarzes Blut". Bulthaupts und D'Alberts *Kain*

Der Bremer Schriftsteller Heinrich Bulthaupt (1849-1905), eigentlich Bibliothekar und Rechtsanwalt, der neben Libretti auch Dramen für das Sprechtheater verfasste, tat sich vor allem durch theoretische Schriften zum Theater hervor. Besonders hervorzuheben sind Bulthaupts zweibändige *Dramaturgie der Oper*, die Wagner als Lichtgestalt des deutschen Musiktheaters feiert, sowie seine vierbändige Dramaturgie des Schauspiels. Konform zur Programmatik des Wagnerismus tendiert Bulthaupt dabei zu einer deutsch-nationalen Perspektive, die sich zum Kampf gegen das Opernschaffen des Auslands berufen glaubt. Der zweite Band seiner *Dramaturgie der Oper* umfasst – ohne Register - 336 Seiten, wovon 292 für die Besprechung von Wagners Werken verwendet werden, auf Meyerbeer entfallen 32, für das Kapitel „Nach Wagners Tode" sind es ganze 12 Seiten.[185] Das Meyerbeer-Kapitel widmet sich aber nicht allein Meyerbeer:

> Meyerbeer – der Name steht hier, um eine Gattung zu bezeichnen, die man die „große Oper" des neunzehnten Jahrhunderts im Gegensatz zur „opera seria des achtzehnten nennen kann, und diese Gattung bedeutet eine der größten und zugleich glänzendsten künstlerischen Verirrungen.[186]

Bulthaupts „Argumente" im Folgenden sind im Großen und Ganzen bekannt, denn er hisst die Wagner-Flagge und schießt die Polemiken seines Meisters ab, der allerdings zugegebenermaßen die Entwertung Meyerbeers explizit an das Judentum koppelte. Von „künstlerischer Charakterlosigkeit"[187] ist da die Rede mit der Intention, „den Sinnen zu schmeicheln und dem großen Haufen Unterhaltung auf Unterhaltung aufzutischen."[188] Die Reihe lässt sich noch beliebig fortsetzten: „pöbelhafteste[n] musikalische Gedanken", „Berechnung und die abgöttische Verehrung der großen Masse"[189] wirft Bulthaupt, Wagners Ausfälle reproduzierend, Meyerbeer vor. Und auch das Totschlagargument von der künstlerischen Impotenz darf nicht fehlen: „[...] musikalische Stimmungsbilder finden sich bei Meyerbeer fast nie – vielleicht nur, weil er ihrer nicht mächtig war."[190] Wen kann da noch die Wagneristische Vergöttlichung des „Meisters"

---

[185] Vgl. Bulthaupt, Heinrich: *Dramaturgie der Oper*, Bd. 2, Leipzig 1902.

[186] Ebd., S. 1.

[187] Ebd., S. 12.

[188] Ebd., S. 16.

[189] Ebd., S. 18.

[190] Bulthaupt, Heinrich: *Dramaturgie der Oper*, Bd. 2, a. a. O., S. 22.

wundern, welche die bedingungslose Unterwerfung an die musikdramatischen Vorgaben Richard Wagners proklamiert? – eine, wie angemerkt, durchaus repräsentative Haltung für das Opernschaffen nach Wagner.[191]

> Von seinem Deutschland hat Richard Wagner wohl für immer festen Besitz ergriffen; jetzt aber stürmt sein Genius bahnbrechend auch ins Ausland und bereitet der germanischen Kunst Siege wie kein deutscher Meister vor ihm.[192]

Und:

> Als Richard Wagner [...] der Natur den Erdenzoll abgetragen, zeigte sich erst so recht, was er für das musikalische und das gesamte Kunstleben Deutschland und aller Kulturländer bedeutet hatte. Jetzt erst [...] gab sich die ganze Kraft seines Werkes zu erkennen. Wie nach dem Sturz eines gewaltigen Eichenbaums, der den Horizont beherrscht hat, übersah man jetzt erst die Saaten, die er ausgestreut, die Schößlinge, die er getrieben [...].[193]

Anders als bei Weingartner und Sachs liegt von Heinrich Bulthaupt kein Mehrteiler vor, der ausgehend vom Kain-Stoff den Ahasver-Mythos entfaltet. Dafür widmete Bulthaupt sich sowohl Kain als auch dem Ewigen Juden in zwei Librettoarbeiten.

Eugène Charles d'Albert teilt mit dem Librettisten Bulthaupt die Prägung durch Wagner: Als Schüler von Hans Richter und Franz Liszt kam er intensiv mit dem Gedankengut Wagners in Kontakt und auch zu den Wagnerianern Hans Pfitzner und Engelbert Humperdinck hielt er zeitlebens guten Kontakt. Kompositorisch steht sein Opernerstling *Der Rubin* von 1893 so auch ganz im Banne Wagners – uraufgeführt unter der musikalischen Leitung Felix Mottls, dem Dirigenten, künstlerisch profiliert genug war, um vom Bayreuther Kreis als Gegenspieler des jüdischen Herman Levi aufgebaut werden zu können. Seine über 20 Opern sind heute leider nahezu vergessen, obwohl gerade seine Oper *Tiefland* von 1903 opernhistorisch von Bedeutung ist: d'Albert überführte mit ihr den italienischen Versimo ins Deutsche. Lediglich *Die toten Augen* von 1916 sind nicht

---

[191] Trotzdem war Bulthaupt mit dem Bayreuther Kreis, insbesondere der Verwaltung des Wagnerschen Vermächtnisses, nicht so ganz einverstanden. Doch auch für seine Kritik richtet er nur die oft sehr pauschalen Argumente der Wagnerianer gegen die Wagnerianer: „Als Tochter Liszts [...] fehlte der Frau Cosima nur eins, das kein Wille ersetzen konnte: sie hatte in ihren Adern keinen Tropfen deutschen Blutes, und ohne den ließ sich Richard Wagner nun einmal nicht verleiblichen." Vgl.: Bulthaupt, Heinrich: *Dramaturgie der Oper*, Bd. 2, a. a. O., S. 324f.

[192] Bulthaupt, Heinrich: *Dramaturgie der Oper*, a. a. O., S. 37.

[193] Ebd., S. 324.

gänzlich aus dem Blickfeld verschwunden: *Die toten Augen* verbinden erneut das Idiom Wagners mit dem des Verismo. Die Handlung, in deren Mittelpunkt die schöne und blinde Myrtocle steht, die durch Christus ihr Augenlicht wiedergewinnt, beinhaltet in einer Nebenrolle die Figur des ägyptischen Wundarztes Ktesiphar, dessen Tonsprache als Prototyp für das Judenquintett der *Salome* von Richard Strauss erscheint. Wie der italienische Verismo bedient d'Albert sich „sensationeller Theatralik"[194]. Die Wirkung Wagners auf d'Albert hat dazu geführt, dass man ihn teilweise immer noch mit den Wagnerepigonen, wie Julius Bittner, Jaromir Weinberger oder Wilhelm Kienzl in eine Reihe stellt.[195] Will man dem Komponisten gerecht werden, muss man aber anerkennen, dass er – im Gegensatz zur überwiegenden Mehrheit im Wagnerismus – mit dem Verismo einen Weg von Wagner weg einschlägt. Dies brachte d'Albert immerhin die Anerkennung Paul Bekkers, des „intelligenteste[n] und interessanteste[n] Musikkritikers und Musikschriftstellers der Weimarer Republik"[196] ein, der zu d'Alberts *Tiefland* schrieb:

> Es ist die lyrische Oper romanischer Herkunft in reiner Ausprägung. Die drei Stimmen scheinen dem „Tosca-Modell" direkt nachgebildet, sind dabei erdhafter, brutal kraftvoller, bäurischer, wie das Dorf-Milieu, das in Handlung und Musik mit gleichem Effekt ausgenützt ist. Aus dieser gelungenen Variierung in Verbindung mit der geschickten Einsetzung der Stimmen ergab sich einer der weitrechendsten Welterfolge.[197]

Bekker war, nebenbei gesagt, durch seinen Einsatz für neue Wege nach Wagner, besonders bezüglich Busonis (mit dem d'Albert übrigens um den Ruf als der virtuoseste Pianist seiner Zeit konkurrierte), Zielscheibe und Hassobjekt einiger Wagnerianer, an vorderster Stelle Hans Pfitzner. Die Zusammenarbeit mit dem Wagnerianer reinsten Wassers Bulthaupt sollte d'Albert insofern nicht in die gleiche Ecke des extremen Wagnerismus rücken. Das Erfolgskalkül mag für Bulthaupt sicherlich ein entscheidendes Argument dargestellt haben: In die *Dramaturgie der Oper* beklagt Bulthaupt zwar einerseits wiederholt den Publikumsgeschmack, offenbart aber zugleich seine Sehnsucht nach Anerkennung. Und in den 20er Jahren hatte sich d'Albert vorübergehend schließlich auch als

---

[194] Fischer, Jens Malte: *Im Schatten Wagners*, a. a. O.(vgl. Anmerkung 1), S. 28.

[195] Vgl. Ulrike Kienzle: *„ Wo bleibt da der berühmte ‚Zeitwille'? ". Romantische Enklaven im Musiktheater der Moderne.* In: Bermbach, Udo (Hrsg.): *Oper im 20. Jahrhundert. Entwicklungstendenzen und Komponisten*, S. 75-129, Stuttgart/Weimar 2000, S. 78.

[196] Fischer, Jens Malte: *Im Schatten Wagners*, a. a. O., S. 28. Bekker war als Kritiker für die „Frankfurter Zeitung" tätig, später als Intendant in Wiesbaden und Kassel. Er starb als Emigrant in New York.

[197] Bekker, Paul: *Wandlungen der Oper*, Zürich/Leipzig 1934, S. 162.

wichtiger Bestandteil des Repertoires der Opernspielpläne etabliert. Die Basis für d'Albert blieb dennoch Wagner, weshalb Bekker sein Lob auch insofern einschränkte, als d'Albert nur „Teilaspekte des Wagnerschen Schaffens verselbständigt und weiterentwickelt"[198] habe. In seinem Kapitel über das Opernschaffen nach Wagner in die *Dramaturgie der Oper* kann Bulthaupt so auch nicht umhin, d'Albert über den grünen Klee zu loben, und auch dem vorher behandelten Felix Weingartner begegnet man hier wieder:

> Natürlich trieb [...] mit vollen Segeln das jüngere Geschlecht in Wagners Fahrwasser, ohne daß die bedeutenderen Talente der Geltendmachung ihrer persönlichen Eigenart etwas vergaben: [...] Felix Weingartner mit dem „Genesius" und der „Orestie" und der reichbegabte Eugen d' Albert, der eben jetzt mit zwei einaktigen ganz verschiedenartigen Opern die Bühnen gewonnen hat: mit dem düster-heroischen „Kain" und der heiter-graziösen „Abreise" [...].[199]

Die Tatsache, dass er der Librettist für *Kain* war, vergisst Bulthaupt hier zu erwähnen. Bulthaupts und d'Alberts Titelheld des *Kain* von 1900 trägt dabei durchaus Züge des Ewigen Juden und enthält zusätzlich Charakteristika von Prometheus.

Während Abel das verlorne Paradies visioniert und es nicht für immer verloren glaubt, betet Kain nicht mit allen anderen, sondern er fragt sich: „Wozu ward ich? Wozu bin ich?"[200] Ganz in Prometheus-Haltung begehrt Kain schon zu Beginn der musikalischen Tragödie gegen Gott auf:

> Wer gab dir das Recht mich zu schaffen, wenn ich mir selbst und den Meinen zur Qual leb' und leide?[201]

Kain sehnt sich bereits vor seiner ahasverschen Wanderschaft, die erst am Ende der Oper beginnen soll nach dem „ewigen Schlaf". Diese Todessehnsucht mit der von Ahasver ersehnten Erlösung durch seinen Untergang in Verbindung zu bringen, liegt nahe, zumal sich Kain – wie erwähnt – im Finale von d'Alberts Komposition zur ewigen Wanderung des Ahasver aufmacht. Doch auch die Ab-

---

[198] Harders-Wuthenow, Frank: *Franz Schreker.* In: Bermbach, Udo (Hrsg.): *Oper im 20. Jahrhundert. Entwicklungstendenzen und Komponisten*, S. 445-475, Stuttgart/Weimar 2000, S. 451.
[199] Bulthaupt, Heinrich: *Dramaturgie der Oper*, Bd. 2, a. a. O., S. 328.
[200] d'Albert, Eugen: *Kain. Musikalische Tragödie in einem Aufzuge. Dichtung von Heinrich Bulthaupt.* Vollständiger Klavierauszug mit deutschem Text, Berlin 1925/26, S. 40.
[201] Ebd., S. 42.

kunft der Keniter von Kain[202], die Vererbung der Strafe für den Frevel wider Gott scheint in *Kain* auf.

> Du hast deines Vaters schwarzes Blut. Auch dir hat der Cherub die Pforte verschlossen für immer.[203]

meint Kain zu seinem Sohn Hanoch. Die „erbliche" Prädisposition zur Verdammnis für die Nachkommen Kains, das Schicksal eines ganzen Volkes in Parallelität zu einer Symbolfigur folgt kaum anderen Prinzipien als die Widerspiegelung des Schicksals der Juden in demjenigen Ahasvers. Ebenso funktionieren die „Stereotypen der Verfolgung" wie sie etwa mit Pamphleten von der Schuld der zwölf Stämme Israels am Tode Christi und daraus resultierender Verdammnis im Gefolge des Ahasver-Mythos verbreitet wurden.[204] Beachtung verdient das von Kain thematisierte „schwarze Blut" vor allem dadurch, dass es dem Protagonisten und seinen Nachkommen apriori anhaftet, das heißt, noch bevor Kain aktiv frevelt, wohnt in ihm bereits das Verderben. Trotz aller psychologischen Begründung für die Tat der Kainfigur, also seine Melancholie, seine grüblerischen Reflexionen und seine durchaus einleuchtende Unabhängigkeitsbehauptung von Gott, erscheint eine physiologische Gegebenheit, das „verdorbene" Blut, als Ausgangspunkt. Das Interesse an der auf den ersten Blick nebensächlichen Bemerkung Kains zu Henoch, wird freilich auch dadurch provoziert, dass die Blut-Metaphorik ein maßgebliches Element im Diskurs der Rassenideologie und des Antisemitismus geworden ist. Das „schwarze Blut" Kains und seiner Erben weckt heute jedoch nicht nur die Assoziation mit dem Gebrauch der Blut-Metapher für ihre rassistische Verwendbarkeit, sondern eröffnet zugleich die Perspektive auf die Thematisierung des Blutes, die für die Arbeit am Ahasver-Mythos von entscheidender Relevanz sind. Schließlich ist in Wagners *Parsifal*, dessen Kundry als der entscheidende neue Impuls für den Ahasver-Mythos auf der Opernbühne gesehen werden muss, nicht gerade wenig von Blut – verdorbenem und reinen – die Rede.[205] Und auch der finstere Hagen aus Wagners *Götterdämmerung* qualifiziert sein Blut selbst – ganz so wie Bulthaupts Kain – als unedel und verdorben.[206] Der Topos Blut in *Kain* ist offensichtlich die Schnittstelle mehrerer Diskurse, die in die musikalische Tragödie

---

[202] Vgl. I. 5. Ahasvers Geschwister.

[203] d'Albert: *Kain*, S. 30/31.

[204] Vgl. I. 2. Die Geschichte Ahasvers: Mythos und Verfolgertexte.

[205] Für Bulthaupts Libretto zu *Kain* lässt sich die auffällig große Nähe zu Wagners Textdichtungen an zahlreichen Beispielen festmachen. Eines davon mag hier genügen: „Ich raunte der Mutter den rechten Rath."

[206] Vgl. Wagner, Richard: *Götterdämmerung*. In: *Gesammelte Werke*, a. a. O., Bd. VI, S. 243-314, S. 261.

eingeflossen sind und die alle mit den Themen vererbte Sünde, aber auch Judentum in Verbindung gebracht werden können.

Ahasver wird aufgrund seiner Sünde gegen Christus zur Wanderschaft verdammt. Auch in Bulthaupts und d'Alberts Bearbeitung des Komplementär-Mythos von Kain findet sich dieser Fluch, doch ist dieser nicht eigentlich das Resultat einer Tat, sondern zwangsläufige Konsequenz des verdorbenen Blutes. In Abweichung vom eigentlichen mythischen Bestand wird der Sünder in *Kain* also nicht für den Frevel bestraft, sondern weil er so ist wie er ist. Allerdings kommt auch Bulthaupt nicht ohne den Versucher aus, der Kain bei Weingartner in Gestalt eines Weibes begegnete. Hier ist es entsprechend dem biblischen Ausgangsmythos Lucifer, der sich bei Bulthaupt als apodiktisch für die Erlösung sieht. Auch die Erlösung ersehnt Kain nicht wie der „klassische" Ahasver aufgrund der Qualen, die ihm seine Verfluchung bereitet, sondern er sucht sie rein aus ihm innewohnenden Antrieb, die Erlösungssuche entspringt unmittelbar seinem Charakter. Lucifer ist für Kains Erlösungssuche dabei lediglich Katalysator. Schon bevor der Versucher den Tod als einzige Erlösung preist[207], erstrebt Kain den „ewigen Schlaf".[208] Das für den Ahasver-Stoff maßgebliche Mythologem der Erlösung wird in *Kain* jedoch zum fehlgeleiteten Ziel der Titelfigur. Während der Ahasver-Mythos die Apokalypse und somit den Tod der Welt zur hoffnungsvollen Erlösungsprämisse gestaltet, entzieht Gott in *Kain* dem Helden das Objekt seiner Begierde. Kains selbstgewählte Suche nach dem Tod, ohne dass ein Fluch ihm bereits Leiden auferlegt hat, wird mit der Verdammnis zum Leben beantwortet. Ähnlich Wagners Amfortas[209] verwechselt Kain Tod und Erlösung – nur das Eintreten bestimmter Bedingungen, wie vollendete Buße, Sanierung des Heilsmodells etc. rechtfertigt den Tod als Erlösung. Doch der grübelnde Kain ist im Gegensatz zu Amfortas bezüglich des Todes ein reiner Tor. In Kains Welt existiert der Tod nicht, Kain weiß nicht um seine Bedeutung und er bringt den Tod in die Welt in der Überzeugung der Erlösung den Weg zu ebnen.

Kain identifiziert den Tod vielmehr mit dem Schlaf – eine Verbindung die in den tradierten Diskursen von Schlaf und Tod durchaus verbreitet ist.[210] Das Erwachen aus dem unbewussten Zustand des Vergessens gerät Kain zu Qual:

> Verfluchte Klänge – wer weckt mich auf? Tod und Leben waren vergessen,
> im schwarzen wesenlosen Nichts gestaltlos zerronnen. Was führst du sie,
> Grausamer, neu – zu neuer Qual mir herauf?[211]

---

[207] Vgl. d'Albert: *Kain*, a. a. O., S. 51ff.

[208] Ebd., S. 43.

[209] Nochmals sei die besondere Disposition von Bulthaupts Kain betont: Amfortas' Blut wird durch seinen „Sündenfall" verdorben, Kains Blut ist verdorben.

[210] Vgl. Arriès, Philippe: *Geschichte des Todes*, a. a. O.

Auch liegt die Parallele zu Wagners Ahasvera Kundry nicht fern. Kundry fürchtet den Schlaf[212], da sie das Erwachen fürchtet; ihr Schlaf fungiert als Grenzlinie zwischen ihren Existenzen von büßender ewiger Jüdin als Gralsbotin und sündigender Verführerin und Frevlerin. Der Antagonismus von *Kain* liegt allerdings nicht in der Titelfigur selbst, sondern dem biblischen Mythos gemäß zwischen Kain und seinem Bruder Abel. Ist Kain der melancholische Todsuchende, so repräsentiert Abel bei d'Albert und Bulthaupt Leben, Lebensfreude und Dankbarkeit gegenüber der Schöpfung. Abels Disposition ist der Genuss und die Zufriedenheit seiner Existenz. Abel dankt dem Schöpfer für das wunderbare Geschenk des Lebens, Kain verflucht Gott dafür. Der gängige Kain-Stoff wird dabei von Bulthaupt in einer Arbeit am Mythos auch hier modifiziert: Der Brudermord entspringt nicht einem Neid auf die Beachtung und Liebe Gottes, sondern vielmehr auf von Anfang an bestehenden Gegensätzen der Charaktere. Kain erschlägt Abel, weil ihn die Anbetung eines Schöpfers für seine Gabe des Lebens, das er verabscheut, anekelt. Er ermordet Abel, weil er so den „Welterlöser [...] den Tod"[213] in die Welt zu bringen vermag, der allen Streit beendet. Die Schuld des Brudermörders erscheint in *Kain* verglichen mit dem Alten Testament, aber auch dem Ahasver-Mythos, verhältnismäßig gering. Er tötet nicht aus Neid, dass Gott seine Opfergabe weniger beachtet als die Abels, er sucht bereits die Erlösung aus der Qual des Dasein, die der Ewige Jude erst nach seiner Verdammung erstrebt, und die Todessehnsucht liegt ihm ohne eigens Verschulden im Blut. Zu blass und flach erscheint zudem die Figur des Abel gegenüber Kain, als dass man wirklich den in eigenem Leiden befangenen Brudermörder die Nichtachtung des Willens zum Leben von Abel als Freveltat anrechnen mag, die der Bestrafung entspricht. Denn gleich dem Ahasver des Ausgangsmythos empfindet Kain Reue: „Meine Sünde ist größer als dass der Herr sie vergeben könnte."[214] Zur Sühne bietet Kain sein eigenes Blut an, er will seinen Sohn Hanoch töten[215], was zugleich ein Verlöschen der Linie des „schwarzen Blutes" zu Folge hätte. Das Stichwort, das den Topos des Blutes erneut in den Mittelpunkt rückt, liefert prägnanterweise der Herr selbst:

> Der Schlund der Erde trank das *Blut* deines schuldlosen Bruders und schreit wider dich, den Verdammten, um Rache.[216]

---

[211] d'Albert: *Kain*, a. a. O., S. 64/65.

[212] Vgl. Wagner, Richard: *Parsifal*, a. a. O., S. 294f.

[213] d'Albert: *Kain*, a. a. O., S. 78.

[214] Ebd., S. 95.

[215] Vgl. ebd., S. 93.

[216] Ebd., S. 86 (Hervorhebung von FH).

Weder der Tod Kains noch das Erlöschen der a priori verfluchten Blutlinie wird jedoch zur Strafe für den Brudermord. Stattdessen verhängt der Herr den Fluch Ahasvers über Kain:

> Unstät und flüchtig wandre dein Fuss von Ort zu Ort. Das Korn, das du baust wird ein Anderer pflücken, mit dem Gold, das schlägst, soll ein Anderer sich schmücken. Arbeit, Mühsal, Thränen und Noth sei dir das Tagwerk und fort und fort, den Kindern und Enkeln, den Kindesenkeln, fort bis zum Tag der Erlösung.[217]

Ähnlich wie beim Ahasver-Mythos stellt sich hier bei *Kain* die Frage nach der Verhältnismäßigkeit der göttlichen Strafe. Zugleich liegt hier ein Indiz für die Verwandtschaft der Mythen von Kain und Ahasver. Die biblische Verfluchung Kains hat zweifellos die spätere Verdammung Ahasvers inspiriert, mit der Problematik, dass der rächende alttestamentarische Gott seiner Rolle angemessen straft, der als vergebend und langmütig gezeichnete Gott des Neuen Testaments aber gemessen an seiner mythischen Charakteristik inadäquat straft. Die rächerische Tendenz des Gottes des Kain-Mythos entpuppt sich bei ihrer Übernahme in den Ahasver-Stoff als nicht wirklich integrierbar in die Mythologeme des Mythos, dem zu entspringen der Ahasver-Mythos vorgibt. Gemessen am biblischen Kontext mag daher der Gott *Kains* mythisch „wahr" erscheinen, wenn er selbst das Wort „Rache" im Munde führt. Doch sind andererseits die Verformungen des biblischen Kain-Mythos in Bulthaupts und d'Alberts Oper so eklatant, dass dieser Gott nur sehr unzulänglich als Garant göttlicher Gerechtigkeit akzeptiert werden kann. Wie der Sündenbock Ahasver als Pars pro toto für das gesamte Judentum dient, so bezieht sich Gottes Fluch in *Kain* zwar zunächst auf den Brudermörder, erstreckt sich aber zugleich auf all seine „Kinder, Enkel und Kindesenkel". Die Strafe verhängt der Herr anlässlich des Brudermordes. Ein fragwürdiger Anlass, da Kains Genealogie schon vor der Tat durch ihr Blut verdorben war. So beginnt Kain in Bulthaupts und d'Alberts Operneinakter seine Wanderschaft nicht wie Ahasver als Einzelfigur, die für ein ganzes Volk steht, sondern „Kain und die Seinigen ersteigen unter Donner und Blitz immer höher das Gebirge."[218] Die Sündenbock-Struktur des Ahasver-Mythos wird in *Kain* somit sogar in gewisser Weise aufgebrochen, da der Fluch nicht ein stellvertretendes Opfer trifft, das implizit für ein Volk steht. Vielmehr ereilt hier die Verdammnis explizit – und im Schlussbild der Oper offen sichtbar – „Kain und die Seinigen". *Kain* führt so zwei Komponenten der frühen Rezeption des Ahasver-Mythos zusammen: Den Mythos und die Verfolgertexte. Der Mythos vom „Einzelschicksal" Ahasver und die beigefügten Appendizes, welche die Schuld aller

---

[217] Ebd., S. 98-102.
[218] Ebd., S. 105.

Stämme Israels am Gottesmord propagieren, wachsen in *Kain* zu einer Geschichte von einer verdammten Genealogie, das den Einzelnen lediglich zum Zentrum hat, zusammen.

Bulthaupts *Kain*-Libretto gehört nicht nur aufgrund der bereits dargestellten engen Verwandtschaft der Komplementär-Mythen von Ahasver und Kain[219] in die Rezeptionsgeschichte des Ewigen Juden auf der Opernbühne. In der Tat finden sich in Bulthaupts Dichtung die maßgeblichen Mythologeme des Ahasver-Stoffs: Die Suche nach der Erlösung, sogar zweifach, vor und nach der Strafe Gottes, dann das Mythologem der Wanderschaft, die Kain samt seiner Familie am Ende der Oper aufnimmt, das Mythologem der Unsterblichkeit – Gott verdammt Kain und sein Geschlecht „fort bis zum Tag der Erlösung", also den Jüngsten Tag – und schließlich das Mythologem der jüdischen Provenienz. Letzteres ist wieder einmal das am schwersten fassbare, ein camoufliertes Mythologem, obgleich gerade in der Rezeption des Kain-Stoffes die Parallele zum definitiv jüdischen Ahasver deutlich zu Tage tritt: Das Mittelalter deutete Abels Ermordung als Präfiguration des Opfertodes Christi. Kain erhält somit den gleichen Antagonisten-Status gegenüber dem Christentum wie Ahasver. Kains Charakter ist widergöttlich, und entsprechend Luthers Auslegung versuchte man Kain als Ungläubigen zu erfassen. Die Darstellung eines antichristlichen Gegenspielers Christi wurde bekanntermaßen zu einem entscheidenden Punkt der antijüdischen Verfolgertexte im Kielwasser des Ahasver-Mythos.[220] Auch der Kain-Stoff trägt also die Last einer durch antijüdische Tendenzen „verunreinigten" Rezeptionsgeschichte mit sich. Wie Ahasver ist Kain der Fremde, der Andere und gerät so zum Sündenbock. Dieses Gehalts des Kain-Mythos kann sich der Versuch einer weiteren Arbeit am Mythos, hier durch Bulthaupt, natürlich nicht entziehen. Orientiert an Byron codiert er die Kain-Figur jedoch um, ähnlich wie Ahasver variiert wurde: Einst wurde dem Ahasver-Mythos die Ruhmsucht gegenüber anderen Juden Ahasver als Motiv für den Frevel eingeschrieben, gerade das 19. Jahrhundert lieferte viele andere, verständlichere, positivere Gründe für das Vergehen des Ewigen Juden. Die Verhältnismäßigkeit der Strafe Gottes wurde im Laufe der Rezeptionsgeschichte Ahasvers fragwürdiger. Doch Ahasver blieb natürlich stets der Verdammte, einfach dadurch dass er der mythische Ewige Jude war. Auch *Kain* substituiert die trivial niedrige Motivation, den Neid, von Abels Bruder, durch eine verständlichere. Trotzdem muß Kain der Verfluchte bleiben, obwohl die objektive Schuld an seiner Tat im Vergleich zum biblischen Mythos stark reduziert wird. In Bulthaupts Adaption der Kain-Geschichte spielt der Antagonismus Kains zu Gott keine bedeutende Rolle, obgleich in Kains wirklichem Widerpart, Abel, rezeptionsgeschichtlich bedingt natürlich eine Assoziation mit Christus nicht ausgeschlossen bleibt. Von ent-

---

[219] Vgl. I. 5. Ahasvers Geschwister.
[220] Vgl. I. 2. Mythos und Verfolgertexte.

scheidender Bedeutung erscheint weit mehr, dass Kains seelische Verfassung sowie seine Tat nicht einfach psychologisch unbegründet bleiben, und dass der Mord Kains geradezu entschuldbare Konsequenz hat. Bulthaupts Kain wird nicht durch seine Freveltat widergöttlich. Einer solchen Struktur, der antichristliche Verstoß, der bestraft werden muss, um zugleich die göttliche Ordnung zu garantieren und die Macht des christlichen Gottes zu glorifizieren, folgt der des ursprünglichen Ahasver-Mythos. Man spielte den christlichen Gott im christlich generierten Mythos gegen das Judentum aus, die Stoßrichtung zielte auf die „andere" Religion, ist antijüdisch. Doch in *Kain* birgt sich eine ganz andere, neue, Struktur. Kain ist mit seinem Stamm schon vor seinem Verstoß verflucht. Sein „schwarzes Blut" macht ihn und seine Nachkommenschaft zu Verdammten. Also nicht das Handeln gegen christliche Überzeugungen, das Vergehen am Gebot Gottes ist ausschlaggebend. Innerhalb von *Kain* bleibt die Intention der anfänglichen Versionen des Ahasver-Mythos, die auf die Konvertierung der durch den Gottesmord verfluchten Juden drängen, bedeutungslos. Kain ist disponiert zu Melancholie und Todessehnsucht, Abel zu Lebenslust. Kain wird verflucht, weil er ist wie er ist, seine Nachkommen werden verdammt, da sie von ihm abstammen. Radikal gesagt: Letztlich beruht Kains Verdammnis auf seinem Blut, seiner Rasse. Folgt etwa Sachs' vom Kain-Stoff ausgehende Ahasver-Heptalogie der die Religion betreffenden Argumentationsstruktur, die eine Überlegenheit des Christentums proklamiert, so findet sich in *Kain* eine davon unabhängige Begründung für die Verdammnis der ahasverschen Geschwisterfigur. Dass sich diese veränderte Diskursstruktur gerade in den Parallel-Mythos von Kain einschleicht ist wenig verwunderlich: Die dem Ahasver-Mythos einverleibten Komponenten von Reue, Bekehrung und Erlösung betreffen den biblischen Mythos von Kain nicht in gleichem Maße, der Kain-Stoff bietet einer Entfernung dieser Elemente weniger Widerstand.[221] Die Reue Kains scheint bei Bulthaupt vielmehr sinnentleert, da die Tat, die er begeht, nicht den eigentlichen Grund der Strafe bedeutet. Warum Gott neben Kain dessen ganze Familie straft, entbehrt jeglichen Sinns, wenn man vom „schwarzen Blut" des Geschlechts absieht. Die Erlösung Kains scheint wirklich nur in dem zu liegen, was er fatalerweise nicht sich selbst, sondern Abel zufügt sowie in dem, was er Gott anbietet, der Auslöschung seiner Genealogie. Welchen Sinn die Aufschiebung des Untergangs für Kain und seine Nachkommen auf die apokalyptische Erlösung macht, ließe sich nur jenseits der *Kain*-Dichtung spekulieren. *Kain* präsentiert insofern eine besondere Tragik für den zu ewiger Wanderschaft Verurteilten: Kein bewusster, reflektierter oder aber im Zorn verübter Frevel

---

[221] Freilich wurde auch der Ahasver-Mythos zum Vehikel - im Gegensatz zu *Kain* sogar bewusster und absichtsvoller antisemitischer Propaganda; es sei hier nur an den NS-Propaganda-Film „Der ewige Jude" erinnert.

führt zur Verdammnis, sondern der durch das Blut determinierte Charakter Kains.

Ebenso ist auch die Nähe des Komponisten des *Kain* zu Wagner groß. Eine Tatsache, welche die Aufnahme der musikalischen Tragödie eher erschwert als erleichtert hat, da eine an Wagner orientierte Dramaturgie und Tonsprache sofort eine Qualitätsorientierung am „Bayreuther Meister" zur Folge hatte, die aufgrund der Verklärung Wagners zum Messias der Tondichtung selten zu Gunsten einer neuen Komposition ausfiel. So heißt es in der *Neuen Zeitschrift für Musik* zu *Kain*: „Am meisten aber störte mich aber die von ihm [d'Albert] gewählte musikalische Sprache, die ungefähr dieselbe wie bei Wagner ist. Es muss doch ein Unterschied zwischen Abel und Siegfried, zwischen Wotan und Adam gemacht werden."[222]

Die Kritik lobt zwar die „reiche und feine motivische Arbeit", die weit über den Durchschnitt hervorragt"[223], betont aber zugleich, dass „fast durchweg die durch Wagner beeinflusste Deklamation"[224] vorherrscht: „Eigentlich starke selbständige Erfindung zeichnet den *Kain* kaum aus [...]."[225]

Es findet sich aber auch der Hinweis darauf, dass Bulthaupts Libretto als Sujet „der dramatische Zug"[226] fehle. Hier wird betont, die „Partitur des *Kain* enthält viel Feines, Eigenartiges und, wie stets bei d'Albert, Klangschönes."[227]

> Aber gesungene Philosophie ist ein mißlich Ding, und der Dichter hat es nicht vermocht, seine sinnvolle Sprache überall in den für Musiker brauchbaren Gefühlsausdruck aufzulösen.[228]

Im Falle des *Kain* liegt in Anbetracht eines Vorwurfs des Wagnerepigonentums ein – wenn nicht der – entscheidende Anteil an der „Wagnerschen Manier"[229] von Bulthaupts „musikdramatischem Text."

---

[222] Pirani, E. von: *Correspondenzen*. In: *Neue Zeitschrift für Musik*, 67. Jg., 10 (1900), Leipzig, 3. Januar 1900, S. 116.

[223] *Münchner Neueste Nachrichten. Und Handels-Zeitung, Alpine und Sport-Zeitung. Theater- und Kunst-Chronik*, 53. Jg., Nr. 85: Mittwoch 21. Februar 1900, Vorabend-Blatt, S. 2.

[224] Ebd.

[225] Ebd.

[226] Schmidt, Leopold: *„Kain". Dichtung von Heinrich Bulthaupt. Musik von Eugen d'Albert* [21. 2. 1900]. In: Ders.: *Aus dem Musikleben der Gegenwart. Beiträge zur zeitgenössischen Kunstkritik*, Berlin 1900, S. 85.

[227] Ebd., S. 86.

[228] Ebd.

[229] Pangels, Charlotte: *Eugen d'Albert. Wunderpianist und Komponist. Eine Biographie*, Zürich/Freiburg i. Br. 1981, S. 197.

Opernfreunde, Opernkenner wissen, daß mit Texten in dieser speziellen Kunstform nicht zu rechten und zu raten ist. Wundervolle Verse können nicht sangbar sein, ihr Gehalt wird der Musik nicht gerecht, wie man vielfach an Übersetzungsbeispielen gesehen hat. Das einfache und gehaltvolle Wort, ganz sicher die Wagnersche Form, einen Text zu gestalten kommen den Ausdrucksmöglichkeiten des Musikdramas sehr entgegen. Bulthaupts Text darf nicht zum Vorwand dienen, den *Kain* als reine „Epigonenoper" abzulehnen. Fachleute sind sich klar darüber, daß es Eugen im Gegenteil mit *Kain* zum erstenmal in seinem Opernschaffen [...] gelang, vom Wagnerschen Vorbild loszukommen, seinen eigenen Stil zu finden und durchzuführen.[230]

Die allzu plakative Einordnung d'Alberts unter den Wagnerismus hat dem Komponisten mehr geschadet als genutzt. Die Würdigung des berühmten Kritikers Julius Korngold mit der Hoffnung auf eine „Wiederentdeckung" d'Alberts hat sich bis heute nicht erfüllt.

Und da die Opernbühnen, bedrängt durch den Neuopernmißwachs, der das Publikum nicht minder fernhält als die wirtschaftliche Not, nach zugkräftigen Theateropern schmachtet, wären d'Alberts Chancen gestiegen. Er wird im Sarge wachsen. Auch die Opern, die seinem veristischen Hauptwerke [*Tiefland*] nachstehen mögen, aber immer noch reizvollere Opernmusik enthalten als die empfindungslosen Jazz- und Sanggrotesken der letzten Jahre, werden im Werte steigen.[231]

---

[230] Ebd.

[231] Korngold, Julius: *Nachruf auf d'Albert*. In: *Neue Freie Presse*, Wien, 11. 10. 1932.

Vier Jahre nach seiner Zusammenarbeit mit d'Albert für *Kain* verfasst Heinrich Bulthaupt ein Libretto, das den Mythos des Ewigen Juden offen ins Zentrum der Handlung rückt. Dieser Text ist noch unmittelbarer dem Wagenerismus verhaftet, stellt er doch eines der zahllosen Erlösungsdramen der Wagnernachfolge dar. Und natürlich war Bulthaupt der Wagnersche Prägestempel „Erlösung" als Zentrum des Musikdramas bewusst:

> Der Erlösungsgedanke, der im Mittelpunkt fast aller Schöpfungen Wagners lebt und der, fortwährend neu gestaltet, im „Ring des Nibelungen" über die Sondergeschichte eines einzelnen (des Holländers, Tannhäuser, der Elsa) hinausgreifend den Geschicken von Gott und Welt gilt [...] – dieser Erlösungsgedanke nimmt im letzten großen Werk des Meisters [*Parsifal*] seine reinste und erhabenste Gestalt an.[232]

Hatte Bulthaupt für *Kain* in Eugène Francis Charles d'Albert einen Komponisten, der sich bemühte, die zu engen Fesseln des Wagnerismus abzustreifen, so verließ ihn dieses Glück bei seiner Dichtung, die sich diesmal in die „klassischen" Entwürfe des Ahasver-Sujets einreiht. Er fand für sein Musikdrama in einem Vorspiel und drei Akten nämlich überhaupt niemanden, der bereit gewesen wäre, es zu vertonen. Bulthaupt ließ sein Werk daher in der Zeitschrift *Die Musik* veröffentlichen, mit dem Nachwort:

> Es braucht wohl kaum hervorgehoben zu werden, dass der Charakter des Ahasver-Stoffes, der zu einem räumlich und zeitlich geschlossenen Drama nicht zu gestalten war, seine Einheit in der Hauptfigur und den Ideen findet, die sie durch die Jahrhunderte begleiten. Seine mystischen Elemente aber rechnen auf die Musik, ohne deren Hilfe er bislang niemals für das Drama und vollends für das Theater zu gewinnen war. Das Recht der Komposition ist vom Verfasser, Prof. Dr. Heinrich Bulthaupt, Bremen, zu erwerben.[233]

---

[232] Bulthaupt, Heinrich: *Dramaturgie der Oper*, Bd. 2, Leipzig 1902, S. 292.
[233] Bulthaupt, Heinrich: *Ahasver. Musikdrama in einem Vorspiel und drei Akten*, S. 210. In: *Die Musik*. III. Jahr, 1903/1904, Heft 19, Vierter Quartalsband, S. 23-38; Heft 21, S. 187-210.

Diese wenigen Sätze thematisieren bereits, dass Bulthaupt es für unmöglich hielt sich den „durch die Jahrhunderte" im Laufe der Arbeit am Mythos eingewobenen neuen Elementen des Sujets zu entziehen. Auch das verwendete Verfahren, die Notwendigkeit die unendliche Existenz des Protagonisten mit Leben zu füllen wird deutlich: Episodisch werden räumlich und zeitlich verschiedene Stationen von Ahasvers Wanderung ausgestaltet, die ganz im Stil der „Epochen- und Weltgemälde", die sich den Ewigen Juden zum Anlass nahmen, mehrere Jahrhunderte umspannen. Dass der Dichter auch hier – oder besser ganz besonders hier – nicht an Wagner vorbei kommt, zeigt sich darin, dass er die Musik für notwendig erachtet, um die „mystischen Elemente" des Stoffes wirksam auf die Bühne zu bringen und natürlich in der Gattungsbezeichnung „Musikdrama" mit der Bulthaupt seinen Text versieht. Die Einsicht, die Wagners künstlerisches Konzept als geradezu ideal für den um Leiden und Erlösung kreisenden Ahasver-Mythos anerkennt, ist – wie in den anderen in diesem Kapitel behandelten Ahasver-Adaptionen – zugleich der Grund, für das im Schatten Wagners Stehen. Bulthaupts an Wagner orientierte Intentionen werden besonders auffällig, zieht man seine *Dramaturgie der Oper* und darin besonders die Kapitel zu *Der fliegende Holländer* und *Parsifal*, also den Werken Richard Wagners, in denen der Ahasver-Mythos am deutlichsten seine Spur hinterlassen hat, in Betracht. Bulthaupt entdeckt im *Holländer* natürlich die Keimzelle für die im Werk Wagners dominante Erlösungsthematik[234], übt zugleich aber Kritik an der Konsistenz des Stoffes, wozu er gerade den Ahasver-Mythos heranzieht:

> Denn diese Sage, auf die Wagner durch Heine gelenkt war, enthält zwar einen großartigen, fesselnden, aber der Ausbildung durchaus noch bedürftigen Stoff. Das Geschick des ewigen Juden der See hätte an ein bedeutendes Ereignis, an eine alles überragende Persönlichkeit geknüpft werden müssen, wie die des Ahasver, den die Mythe mit Christus selbst zusammenführt und ihm, dem Heiland, die kurze Ruhe auf seinem letzten Gang versagen läßt (...) der nie zur Ruhe kommt, neronische Brände, Erdbeben, Inquisition, Revolution und Kriege überdauert.[235]

---

[234] Vgl. Bulthaupt, Heinrich: *Dramaturgie der Oper. Mit Notenbeispielen, als Anhang zum zweiten Bande, versehen.* Bd. 2, Leipzig 1902, S. 51: „Mit dem „Fliegenden Holländer" beginnt zugleich der Kreis der Wagnerschen Darstellungen, deren großes, in allen Farbenbrechungen variiertes Thema die Erlösung ist: die Erlösung aus Not, Elend und Sünde durch eine freie Liebes- oder Heldentat. Dehnt man den begriff ein wenig, so wäre auch der „Rienzi" heranzuziehen, auf den das geknechtete Rom wie auf den Heiland harrt; aber mit dem „Holländer" erhält das Sühnungsopfer doch erst den mystischen und religiösen Zusatz [...]"

[235] Ebd., S. 60. Bulthaupt spricht sich hier bezüglich des Stoffes vom Ewigen Juden zunächst einmal recht eindeutig für ein „Epochen- und Weltgemälde" aus, wie er es

Im *Parsifal* hingegen sieht Bulthaupt sein Ideal. Kundry, die Ahasver-Figur des *Parsifal* ist zwar durchaus - wie für den *Holländer* von Bulthaupt angemahnt – an die Begegnung mit der „alles überragende[n] Persönlichkeit geknüpft". Jedoch vermeidet es der *Parsifal* einen Historienbilderbogen auf die Bühne zu stellen: Kundry ewiges Leben wird lediglich im Dialog thematisiert. Anders bei Bulthaupt, er entfaltet ganz im Sinne der Weltgemälde, zu denen der Ewige Jude Anlass gab, eine Handlung, die verschiedene epochale Stationen Ahasvers inszeniert. Hierzu nimmt Bulthaupt den Mythos von Ahasver mit all seinen ihm eingeschriebenen Verformungen auf.

Vor allem hinsichtlich der zahlreichen im Laufe der Ahasver-Rezeption eingeflossenen Elemente, deren sich Bulthaupt ausgiebig bedient, erweist sich *Ahasver* daher als ein interessantes Libretto. Andererseits hat sich in das dreiaktige Musikdrama im Gegensatz zum Einakter *Kain* keine aus heutiger Sicht so virulente Diskursformation wie das Blut-Thema eingeschlichen. Schon das Vorspiel von *Ahasver* präsentiert aber die Verschmelzung des eigentlichen Ahasver-Mythos mit den Verfolgertexten, die der Geschichte des Ewigen Juden beigefügt wurden. In der Urszene des Mythos, beziehungsweise unmittelbar nach ihr, denn Bulthaupts Libretto setzt erst nach Christi Fluch auf Golgatha ein, wird die Schuld und die Strafe Ahasvers mit derjenigen der Juden parallel geführt. Maria Magdalena verkündet:

> Weh dir, wehe, Israels Stamm.
> Kein Wasser wäscht dir die blutigen Hände
> In Ewigkeit rein.
> Für dich wird nicht Frieden
> Auf Erd' und im Himmel,
> Für dich nicht Ruh' im Tode sein.[236]

Der Fluch Ahasvers wird unmittelbar auf den des ganzen Volkes Israel übertragen. Der alte Topos vom Vorwurf des Gottesmordes an alle Juden findet sich also auch in dieser Dichtung vom ewigen Juden, die ziemlich genau dreihundert Jahre nach den ersten Kombinationen des Ahasver-Mythos mit der Anschuldigung des Gottesmordes entstand. Erst nach dieser Sequenz wird im Dialog der um Christus Trauernden die eigentliche Urszene des Ahasver-Mythos berichtet, das Verwehren der Rast Christi auf dem Kreuzweg an Ahasvers Türschwelle.

---

dem Ahasver-Mythos für angemessen hält und selbst mit seinem *Ahasver* auszuführen bestrebt ist.
[236] Bulthaupt, Heinrich: *Ahasver. Musikdrama in einem Vorspiel und drei Akten*, S. 24. In: *Die Musik*. III. Jahr, 1903/1904, Heft 19, Vierter Quartalsband, S. 23-38; Heft 21, S. 187-210.

Ahasver erscheint als „jugendliche hohe Gestalt, schwarzgelockt"[237], auf dem Weg zu Judas. Sowohl dieses äußere Erscheinungsbild als auch seine Motivation für den Frevel an Jesus sowie seine Reaktion auf den Fluch zeichnen den Charakter des Ewigen Juden im Vorspiel als den eines „Sturm-und-Drang-Kerls". Der von Goethe dem Mythos einverleibte und sich dann durch die Rezeptionsgeschichte fortpflanzende Grund für Ahasvers Hass auf den Erlöser, die enttäuschte Hoffnung auf einen politischen Messias, ist auch derjenige von Bulthaupts Ahasver. Im Gegensatz zur Identifikation der Schuld Ahasvers mit der ganz Israels hat sich die alte antijüdische Motivation, die Ruhmsucht Ahasvers gegenüber den anderen Juden, also nicht behaupten können. Auch bei den anderen Ahasver-Varianten im Schatten Wagners, bei Weingartner und Sachs, war der Wunsch nach einer Revolution gegen Rom die Antriebsfeder für das Handeln des Ewigen Juden. Die mit dem Ahasver-Mythos verwandte Figur des Judas teilte bei Bulthaupt zwar die politische Hoffnung auf Christus, dient aber sonst als Kontrastfigur beziehungsweise Vorausdeutung auf Ahasvers Wandlung im Verlauf des Dramas: Judas empfindet Reue, er hört die apokalyptische „Posaune des Richters", die ihm „verdammt in Ewigkeit"[238] verkündigt, er ist hoffnungslos verzweifelt, er erstrebt den Tod. Ganz anders Ahasver:

(trotzig und kühn). Mag es denn sein!
Fluch oder Segen –
Mutvoll zieh' ich hinaus in die Welt,
Der Sonne, dem Sturmwind entgegen.
Stark und aufrecht blüht mir die Kraft,
Meine Brust ist ein breiter Schild,
Mein Arm ein wehrhafter Lanzenschaft.
Mich gelüstet des Lebens,
Mich lockt die Weite –
Auf denn zum Streite.
Und währt' es tausend
Und tausend Jahr –
Ich wag es, ich will,
Und Hoffnung gibt mir das Geleite.[239]

Judas bringt auch reflexartig die Komplementärfigur Kain ins Spiel, dessen Schuld er mit seiner vergleicht: „Nicht Kain, der den Bruder schlug, Trug Schuld wie ich."[240] Interessanterweise konterkariert aber nicht nur der kraftvolle

---

[237] Ebd..
[238] Ebd., S. 25.
[239] Ebd., S. 27.
[240] Ebd., S. 26.

244

Ahasver die Hoffnungslosigkeit Judas', sondern auch die Gefolgschaft Christi, wenngleich vom Trotz des Ewigen Juden deutlich verschieden. Auch Bulthaupts *Ahasver* sieht sich nämlich gezwungen, sich dem Problem der Unverhältnismäßigkeit des Fluches zu stellen, dessen im Ausgangsmythos konstituierte Strenge und Unbarmherzigkeit so gar nicht zum im biblischen Mythos als vergebend und mild charakterisierten Christus passen will. Magdalena wiederholt zwar den Fluch zunächst ganz dem ursprünglichen Ahasver-Mythos entsprechend[241], wird aber sogleich von Hanna korrigiert, die erneut – allerdings im Vergleich zu Weingartner und Sachs abgemildert – als Reinkarnation Ahasver immer wieder begegnen wird und die entscheidende Rolle für die Erlösung des Ewigen Juden spielt:

> Halt' ein, du Wilde!
> Genug, genug!
> So flucht dein Schmerz,
> So deutet dein qualzerrissenes Herz
> Des Herren Wort,
> Das sanft war und milde.
> (Zu Ahasver) Als hart du ihm das Haus verwehrt,
> Sprach Jesus also:
> Freund, darf ich denn nicht bei dir ruh'n,
> So scheide ich nun,
> Doch harre ich dein.
> Wandre und suche, bis du mich gefunden.
> Glaub' mir, ich bin ein guter Wirt,
> Obdach geb' ich dem, der verirrt,
> Sänftlich pfleg' ich deiner Wunden,
> Und schläfst du ein –
> Die Rast bei mir wird selig sein.[242]

An dieser Stelle findet sich so der Sonderfall, dass sich in einer dichterischen Adaption des Ahasver-Stoffs die Arbeit am Mythos selbst als *work in progress* präsentiert: Die herkömmliche Variante des Ausgangsmythos wird rezitiert und sogleich von einer – allerdings nicht neuen, jedoch neueren – Version überschrieben. Mythologisch gesehen, wird hier eine Lüge platziert, da der Fluch den Ahasver-Mythos erst konstituiert und der Ewige Jude ohne ihn kein Ewiger Jude wäre. So mag Hanna zwar behaupten: „Eh' wüchsen Rosen im Höllen-

---

[241] Vgl. ebd.: „Du findest auf Erden in Ewigkeit/Nicht Rast noch Ruh./Wandre, wandre, wandre denn zu!

[242] Ebd.

schlund,/Als ein Fluch in des Heilands Mund"[243], jedoch zeigt sich sofort, dass sich auch der Ahasver-Mythos zwar vom ersten Augenblick im Rezeptionsverfahren befindet, aber dass die Wirkmächtigkeit des Mythos nachhaltig einer Abwandlung widersetzt, sobald entscheidende Kernmythologme substituiert werden sollen. Denn bei aller Abmilderung des Fluches in *Ahasver* bleibt er, Hannas Worten zum Trotz, ein Fluch, schließlich hat Bulthaupts Ahasver nach dem Vorspiel bei noch drei Akte und ca. 1500 Jahre leidvoller Existenz vor sich. Allerdings macht die Entschärfung des Fluchs eine bereits etablierte Bearbeitung des Ahasver-Mythos, eine zum Jüngsten Tag alternative Erlösungsvariante, sinnvoll und glaubhaft. Nachdem Bulthaupt so im Vorspiel den Mythos mit seinen ihm eingeschriebenen Abwandlungen exponiert hat, bietet er dem gesuchten Komponisten Raum für einen mit „Wanderung"[244] bezeichneten Orchestersatz und wendet sich dann den drei Episoden, die Ahasver im ersten Jahrhundert nach Christus und im Jahre Tausend jeweils in Rom sowie im Deutschland des 16. Jahrhunderts erscheinen lassen.

Ahasver greift im ersten Akt eine der beliebtesten historischen Episoden des Ahasver-Mythos auf: Das Zeitalter der Christenverfolgung unter Kaiser Nero.[245] Ähnlich dem Ewigen Juden Sachs' tritt Ahasver hier als ungeläuterter jüdischer Patriot auf.[246] Ihm und den auf reale und nicht transzendente Rettung hoffenden jüdischen Sklaven steht die demütige und geduldige christliche Gemeinde Roms gegenüber. Die Konstellation des Vorspiels – die politischen Revolutionäre Judas und Ahasver versus die Jünger Christi – wiederholt sich hier. Der Wunsch nach einer Befreiung Israels aus der römischen Knechtschaft wird erneut als „eitler Wahn" gestaltet, die Tendenz, die also dem Judentum die gleiche Erlösungsprämisse wie dem Ewigen Juden zudenkt – der Untergang – ist unübersehbar. Nachdem Christus Ahasvers Erwartungen enttäuschte, ist der Ewige Jude nun bestrebt, selbst eine Rebellion anzuzetteln und Rache für die Schmach seines Volkes an den verhassten Besatzern zu nehmen:

> So mäht deine Geissel
> Länder und Völker,
> So hast du mein Zion
> Zu Boden getreten,

---

[243] Ebd., S. 27.

[244] Ebd., S. 28.

[245] Vor allem die literarischen Bearbeitungen, die das Schicksal des Ewigen Juden jeweils in spezifischer historischer Situierung präsentieren, z. B. bei Dumas und Hamerling konfrontierten Ahasver bereits mit dem Ahasver redivivus, Nero. Vgl. II. 3. Epochen- und Weltgemälde.

[246] Der Ewige Jude erscheint in Physiognomie und Gestalt „unverändert", lediglich den obligaten Wanderstab hat er als zusätzliches Attribut erhalten. Vgl. Bulthaupt, Heinrich: *Ahasver*, a. a. O., Heft 19, S. 28.

Und drum mußt du sterben,
Stolzes, prangendes,
Furchtbares Rom.[247]

Ahasver selbst versucht als Attentäter Kaiser Nero zu erdolchen, wird allerdings entwaffnet und gefangengenommen. Die Vorbereitungen zum von Ahasver geführten jüdischen Aufstand spielen sich vor dem exotistischen Ambiente der heidnischen Feier der „römischen" Götter Aphrodite und Dionysus ab.[248] Den verhinderten Meuchelmörder Ahasver hält Nero dann selbstredend für einen Christen, was der Ewige Jude allerdings vehement verneint.[249] Während die für den Charakter Neros topographische Christenverfolgung bei Bulthaupt grundlos und daher ungerechtfertigt erscheint, wird der Imperator zugleich noch zum Verfolger des Judentums, das jedoch mit gutem Grund. Zwar erfährt der Kaiser nichts aus Ahasvers Mund von den Revolutionsplänen des Ewigen Juden, doch eine überraschende Umformung der Mythologeme um Nero bieten dem Cäsaren einen mehr als hinlänglichen Grund. Denn nicht Nero zeichnet in *Ahasver* verantwortlich für die verheerende Feuersbrunst in der ewigen Stadt, sondern die von Ahasver aufgehetzten und nun marodierenden jüdischen Sklaven stecken Rom in Brand. Um den traditionell „bösen" Kaiser, dieser Schuld entledigt, nicht zu positiv zu zeichnen, lässt Bulthaupt Nero das Vermögen zwischen Schuldigen und Unschuldigen zu unterscheiden vollends mangeln:

Christ oder Jude –
Was kümmert das Rom!
Im selben Nachen
Sollt ihr über den Todesstrom.
An gleicher Kette
Fesselt mir Jud' und Christ![250]

Der Eingriff Bulthaupts in die mythische Bestandheit des Nero-Mythos erweist sich bei genauerem Hinsehen als folgenschwer: Die tradierte und im Diskurs verfestigte Version schiebt die Verantwortung für den schweren Brand im Jahre 64 auf Nero, der die Christen als Sündenbock missbrauchte. In *Ahasver* verschiebt sich nun alles auf den Universalsündenbock, den ewigen Juden. Letztlich ergibt sich hier eine der Ahasver-Bearbeitung von Dumas sehr ähnliche Struktur: Bei Dumas flüsterte der als Tigellinus verkappte Ahasver Nero die

---

[247] Ebd., S. 30.
[248] Bulthaupt wollte hier ganz offensichtlich dem späteren Komponisten Raum für exotische Klangsprache und Ballettmusik im Stile der *Aida* bieten.
[249] Vgl. Bulthaupt, Heinrich: *Ahasver*, a. a. O., Heft 19, S. 34.
[250] Ebd., S. 36.

Christenverfolgung ein. Damit war aber wenigstens er allein als böses Prinzip Urheber der folgenden Christenermordung. Bulthaupts Ahasver jedoch ist zwar Anführer, aber nicht alleiniger Täter: Die Untat des von Ahasver geführten jüdischen Kollektivs fällt auf das christliche Kollektiv zurück. Diese Neu-Strukturierung der Sündenbockhierarchie entspricht den Stereotypen der Verfolgung: Die Juden haben Christus ermordet, nun sind sie auch noch für die Christenverfolgung verantwortlich. Erinnert sei an Ahasvers Intention: „Aus deinem Blut,/Zertretenes Volk,/Wird Zion neu geboren."[251] Die Rebellion Ahasvers, das Aufbegehren des Judentums gegen das ihm zugeschriebene Schicksal hat nicht nur für sie selbst, sondern auch für das Christentum schreckliche Folgen. Freilich mit einem Unterschied: Auf die Christen wartet wenigstens ein transzendentes Heil.[252] Eine entscheidende Rolle spielt für Bulthaupts *Ahasver*-Konzept die überhöht positive Darstellung der christlichen Hemisphäre als Gegenbild zum gewalttätigen und rachsüchtigen Judentum. Der Ewige Jude begegnet im Nero-Akt Hanna wieder, die mit ihrem Sohn Silas, einem Teppichweber, inzwischen in Rom lebt. Nicht nur dass die ganze christliche Gemeinschaft Rom friedlich duldend als Sklaven unter Roms Knute lebt, Nero will es, daß ausgerechnet Hanna und Ahasver aneinandergefesselt dem Feuertod überantwortet werden sollen. Dem Ewigen Juden nützt es wenig, dass er sich sträubt zugleich und gleichbedeutend mit einer Christin sterben zu sollen. Hanna mahnt Ahasver in der Stunde des Todes, zum Christentum zu konvertieren, dieser lehnt voller Trotz und Verachtung ab. Die Reue Ahasvers, die dieser im Ausgangsmythos sofort nach dem Kreuzestod Christi empfindet, wird in *Ahasver* also zeitlich im Entwicklungsprozess des Charakters nach hinten verschoben. Das ist insofern einleuchtend, als durch die Modifizierung des Fluches die Reue zur ausschlaggebenden Vorraussetzung für die Erlösung des Ewigen Juden geworden ist. Da Ahasver ungeläutert in die Flammen geworfen wird, wirkt der Fluch fort: Unverletzt schreitet Ahasver ganz nach dem Vorbild des Ewigen Juden von Hamerling aus dem Inferno hervor, rings um ihn entfesselt Bulthaupt eine wahre Götterdämmerung:

> Von allen Seiten dichte Glut. Unter furchtbaren Krachen stürzen die Säulenhalle und die nächstgelegenen Gebäude zusammen. Das ganze Rom ist ein Meer von Feuer und Rauch. Aus einem Trümmerhaufen hebt sich Ahasver. Die Flamme weicht vor mir. Jehova braucht Noch meines Arms. Jerusalem zu dir!

---

[251] Ebd., S. 31.

[252] Bei ihrer Hinrichtung vertrauen die christlichen Delinquenten folgerichtig auf ihren Erlöser: „In Flammen fahren wir dahin/Du kühlst uns unsre Wunden,/ Durch deinen Balsam werden wir/Von allem Weh gesunden./Christ ist der Herr,/Dem Mittler Ehr',/Der uns mit Gott verbunden!" Ebd., S. 37.

(Er schreitet langsam durch die Schuttmassen.)
Der Vorhang fällt.[253]

Auch nach dem wundersamen Überleben des Brandes unbekehrt, unterliegt der Ewige Jude dem Irrtum dem alten Gott Jehova für seine Rettung verantwortlich zu machen, statt den Fluch des neuen Gottes Christus: Ahasver muss seine Wanderung wieder aufnehmen.

Bulthaupts nächste Episode aus dem Leben Ahasvers spielt in einem gänzlich gewandelten Rom, knappe tausend Jahre nach dem ersten Akt: das exotische Tableau des antiken Rom ist einem mittelalterlichen Ambiente gewichen: Statt dem römischen Götterbacchanal hier nun eine Kirche umgeben von Bettlern. Das „Dies irae" klingt als Gesang aus der Kirche und bringt damit sogleich das Erlösungsmythologem des Ahasver-Mythos in Spiel, das im Ausgangsmythos ja direkt an die Apokalypse gekoppelt war. Erneut präsentiert Bulthaupt also ein „klassisches" Mythologem, das er selbst in seiner Arbeit am Mythos *Ahasver* zu überschreiben gedenkt. Nicht der Weltenuntergang, von jeher mit Jahrhundert-, insbesondere Jahrtausendwenden in Verbindung gebracht[254], kann dem Ewigen Juden die Erlösung bringen, dafür wird aber die Stimmung vor dem Jüngsten Gericht um Ahasver herum simuliert. Während sich die gesamte soziale Umgebung Ahasvers in die Pole Büßer und Epikuräer, die ihre letzten Lebensstunden auskosten wollen, aufspaltet, ist der Ewige Jude inzwischen noch stärker in seine Außenseiterrolle gerückt: Denn ob büßend oder feiernd: alle sind Christen, der Ewige Jude erscheint mit seinem immer noch anhaltenden Wunsch nach dem wiedererstarken Israels als uneinsichtiges Relikt ferner Tage. Inmitten eines barocken Totentanzes von Bußpredigern, Orgienteilnehmern, Narren und brodelnder Volksmasse lässt *Ahasver* aber auch ersten Zweifel im Ewigen Juden aufkeimen:

Doch immer noch währt
Jehovas Schmach
Und immer noch steigt
Das verachtete Kreuz
Von Berg zu Berg
Und ich werde zu schanden
An seiner Macht,
Wie Israel selbst,
Ein machtloser Zwerg. –
Und wär' es doch? –

---

[253] Ebd., S. 38.
[254] In Akt II von Bulthaupts *Ahasver* schreibt man das Jahr 1000, während Rom unter der Regierung von Kaiser Otto dem Dritten steht. Vgl. ebd., Heft 21, S. 187.

Er wäre der Herr,
Der Verheissene er,
Der Messias, der uns geweissagt ist?
Und er führe daher
Um die Stunde der Nacht
Mit dem himmlischen Heer
In der Königspracht?
Er sammelt die Seinen auf seiner Bahn?
Und sein tausendjähriges Reich bricht an?
Wahn! Wahn![255]

Weder sein tausendjähriges Leben, noch der uneingeschränkte Aufstieg des Christentums[256], haben Ahasver, der sich hier innerhalb der Figurenrede selbst mit Israel identifiziert, zur erlösungsbringenden Erkenntnis reifen lassen. Erneut bedient sich Bulthaupt eines positiven Gegenbilds in Form eines christlichen Antagonisten zum Ewigen Juden: Der junge Büßer und „Prophet" Andrea nimmt die Haltung ein, die dem Ausgangsmythos eigentlich Ahasver schon nach dem Kreuzestod Christi zukommt. Andrea visioniert im Gespräch mit dem Ewigen Juden die Apokalypse, wofür sich Bulthaupt ausgiebig der Offenbarung des Johannes bedient. Der verunsicherte Ahasver reagiert, indem er auf seiner jüdischen Identität beharrt, um sich der Gewalt von Andreas Worten zu entziehen, letzterer jedoch pariert, indem er die jüdische Provenienz Christi ins Feld führt:

Ahasver.	Freund, Ich bin kein Christ.
Andrea (entsetzt aufspringend).	Unseliger dann, Bekennst du ihn nicht Noch jetzt – noch jetzt –
Ahasver (ruhig).	Juda gebar mich.
Andrea.	Juda gebar Auch den Helden der Welt. (auf die Knie stürzend) O, ihn zu befrei'n aus den Schlingen des Bösen - Herr, mein Gott, ihn zu erlöscn, Hilf mir, hilf – Sieh', ich ringe mit dir Um diese Seele![257]

---

[255] Ebd., S. 193.

[256] Vgl. auch ebd.: „Was bist du jetzt,/Gewaltiges Rom?/Deine Tempel verfallen,/Die Säulen gestürzt,/Dei Leben dem Tode zum Raub./Der Gekreuzigte hat/Den durchstochenen Fuss/ Auf die Brust dir gesetzt,/ Und du kriechst vor dem Sieger im Staub."

[257] Ebd., S. 196.

Als die von allen gefürchtete und von Ahasver ersehnte Apokalypse beim letzten Glockenschlag um Mitternacht nicht hereinbricht, wendet sich Ahasver enttäuscht von Andrea ab und glaubt sich abermals betrogen. Nicht anders die Volksmasse, die wütend den „falschen" Propheten Andrea erschlägt. Auch der Jüngste Tag scheint Ahasver nicht die Erlösung bringen zu können. Bulthaupts *Ahasver* wird sicherlich vor allem durch seine spezielle Art und Weise der Überschreibung der ursprünglichen Formation des Ahasver-Mythos bemerkenswert: Der Fluch Christi wurde aus dem Mund Maria Magdalenas gemäß dem Ahasver-Mythos rezitiert, dann durch Hannas Revidierung überschrieben, die Rolle der Apokalypse für die Erlösung Ahasvers exponiert und durch ihr Nicht-Eintreten überschrieben. Ahasver selbst schließlich reflektiert die Erlösung durch das Ende der Welt als hoffnungslos, der Fluch bleibt ungebrochen. Nicht die von Ahasvers Entwicklung unabhängige, als Naturkatastrophe eintretende, Apokalypse kann den Ewigen Juden in *Ahasver* erlösen, sondern nur ein Ahasvers Charakter innewohnender Läuterungsprozess. Eine Erkenntnis, die Ahasver am Ende des zweiten Aktes von Bulthaupts Musikdrama-Textes immer noch fehlt.

> Ahasver (von oben zu dem Toten [Andrea] herabblickend.)
> Du Armer, du Armer!
> O könnt' ich wie du
> Für ein Hoffen verbluten!
> Doch soll es nicht sein,
> Und wandern muss ich,
> Wandern – mich fröstelt –
> Fremd und allein!
> (Er geht.)[258]

Der dritte Akt von *Ahasver* schließlich spielt bei einer „deutschen Ritterburg im 16. Jahrhundert."[259] Die zeitliche Situierung muss insofern als ungewöhnlich bezeichnet werden, als der Ewige Jude in diesem Akt seine Erlösung findet. Ahasver wird bei Bulthaupt also in einer Epoche erlöst, die vor derjenigen liegt, die den Ausgangsmythos hervorgebracht hat. Hierdurch wird dem Stoff einiges seiner mythischen Kraft genommen, da die endlose Existenz des ewigen Juden einerseits nicht mehr bis in die Gegenwart und darüber hinaus bis zum Jüngsten Tag reicht, und andererseits die Geschichte Ahasvers retrospektiv relativ überschaubar bleibt. Der Anspruch des Ahasver-Mythos, das jahrtausendewährende

---

[258] Ebd., S. 198.
[259] Ebd., S.199.

Leben des Ewigen Juden mit Stoff zu füllen, birgt gerade für die Adaption auf der Bühne des Musiktheaters eine besondere Problematik: Die Wanderung Ahasvers lässt sich schwerlich anders bühnentauglich umsetzten als eben durch in verschiedene Akte verteilte Episoden, die den Ewigen Juden vor dem Tableau einer anderen historischen Epoche darstellen. Auch Weingartner und Sachs verfahren nach diesem Muster, erweisen der Zeitlosigkeit von Ahasvers Existenz aber Referenz, indem sie den Ewigen Juden auch in einer fingierten Zukunft auftreten lassen. Gerade die in den Ahasver-Mythos eingewobene Reinkarnationsthematik hat sich zudem als fruchtbar erwiesen: Wagner, der die Reinkarnationslehre für den Ahasverstoff initiiert, genügt für seine Kundry bloße Namen anderer Existenzen der jetzigen Gralsbotin.[260] Im Schatten Wagners suchen zwar Weingartner und Sachs die früheren Inkarnationen Ahasvers erstens zu vermehren und zweitens tatsächlich auf der Bühne auszuspielen, doch sind es meist gerade Ahasvers Leben, die nicht an einem konsolidierten Mythos, wie etwa den biblischen Christus, gebunden sind, welche ein für die Arbeit am Mythos besonderes Interesse wecken. Bulthaupt versucht nun zwar nicht, wie noch im zweiten Akt von *Ahasver*, einen gefestigten Mythenbestand zu überschreiben und wählt für den Schlussakt eine „neue" Episode der Ahasver-Rezeption, doch die Verlagerung der Erlösung Ahasvers in eine vergangene Epoche raubt dem Mythos ein Gutteil seiner eigentlichen Wirkmächtigkeit. Wohl um dies auszugleichen setzt Bulthaupt an den Beginn des dritten Akts von *Ahasver* ein ikonographisches Bild des Ahasver-Mythos: Der Ewige Jude wandert unter „ein[em] mächtige[n] Kruzifix"[261] vorbei, mit dem er in Dialog tritt. Das Ankommen beim Symbol Christi im Schlussakt nimmt natürlich die Erlösung Ahasvers durch sein Ankommen bei Christus vorweg. Ahasvers Zweifel und Nachdenklichkeit sind gewachsen, dass der Krieg zwischen Katholiken und Protestanten tobt, wirkt als zusätzlicher Katalysator.

> Ahasver ([...] gewahrt das Kreuz und stockt).
> Sieh da – dich sah ich nicht. so hielt auch ich
> Zum erstenmal in deinem Schatten Rast.
> Du hörst das Kriegsgetön, du hörst den Sang.
> War das dein Wille, der du mich so mild
> Gestraft, du Sanfter? Sie verfälschen dir
> Das reine Wort. (...)
> Was fragt dein Auge mich? Ob ich zu dir
> Den Weg gefunden? Ach, mir hat noch nie
> Sich liebend Wang' an Wange gelegt,

---

[260] Vgl. IV.3. *entsündigt sein und erlöst!* – Wagners *Parsifal*. Kundry werden hier die früheren Existenzen als Gundryggia und Herodias zugeschrieben.

[261] Bulthaupt, Heinrich: *Ahasver*, a. a. O., Heft 21, S. 199. Ahasver ist erneut „unverändert geblieben, nur bleicher als früher."

Mich liebend nie eine Hand gepflegt,
Ein Schatten, schreckhaft, kalt und bleich,
So schritt ich durch der Menschen Reich,
Zur Rechten die Furcht, zur Linken das Grau'n,
Und nun da ich müd' geworden und alt,
Nun fang ich an die Wahrheit zu schau'n:
Unser stolzes Erdenhoffen ist Staub,
Kein Glaube, der nicht Irrwahns Raub;
Was siegt – was bleibt -?

Unsichtbarer Chor (ppp).   Die Liebe.[262]

Ahasvers Sehnsucht nach Liebe sowie die Antwort des unsichtbaren Chores bringen den entscheidenden Erlösungsfaktor ins Spiel. Die unmittelbar im Anschluss auftretende Maria, die Bulthaupt eng mit Hanna konnotiert, macht den Bezug auf Wagners Erlösungsutopien, die Heilsstiftung durch die liebende Frau, umso offensichtlicher. Das Burgfräulein Maria erweist sich schnell als das Musterbild christlicher Nächstenliebe, die auf der nahen Burg die Verwundeten des Krieges versorgt und trotz knapper Lebensmittel und übervoller Räumlichkeiten Ahasver die Rast anbietet, die er Christus einst verwehrte. Die Aufnahme intertextueller Bezüge und Anspielungen ist zahlreich: Maria bietet Ahasver Wein und Brot, also die Ingredienzien des welterlösenden Abendmahls, als Burgfräulein, das Verwundete mit Balsam versorgt und endlich auch Ahasver erlösen wird, trägt sie die Züge von Wagners Frauengestalten Elisabeth, Kundry und Senta. Trotz ihrer Nähe zur Hanna des Vorspiels und des ersten Aktes von Ahasver muß der Reinkarnationstopos bei ihr für Bulthaupts Argumentationszusammenhang abgeschwächt werden: als nahezu Heilige wäre es unlogisch sie dem Wiedergeburtszyklus jenseits der absoluten Erlösung einzugliedern. Die entscheidenden Mythologeme des Ahasver-Stoffs werden ebenfalls wieder aufgegriffen: Das der heimatlosen Wanderschaft[263], der Unsterblichkeit[264] und zen-

---

[262] Ebd., S. 200/201.
[263] Vgl. ebd., S. 203f: „Maria. (...) Ihr wandert wohl viel?
                              Ahasver. Ich wandere, ja.
                              Maria. Und seid auf dem Weg
                                  Zur Heimat?
                              Ahasver. Nein. Die ward mir zu Asche,
                                  Und eine neue find' ich nicht.
                              Maria (aufmerksam werdend)
                                  Ihr seid ihr wohl näher als Ihr glaubt."
[264] Vgl. ebd., S. 203:   „Ahasver. Doch graut Euch vor
                                  Dem Tod?
                              Maria. Er ist Gottes. Mir graut nicht vor ihm.
                              Ahasver. Doch vor dem Leben, wenn es sich lang

tral für den ganzen Akt das der Erlösung. Nur das Mythologem der jüdischen Provenienz Ahasvers, dem in den vorherigen Akten mit der Intention des Ewigen Juden nach dem Wiedererstärken Israels eine entscheidende Rolle für die Illustration von Ahasvers Verblendung spielte, scheint hier getilgt. Trotz der ruhelosen Wanderschaft war das Judentum beziehungsweise Israel Ahasver bis zum dritten Akt des *Ahasver* zumindest geistige Heimat, jetzt ist sie „Asche". Die Auslöschung der originär jüdischen Identität Ahasvers geht direkt mit seiner endlich erreichten Wandlung einher, die eine Erlösung erst ermöglicht. Die erlösungsbietende Läuterung des Ewigen Juden sprengt dabei zugleich die in Akt I und II vorgenommene Identifikation Ahasvers mit Israel und Judentum. Es gibt kein jüdisches Kollektiv wie in der Nero-Handlung, das Ahasvers Befehle ausführt, der Ewige Jude verkündet nicht länger wie im zweiten Akt „Juda gebar mich".[265] Vom Judentum ist im dritten Akt von Heinrich Bulthaupts *Ahasver* schlicht und einfach keine Rede mehr, es bleibt aus dem zentralen Argumentationsstrang der Erlösung ausgeschlossen. Ganz anders als bei Weingartners und Sachs' Ahasverarbeiten für die Opernbühne, wo der Ewige Jude zugleich auch der letzte Jude ist, wird in Bulthaupts *Ahasver* der Ewige Jude seiner jüdischen Identität in einem Zeitabschnitt enthoben, der noch am Anfang der Generierung antijüdischer Verfolgertexte stand, die später mit dem Ahasver-Mythos verbunden wurden. Dies signalisiert das Erreichen eines erlösbaren Zustandes. Ähnlich dem geläuterten Auftreten der Kundry im dritten Aufzug des *Parsifal* erweist sich Bulthaupts Ahasver dem Christentum nun näher. Während bei Wagner ganz offen die Taufe der „Heidin" steht, ist das Judentum bei Bulthaupt aus dem Argumentationszusammenhang verschwunden.

Dafür greift *Ahasver* auf ein anderes gängiges Modell von Wagners Werken zurück: Die Erlösung durch die Frau, wie sie bezüglich des Ahasver-Mythos *Der fliegende Holländer* präsentiert. Freilich endet der finale Akt des *Ahasver* nicht mit dem an das Duett von Senta und Holländer erinnernden Dialog Ahasvers mit Maria. Die dramaturgische Spannungskurve dieses Aktes bedarf noch eines zusätzlichen Konfliktpotentials. Hierzu fungiert bei Bulthaupt wie beispielsweise schon bei Halévy ein klassischer Opernbösewicht. Auch hier offenbart sich ein konstantes Muster der Ahasveradaptionen für die Opernbühne: Der geläuterte beziehungsweise „gute" Ewige Jude bedarf für seine theatrale Umsetzung offenbar eines konterkarierenden Gegenspielers. Um den mythischen – und in der Überlieferung ambivalenten – Ahasver ins entsprechend positive Licht zu stellen, meinen die Verfasser der Ahasver-Libretti besonders übel

---

Und länger dehnt -"

[265] Vgl. ebd., S. 196.

Subjekte der Spezies Opernbösewicht zu bedürfen.[266] In *Ahasver* erfüllt diese Funktion der aufrührerische „rote Michel", der zugleich die einschlägigen Stereotypen der Verfolgung erneut ins Spiel bringt. Die Konstellation der unheimlichen Erscheinung Ahasvers zusammen mit der schönen Maria lässt für Michel nur einen Schluss zu: eine Hexe und ihr Lehrmeister. Die parallel laufenden Vorurteile des Mittelalters, die ihn vermeintlichen Hexen und Juden ihre Sündenböcke suchten, werden hier aufgegriffen. Mag die Reaktion gegenüber Ahasver noch annähernd nachvollziehbar sein, so ist der Angriff auf die überirdisch gut gezeichnete Maria ein Sakrileg, das nur der hartgesottenste Theaterbösewicht fertigbringt. Genau genommen wird sogar eine merkwürdige Verschiebung der klassischen Bestandheit des Ahasver-Mythos durchgespielt: Maria, die Michels Sohn erfolglos pflegte, wird für den Tod des Kindes als Sündenbock verantwortlich gemacht. Als Michel mit der Axt auf Maria eindringt stellt sich ihm Ahasver entgegen[267], am Ewigen Juden zerbirst zwar die Waffe[268], doch dank der Unterstützung seiner Gesellen gelingt es Michel dennoch Maria zu erschlagen.[269] Ahasver kann sich nicht mehr helfen und ruft Christus um Hilfe an, worauf ihm sofort Theaterblitz und –donner zu Hilfe eilen.

> In der Sterbenden erkennt der Ewige Jude dann Hanna:
> Mir träumt: einst traf mich schon
> Dieser milden Stimme Ton.
> So sprach das Weib
> Auf Golgatha,
> So brach ihr sterbende Laut,
> Als ihr zarter Leib
> In der Flammengrube versank.[270]

Auf ihren Wunsch bettet Ahasver Maria unter das Kreuz, zu diesem aufblickend sieht der Ewige Jude den Blick[271] des Heilands wieder. In einem im Zeichen Agapes stehenden Liebesduett priesen Maria und Ahasver Christus und sterben

---

[266] Dies hat wie in III. 1. Die Unerlösbarkeit Ahasvers. „Marche! marche! marche toujours!" –Halévys *Le Juif errant* dargestellt zu den arg abziehbildhaften Räubern von Scribes und Halévys *Le Juif errant* geführt.

[267] Eine Szene, die in Sachs' *Levi* ihre direkte Entsprechung hat.

[268] Ein Motiv, das Scribe und Halévy in *Le Juif errant* exzessiv ausgekostet haben.

[269] Ein Motiv, das die Identifikation des Ahasver-Mythos mit den Sagen und Legenden von Revenants und Vampiren illustriert, wir hier ebenfalls inszeniert: Man versucht Ahasver mit einem Kruzifix zu bannen.

[270] Bulthaupt, Heinrich: *Ahasver*, a. a. O., S. 207.

[271] Das Motiv des Heiland-Blicks entstammt zweifellos Wagners *Parsifal*.

zugleich einen Liebestod, Glorienschein bricht aus den Wolken, Engel erscheinen und ihr Chor besingt in *Parsifal*-Attitüde „Mitleidstränen und Opferblut“.[272] Heinrich Bulthaupts *Ahasver* erweist sich fast schon als Montage verschiedenster Mythologeme, die dem Ahasver-Mythos im Rezeptionsverfahren einverleibt wurden. Auch hier bleiben die Kernmythologeme sichtbar, werden aber mit neueren Komponenten des Ahasver-Stoffs angereichert. Das entscheidende Reservoir neuer Zutaten für eine Oper vom Ewigen Juden liefert für alle Librettisten im Schatten Wagners das Werk des Bayreuther Meisters. Abgesehen von allgemeinen musikdramaturgischen, den Schreib- und Kompositionsstil betreffenden Annäherungen, die in der Post-Wagner-Ära ohnehin weit verbreitet waren, sind es hier ganz spezielle „Wagnerismen“, die den Mythos vom Ewigen Juden betreffen. War für Sachs und Weingartner die dem *Parsifal* entlehnte Reinkarnationsthematik ausschlaggebend, musikdramatische Mehrteiler – wieder ein von Wagner vorexerziertes Konzept – zu planen, geht Bulthaupts *Ahasver* mehr auf das Modell des *Fliegenden Holländers* zurück. In den Figuren Hanna/Maria schimmert die Wiedergeburtsidee zwar auf und der im dritten Akt bedeutsame Mitleids- und Opfertopos verweisen durchaus auf *Parsifal*, doch die zentrale Frage nach der Erlösung beantwortet *Ahasver* mit einer Koppelung an die Frau. Marias Rolle darf dabei nicht mit der Erfüllung erotischer Liebe verwechselt werden, wie ja auch Wagners Holländer in Senta nicht Erfüllung von Liebe, sondern von Erlösung sucht.[273] Im Gegensatz zu einer Projektion des ahasverschen Schicksals in Vergangenheit und Zukunft - ausgehend von einer endlosen Kette von Wiedergeburten - bei Sachs und Weingartner verwendet Bulthaupt als Ausgangspunkt die traditionelle Urszene des Mythos vom Ewigen Juden. Ebensowenig wie *Ahasver* den Ewigen Juden mit Kain identifiziert, dehnt er die zeitliche Darstellung bis in die Zukunft wie die Finales von Sachs' und Weingartners Mehrteilern. Vielmehr findet Ahasver hier konzeptionell problematisch schon nach ca. 1500 Jahren seine Erlösung. *Ahasver* erweist sich schließlich als mustergültiges Beispiel der Mechanismen der Mythenrezeption: der ursprüngliche Bestand des Mythos vom Ewigen Jude bleibt nicht länger der Ausgangsmythos. Für die musikdramatische Darstellung besteht nach Wagner ein neuer Ausgangsmythos. Doch auch das Gefolge Wagners ist sich nicht so recht einig, welche Prämissen nun unabdingbar zum Ahasver-Mythos gehören. Ist es neben den Kernmythologemen die Reinkarnation à la Kundry? Oder doch die Erlösung des Unsterblichen durch das Weib wie im *Holländer*? Die einleuchtende Ausdehnung von Ahasvers Schicksal auf vier bis sieben abendfüllende Musikdramen scheitert, nicht zuletzt am rein finanziellen, logistischen

---

[272] Bulthaupt, Heinrich: *Ahasver*, a. a. O., S. 209f.

[273] Vgl. Wagner, Richard: Der fliegende Holländer, a. a. O., S. 46: „Die düstre Glut, die hier ich fühle brennen, sollt’ ich Unseliger sie Liebe nennen? Ach nein! Die Sehnsucht ist es nach dem Heil: würd’ es durch solchen Engel mir zuteil!“

und technischen Aufwand.[274] Doch auch die mit Wagnermotiven jonglierende herkömmliche dreiaktige Konzeption des *Ahasver* bleibt Libretto ohne Musik und szenische Umsetzung. Fast scheint es, als hätte Richard Wagner den Ahasver-Mythos zu Ende gebracht, ohne eine explizite Ahasver-Oper geschrieben zu haben. Es bleibt eine Oper, die ebenfalls nicht ausdrücklich das Schicksal des Ewigen Juden behandelt: Bulthaupts und d'Alberts *Kain*, mehr eine psychologische Momentaufnahme eines sowohl prometheischen als auch ahasverischen Charakters. Von allen hier behandelten Ahasver-Adaptionen im Schatten Wagners behauptet sich dieser Einakter am besten und als einziger auf der Bühne und das wohl nicht zuletzt, da dieses Konzept am ehesten den von Wagner ausgetretenen Pfad verlässt. Die Aufwandmaximierung nach Wagner hat auf der Opernbühne eine Sackgasse erreicht. Nicht umsonst ist von den Wagner nahestehenden Komponisten Richard Strauss der höchste Erfolg beschieden, der auf Einakter wie *Salome* oder *Elektra* setzt, statt Musikdramen zu verfassen, welche *Götterdämmerung* und *Parsifal* an Länge übertreffen. Sicherlich bleibt es aber auch eine Frage der Qualität: Wer sich in Konzeption und Ausdehnung direkt auf Wagner bezieht, wird sich auch an ihm messen lassen müssen. Doch es im virtuosen Spiel mit Mythen und Mythologemen Wagner gleichzutun, gelingt keinem der hier dargestellten Ahasver-Bearbeitungen für die Musiktheaterbühne. Anscheinend bedarf es anderer, von Wagner verschiedenen, Herangehensweisen an den Mythos vom Ewigen Juden.

> Nur in seinem Zeichen [Wagners] konnte man siegen: „in hoc signo wagneriano vinces" war die Devise. Die vielen Talente, die unter diesem flatternden Panier untergingen, könnten einem das Epitheton „tragisch" durchaus abgewinnen.[275]

Die Komponisten und Librettisten, die im Schatten Wagners die Arbeit am Ahasver-Mythos aufnahmen, bestätigen diese Einschätzung nachdrücklich.

---

[274] Die Tendenz zu Mehrteilern wird auch von Jens Malte Fischer als typisches Indiz einer Orientierung an Wagner gewertet und das nicht nur im reinen Opernbereich. Felix Draeseke konzipierte so sein Mysterium *Christus* als Tetralogie. Vgl. Fischer Jens Malte: *Im Schatten Wagners*, a. a. O., S. 29f.

[275] Fischer, Jens Malte: *Im Schatten Wagners*, a. a. O., S. 31.

VI. DIE CAMOUFLAGE DES AHASVER-MYTHOS IN DER OPER

Die Darstellung von Richard Wagners Werk als Wende- und Angelpunkt innerhalb der Rezeption des Ahasver-Mythos im Opernlibretto beruht nicht allein auf der Analyse der Ahasver-Adaptionen im „Schatten Wagners". Vielmehr erweist Wagner sich auch als Instanz für ein Verfahren der Darstellung jüdischer Figuren: die Camouflage. Und die perfide Raffinesse mit der Wagner einigen seiner Bühnenfiguren einen antisemitischen Subtext unterlegt, der eine explizite Etikettierung als Juden verzichtbar macht, wird in der Folgezeit kaum wieder erreicht. Das prominenteste Beispiel für eine camouflierte Judenfigur ist sicherlich nach wie vor die des Mime aus Wagners *Siegfried*, der illustriert weshalb von einer Modellhaftigkeit impliziter Judendarstellungen bei und nach Wagner zu sprechen ist. Die kontroverse Diskussion einer jüdischen Identität von Wagners Opernfiguren belegt die Konnotierung bestimmter Charakteristika wie Bewegung, Sprache und Tonfall mit antisemitischen Stereotypen: Sowohl die Negierung als auch der Versuch, nahezu alle Negativcharaktere in Wagners Werk als Judenfiguren zu interpretieren[1], zeigen dass die entsprechenden Codes, die im 19. Jahrhundert virulent waren, europaweit zirkulierten und dem damaligen Opernbesucher vertraut waren, heute nicht mehr geläufig sind.

Bezüglich des Ahasver-Mythos hat Wagner – wie dargestellt – auf eine Dramatisierung der Ahasverlegende in ihrer ursprünglichen Variante verzichtet. Er setzte auf ein Spiel mit vertrauten Mythologemen und Parallelmythen, darauf vertrauend, dass dem zeitgenössischen Publikum der Ahasver-Stoff ebenso bekannt ist wie der antisemitische Code, den er in manchen seiner Figuren verwendet. Die Werke im „Schatten Wagners" haben gezeigt wie sich etwa Weingartner, Sachs oder Bulthaupt darum bemühten, Ahasvers Spur in Wagners Musikdramen in eigenen Arbeiten am Mythos vom Ewigen Juden zu folgen, indem sie einerseits Ahasver explizit zum Protagonisten ihrer Libretti machten und zugleich die tradierten Mythologeme mit eigenen Ingredienzien anreicherten. Zugleich entstehen aber auch Werke, die Wagners Camouflage-Technik folgend die Spur des Ewigen Juden eher verwischen als sichtbar machen, Libretti, die einzelne zentrale Mythologeme des Ahasver-Stoffes verwenden oder parallele Stoffe bemühen. Dass sich auch diese Ahasver-Varianten direkt auf Richard Wagner beziehen, zeigt sich beispielsweise besonders offenkundig in der „Action musicale" *L'Étranger* des Wagnerianers Vincent d'Indy, die sich eindeutig direkt auf den *Fliegenden Holländer* bezieht.

Die konstatierte Ambivalenz des Mythos vom Ewigen Juden, sein Changieren in der Rezeption vom „Vorzeigejuden" bis zum jüdischen Satan, legt nahe, dass das was Julius H. Schoeps für das Bild vom Juden allgemein beschreibt, der Jude habe die „Gestalt des Ahasver", des „blutsaugenden Vampir[s]", des „ge-

---

[1] So etwa in Marc A. Weiners *Antisemitische Fantasien*, a. a. O.

schwänzten Satan"[2] angenommen, für das Bild von Ahasver in einer speziellen Dimension gilt. Die Ahasver-Rezeption besteht aus vielen Bildern, die noch dazu nicht wie die von Schoeps aufgezählten „Judenbilder" alle eine antijüdische beziehungsweise antisemitische Stoßrichtung aufweisen. Die Stilisierung des Juden zum Dämon[3], die auch das eine Extrem der Ahasverfigur innerhalb der „Arbeit am Mythos" ausmacht, bietet Anknüpfungspunkte an die literarische Tradition der Untoten, Wiedergänger und Vampire, die sich einerseits auch in der Opernliteratur, zum Beispiel Heinrich Marschners *Der Vampyr*, finden, andererseits aber auch antisemitische Stereotypen aufgenommen haben. Der Revenant im Stoff vom polnischen Juden, den sowohl Erlanger als auch Weis zum Opernsujet wählen, enthält so sicherlich das Motiv der Unsterblichkeit als verbreitetes Schauderinstrument, doch dass der Revenant Jude ist, verweist auf das Mythologem der Unsterblichkeit im Ahasver-Mythos.

---

[2] Julius H. Schoeps: Vorwort zu *Die Macht der Bilder*, a. a. O., S. 9.
[3] Vgl. ebd..

VI. 1. „J'AI MARCHE, J'AI MARCHE A TRAVERS BIEN DES MONDES": VINCENT D'INDYS *L'ÉTRANGER* (1903)

Vincent d'Indys *L'Étranger* kann in seiner kompositorischen Konzeption das Vorbild Richard Wagners nicht verleugnen, und d'Indy war wohl auch nicht bestrebt dies zu tun. Vincent d'Indy unterstrich besonders mit seiner Schrift *Richard Wagner et son influence sur l'art musical francais"* aus dem Jahre 1930 nachhaltig die besondere Stellung Wagners für die französische Oper der Jahrhundertwende. Der Schüler von César Franck wurde durch das Erlebnis der Uraufführung des *Ring des Nibelungen* von 1876 zum Wagnerianer; seine Oper *Fervaal* (1897) wurde nicht umsonst als der französische *Parsifal* bezeichnet. Der „Wagnérisme" in Frankreich gehört sicher „zu den herausragendsten Rezeptionsphänomenen der Musikgeschichte."[4] Einerseits unterlag Wagner in Frankreich „als Repräsentant des feindlichen deutschen Kaiserreiches"[5] einer Politisierung, provoziert nicht zuletzt durch Wagners Spott mit *Eine Kapitulation. Lustspiel in antiker Manier.* Andererseits rezipierte man in Frankreich auch die (kunst-)theoretischen Schriften und natürlich die Musikdramen Wagners. Dabei diente Wagner als Anstoß zur „Wiederentdeckung französischer Traditionen."[6] Zu den prominentesten Vertretern unter den Komponisten des Wagnérisme müssen Emmanuel Chabrier, Ernest Chausson und Vincent d'Indy gerechnet werden. Ihre Stoffwahl verdeutlicht den Einfluss Wagners: Chabriers *Gwendoline* (1886) präsentiert eine Art mittelalterlicher Samson-und-Dalila-Geschichte um die sächsische Titelfigur – „more Senta than Dalila".[7] Chausson widmet sich mit *Le Roi Arthus* (1903) dem Sagenkreis von König Artus, und d'Indy dem Keltenkönig *Fervaal* (1897) zur legendären Zeit sarazenischer Einfälle in Frankreich und bleibt damit auch dem Wagnervorbild treu, mythisch-mittelalterliche Sujets zu verwenden. *Fervaal* offenbart zugleich eine wiederum von Wagner angeregte nationalistische Tendenz in d'Indys Schaffen.

> [...] *Fervaal* is not based on history or even a specific legend or *roman*. The events exist outside history, shrouded in as much mist as Gobineau's Aryan tribes marching across India [...]. The Celts had disappeared from France long before the advent of Islam. [...] *Fervaal*, then invites an interpretation

---

[4] Fauser, Annegret/Schwartz, Manuela (Hg.): *Von Wagner zum Wagnérisme. Musik, Literatur, Kunst, Politik*, Leipzig 1999 (= Deutsch-Französische Kulturbibliothek, Bd. 12), S. 9 [Einleitung].

[5] Ebd., S. 11.

[6] Ebd., S. 15.

[7] Huebner, Steven: *French Opera at the Fin de Siècle. Wagnerism, Nationalism, and Style*, Oxford/New York 1999, S. 269.

where race, nationalism, and Christian faith combine in an allegory about the founding of France out of the Celtic spirit. The 'official' Wagnerian line, at least as expressed by Wolzogen in the *Revue wagnérienne,* sanctioned a synthetic view of race and Christianity.[8]

Mit Vincent d'Indy findet also nicht nur das künstlerische Konzept Wagners, sondern auch seine weltanschauliche Haltung einen Vertreter in Frankreich.

Vor allem während der Dreyfus-Affäre beginnt bei rechten wie auch bei linken Gruppierungen eine neue Form der politischen Instrumentalisierung Wagners, wobei insbesondere sein Antisemitismus [...] im Vordergrund der Rezeption stand. Vereinigungen wie die Action française, die Patrie française oder die Ligue des Patriotes benutzten die Musik im allgemeinen als wirkungsvolles Mittel des politischen Kampfes für ein neues, nationales Selbstbewusstsein Frankreichs. Für die einen vorbildliche Quelle von ästhetischen und politischen Konzepten und Werten, für die anderen kultureller und musikalischer Antipode, diente Wagner als historischer Fokus bei der Suche nach einem als „authentisch französisch" verstandenen Wertekanon und der Formulierung neuer Ideologien. Dieses Phänomen ist nicht nur Teil jener Wagner-Rezeption, die die Vermittlung Wagnerschen Gedankenguts durch französische Komponisten wie Vincent d'Indy miteinschließt, sondern auch ein signifikanter Aspekt französischer Kultur- und Parteipolitik.[9]

Vincent d'Indys *L'Étranger* war nicht mehr als ein „Achtungserfolg"[10] beschieden. Uraufgeführt wurde die Oper am siebten Januar 1903 im Théâtre Royal de la Monnaie in Brüssel. Diesem Theater wohnte der Charakter einer „Experimentierbühne" inne: hier konnte Wagner – im Gegensatz zu Paris, wo Wagner erst in den 1890ern den Spielplan erobert – ohne die Ressentiments nach dem 1871er Krieg aufgeführt werden.[11] Dies ist insofern bedeutsam, als sich die Ablehnung gegenüber Wagner durchaus auch auf französische Opern erstreckte, die sich in der Sphäre des Wagérisme bewegten, und d'Indy hatte aus seiner Wagerprägung nie ein Geheimnis gemacht. Da die Werke Wagners auf den französischen Bühnen kaum gegeben wurden, pilgerte d'Indy – wie viele andere auch – nach Deutschland, insbesondere Bayreuth, Reisen, die mitverantwortlich sind für seinen Entschluss das (französische) Musiktheater zu „regenerieren"[12],

---

[8] Ebd., S. 325f.
[9] Fauser, Annegret/Schwartz, Manuela (Hg.): *Von Wagner zum Wagnérisme. Musik, Literatur, Kunst, Politik,* a. a. O., S. 12 [Einleitung].
[10] Hirsbrunner, Theo: *Vincent d'Indy zwischen Wagner und Debussy.* In: Fauser, Annegret/Schwartz, Manuela (Hg.): *Von Wagner zum Wagnérisme. Musik, Literatur, Kunst, Politik,* S. 265-291, a. a. O., S. 265.
[11] Vgl. ebd., S. 266f.
[12] Vgl. ebd., S. 268.

ein Vorsatz, den ja auch die deutschen Wagerianer, inspiriert durch Wagners Regenerationsschriften, gefasst hatten.

In *L'Étranger* begleitet die Charaktere durch die Handlung der „Action musicale en deux actes" ein dichtes Netz an Leitmotiven. Nach dem Vorbild Wagners ist d'Indy auch sein eigener Librettist, und doch steht *L'Étranger* für mehr als nur eine der vielen französischen Wagnerismus-Opern der Jahrhundertwende. Dies gilt sowohl für die künstlerische Qualität als auch speziell bezüglich der Verwendung von Mythologemen aus dem „Dunstkreis" des Ahasver-Stoffes. *L'Étranger* kombiniert das Phantastische des Mythos mit dem Realistischen und verbindet die Tonsprache Wagners mit impressionistischen Elementen, die sich seinem Lehrer César Franck verdanken. Seine musikalische Charakterisierung der Fischer in *L'Étranger* etwa illustriert die gekonnte Skizzierung einer „couleur locale" für den Hintergrund des eigentlichen Dramas.

> In *L'Etranger* ist das Volk alles andere als nur Staffage; es wird zum Gegenspieler des Fremden, den es als Hexer verhöhnt und fürchtet. Die Fischer am Ufer des Ozeans haben deshalb ihren eigenen Gesangsstil: kurze Noten in lebhaftem Parlando.[13]

Dass das Meer musikalisch leitmotivisch den Status eines weiteren Protagonisten erhält, weckt aber auch sehr schnell die Assoziation zum *Fliegenden Holländer* – vor allem die Ouvertüre zu Wagners Oper mag sicher eine entscheidende Inspirationsquelle für d'Indy gewesen sein. Auch inhaltlich ist die Verwandtschaft zu Wagners Erlösungsdramen unverkennbar: Neben dem *Holländer* gewinnt am meisten der *Parsifal* Bedeutung. Somit stehen zwei Werke Wagners, die ihrerseits den Ahasver-Mythos transportieren, für d'Indys *L'Étranger* Pate.

Das Libretto von d'Indys *L'Étranger* ist relativ handlungsarm: Ein Fremder stößt in einem Fischerdorf auf Vorurteile und Ablehnung, ein einzelnes Mädchen verfällt ihm jenseits des allgemeinen Misstrauens in Liebe. Der Fremde schenkt dem Mädchen Vita einen Zauberring, der Macht über die elementaren Gewalten des Ozeans verleiht, bevor er rastlos weiterziehen muss. Als einer der Fischer in Seenot gerät, wagt es allein der Fremde zu seiner Rettung aufzubrechen, Vita begleitet ihn. Da Vita den Ring jedoch ins Meer geworfen hat, kentert das Boot des Fremden, und Vita und der Fremde versinken in den Fluten des Meeres.

Mit diesen wenigen Sätzen lässt sich die äußere Handlung umreißen. Die Parallele zur Figurenkonstellation Senta/Holländer ist auch in dieser knappen Schilderung bereits offenkundig. Im Rahmen einer Abhandlung über das Motiv des Ewigen Juden im Opernlibretto muss betont werden, dass wie schon in Wagners

---

[13] Ebd., S. 280.

Holländer eines der entscheidenden Mythologeme des Ahasver-Mythos, das der jüdischen Provenienz des Protagonisten, hier nicht thematisiert wird. Die Vorurteile, denen der Fremde im Dorf begegnet folgen jedoch den Stereotypen der Verfolgung, wie sie in gleichem Verfahren dem Juden entgegengebracht werden[14]: Der Fremde wird gemieden und von Anfang an der Hexerei bezichtigt. Das Mythologem der Wanderschaft ist hingegen ein explizites Hauptcharakteristikum der Titelfigur:

> Aimant les pauvres et les inconsolés, rêvant le bonheur de tous les hommes frères, j'ai marché, j'ai marché à travers bien des mondes; j'ai longtemps navigué et sur toutes les mers.[15]

Die Frage nach der Erlösbarkeit als ein drittes maßgebliches Mythologem des Ahasver-Stoffes beantwortet d'Indy am offensichtlichsten nach dem Modell Wagners: Nicht nur im *Holländer* ist beim „Bayreuther Meister" die liebende Frau die heilsstiftende Erlöserin des umherirrenden, leidenden Protagonisten. Ganz wie Senta oder Elisabeth fungiert Vita als bedingungslos Liebende, die den Untergang zur Erlösung veredelt.
Das Mytholgem der Unsterblichkeit schließlich erscheint in *L'Étranger* nur vage. Das Leiden und die vom Fremden erwähnten endlosen Reisen sowie der geheimnisvolle Zauberring, der neben der musikalischen Zeichnung den Fremden mit dem Meer assoziiert, verleihen ihm durchaus den gewissen Nimbus eines Unsterblichen. Seine Resignation und sein Wunsch Gutes zu tun erinnern auch durchaus an die Variante des bekehrten Ahasver. Doch d'Indy hat andererseits in seiner „Personnages" zu *L'Étranger* seinen Figuren ein Alter zugeordnet: „L'Étranger (42 ans) – Baryton"[16].
Das Erlösungsdrama d'Indys erscheint aufgrund der nur teilweise eingelösten Ahasver-Mythologeme zunächst nicht direkt auf den Stoff vom Ewigen Juden beziehbar, jedenfalls weit weniger eindeutig als die Ahasver-Musikdramen, die im Schatten Wagners Leiden und Erlösung des Juden zum Gegenstand haben, der Christus von seiner Schwelle stieß. Andererseits ist der Erlösungsdiskurs des *L'Étranger* offenkundig durch die Instanz Wagner geprägt. Da gerade die Wagneropern *Der fliegende Holländer* und *Parsifal*, die d'Indys „Action musicale" unverkennbar ihren Stempel aufgedrückt haben, jedoch nicht zuletzt das Ergebnis eines virtuosen Spiels mit dem Ahasver-Mythos darstellen, schimmert die Gestalt des Ewigen Juden im vorliegenden Libretto immer wieder auf. Es bleibt aber durchaus fraglich, inwieweit sich d'Indy als Autorinstanz der Bezü-

---

[14] Vgl. d'Indy, Vincent: *L'Étranger. Action musicale en deux actes. Poème et Musique de Vincent d'Indy.* Partition pour chant et piano réduite par l'Auteur, Paris 1902, z. B., S. 44:»Alors que tout le monde ici me regardait d'un oeil mauvais.«

[15] Ebd., S. 120/121.

[16] Ebd., S. 2.

ge zum Ahasver-Mythos bewusst war: Zu stark sind die Anschlüsse an Wagner jenseits der Thematik vom Ewigen Juden im engeren Sinn, als dass auszuschließen wäre, dass der von Wagners verarbeitete Diskurs in d'Indys Oper einfließt. Die Reprise der Figurenkonstellation des *Fliegenden Holländers* zum Beispiel ist ein Detail, das zwar das dramatische Potential des Librettos steigert, aber keine direkte Andockstellen zum Ahasver-Mythos beinhaltet: Parallel zum „Nebenbuhler" des Holländers, Erik, hat auch Vita einen Verlobten, den Zöllner André, dem die Liebe zu dem unheimlichen Fremden nicht wegen seiner Heiratsabsichten ein Dorn im Auge ist, sondern der – wie alle anderen Dorfbewohner – keinerlei Blick für „Leiden und Größe" des Fremden besitzt. Zugleich übernimmt André als rein besitzorientierter Nebenbuhler einen Teil der Daland-Rolle aus dem *Fliegenden Holländer*. Die eigentliche Entsprechung zu Sentas Vater, Vitas Mutter, ist eine weit unbedeutendere Figur als der Daland des *Holländer*. Die leichte Verschiebung der Rollencharakteristika gewinnt aber gerade vor der Folie des Ahasver-Mythos Bedeutung: Entsprechend zum bekehrten Ahasver gerät der Fremde d'Indys zunehmend in die Rolle des wahren Christen, der zugleich den Stereotypen der Verfolgung der bekennenden Gläubigen ausgesetzt ist.[17] Der Fremde äussert gegenüber Vita:

> Partout où j'ai passé et j'ai vu bien des terres, j'ai trouvé la triste haine et l'oublie plus triste encor. Et pourtant, aider les autres; servir les autres, voilà ma seule joie, voilà mon unique pensée.[18]

Hier wird die Schnittstelle von d'Indys *L'Étranger* zu Wagners *Parsifal* offenbar: Das „Dienen" Kundrys im Gralsgebiet findet seine Entsprechung im „servir les autres" des Fremden.[19] Ähnlich wie im *Parsifal* und anders als im *Holländer* bedient sich d'Indy christlicher Symbolik: Der Fremde ist Fischer, – der darüber hinaus seinen Fang mit den glücklosen Dorfbewohnern zu teilen bereit ist -, sein Antagonist ein (unbekehrbarer) Zöllner. In diesem Punkte bewegt sich *L'Étranger* also sogar mehr in Richtung eines christlich konfigurierten Mythos à la Ahasver als der *Holländer*. Doch im Gegensatz zu Wagners Kundry und dem Holländer fehlt hier das durch einen Frevel begründete Fluchmotiv in Entsprechung zum Mythos vom Ewigen Juden. Der Fremde ist kein aufgrund einer Verfehlung zum Leiden Verdammter, sondern apriori Außenseiter. Da er die christliche Lehre der Nächstenliebe weit mehr lebt als die Dorfgemeinschaft, mit der er sich konfrontiert sieht, erscheint sein Leiden im Vergleich zu dem des

---

[17] Vgl. z. B. ebd., S. 29/30: „ Dès que les enfants ont aperçu l'Étranger ils le menacent en des gestes craintifs: 'Hou! hou! au loup! au loup!' La femme:'Maudit soit le sorcier!'

[18] Ebd., S. 49/50.

[19] Freilich negiert Kundry ihr christliches Dienen (Wagner: *Parsifal*, a. a. O., S. 47„Nie tu ich Gutes [...]") bis zu ihrer Läuterung nach dem zweiten Aufzug.

Holländers oder Kundrys in gesteigertem Maße sinnlos. In der Tat erweist sich die Situation des Fremden als durchaus vergleichbar mit der neuen Situation der Juden im 19. Jahrhundert: Vermochte die Konvertierung zum Christentum zunächst noch den Außenseiterstatus zu beenden, richtet sich die neue säkular gewordene Form der Judenfeindschaft primär gegen die Herkunft: der Jude ist und bleibt der Fremde. Insofern spiegelt sich die ausweglosgewordene Lage des europäischen Judentums durchaus in der Titelfigur des *L'Étranger*. Bei aller Bedeutung Wagners für den Antisemitismus sollte gerade in Beziehung auf einen französischen Librettisten und Komponisten nicht unerwähnt bleiben, dass im Zuge der westeuropäischen sozialdarwinistischen Tendenzen der rassistische Antisemitismus 1894 mit der Dreyfusaffäre in Frankreich einen Höhe- und Wendepunkt erreichte. In Hinblick darauf muss auf eine weitere Oper d'Indys aufmerksam gemacht werden: *La Légende de Saint Christophe*. Der Plan zu dieser Oper stammt aus dem gleichen Jahr, in dem *L'Étranger* uraufgeführt wurde, 1903.

[...] the opera was to show, in d'Indys words, the 'nauseating Judeo-Dreyfusard influence' within a legend that accommodated this message.[20]

Vincent d'Indy, Royalist und Katholik, wollte, 1890 zum Präsident der Société Nationale de Musique Française gewählt, in dieser Funktion das Königliche Hoforchester reformieren, scheiterte aber an finanziellen und politischen Geninteressen. Wie sein Idol Wagner sah d'Indy sich desillusioniert, wie Wagner plante er nun die künstlerische Erneuerung mit einer politischen zu verbinden: Wagners entscheidendes Moment des Handelns war die Revolution von 1848, das d'Indys die Dreyfus-Affäre.

D'Indy had met Wagner while still a young man, and had accepted both Wagner's anti-Semitic analysis of the problem of nineteenth-century French opera, and his idea of using lyric theatre to expound and disseminate political ideas [...] Wagner urged d'Indy, as a French composer, to renew the national theatre: to recover national traditions and sources of myth, cleansed of the contaminated Jewish style.[21]

Dabei waren die Wagnerianer in den französisch nationalen Kreisen, mit denen d'Indy Kontakt hatte, zum Beispiel um Georges Sorel, aufgrund der Vorbehalte gegen den deutschen Wagner und seiner Politisierung nach 1870/71 nicht besonders gut gelitten. Doch in der Ablehnung der „bourgeoisie juive" war man sich einig. In *La Légende de Saint Christophe* sind entsprechende Implikationen

---

[20] Jane Fulcher: *Vincent d'Indy's 'Drame Anti-Juif' and its meaning in Paris, 1920*. In: *Cambridge Opera Journal* 2 (1990) Nr. 3, S. 295-319, S. 295.
[21] Ebd., S. 299.

eingegangen, und d'Indy nannte seine Oper ein „grand projet politique"[22]. In einer Gegenreaktion griff Emile Vuillermoz d'Indy im moderat rechten *Mercure de France* als antisemitisch und nationalistisch an, kombiniert mit dem Vorwurf des Mittelalterwahns und des aggressiven Spiritualismus durchaus voller Seitenhiebe auf den Kompositionsstil d'Indys.[23] D'Indy wiederum reagierte mit einer nur umso größeren Ablehnung des „jüdischen Stils" – mit Meyerbeer als Hauptrepräsentant – und gesteigerter Orientierung an Wagner. Auch in *La Légende de Saint Christophe* fungiert d'Indy nach Wagners Vorbild als sein eigener Librettist. Die „Legenda aurea" des Dominikanermönches Jacques Voraigne, die seiner Oper zu Grunde lag, erfreute sich in Frankreich durchaus einer gewissen Popularität: es gibt sieben französische Versionen des Textes, und im 19. Jahrhundert übersetzte sie bezeichnenderweise der Wagnerianer Théodore de Wyzewa.[24] Wie im Falle des Ahasvermythos handelt es sich bei dem Stoff um einen semi-biblischen: Der riesige Christophe wird in Kanaan zum Christentum bekehrt und hilft Reisenden einen gefährlichen Fluss zu überqueren, wobei er schließlich – gemäß der bekannten Legende – Christus als Kind über den Strom trägt. Aufgrund seines christlichen Glaubens, der eine Massenbekehrung auslöst, gerät Christophe in Konflikt mit dem König („Le Roi de l'Or"). Christophe widersteht Versuchungen durch ihn umgarnende Mädchen und hält den Pfeilen von 400 Soldaten des Königs stand, von denen einer den König auf wundersame Art ins Auge trifft. Schließlich heilt Christophe den König mit seinem Blut, der daraufhin befiehlt, alle, die Gott lästern, hinzurichten. Le Roi de l'Or erinnert dabei in vielen Zügen an den Alberich aus Wagners *Ring* – dies gilt auch in musikalischer Hinsicht: der hinkende Rhythmus suggeriert eine körperliche Deformation des Königs. Es sei nochmals daran erinnert, dass das Hinken auch eine typische Zuschreibung an „den Juden" darstellte, um die imaginierten körperlichen Defizite des „fremden" Körpers fassbar zu machen.[25] Ebenso stellt die Goldgier des Roi de l'Or natürlich ein gängiges Klischee, das dem Judentum zugeschrieben wurde, dar: Gerade in Frankreich wurden die Kapitalismusklischees gegen das Judentum von Fourier, Toussenel (*Les Juifs, rois de l'époque*, 1844) und deren Schülern forciert.[26]

> We might now pause to consider the message d'Indy intended: anti-materialistic and anti-Republican, directed at an world motivated by profit

---

[22] Vgl. ebd., S. 301.

[23] Vuillermoz, Emile: *La Schola et le Conservatoire*. In: *Mercure de France* (September 1909), S. 234-243.

[24] Vgl. Fulcher, Jane: *Vincent d'Indys 'Drame Anti-Juif' and its meaning in Paris, 1920*, a. a. O., S. 303.

[25] Vgl. Gilman, Sander L.: *Rasse, Sexualität und Seuche. Stereotype aus der Innenwelt der westlichen Kultur*, Reinbek bei Hamburg 1992, S. 181ff.

[26] Vgl. Poliakov, Léon: *Geschichte des Antisemitismus*, Bd. VI, Worms 1987, S. 166ff.

and a totally corrupt authority structure. Against this greed and corruption he contraposed duty, sacrifice and heroism, the purity of race and nation, the primacy of collective values and social hierarchy. This ideology, essentially that of the pre-war Sorelian circle, was (along with d'Indys aesthetic) later adopted by the French Fascists of the thirties.[27]

Im Gegensatz zu *L'Étranger* präsentiert *La Légende de Saint Christophe* also einen Titelhelden, der schließlich breite Anerkennung findet, die marode Gesellschaft saniert, und dessen Wirkung im Plan der Vernichtung der Blasphemie gipfelt. In gewisser Weise sicher die Utopie, welche d'Indy für sein eigenes Wirken träumt.

> Die neue französische Oper in der Nachfolge Wagners, von der d'Indy träumte, ließ sich nicht verwirklichen. *L'Étranger* blieb ein transitorisches Ereignis, aber bedeutend genug, um in der Zeit zwischen Wagner und Debussy einen wichtigen Platz einzunehmen.[28]

Die Unmöglichkeit der Integration des Fremden beinhaltet in *L'Étranger* die Unmöglichkeit der Erlösung: Die Abreise, das rastlose Weiterziehen wird nicht wie beim Holländer durch einen angenommenen Treubruch der Frau motiviert, sondern durch die Einsicht der Unvereinbarkeit mit der sozialen Umgebung. Keine Taufe wie bei Kundry nimmt den Fremden im Tode in die Gemeinschaft auf. Die Erlöserfigur Vita vermag in ihrer sentahaften Treue nichts anderes als mit dem Fremden gemeinsam unterzugehen. Der Fremde erscheint wie der Ahasver des Ursprungsmythos unerlösbar: Seine einzige Hoffnung ist der Untergang[29], ohne verklärende Entsühnung - der er ja gar nicht bedarf - wie bei Kundry oder Apotheose, die Holländer und Senta postum im Himmel vereint. Ebenso wenig vermag es der camouflierte Ahasver des *L'Étranger*, trotz aller Christuselemente seines Charakters, selbst zu einer Erlöserfigur zu werden wie Parsifal: Er lebt vorbildliche Nächstenliebe, so wie Ahasver in der Überlieferung zum bußfertigen Zeugen Christi gerät. Doch das heilsstiftende Potential des Fremden verpufft an der Wand aus Stereotypen der Verfolgung, die seinen Kontakt mit der gesamten Gesellschaft – mit Ausnahme Vitas – determinieren. Insofern zeichnet sich d'Indys Erlösungsdrama durch einen gesteigerten Pessimismus aus: hier gibt es keinen Parsifal, der die Gesellschaft saniert, sondern der exemplarische Repräsentant der Nächstenliebe geht ohne Wirkung auf die soziale Umgebung unter. Die realistischen Elemente, sowohl kompositorisch in der schon erwähnten „couleur locale" als auch in der Darstellung des Fischer-

---

[27] Fulcher, Jane: *Vincent d'Indys ‚Drame Anti-Juif' and its meaning in Paris, 1920*, a. a. O., S. 308.

[28] Hirsbrunner, Theo: *Vincent d'Indy zwischen Wagner und Debussy*, a. a. O., S. 284.

[29] Fischer, Jens Malte: *Richard Wagners „Das Judentum in der Musik"*, a. a. O.

dorfes aufzufinden, verstärken diesen Eindruck. Zugleich spielt *L'Étranger* aber mit Mythologemen und phantastischen Elementen: Vor dem Hintergrund des geschilderten Realismus wirken diesen Elemente verstörend, oder doch zumindest erklärungsbedürftig. Der Fremde bleibt durch seine Rätselhaftigkeit und natürlich seine geheimnisvolle Affinität zum Ozean – repräsentiert in seinem Zauberring – keine realistische Figur, sondern er wird als mythisch mysteriöse Figur mit einer real skizzierten Umgebung konfrontiert. Und dies ist auch ein bekanntes Faszinosum in der Rezeption des Ahasver-Mythos: Quasi reale historische Epochen werden mit der Legendengestalt des Ewigen Juden konfrontiert. Doch wo in den „klassischen" Ahasver-Adaptionen ein ständig anwachsender Mythos steht, klafft in *L'Étranger* eine Leerstelle: Der Fremde wird explizit weder mit dem Ewigen Juden noch sonst einer mythischen Figur identifiziert, es gibt keine Ballade wie über den Holländer und keine Erzählung über den Sündenfall der Charakters wie bei Kundry. Allein die wenigen rätselhaft übernatürlichen Momente des Protagonisten und seine offenkundige Verwandtschaft mit den erlösungsbedürftigen Figuren Wagners erzeugen den mythischen Nimbus des Fremden. Auch dem Dingsymbol in d'Indys Libretto kommt eine Rolle zu, die kaum mehr als ein kurzes metaphorisches Aufflackern ist. Erfährt der Rezipient beispielsweise bei Wagner in den langen Monologen des Gurnemanz die ganze ausführliche Geschichte von Gral und Speer, die darüber hinaus durchaus bekannte Gegenstände des tradierten Gralsmythos sind, so bleibt die Geschichte des meeresbeherrschenden Zauberringes ungeklärt. Diente der Gralsspeer der Sanierung der Gesellschaft, so scheint der Ring des Fremden eher das Gegenteil zu repräsentieren. Der Fremde gibt den Ring als Abschiedsgeschenk an Vita weiter, die sich jedoch nicht davon abbringen lassen will dem Fremden zu folgen und das Artefakt im Meer versenkt. Die Gesellschaft verliert durch ihre Ablehnung des Außenseiters also das „heilsbringende" Dingsymbol, das reichen Fang beim Fischen, Schutz vor Sturm und Seenot bieten würde.

Die raren mythischen Elemente des *L'Étranger* sowie die Fortschreibung Wagnerscher Ahasver-Figuren legen so die Spur zu d'Indys Fremden als camouflierte Ahasver-Figur. Wagner erscheint zwar unverzichtbares Bezugsfeld[30] d'Indys, doch sowohl musikalisch als auch dramaturgisch geht *L'Étranger* entscheidend über bloßes Wagnerepigonentum hinaus. Die von Wagner ausgehende Erlösungsutopie erscheint bei d'Indy weitgehend ihres Instrumentariums beraubt. „Erlösung dem Erlöser"? Für den Fremden existiert wahrhaftig nur eine Erlösung, „die Erlösung Ahasvers, der Untergang"![31]

---

[30] Bezüglich des Ahasver-Mythos im Opernlibretto hat sich Wagner als wichtigste rezeptionelle Gelenkstelle erwiesen.

[31] Wagner, Richard: *Das Judentum in der Musik*. In: Fischer, Jens Malte: *Richard Wagners „Das Judentum in der Musik"*, a. a. O., S. 173.

VI.2. DER EWIGE JUDE ALS REVENANT: *DER POLNISCHE JUDE*

Ein camouflierendes Spiel mit den Mythologemen des Ahasver-Mythos entfaltet sich auch in gleich zwei Opernadaptionen eines Dramas von Erckmann-Chatrian mit dem Titel *Le Juif polonais* aus dem Jahre 1869, das sich in den 70er Jahren des 19. Jahrhunderts einiger Beliebtheit als Boulevardstück erfreute. Émile Erckmann und Alexandre Chatrian publizierten gemeinsam unter dem Namen Erckmann-Chatrian. Ihr Werk besteht hauptsächlich aus regionalistischen Novellen und Romanen, von denen Erckmann einige dramatisierte. Als Librettobearbeitung ist vor allem *L'ami Fritz* bekannt geblieben. Ihr *Le Juif polonais* basiert seinerseits auf Sir Henry Irvings *The bells*. Erckmann-Chatrians Werke waren hauptsächlich durch ihre volkstümliche Perspektive, die zumeist das deutsch-französische Grenzgebiet zu Thema hat, recht populär. Natürlich spielte hierbei auch die nationale Empörung in Frankreich über den Verlust der rheinischen Provinzen von 1870/71 eine Rolle. Gegenüber dem Titelhelden in *Le Juif polonais* kommt einer „nationalistischen" Codierung jedoch keine Bedeutung zu.

Sowohl der Franzose Camille Erlanger als auch der Tscheche Karl Weis[32] vertonen um die Jahrhundertwende diesen Stoff, Erlangers Libretto stammt dabei von Henri Cain und P.-B. Gheusi, der Text zu Weis' Oper von Viktor Léon und Richard Batka. Auch Erlanger ist einer der französischen Komponisten, welche stark von deutscher Musik beeinflusst wurden, wenn auch mehr von Weber als von Wagner. In ihm spiegeln sich verschiedene Richtungen des französischen Musiktheaters. Sein *Juif polonais* ist eine Oper des Naturalismus, welche Verbindungen zum italienischen Verismo zieht. Elsass-Lothringen liefert das Lokalkolorit der Oper. Weis' Kompositionsstil verdankt sich großteils seinem Lehrer Fibich sowie Smetana und Dvorak. Nach einer Karriere als Geiger am Nationaltheater in Prag wurde er musikalischer Leiter der Schwanda-Theaterkompanie von Prag und Brünn.

Für beide Bearbeitungen des Stoffs vom Ewigen Juden gilt, dass es sich um Libretti handelt, die eine Konfrontation mit dem Judentum jenseits der antisemitischen Tendenzen, die sich zu dieser Zeit epidemieartig ausbreiten, zum Gegenstand haben. Dies mag zunächst verwundern, da der Titel, *Le Juif polonais* beziehungsweise *Der Polnische Jude* bezüglich des zeitlichen Umfeldes Implikationen beinhalten, die eigentlich bezüglich antijüdischer Stereotypen Schlimmstes befürchten lassen.

---

[32] Weis' Kompositionsstil verdankt sich großteils seinem Lehrer Fibich sowie Smetana und Dvorak.

Das Klischee vom Ostjuden ist zu diesem Zeitpunkt längst zu einem der Negativabziehbilder des Juden schlechthin geworden. Der für seine antisemitische und antisozialistische Haltung bekannte Historiker Heinrich von Treitschke zum Beispiel polemisiert bereits 1879 in einem programmatischen Aufsatz gegen Juden insbesondere polnischer Herkunft:

> Bei den Juden, die aus der „unerschöpflichen polnischen Wiege" nach Deutschland eindrängen, befürchtete er, handele es sich um eine „Schar strebsamer hosenverkaufender Jünglinge", deren Kinder und Kindeskinder dereinst Deutschlands Börsen und Zeitungen beherrschen würden. Für v. Treitschke war der Ostjude der Jude mit Bart und Schläfenlocken, Käppchen und Kaftan und in einen Gebetsschal gehüllt. Dieser verkörperte jene nationale Einzigartigkeit, die von vielen deutschen Juden verdrängt, wenn nicht verleugnet wurde. Hier fanden Antisemiten die kollektive Unterschiedlichkeit des jüdischen Volkes. Und damit setzte v. Treitschke den Anfang des weltlichen Angriffes auf das deutsche Judentum.[33]

Die dem jüdischen Körper eingeschriebenen Körperzeichen finden dabei in den Libretti vom polnischen Juden durchaus Verwendung. So heißt es in Weis' *Der polnische Jude*, „[...]ein polnischer Jude im Kaftan und Mardermütze trat ein [...]"[34] und in Erlangers *Le Juif polonais*, [...] son manteau vert, son bonnet garni de fourrures sa barbe brune et ses bottes à revers en peau de lièvre.»[35] Und der unheimliche Nimbus, den der polnische Jude bei Erlanger und noch eindrucksvoller in der Ballade vom polnischen Juden bei Weis verliehen bekommt, rückt die Figur des Juden in die Nähe des mysteriösen Ahasver, dessen Auftreten schon bei Halévy mit Schaudereffekten verbunden war. Dem entsprechend begleitet den polnischen Juden stets ein Sturm, was seinerseits wieder den verbreiteten Aberglauben in Erinnerung ruft, dass ein Unwetter bedeute, der Ewige Jude ziehe vorbei. Doch schon in Halévys *Le Juif errant* oder in Wagners *Der fliegende Holländer* war die Koppelung der Titelfiguren an das Unheimliche keineswegs mit einer Negativcharakterisierung verbunden, sondern das Numinose und Fremde der Protagonisten sollten geradezu das interessierte Faszinosum der Figur für das Publikum provozieren.

---

[33] Heid, Ludger: *„Der Ostjude"*. In: Schoeps, Julius H./Schlör, Joachim: *Antisemitismus. Vorurteile und Mythen*, a. a. O., S. 241-251, S. 242.

[34] Weis, Karl: *Der Polnische Jude. Volksoper in zwei Akten. Text nach Erckmann-Chatrian von Victor Léon und Richard Batka*. Vollständiger Klavierauszug mit Text, Leipzig 1901, S. 33.

[35] Erlanger, Camille: *Le Juif polonais. Conte populaire d'Alsace en trois actes et six tableaux d'après Erckmann-Chatrian. Poème de Henri Cain et P.-B. Gheussi*. Partition Chant et Piano réduite par l'auteur, Paris 1900, S. 60.

Der Verzicht auf die virulenten zeitgenössischen Stereotypen der Verfolgung gerade gegenüber dem „polnischen Juden"[36] hebt den Stoff Erckmann-Chatrians sowie seine beiden Opernadaptionen durch Erlanger und Weis über die bloße Gruselgeschichte eines dämonischen Revenants hinaus. Doch schon die Zeichnung eines polnischen Juden mit ernsthaften und unheimlichen Zügen widersetzt sich der verbreiteten Umgehensweise mit der Bedrohung durch den „Ostjuden" im Kontext der Zeit. Hier ging die Tendenz vielmehr dahin, die Angst vor dem Fremden durch Karikatur und lächerlichmachende Verunglimpfung klein zu halten: Gustav Freytags Schmeie Tinkeles aus *Soll und Haben* kann als vermeintliches „Allgemeinwissen des deutschen Bildungsbürgertums" über den polnischen Juden gelten.[37] Gänzlich getilgt sind die Spuren der Stereotypen gegenüber dem „Ostjuden" in der Vorlage Erckmann-Chatrians und den Libretti freilich nicht: Der polnische Jude bleibt ein unintegrierbarer Fremder, entsprechend beispielsweise der Diagnose des DVP-Abgeordneten Hans von Eynern, der den Antisemitismus als Reaktion auf die Einwanderung „ostjüdischer Elemente", die sich nicht in das deutsche „Leben und Treiben" einfügen könnten, wertete.[38]

Auch die „Namensgebung" der Titelfigur, der „polnische Jude" trägt das Stigma, das den jüdischen Fremden in Relation zum vertrauten Eigenen setzt. Gerade gegenüber dem „Ostjuden" wird die Verfahrensweise einen negativ konnotierten Juden zur Summe aller „Ostjuden zu machen sichtbar, während „der ‚arische' Deutsche an den deutschen Kulturträgern *insgesamt* gemessen wurde."[39] Während in den Libretti von Cain und Gheussi für Erlanger sowie Léon und Batka für Weis alle relevanten Figuren einen wirklichen Namen besitzen[40], findet sich beim Juden die Blumenbergsche „nachträgliche Rationalisierung"[41]: Ein Name fungiert als Attribut. Statt „ewig" wird hier dem Juden „polnisch" attribuiert.[42]

Dieses Muster findet auch in der Handlung beider Libretti vom polnischen Juden seinen Reflex: Der polnische Jude kehrt als Revenant am 15. Jahrestag seiner Ermordung durch den Wirt Mathis wieder. Der Jude wird jedoch außerhalb der Psyche Mathis' keineswegs mit dem Ermordeten identifiziert. Vielmehr erscheint das schlechte Gewissen des Wirts als Katalysator dafür, sein Opfer von

---

[37] Vgl. Heid, Ludger: *„Der Ostjude"*, a. a. O., S. 242.

[38] Vgl. ebd..

[39] Ebd., S. 244.

[40] Bei Weis hat sogar die Nebenfigur des Knechts einen Namen – Niclas, bei Erlanger der kaum auftretende Nachtwächter – Yéri. Vgl. Weis, Karl: *Der Polnische Jude*, a. a. O., S. 3 bzw. Erlanger, Camille: *Le Juif polonais*, a. a. O., S. [III].

[41] Blumenberg, Hans: *Arbeit am Mythos*, a. a. O., S. 42.

[42] Vgl. auch I. 1. „Ein Jude mit Namen Ahasverus" – die Identifizierung des Unnennbaren.

damals mit dem neuen Gast gleichzusetzen. Und diese Wahrnehmung des Juden durch den Protagonisten der beiden Opern deckt sich insofern durchaus mit der allgemein verbreiteten gegenüber dem Juden: Ein (polnischer) Jude erscheint wie der andere, man glaubt sich von einem gesichtslosen jüdischen Kollektiv bedroht. Dieses soziologische Phänomen findet seine Entsprechung in der Rezeption des Ahasver-Mythos, wo angebliche Sichtungen Ahasvers ernsthaft postuliert wurden, da ein wandernder Jude mit dem anderen identifiziert wurde, und die eine mythische Figur des Ewigen Juden den Identitäten aller Juden übergestülpt wurde.

Betrachtet man die Struktur von *Der polnische Jude* sowie von *Le Juif polonais* fällt allerdings schnell auf, dass hier erheblich gegen den Strich der ubiquitären antisemitischen Tendenz um 1900 gebürstet wird: Der Gastwirt Mathis hat vor fünfzehn Jahren einen polnischen Juden wegen 30.000 Livres ermordet – der geraubte Betrag rekurriert zweifellos auf die 30 Silberlinge, die Judas für seinen Verrat erhielt. Der Topos vom bußfertigen Leben eines bekehrten Ahasver geht damit auf den christlichen Judenmörder - in Umkehrung des christlichen Gottesmordvorwurfs an die Juden – über. Mathis beschenkt mit dem Vermögen Arme, ermöglicht die Finanzierung eines Kirchenbaus etc. Doch sein schlechtes Gewissen wird durch keine Buße gestillt. Nun steht noch die Vermählung von Mathis' Tochter mit dem Wachtmeister Christian bevor, die der Wirt großzügigst zu unterstützen gedenkt. Doch am Vorabend der Hochzeit kehrt erneut ein/der polnische Jude bei Mathis ein. Der polnische Jude thematisiert einerseits seine Wanderschaft und bittet um Obdach.[43] Also auch hier eine Umkehrung des Ahasver-Mythologems, nicht der Jude bricht das Gastrecht, indem er Christus die Rast verweigert, sondern der christliche Wirt, der den jüdischen Gast einst tötete. Die Präsenz dieses erneut rastbegehrenden polnischen Juden lässt die Gewissensqualen Mathis' schließlich kulminieren, so dass er sich im Traum einem finalen Strafgericht gegenüber sieht. Der Traum verursacht Mathis solche Erregung, dass er schlafend einem Herzstillstand erliegt. Die klassische Erlösungsprämisse Ahasvers, das Jüngste Gericht, hat hier seine Entsprechung im Strafgericht über den christlichen Mörder Mathis. Die an Ahasver gebundenen Mythologeme haben also bei Weis und Erlanger teilweise ihre angestammte Figur, den Juden, verlassen und sind in camouflierter Form auf Mathis übertragen worden. Das Außergewöhnlichste gemessen am antisemitischen Diskurs der Jahrhundertwende erscheint in den vorliegenden Libretti die Subvertierung des konsolodierten Verhältnisses von Täter und Opfer, von Gut und Böse. Besonders im Falle von Karl Weis erscheint diese Querstellung zum antisemitisch ka-

---

[43] Vgl. Weis, Karl: *Der polnische Jude*, a. a. O., S. 81f: „Der Sturm ist gross, der Weg gefährlich, nicht mehr erreich' ich heut' mein Ziel, d'rum muss ich Euch um Obdach bitten." Vgl. Erlanger, Camille: *Le Juif polonais*, a. a. O., S. 106f.: «La neige est profonde! La route pénible! Qu'on aille soigner mon cheval: je repartirai dans une heure.»

nalisierten Verhältnis zum Judentum bemerkenswert, da gerade ihm die Berechnung von Erfolg und Publikumswirksamkeit nachweislich am Herzen lag: Als Tscheche vertonte Weis auf internationalere Rezeption kalkulierend ein deutschsprachiges Libretto, was dem Schüler von Zdenek Fibich in seiner Heimat wenig Freunde bescherte[44]:

> Und doch setzte sich Karel Weis mit seiner Oper extrem in die Nesseln des damals in Prag blühenden Nationalismus: Denn das [...] Libretto war in Deutsch verfasst. [...] weil Weis damit rechnete, durch eine deutsche Oper stärkere internationale Beachtung zu erlangen. In der Tat war „Der polnische Jude" bis zum zweiten Weltkrieg häufig auf den Spielplänen deutschsprachiger Opernhäuser zu finden. In Tschechien war Weis dadurch allerdings eher in Misskredit geraten: Erst 1926 wurde seine aller Orten sehr erfolgreiche Oper – natürlich in einer tschechischen Übersetzung – erstmals im Prager Nationaltheater gezeigt.[45]

Das Unterlaufen des antisemitischen Codes hat – wie der von Kager konstatierte Erfolg des Werkes belegt - der Rezeption der Oper bis zur verhängnisvollen Ära des Nationalsozialismus nicht geschadet. Dies liegt nicht zuletzt an der gekonnten Umsetzung des Stoffs von Erckmann-Chatrian für die Anforderungen eines Opernlibrettos durch Weis' Autoren Léon, der das Libretto konzipierte, und Batka, der es vollendete, aber auch an Weis' Komposition, dessen expressivere Tonsprache Weis' Erstling *Viola* von 1892 übertrifft.[46] Sowohl Librettoadaption als auch die musikalische Umsetzung von *Der polnische Jude* übertreffen qualitativ das Parallelopus von Erlanger mit seinen Librettisten Cain und Gheussi. Denn mahnte die „Neue Zeitschrift für Musik" schon in ihrer Besprechung für Weis' Oper, dass „der vielverlästerte Rothstift hier heilsam wirken könnte"[47], so erscheint dieser Vorwurf gegenüber Erlangers *Le Juif polonais* nicht ungerechtfertigt. Dies soll nicht darüber hinweg täuschen, dass Erlangers Oper beschränkt

---

[44] Andererseits kann die Orientierung an deutschen Bühnen von Weis durchaus als konsequente Fortführung des Wegs seines Lehrers Fibich gesehen werden, dessen Kompositionsverfahren nachhaltig von der deutschen Romantik und insbesondere wieder einmal v. a. von Richard Wagner geprägt ist.

[45] Kager, Reinhard: *Grausiger Albtraum eines mörderischen Gastwirts. Vom Erfolg der zwanziger Jahre hinein ins Vergessen – und erst jetzt wiederentdeckt: „Der polnische Jude" des Komponisten Karel Weis an der Prager Staatsoper.* In: *Süddeutsche Zeitung* vom 07.03.2001, Feuilleton.

[46] Vgl. Jaromír Paclt: *Der polnische Jude.* In: *Pipers Enzyklopädie des Musiktheaters*, a. a. O., Bd.V, S. 727.

[47] Joss, Victor: *„Der polnische Jude". Volksoper in zwei Aufzügen nach Erckmann-Chatrian von Victor Léon und Richard Bakta. Musik von Carl Weiß.* (Erste Aufführung am deutschen Theater in Prag den 3. März 1901.) In: *Neue Zeitschrift für Musik*, 68.Jg., 12 (1901), S. 165-166.

auf Frankreich beachtlichen Erfolg hatte – die Opéra-Comique hatte das Stück bis 1933 auf dem Spielplan. Viel weniger als Weis kann Erlanger sich aber kompositorisch vom Einfluss Wagners befreien. Erlanger, der Gewinner des Rompreises von 1888 (wobei er sich immerhin gegen Paul Dukas durchsetzte) benennt seine wiederkehrende Motive zwar als „sujets musicaux", daß sie aber in ihrer Funktion mit den Wagnerschen Leitmotiven identisch sind, lässt sich nicht verleugnen. Neben dem beiläufig erwähnenswerten Detail, dass Erlanger, selbst Elsässer, mit *Le Juif polonais* ein im Elsas spielendes Libretto vertont, verdient seine Haltung zum Judentum noch einen genaueren Blick: 1904 wird seine Oper *Le Fils de l'étoile* aufgeführt, welche den Kampf des israelitischen Freiheitskämpfers Bar Kochba sowie den letzten Aufstand der jüdischen Bevölkerung gegen die römischen Besatzer zum Sujet hat. Sein von exotischem Musikkolorit geprägter *Le Fils de l'étoile* ist schon die zweite Oper, die das brisante Thema Judentum aufgreift und quer zur gesellschaftlichen Tendenz der Zeit im Juden keinen Sündenbock sucht. Behandelt *Le Juif polonais* den Mord an einem Juden, so markiert die Situierung von *Le Fils de l'étoile* in der Historie den Beginn der jüdischen Heimatlosigkeit, welche in die kollektive Identifizierung der Juden mit der mythischen Symbolfigur Ahasver mündet.

Gegenüber Erlangers abendfüllenden *Le Juif polonais* genügen Weis cirka zwei Stunden, um eine Geschichte voller Rekurse auf den Ahasver-Mythos zu entfalten, weshalb auch die maßgeblichen Mythologeme der Legende vom Ewigen Juden zu finden sind. Der Jude befindet sich wie bereits dargestellt auf Wanderschaft, er ist – zumindest aufgrund des schlechten Gewissens Mathis' in der Psyche des Wirts – unsterblich, die jüdische Provenienz bestätigt schon der Titel und der „Traumakt" verweist auf das Jüngste Gericht, freilich nicht mit Ahasver als Angeklagtem, sondern einem christlichen Mörder[48]. Auch das für seine Mitmenschen rätselhafte Leiden des Wirts – die Folge des Fluchs des Mordes – sowie das ihn ständig quälende schlechte Gewissen machen Mathis zum Leidenden, den nur sein eigenes Ende erlösen kann. Seine Tätigkeit als Wirt potenziert seine Schuld gegenüber dem jüdischen Gast zusätzlich. Im Zimmer des Bürgermeisters Mathis fehlt auch nicht das Kruzifix, das bei prominenten bildlichen Darstellungen Ahasvers die Sünde des Ewigen Juden als Schatten über den Frevler wirft:

> Das Zimmer des Bürgermeisters. [...] An der Seite linkes ein grosses Kreuz mit Oellampe und Betschemel. Vorne rechts die verschlossene Thüre, welche ins Zimmer des polnischen Juden führt.[49]

---

[48] Der Chor singt dementsprechend vom „Tag der Vergeltung" und „Mathis! Gott ruft Dich vor Gericht" sowie vom „Tag der Rache". Vgl. Weis, Karl: *Der polnische Jude*, a. a. O., S. 113ff.

[49] Ebd., S. 87.

Und angeklagt wird Mathis „in mystischen Gemurmel"[50] von „des Volkes Stimme", die „Gottes Stimme" ist, was offen lässt, welches Volk hier gemeint ist; doch erscheint vor dem Hintergrund eines Mordes an einem Juden die Identifizierung mit dem Volk Israel durchaus naheliegend. Zumal trotz aller guten Taten Mathis und seiner aufrichtigen Reue die rächende Strafe verhängt wird, was das tradierte Klischee vom Rachegott der Juden aufgreift. In Verkehrung des ursprünglichen Ahasver-Mythos muss sich hier also nicht der Jude vor dem christlichen Gott verantworten, sondern der aus Habgier[51] mordende Christ muss sich dem Strafgericht stellen. Trotz dieser Vertauschung der herkömmlichen Opfer-Täter-Rollen bleibt *Der polnische Jude* – und gleiches gilt für Erlangers *Le Juif polonais* - bezüglich des hier gezeichneten Judenbildes ambivalent. Gerade die Verortung von Schuld jenseits der zeitgenössischen antisemitischen Tendenz offenbart die nicht mehr auszulöschende Durchtränkung eines Bildes vom Juden mit teils stereotypen, teils mythischen Zuschreibungen an den Juden. Obwohl das gängige Bild des „Ostjuden" bei Erlanger und Weis unterlaufen wird, präsentieren beide Opern Judenfiguren, die trotz ihrer Opferrolle als unheimliche Revenants, als Bedrohung erscheinen. Auch wenn diese Bedrohung letztlich in einer kathartischen Aufdrängung der Verdrängungsmechanismen des Täters kulminieren, bleibt der Blick auf den Juden als der Blick auf einen Fremden stets unangetastet. Gerade das Andocken an die wieder und wieder bearbeiteten Ahasver-Mythologeme konserviert das Numinose und Unheimliche, das Tremens vor dem Juden. Léons und Batkas gelungener Verdichtung des Stoffs von Erckmann-Chatrian sowie die kompositorischen Mittel von Weis heben diese Bearbeitung über Erlangers Dreiakter hinaus, wenngleich der Erfolg von *Der polnische Jude* im deutschsprachigen Raum hauptsächlich auf das Kalkül Weis' einen deutschen Librettotext zu vertonen, zurückzuführen ist. Für das Bild vom Juden in der Gesellschaft, respektive das vom „Ostjuden" bleiben Erlangers und Weis' Opern freilich folgenlos, was allein schon die von breiter Basis getragenen antisemitischen Ausschreitungen im November 1923 ausreichend illustrieren sollten.

---

[50] Ebd., S. 116.

[51] Auch dies, die Habgier, eigentlich eine Zuschreibung, mit der im herrschenden Diskurs traditionell Juden konfrontiert waren: Habgier und ökonomischer Parsitismus galten als maßgebliche Eigenschaften insbesondere der „Ostjuden".

VII. „NOCH IST DER LETZTE TAG NICHT DA" – FERRUCCIO BUSONI UND DER AHASVER-MYTHOS

Wie der Wagnerianer Felix Weingartner studierte Ferruccio Busoni bei Wilhem Mayer-Rémy. Auch Liszt spielte für ihn – wie etwa für d'Albert – eine entscheidende Rolle: Er leitete seine „geradezu dämonische Vorherbestimmung zur Musik"[1] unter anderem davon ab, daß seine Mutter angeblich noch acht Tage vor seiner Geburt vor Liszt gespielt haben soll. Erscheint die Fortschreibung des Ahasver-Mythos im Opernlibretto durch die Vertreter des Wagnerismus als konsequente Entwicklung, da sowohl der von Wagner geprägte Stoff vom Ewigen Juden als auch sein kompositorisches Verfahren aufgegriffen werden, so erscheint es bemerkenswert, daß Ahasver als Opernsujet nachhaltig einen der prominentesten Repräsentanten der Avantgarde des Musiktheaters beschäftigte. Freilich ist die Wagnerrezeption auch für Ferruccio Busoni ein entscheidendes Moment, jedoch mit einem im Vergleich zum zahlenmäßig überlegenen Wagnerianerlager völlig anderem Ergebnis: „Busoni never admired Wagner, but he sincerely believed him to have attained perfection in his own sphere."[2] 1916 fordert Busoni in seinem *Entwurf einer neuen Ästhetik der Tonkunst*[3] die Abkehr von der „unendlichen Melodie" Wagners[4], welche die geschlossenen Formen – Rezitativ und Arie – verdrängte. Polemisch wird dies von Hans Pfitzner, Vertreter der Wagnerschen Konzeption, als „Futuristengefahr" abqualifiziert. Zwar skizziert Busoni eine avantgardistische Theorie von Siebentonskalen, aber er zeichnet sich in der Praxis auch als Realist hinsichtlich der musikalischen Situation seiner Zeit aus: Ferruccio Busoni ist Visionär und Realist gleichermaßen. Für Busoni rechtfertigte erst eine besondere Art von Text die Opernform: ein Libretto mit einer Handlung, welche den Realismus des gesprochenen Schauspiels radikal ins Phantastische und Märchenhafte entrückte, da ein „in sich vollständiges Drama [...] keiner Musik" bedürfe.[5] Einem nicht auf die Er-

---

[1] Ermen, Reinhard: *Ferruccio Busoni*, Reinbek bei Hamburg 1996, S. 7.

[2] Beaumont, Anthony: *Busoni the Composer*, London 1985, S. 31.

[3] Vgl. Busoni, Ferruccio: *Entwurf einer neuen Ästhetik der Tonkunst*. Mit Anmerkungen von Arnold Schönberg und einem Nachwort von H. H. Stuckenschmidt, Frankfurt am Main 1974.

[4] Noch im Alter von 23 Jahren als Busoni v. a. Brahms recht nahe stand, experimentierte er durchaus mit dem Wagnerschen Verfahren: Mit *Sigune*, einer zweiaktigen Oper, deren Partitur sogar weitgehend vollendet wurde, bedient sich Busoni einer ausgeklügelten Leitmotivtechnik. *Sigune* ist eigentlich eine romantische Oper, doch so nahe sollte Busoni in seinem künstlerischen Schaffen nie wieder kommen. Vgl. Ermen, Reinhard: *Ferruccio Busoni*, Reinbek bei Hamburg 1996, S. 21ff.

[5] Busoni, Ferruccio: *Brief an G. Selden-Goth*, 14. 5. 1920. In: Selden-Goth, Gisela (Hg.): *Fünfundzwanzig Busoni-Briefe*, Wien/Leipzig/Zürich 1937, S. 28.

fordernisse der Oper hin konzipiertes Drama könne man laut Busoni die Musik lediglich aufdrängen. Eine konsequente Umsetzung dieser These beträfe also etablierte Werke wie Verdis *Otello* oder Puccinis *Tosca*. Und Wagner ist für Busoni innerhalb seiner selbst geschaffenen Grenzen nicht steigerbar.[6] Busonis *Entwurf einer neuen Ästhetik der Tonkunst* fordert das Ende des Wagnerschen Klangrausches, erteilt aber ebenso dem Verismo eine Absage: das weiter vorne skizzierte Konzept d'Alberts kommt also für ihn aus zwei Gesichtspunkten her nicht in Frage. Denn die Oper erscheint Busoni als Illusionstheater ungeeignet: singend agierende Personen erscheinen ihm per se als unrealistisch. Insofern verbietet sich für ihn eine (semi-)realistische Mimesis der Realität außerhalb der Bühne.

> Bei der Frage nach der Zukunft der Oper ist es nötig [...] Klarheit zu gewinnen. „An welchen Momenten ist die Musik auf der Bühne unerläßlich?" Die präzise Antwort gibt diese Auskunft: „Bei Tänzen, bei Märschen, bei Liedern und beim Eintreten des Übernatürlichen in die Handlung.[7]

Demnach ergibt sich eine Möglichkeit in der Idee des „übernatürlichen" Stoffes sowie in der des absoluten „Spieles", des unterhaltsamen Verkleidungstreibens, der Opernbühne als offenkundige und angekündigte Verstellung, in der Idee des Scherzes und der Unwirklichkeit als Gegensatz zur Ernsthaftigkeit und Realität des Lebens. Erst dies rechtfertigt Busoni singende Liebesbeteuerungen, die musikalische Explosion von Hass, daß Charaktere melodisch im Duell fallen, daß sie bei pathetischen Entladungen auf hohen Tönen Fermaten halten. Erst dann ist es für ihn rechtens, daß sich die Figuren anders verhalten als im Leben.

> Es sollte die Oper des Übernatürlichen oder des Unnatürlichen als der allein ihr natürlich zufallenden Region der Erscheinungen und der Empfindungen, sich bemächtigen und dergestalt eine Scheinwelt schaffen, die das Leben entweder in einem Zauberspiegel oder einem Lachspiegel reflektiert; die bewußt geben will, was im wirklichen Leben nicht zu finden ist. Der Zauberspiegel für die ernste Oper, der Lachspiegel für die heitere.[8]

Die besondere Qualität des Librettos und damit zusammengehörig die Stoffwahl müssen also als die entscheidenden Bestandteile Busonis für das Überdauern der Oper festgehalten werden. Busoni vergisst keineswegs, daß die Oper im Ergebnis das Zusammenspiel verschiedener Künste bedeutet, fordert jedoch – in Abkehr vom Gesamtkunstwerkkonzept – das absolute Primat der Musik. Busoni schwebt also, jenseits der von Wagner vorgezeichneten Bahnen, eine neue Art

---

[6] Busoni, Ferruccio: *Entwurf einer neuen Ästhetik der Tonkunst*, a. a. O., S. 15.

[7] Busoni, Ferruccio: *Brief an G. Selden-Goth*, a. a. O.

[8] Busoni, Ferruccio: *Entwurf einer neuen Ästhetik der Tonkunst*, a. a. O., S. 20/21.

von Opernlibretto vor: Die Musik soll durch von vornherein intendierten Fragmentcharakter der Musik Raum geben, ihr „Stationen"[9] einräumen. In Busonis neuem Opernmodell wird dem hermetisch geschlossenem Musikdrama nach dem Vorbild Wagners eine deutliche Absage erteilt: Es gilt ihm das als tautologisch empfundene Verhältnis von Handlung, Musik und Text zu überwinden. Für Busoni hat die Musik Ereignisse auf der Bühne weder zu wiederholen noch zu kommentieren, wie es etwa der Leitmotivstruktur der „Wagnerschule" zu Eigen ist. Zur Verwirklichung seiner Vorstellungen fordert Busoni die Rückkehr zur „alten Oper" – die Verwendung geschlossener Formen, wie die der Arie, welche das Konzept des Musikdramas verdrängt hat – und einen parallelen, aber stets selbständigen Ablauf der Trias Musik, Text und Handlung. Daher müssen „Wort und Musik zurücktreten, wo die Handlung die vorderste Rolle hat [...], Musik und Handlung im Hintergrund bleiben, wo ein Gedanke mitgeteilt wird" und „Handlung und Wort sich bescheiden, wo die Musik ihren Faden spinnt."[10]

Busonis Ahasver-Librettofragmente von 1892[11] stellen entsprechend zu seinem Konzept vom „Zauberspiegel" und „Lachspiegel" - noch unentschieden - Skizzen zu zwei unterschiedlichen Ahasveropern dar: Eine dem Modell des Lachspiegels folgend, dem des Zauberspiegels die andere. Obwohl wie bei so vielen Komponisten auch Busoni letztlich nur Librettofragmente zum eigentlichen Ahasver-Mythos und keine Komposition vorliegen, wird zu zeigen sein, daß die Gestalt des Ewigen Juden im Schaffen Busonis auch jenseits seiner ersten Entwürfe ihre Spur hinterlassen hat. Busonis *Die Brautwahl* aus dem Jahre 1912 hat so mit dem Juden Manasse eine Ahasverfigur unter den Hauptrollen, und auch in seinem Hauptwerk *Doktor Faust*, postum 1925 uraufgeführt, sind Mythologme des Stoffs vom Ewigen Juden unverkennbar. Speziell bei der *Brautwahl* wird das Augenmerk auch darauf zu richten sein, wie sich im Gefolge des Ahasvermythos antijüdische Klischees und Stereotypen als gängiger Code im Werk eines Komponisten finden, der sich selbst als aufgeklärter Weltbürger verstand und dem als einem der letzten Antisemitismus nachzusagen wäre. Die Übernahme gängiger negativer Ingredienzien zur Charakterisierung von Judenfiguren illustriert gerade im Falle Busonis das noch weitgehend unausgebildete Problembewusstsein seiner Zeit für den Transport antijüdischer Judendarstellungen auf der Bühne.

---

[9] Busoni, Ferruccio: *Über die Möglichkeiten der Oper und die Partitur des „Doktor Faust"*, Leipzig 1926, S. 28.

[10] Ebd., S. 12f. und 28f.

[11] Busoni, Ferruccio: *Ahasver (Der ewige Jude) (Entwürfe). Textbuch* Ms. autogr.: 9 Bl. Busoni-Nachlaß CI Textbuch 16.

VII.1. „Hier liegst du nun, der Menschen letzter" – Busonis Ahasverentwürfe

Busonis Vorhaben, eine Ahasver-Oper zu schaffen, für die er 1892 Entwürfe in zwei unterschiedlichen Herangehensweisen skizzierte, scheint noch 1904 ungebrochen:

> Heute schreibe ich das Wort Finis unter America. Mit wieviel höherer Freude werde ich dieses Wort unter mein ‚Concerto' setzen! – Alladin, *Ahasver* und der zweite Theil des Wohltemperierten Claviers sind meine Pläne. [12]

Und selbst nach Vollendung von *Die Brautwahl* verfolgte Busoni nach Dent noch 1914 den Plan einer Ahasver-Oper. [13] Dann jedoch scheint er das Ahasver-Projekt aus dem Blick zu verlieren und wendet sich wie schon Goethe stattdessen dem Faust-Stoff zu. Daß ihn konkurrierende Ahasverbearbeitungen für die Oper wie Sachs' *Kains Schuld und ihre Sühne* oder Weingartners *Die Erlösung* dazu bewogen haben könnten, erscheint ausgeschlossen, da auch dort keine vollendeten Werke vorliegen und die Komponisten darüber hinaus einer völlig anderen – Wagnerschen – Konzeption folgt. Denn auch mit *Doktor Faust* trat Busoni in die noch ausgeprägtere Konkurrenz zu Faustopern, die unter anderem mit Gounods *Faust* (1859) bereits im Spielplan etablierte Werke enthielten. Die Librettoskizzen von 1892 legen vielmehr nahe, daß es Busoni schwer viel, sich für eine parodistische Adaption („Lachspiegel") oder eine „philosophische" („Zauberspiegel") zu entscheiden. Hinzu kommen natürlich die bekannten Probleme mit der Bearbeitung des Ahasver-Mythos, zum Beispiel wie eine zweitausendjährige Existenz ohne sie ihrer mythischen Essenz zu berauben, adäquat auf die Bühne zu wuchten ist. Ausgehend vom Mythologem der Unsterblichkeit des Ewigen Juden schien Busoni jedoch in seiner „Zauberspiegel"-Variante eine schlüssige Lösung gefunden zu haben. Offenbar schwebte ihm kein episodisches Historienkaleidoskop wie bei Weingartner oder Sachs und auch keine geschichtlich belanglose Station wie bei Halévy vor, sondern er situiert seine Ahasverhandlung an der ursprünglichen mythischen Erlösungsprämisse des Ahasver-Mythos, der Apokalypse, also einer unmittelbaren Perspektive auf die metaphysische Dimension der Figur des Ewigen Juden. Dem gegenüber steht der von Busoni zuerst notierte Entwurf einer „Lachspiegel"-Variante, die dem

---

[12] Busoni, Ferruccio: *Brief vom 21. März 1904.* In: Schnapp, Friedrich (Hg.): *Busoni: Briefe an seine Frau. Mit einem Vorwort von Willi Schuh,* Zürich/Leipzig 1935, S. 83 [Hervorhebung von FH].

[13] Vgl. Dent, Edward J.: *Ferruccio Busoni. A Biography*, London 1933, Nachdruck London 1974, S. 294.

Ewigen Juden noch eine ganze Palette anderer mythischer und semi-mythischer Interaktionspartner, nämlich Don Juan, Don Quixote und Sancho Pansa sowie John Falstaff, beigibt. Die heitere Ahasver-Skizze macht allerdings nicht einmal ein Drittel von Busonis erhaltenen Ahasverfragmenten aus. Aber auch hier werden Ahasver-Mythologeme aufgegriffen, jedoch ironisch subvertiert. So widerspricht der Ewige Jude den „Großen Sagen" und kommentiert das Mythologem der Wanderschaft dahingehend, „der Arzt hätte ihm Bewegung verordnet"[14]. Während Ahasver auf seine zum Abendessen eingeladenen Gäste wartet, „famose Kerls", die er „im Laufe der Jahrhunderte kennengelernt"[15] hat, marschiert der ewig Wandernde dementsprechend auf und ab. Jenseits des klassischen Bestands des Mythos liegt jedoch das Gesprächsthema, das die Gästerunde eifrig verfolgt. Dabei ist Busonis komische Ahasver-Skizze konnotiert mit dem romantischen Topos der einsamen Künstlerexistenz, wie sie zu Beginn des 19. Jahrhunderts in literarischen Bearbeitungen des Stoffs mit dem Mythos vom Ewigen Juden in Verbindung gebracht wurde. Ahasvers Gäste versuchen sich im Folgenden vor allem bezüglich ihrer Verdienste für die Kunst auszustechen. Der tragische Ahasver der Fragmente besteht streng genommen aus mehreren Skizzen, bei denen nicht vollkommen zu klären ist, welche Teile womöglich verknüpft werden sollten und welche unterschiedliche Ausgangspunkte darstellen. Alle diese Skizzen haben jedoch gemeinsam, daß sie um das Mythologem der Unsterblichkeit und das der Erlösung des Ewigen Juden kreisen. Der einzige Dialogpartner Ahasvers ist hier der Tod, da der Jüngste Tag gekommen ist, und Ahasver der letzte Mensch und zugleich der letzte Zeuge der menschlichen Geschichte ist. In Erweiterung der Identifizierung der mythischen Figur Ahasvers mit dem Volk Israel, fungiert der Ewige Jude bei Busoni als Allegorie auf die gesamte Menschheit, deren kollektives Schicksal die Ruhelosigkeit darstellt[16]:

> Er sieht ewig zurück und ewig vorwaerts. Er selbst ist Adam, Moses, David, Salomo, Spinoza. Er sieht sich verworfen, verstoßen, verfolgt. Dann wieder [...] über die Welt herrschen. Wenn die Zeit kommt, wo er endlich mit der übrigen Menschheit gleichgestellt wird, hoffte er Trost [...]. Die Ruhelosigkeit ist also das Unheil aller Menschen.[17]

Indem Ahasver und seine Ruhelosigkeit als Symbol für die Menschheit eingesetzt werden, widerspricht Busoni dem *Wunderbarlichen Bericht von einem Jü-*

---

[14] Busoni, Ferruccio: *Ahasver (Der ewige Jude)* (Entwürfe), a. a. O., o. S.

[15] Ebd.

[16] Diese Identifizierung Ahasvers nicht nur als Allegorie auf das Judentum, sondern auf die gesamte Menschheit ist freilich schon viel früher in die Arbeit am Ahasver-Mythos eingebracht worden. So sieht bereits Hamerling anlässlich seines *Ahasver in Rom* „Ahasver als Vertreter der unsterblichen [...] Menschheit".

[17] Busoni, Ferruccio: *Ahasver (Der ewige Jude)* (Entwürfe), a. a. O., o. S.

den aus/Jerusalem bürtig/und Ahasverus genennet, die erste Ahasver-Variante aus dem Jahre 1604, die antijüdische Stereotypen der Verfolgung transportierte. Lag der Grund für Ahasvers Unsterblichkeit im *Wunderbarlichen Bericht* darin „wider die Juden einen lebendigen Zeugen zu haben"[18] bis zum Jüngsten Tag, so spricht er in Busonis Skizze für die Menschen schlechthin:

> Als einzig übriggebliebener übernimmt er die Verteidigung der ganzen Menschheit vor dem Höchsten. Er bittet für sie und rechtfertigt ihre Fehler.[19]

Das Mythologem der jüdischen Provenienz erscheint im Satz „Wenn die Zeit kommt, wo er endlich mit der übrigen Menschheit gleichgestellt wird", in dem die spezifisch jüdische Problematik einer Gleichstellung mit den Christen, an „deren" Gesellschaft sie antizipieren, aufschimmert. Schon an dieser Stelle fällt die unwahrscheinliche Dichte von Busonis Ahasver-Bearbeitung auf, die noch dazu lediglich ein Fragment darstellt. Auf neun eng beschriebenen Blättern findet sich hier mehr Arbeit am Mythos als bei mancher abendfüllender Oper. Der dramaturgisch effektvolle Kunstgriff, Ahasvers Reise am Dies illa enden zu lassen ist dabei keineswegs neu: Schon bei Halévys *Le Juif errant* dröhnten die Posaunen der Apokalypse, doch hat die Wirkung dieser Sequenz bei Halévy beträchtlichen Verpuffungseffekt, sobald sich die Szene als Traum Ahasvers entpuppt[20]. Busoni, für den Wagners *Parsifal* den Schlussstein einer Epoche darstellte[21] und der mit einem musikalischen Neuansatz nach Wagner zugleich eine Rückkehr zu geschlossenen musikalischen Formen anstrebte, kehrt auch mit seinem Ahasverlibretto zur ursprünglichen Bestandheit des Mythos zurück: Bei ihm ist der Ewige Jude wie noch bei Halévy bis zum Jüngsten Tag unerlösbar, während Wagner die unendliche Existenz durch erlösende Liebe Sentas oder die Taufe Kundry vorzeitig enden lässt. Auch die Wagnerianer Sachs und Weingartner wollten ihre Ahasver-Mehrteiler am Jüngsten Tag enden lassen, doch wird der Ewige Jude bei ihnen nicht aufgrund seiner Leiden und seines ewigen Lebens zum Anwalt der Menschheit, sondern die Erlösung Ahasvers ist bei ihnen an eine spezielle Art von Bekehrung und innerer Läuterung gebunden, sei es die finale Konvertierung zum Christentum bei Sachs oder zur semibuddhistischen Ideologie bei Weingartner; beides ist als Reflex auf Wagners *Parsifal* lesbar. Zentral bleibt aber auch für Busoni die Frage nach der Erlösbarkeit Ahasvers. Während Busonis parodistischer Entwurf wohl als Vorstudie zu einer

---

[18] *Wunderbarlicher Bericht von einem Jüden aus/Jerusalem bürtig/ und Ahasverus genennet,* a. a. O.
[19] Busoni, Ferruccio: *Ahasver (Der ewige Jude)* (Entwürfe), a. a. O., o. S.
[20] Auch Weingartner oder Sachs lassen sich das „Ende der Zeit" als Endstation ihrer Ahasver-Libretti nicht entgehen.
[21] Vgl. Beaumont, Antony: *Busoni the Composer,* London 1985, S. 31.

heiteren Oper, welche die Künstlerproblematik thematisieren sollte, zu werten ist, verschwindet dieser Aspekt hinter der metaphysischen Dimension seiner zweiten Skizzen, in denen es um nicht weniger, als um die Frage nach der Erlösungsfrage der Menschheit geht. Später sollte Busoni beide Aspekte in *Doktor Faust* vereinen. Obgleich Busoni dem Anspruch an sein Thema gemäß nicht umhin kommt, den Sinn von Ahasvers ewigen Leiden zu hinterfragen – „Denn zweifach schmerzt ein unverstandener Schmerz"[22], meint der Ewige Jude – zollt er dem Mythos insofern Tribut, als der mythische Nukleus unangetastet bleibt:

A[hasver]
Doch wann wird mir vollkomm'ner Tod, was säumet man noch, ist dieser nicht der letzte Tag? [...]
T[od]
Geheimnis ist's. Doch Du, wie Dir verheißen, sollst irren, wanken, bis er wiederkehrt, Den Du vertrieben [...].[23]

Selbst Bezüge zu Parallelmythen des Ahasver-Stoffs bleiben in Busonis knappen Skizzen nicht aus, so wird auf Kain angespielt[24], und bei der Frage nach der Verhältnismäßigkeit der göttlichen Strafe nimmt Ahasver eine prometheische Attitüde an:

Noch nicht genug gerichtet? ruft Ahasverus, so mußte denn die kurze verweigerte Rast, in Rastlosigkeit von Ewigkeiten sich wandeln? Kennst du kein Mitleid, Du, der Du dich Gott der Barmherzigkeit nennst, ist das deine Menschenliebe? Deine Macht muß ich erkennen, doch deine Größe nicht. Ich sehe des Teufels Reich ist mit dem Menschengeschlecht auch zu Ende[...][25]

Busoni beweist mit seinen Ahasverfragmenten eine profunde Kenntnis des Mythos und zugleich eine Einsicht in die Sündenbockstruktur, die der Figur des Ewigen Juden zugrunde liegt. Seine Ahasverskizzen stehen quer zu den Stereotypen der Verfolgung, die von Anfang an in den Ahasver-Mythos eingewoben wurden. Und auch wenn Busoni diese Ahasver-Oper nie in die nächste Arbeitsphase gebracht hat, finden sich hier Motive, Probleme und Fragestellungen, die den Komponisten und Librettisten bis zu seinem letzten Werk begleiten sollten. Wie denn die musikalische Gestaltung von Busonis Ahasver hätte aussehen können, bleibt natürlich an dieser Stelle Spekulation. Doch obwohl Busoni von

---

[22] Busoni, Ferruccio: *Ahasver (Der ewige Jude)* (Entwürfe), a. a. O., o. S.

[23] Ebd.

[24] Ebd.: „Ich hab' an der Erkenntnisfrucht mich übersättigt. Obwohl ich nicht wie einst mein Vater trotzig Dem göttlichen Verkehr entgegentrat."

[25] Ebd.

Galionsfiguren der Wagnerianer als „Futurist" verschrien war, war Busoni Realist hinsichtlich der musikalischen Situation seiner Zeit. So avantgardistisch Busonis Theorie von Siebentonskalen waren, seine Kompositionen selbst bieten bei weitem keine so radikale Gelegenheit zum Widerspruch durch die Konservativen wie seine theoretischen Schriften. Dies ist insofern bedeutsam, als Busonis musikalische Charakterisierung von Judentum, trotz aller Einsicht, die seine Gedanken zu Ahasver beweisen, auch den musikalisch etablierten Code zur Markierung von Judentum reproduzieren.[26] Erstaunlicher aber noch, daß sich auch auf Librettoebene althergebrachte antijüdische Stereotypen in den Judenfiguren Busonis finden: die Rede ist vom jüdischen Baron Bensch und der Ahasverfigur Manasse aus Busonis *Die Brautwahl.*

---

[26] Dieser musikalische Code zeichnet sich durch melismatischen Orientalismus und „meckernden" Rythmus aus. Mustergültig findet sich dies etwa in der Episode „Samuel Goldenberg und Schmuyle" aus Mussorgskys *Bilder einer Ausstellung.*

VII.2. „Nun ist der grausige, spukhafte Judengreis endlich hinausgeschafft" – *Die Brautwahl* (1912)

Selbstverständlich muß bezüglich der Thematisierung des Judentums in *Die Brautwahl* berücksichtigt werden, daß Busonis Libretto eine Adaption der gleichnamigen Erzählung E. T. A. Hoffmanns aus *Die Serapionsbrüder* darstellt. Zur Zeit Hoffmanns war eine Sensibilität gegenüber der jüdischen Problematik in Deutschland und Europa natürlich weniger zu erwarten als zu Zeiten Busonis als das Thema immer bedeutendere Virulenz gewonnen hatte.

> Die Ablösung des Hofjudentums durch das moderne Kredit- und Bankenwesen fällt in die Zeit von Reform und Befreiungskrieg in Preußen. Die großen jüdischen Bankiers haben häufig den Weg aus der Hofjudenzeit in die von Kapitalismus, Industrialisierung, Emanzipation und Aufschwung des liberalen Bürgertums dominierte Zeit gefunden. Der Name Rothschild ist repräsentativ für eine Reihe von Namen, zu denen in Berlin etwa die Mendelssohns, Benecke und Salomon Bleichröder gehörten. Damit aber verstärkte die subjektive, mit dem Zeiterlebnis in eins fallende Erfahrung vieler Autoren der Romantik eine literarische Tradition, in welcher der Jude als Händler, Wechsler, Geldverleiher und Wucherer erscheint, so deutlich, daß in romantischen Texten der Jude wie selbstverständlich zum Inbegriff des die Welt verdinglichenden Kapitals wurde, zum Bild eines Geldwesens, welches [..] zum zerstörenden Gift der festgefügten Gesellschaftsstrukturen wurde.[..] Die bekanntesten Beispiele dieser Art von Verbildlichung ökonomischer Prozesse sind Achim von Arnims *Die Majoratsherren*, Erzählungen E. T. A. Hoffmanns, Clemens Brentanos Kaufmannsmärchen und die Satiren Joseph von Eichendorffs.[27]

Natürlich haben die „Judenbilder" der Romantik eine Wirkung für antijüdische Strömungen der Folgezeit, doch zwischen der Librettoadaption Busonis und der Hoffmann-Novelle liegen 100 Jahre, in denen sich jüdische Emanzipationen, die darauf folgenden Gegenreaktionen, besonders aber die Herausbildung des rassischen Antisemitismus ereignen. Auch wenn sich die Situation in Deutschland vor dem Ersten Weltkrieg, also der Entstehungszeit der *Brautwahl*, vorübergehend ein wenig beruhigt hat, herrscht auf dem Gebiet der Oper in weiten Teilen immer noch der Wagnerismus, dessen Vertreter nicht selten der „Wagne-

---

[27] Frühwald, Wolfgang: *Antijudaismus in der Zeit der deutschen Romantik*. In: *Conditio Judaica. Judentum, Antisemitismus und deutschsprachige Literatur vom 18. Jahrhundert bis zum Ersten Weltkrieg. Interdisziplinäres Symposion der Werner-Reimers-Stiftung Bad Homburg*, hg. von Hans Otto Horch/Horst Denkler, Zweiter Teil, S. 72-91, Tübingen 1989, S. 85f.

rischen" Haltung zum Judentum folgen, was oftmals nicht nur die Theorien Wagners, sondern auch des „Bayreuther Kreises" und Chamberlains beinhaltet. Die Umsetzung einer E. T. A. Hoffmann-Erzählung für die Opernbühne stellte Busoni freilich schon vor genügend Probleme: Das Libretto muß gattungsbedingt auf die langen Textpassagen, die Hoffmann zur Personencharakteristik nutzt, verzichten, den reinen Wortlaut verdichten zum „Schlagwort"[28]. Dafür gilt es, das verbliebene Schlagwort des Erzähltextes dann durch Bühnendarstellung und insbesondere die Musik zur umfassenden Zeichnung der Opernfigur zu nutzen. Im Falle der *Brautwahl* heißt das, daß das Unheimliche und speziell das Jüdische der Ahasverfigur Manasse primär über die Orchesterpartitur transportiert werden. Inwieweit Busoni mit dem schwierigen Unterfangen eine Novelle Hoffmanns aus den *Serapionsbrüdern* für die Opernbühne zu bearbeiten, gut beraten war, erscheint auch jenseits der unreflektiert antijüdischen Implikationen der *Brautwahl* Hoffmanns diskussionswürdig. Reinhard Ermen vertritt so die These, daß Busonis *Die Brautwahl* „die Bühnentauglichkeit erst durch energische Striche zu erlangen vermag"[29], während Anthony Beaumont die Problematik der Librettoumsetzung einerseits anerkennt, jedoch zum Schluss kommt: „In his overall handling of the structure of the drama, however, and in the adjustment of the original to serve new purposes, Busoni has been highly successful."[30]

Von maßgeblichem Interesse für den Ahasver-Mythos im Opernlibretto ist E. T. A. Hoffmanns Vorlage aber vor allem wegen der von Hoffmann verwendeten Quellen, die über Busoni auf die Bühne gelangen. Hoffmann entnahm dem *Microchronologicon* von Peter Haffitz aus dem Jahre 1595 einem Bericht über die Hinrichtung des jüdischen Falschmünzers Lippold, der zugleich als Hexenmeister verurteilt wurde – eine Passage, die Busoni offensichtlich nachdrücklich beeindruckte, worauf noch zurückzukommen sein wird. Der Antagonist der Ahasvergestalt Manasse/Lippold, nämlich der Goldschmied Leonhard Thurneisser, entstammt dem gleichen Buch.[31] Hinzu kommt Shakespeares *Der Kaufmann von Venedig*, dessen Portia-Handlung im ganzen Modus der Brautwahl mit den drei Kästchen zitiert wird. Albertine entspricht unmittelbar Shakespeares Portia. In der Ahasverfigur Manasse aber ist eine gehörige Portion Shylock enthalten. Beaumont verweist auf die zeitliche Nähe der Entstehung der zwei Vorlagen – *Microchronologicon* (1595) und *Der Kaufmann von Venedig* (1590er) -, aus denen Hoffmann seine Ahasverfigur generierte.[32] Dies lässt sich

---

[28] So nannte und postulierte Busoni es selbst in seinem Sammelband *Von der Einheit der Musik. Von Dritteltönen und Junger Klassizität von Bühnen und Bauten und anschließenden Bezirken*, Berlin 1922, S. 326ff.

[29] Ermen, Reinhard: *Ferruccio Busoni*, a. a. O., S. 60.

[30] Beaumont, Antony: *Busoni the Composer*, a. a. O., S. 121.

[31] Vgl. ebd., S. 122.

[32] Ebd..

ergänzen um die erste Druckversion des Ahasver-Mythos von 1602, ein Kontext, der Busoni nach seiner Beschäftigung mit dem Stoff vom Ewigen Juden durchaus aufgefallen sein dürfte. Ein weiteres wichtiges Element von Hoffmanns Ahasver, Manasse, war nach Hans von Müller speziell eine Interpretation von Shakespeares Shylock: Ludwig Devrients Darstellung des rachsüchtigen Juden in Berlin.[33] Hier stellt sich wiederum die Frage nach einem speziellen Repertoire der Judendarstellung auf der Bühne durch Haltung, Bewegung etc., das für das Sprechtheater noch schwerer fassbar ist als für die Oper, wo die Musik nicht selten fuchtelnde Bewegungen, aber auch die Sprechweise, das jüdische „Mauscheln", bei der Inszenierung von Judenfiguren abzeichnet – so auch bei Busonis Musik für den Ewigen Juden Manasse. Schließlich scheint noch ein weiterer Kontext zu Hoffmanns *Die Brautwahl* und ihrer Bedeutung für die Darstellung von Judenfiguren auf der Opernbühne von erheblichem Interesse: Die Begeisterung für E. T. A. Hoffmann hat Busoni bei allem Postulat eines künstlerischen Neuansatzes mit Richard Wagner gemein. Mit *Meister Martin der Küfner und seine Gesellen* findet sich eine Hoffmann-Erzählung, die als eine der entscheidenden Quellen zu *Die Meistersinger von Nürnberg* zu benennen ist. In der Tat sind die Parallelen zu Busonis *Brautwahl* und Wagners *Meistersingern* offensichtlich: Beschirmt von einem alten Meister (Leonhard/Hans Sachs) wirbt ein junger Künstler (Edmund/Walther von Stolzing) um eine vermögende Tochter (Albertine/Eva), die ein künstlerisch impotenter Konkurrent (Baron Bensch unter dem Schutz Manasses/Beckmesser) ebenfalls – allerdings aus finanziellem Interesse - begehrt. Sowohl die Identifizierung Beckmessers mit dem von Wagners zum Juden „abgeurteilten" Kritiker Hanslick als auch die musikalische Charakterisierung sowie das verarbeitete Motiv vom „Juden im Dorn" haben schnell dazu geführt, in Wagners Beckmesser eine camouflierte Judenfigur ausfindig zu machen.[34] Auch jenseits der ähnlichen musikalischen Illustrierung von Beckmesser und Manasse finden sich in der Motivik der behandelten Sujets Kongruenzen: Postulierte Wagner in *Das Judentum in der Musik* die künstlerische Impotenz der Juden[35] und brachte mit Beckmesser eine Figur auf die Bühne, die speziell die von ihm den Juden zugeschriebene Unfähigkeit zur Musik thematisiert, so findet sich dies auch in *Die Brautwahl*. Steht Beckmesser in den *Meistersingern* der wahre Künstler Hans Sachs gegenüber, so konterkariert der Meistergoldschmied Leonhard die falsche Kunst und das

---

[33] Vgl. ebd.. Devrient war ein persönlicher Freund E. T. A. Hoffmanns und der überragende Charakterdarsteller seiner Zeit am Berliner Hoftheater.
[34] Der aktuellste Beitrag zu dieser Diskussion findet sich bei Weiner, Marc: *Antisemitische Fantasien*, a. a. O.
[35] Vgl. Fischer, Jens Malte: *Richard Wagners „Das Judentum in der Musik"*, a. a. O., S. 48ff.

bloße Blendwerk des betrügerischen Manasse.[36] Ähnlich wie bei Wagner wird die Polarität der beiden Gegenspieler durch die Komposition noch forciert. *Die Brautwahl* präsentiert dabei mit Manasse und Leonhard nicht nur einen unsterblichen Revenant, sondern deren zwei. Die grundlegende Ambivalenz des Ahasver-Mythos, die mal den „Vorzeigejuden" präsentierte, mal den Inbegriff des schlechten Juden, findet so in *Die Brautwahl* ihren Reflex in der Aufspaltung in zwei Figuren. Librettogeschichtlich verkörpert Leonhard das Modell des guten Zauberers Ahasver wie der Ewige Jude in Halévys *Le Juif errant*. Manasse repräsentiert den ungeläuterten Ahasver. Dementsprechend fällt die Beschreibung Leonhards und Manasse unter „Handelnde Personen" in Busonis Libretto aus, die er Hoffmann zitierend wie folgt charakterisiert: Leonhards Augen „blitzen [...] in jugendlichem Feuer", er hat „eine freie offene Stirn", eine „stark gewölbte Adlernase", einen „fein geschlitzten Mund"[37], Manasse hingegen:

> „- die tief eingefurchten Züge seines Antlitzes zeugten von sehr hohem Alter. Sein Blick war stechend, nur der stattliche Bart verriet den Juden, der alter Sitte und Gewohnheit treu geblieben. Dabei war er sehr altfränkisch, ungefähr wie man sich im Jahr 1720 bis 30 trug, gekleidet; und daher mocht es wohl kommen, daß er aus längst vergangener Zeit zurückgekehrt schien."[38]

Busonis Hoffmann-Zitat betreffs der Darstellung Manasses enthält außer dem stechenden Blick und dem Bart keine dem jüdischen Körper eingeschriebenen Zeichen, die seine Differenz markieren, obgleich das Alter und die Tracht freilich auf die Unsterblichkeit Ahasvers verweisen. Busoni nutzt so den Raum, den die Gattung Oper bietet, indem er das spezifisch Jüdische des Ewigen Juden Manasse in der Partitur umsetzt. Exemplarisch zeigt sich die musikalische Markierung Manasses als Jude in der Verwandlungsmusik zur fünften Szene des ersten Aktes, in der Manasse erstmals auftritt. Mit düsteren Farben schildert das Orchester hier das dunkle Wesen Manasses; Beaumont vertritt diesbezüglich die These, Busoni hätte hier jüdische Musik verarbeitet: „The orchestral introduction, which Busoni based entirely on old Jewish melodies, paints a dark picture of Manasse."[39] Auch wenn es sich nicht um originär jüdische Musik handeln soll-

---

[36] Besonders eindrücklich zeigt dies die hoffmaneske Episode als Manasse in der fünften Szene des ersten Aktes Rettichscheiben in Dukaten verwandelt. Vgl. Busoni, Ferruccio: *Die Brautwahl. Musikalisch phantastische Komödie in drei Akten und einem Nachspiel nach E. T. A. Hoffmanns Erzählung*, Leipzig/Berlin 1912, S. 16ff.

[37] Busoni, Ferruccio: *Die Brautwahl*, a. a. O., S. 4.

[38] Ebd.

[39] Beaumont, Antony: *Busoni the Composer*, a. a. O., S. 128.

te, entsprechen die Melismen und Orientalismen zumindest dem, was im europäischen Vorstellungsbild jüdischer Musik entspricht.

Hinzu kommt in dieser Szene die Geschichte vom „Münzjuden Lippold", die Busoni in seiner Librettoadaption der Hoffmann-Novelle als Ballade komponiert. Diese Ballade ist insofern von zentraler Bedeutung als in ihr nicht nur deutliche Hinweise auf die ahasversche, ewige Existenz Manasses gegeben werden, sondern auch durch das Konglomerat antijüdischer Stereotypen der Verfolgung, die hier zu einem dichten Netz gewebt sind. Potenziert wird das Gewicht der Ballade noch dadurch, daß Busoni sie noch 1923 für Bariton und Orchester für den Konzertsaal bearbeitete.

Sofern Ihr Euch gern mit den alten Historien befasset,
ist die Geschichte des Münzjuden Lippold Euch wohlbekannt
Die sich im Jahre eintausend fünfhundert und siebzig
zu Kölln an der Spree hat zugetragen?:
Großen Betruges, arger Schelmerei,
des angeklagt war Lippold der Münzjude;
Schlau wusst' er aus der Schlinge sich zu ziehn!
(ich spreche von uralten Dingen;
vernünftiger waer's, man würde die Toten lassen in Frieden schlafen)
doch höret weiter:
Da ward es ruchbar, dass ein Zauberbuch
hatte angeleitet ihn zu Bubenstücken;
in bösem Zorn that es die Frau verrathen.
(Ein Zauberbuch!)
Mann fand das Zauberbuch, das ihm verholfen
zu meistern seinen Herrn mit höll'schen Kniffen;
Und auf dem Markt ward Lippold hingerichtet,
mitsamt dem Zauberbuch wurd'er verbrennet;
doch meint man, dass Satan ihn befreite.
(Ich mein'es auch: mich dünkt, ich hätt'es selbst gesehen!)
Nach zweihundert Jahren und fünfzig
setzt die Geschichte sich fort
im heiteren Spiel von der Brautwahl.
Den Alten erkennet Ihr wieder:
im neuen Berlin trieb er weiter sein Wesen
als maître de finances,
als Kuppler und Fälscher,
als polternder Unhold, -
und nannt' sich Manasse.
Auch dieser Zeitpunkt entschwand,
mit ihm die Personen des Stücks;
aber Manasse wirkt fort unanfechtbar;

Nehmt Euch in Acht vor dem Bösen![40]

Geschrieben ist die Ballade für den Vortrag durch den jüdischen Bariton Wilhelm Guttmann. Beaumont bemerkt, dass „the vision of the lonely Wandering Jew still haunted him [Busoni]" und dass sie für Busoni nur "a continuation of the ageless fairy-tale into modern times"[41] gewesen sei. Guttmann jedenfalls weigerte sich die Ballade aufgrund ihrer antisemitischen Implikationen zu singen, so daß sie unveröffentlicht und unaufgeführt blieb.[42] Die Reaktion Busonis zeugt von wenig Verständnis für den Sänger und belegt eine Art Rückzug auf die rein werkimmanente Zeichnung der Figur, wird aber durch das Bewusstsein für deutschnationale Ansichtsweisen, explizit von seinem opernideologischen „Erzfeind" Hans Pfitzner nicht weniger problematisch:

> Der „intelligente" Guttmann (der den „Münzjuden" für eine antisemitische Demonstration ansah und denselben – seiner orthodoxen Mama zu liebe – fallen liess und in Miss-Ruf brachte) – hat den sicherlich-erst-recht-antisemitischen Pfützner [sic] umgekehrt mißverstanden und ihn für einen hingebenden Freund Israels gehalten.[43]

Man mag von der rein „mythischen" Verwendung der Ahasvermetapher beziehungsweise der Ballade von Lippold ein Indiz für eine gewisse Naivität oder gar ein Desinteresse Busonis für die aktuelle Antisemitismusdiskussion ableiten.

Der Wortlaut von Busonis Konzertarie *Grausige Historie vom Münzjuden Lippold* stimmt weitgehend mit dem Libretto der *Brautwahl* überein, natürlich ohne die Passage, welche die Geschehnisse von Busonis Oper resümiert. Die Ballade erscheint vor allem daher von solcher Brisanz, da sie althergebrachte antijüdische Stereotypen der Verfolgung, wie schwarze Magie und Betrug mit modernen Elementen des Antisemitismus vereint, wie etwa die negative Gleichsetzung des Judentums mit Kapitalismus im Terminus „maître de finances", aber auch mit der Bezeichnung als Kuppler, die den antisemitischen Topos der „Blutschande" in Erinnerung ruft.[44] Die Problematik dieser Debatte im 19. Jahrhundert ist höchst komplex, so daß hier einige wenige Beispiele genügen mö-

---

[40] Busoni, Ferruccio: *Grausige Historie vom Münzjuden Lippold*, Ms. autogr., Staatsbibliothek zu Berlin, Busoni-Nachlaß, Nr. 343.
[41] Beaumont, Anthony: *Busoni the Composer*, a. a. O., S. 136.
[42] Vgl. ebd.
[43] Busoni, Ferruccio: *An Egon Petri in Berlin*. In: Weindel, Martina (Hg.): *Ferruccio Busoni. Briefe an Henri, Katharina und Egon Petri*, Wilhelmshaven 1999 (= Taschenbücher zur Musikwissenschaft 129), S. 310.
[44] Manasse missgönnt Albertine dem deutschen „Künstlerburschen" Edmund und will sie seinem degenerierten Neffen, dem „jüdischen Elegant" Baron Bensch zuschanzen.

gen: Der renommierte Historiker Werner Sombart benennt die Juden so in seinem Werk *Die Juden und das Wirtschaftsleben* als Erfinder des Kapitalismus, der Journalist Otto Glagau „entlarvte" 1874 in dem verbreiteten Magazin *Die Gartenlaube* 90 Prozent aller Börsianer als getaufte oder ungetaufte Christen, ebenso Marx' *Zur Judenfrage* soll nicht unerinnert bleiben. Doch auch beispielsweise in Frankreich wurde die neue Identifikation des Judentums mit dem Finanzfeudalismus etwa von Charles Fourier oder Alphonse Toussenel propagiert.

Der Symbolfigur für das gesamte Judentum, Ahasver, werden so antisemitische Klischees einverleibt. Und die in *Die Brautwahl* erwähnte Flucht des Ewigen Juden und Verbrechers Manasse vom Scheiterhaufen in der Gestalt einer Ratte[45] legt die Assoziation mit einer späteren fatalen Propaganda-Adaption des Stoffs vom Ewigen Juden, die dieses Bild exzessiv verwendet, nahe:

> Die graphisch dargestellte Rattenausbreitung orientiert sich bewußt an der Darstellung der „Ausbreitung" der Juden [...]. Der „Vergleich" zwischen Juden und Ratten wird optisch, sprachlich und musikalisch beschworen. Juden werden mit einem Tier verglichen, also verbal zu Tieren degradiert [...]. Die auf die [...] Sequenz mit den Ratten folgenden Ghettoaufnahmen sind sehr kurz geschnitten (Hektik) und eigen zudem Szenen von starker Bewegung [...]. Den Juden wird – wie den Ratten – ein „Element der heimtückischen, unterirdischen Zerstörung" [...] ebenso angedichtet wie Hinterlist, Feigheit, Grausamkeit [...] und Schmarotzer- bzw. Parasitentum [...][46]

In Anbetracht von Busonis Leben, seiner Biographie und seiner voll humanphilosophischen Implikationen versehnen Werke steht man dem Gemenge aus mythischen Elementen, antijüdischen Klischees und antisemitischen Stereotypen der *Grausigen Ballade vom Münzjuden Lippold* zunächst doch etwas ratlos gegenüber. Auch die umgesetzte Ambivalenz des Ahasver-Mythos durch die Aufspaltung in zwei Figuren, den positiven Ahasver Leonhard und den Negativrepräsentanten Manasse kann diesen Eindruck nur sehr eingeschränkt relativieren. Denn das Mythologem der jüdischen Provenienz trägt einzig und allein der böse, betrügerische, künstlerisch impotente Manasse, der musikalisch als der fremde Jude markiert wird. Insofern ändert die Tatsache, daß sich Leonhard mit Manasse andere zentrale Mythologeme des Ahasver-Stoffs teilt, wenig an den antijüdischen Zügen Manasses. Über die Partitur schleicht sich in *Die Brautwahl* sogar ein antisemitischer Subtext ein, der über die unreflektierten antijüdischen Elemente der Hoffmann-Vorlage hinausgeht. Denn die Musik schreibt jenseits der negativen Charakterzüge dem jüdischen Köper eine Diffe-

---

[45] Busoni, Ferruccio: *Die Brautwahl*, a. a. O., S. 21.
[46] Hornshøj-Møller, Stig: *„Der ewige Jude". Quellenkritische Analyse eines antisemitischen Propagandafilms*, Göttingen 1995, S. 216.

renz vom eigenen ein. Neben der Musik Manasses, die den assimilierten Juden – Manasse befindet sich ja immerhin seit mindestens 1570 in Berlin[47] - wieder in den fernen Orient entrückt, muß hinsichtlich der Darstellung des Judentums auch Manasses Schützling Baron Bensch, „ein jüdischer Elegant"[48] betrachtet werden. Busonis bereits erwähnte Musik für die Ahasvergestalt Manasse entspricht dabei einen etablierten Code der kompositorischen Markierung von Judentum. Auch wenn Beaumont von „old Jewish melodies" spricht, so erinnern Instrumentierung, Rhythmus und vor allem die Melismen der Manasse-Musik an Mussorgskys Episode „Samuel Goldenberg und Schmuyle" aus Mussorgskys *Bilder einer Ausstellung*, die ihrerseits als mustergültig für eine als jüdisch empfundene Musik gelten kann. Musikalische Parallelen finden sich unter anderem in der Musik für Beckmesser aus den mehrfach erwähnten *Meistersingern* Wagners oder im Judenquintett von Richard Strauss' *Salome*. Wohlgemerkt wird dieser „Code" innerhalb eines Werkes verwendet, dem zeitgenössische Kritiker „Unabhängigkeit von bestimmten Vorbildern"[49], „eigenpersönliche Sprache und ihre ureigene Technik"[50] sowie „musik-dramatische Überraschungen"[51] attestieren. All dies ist auch zutreffend, jedoch nicht für die Musik, welche das Jüdische transportiert. Die Verankerung des Juden als Fremden mittels orientalisierender Klangsprache findet darüber hinaus ihre Entsprechung in antisemitischen Stereotypen, die „den Juden" gerne weit weg, in seiner „angestammten Hemisphäre" lokalisieren, zum Beispiel der schon erwähnte Historiker Sombart in *Die Juden und das Wirtschaftsleben*: „Wären sie alle im Orient geblieben..., es wäre nie zu dem Knalleffekt der menschlichen Kultur: dem modernen Kapitalismus, gekommen."[52] Die musikalische Charakterisierung des jüdischen Baron Bensch potenziert den antisemitischen Diskurs.

---

[47] So heißt es in der *Ballade vom Münzjuden Lippold*, s. o. Vgl. *Busoni, Ferruccio: Die Brautwahl*, a. a. O., S. 21.

[48] Busoni, Ferruccio: *Die Brautwahl*, a. a. O., S. 4.

[49] Spanuth, August: *„Die Brautwahl", musikalisch-phantastische Komödie in drei Akten und einem Nachspiel nach E. T. A. Hoffmann's Erzählung. Text und Musik von Ferruccio Busoni. Uraufführung am 13. April 1912 im Hamburger Stadttheater.* In: *Signale für die Musikalische Welt.* 70. Jg., 16 (1912), Berlin 17.4.1912, S. 527-532, hier S. 531.

[50] J.N.: *Busonis „Brautwahl" (Uraufführung am Hamburger Stadttheater).* In: *Münchener Neueste Nachrichten. Und Handels- und Industrie-Zeitung, Alpine und Sport-Zeitung. Theater- und Kunst-Chronik.* 65. Jg., Nr. 195: Mittwoch, 17. April 1912, Morgenblatt, S. 2f., hier S. 2.

[51] Westermeyer; Karl: *Busonis „Brautwahl". Betrachtungen zur Berliner Erstaufführung.* In: *Signale für die Musikalische Welt.* 84. Jg., 3 (1926), Berlin, 20. Januar 1926, S. 77-80, hier S. 79.

[52] Sombart, Werner: *Die Juden und das Wirtschaftsleben*, zit. in: Barkai, Avraham: *„Der Kapitalist"*, a. a. O., S. 268.

Erscheint Bensch schon bei E. T. A. Hoffmann als Verkörperung des Klischees vom lüsternen Juden, welcher der braven deutschen Maid nachsteigt, so wird über Busonis Musik ein Konnex offenbar, der dem jüdischen Körper und der jüdischen Sexualität eine anomalische Differenz einschreibt. Die Rede ist von einer Charakterisierung von Judentum durch eine nahezu unsangbare Tessitura, in der die dem Juden zugeschriebene Stimme – im vorliegenden Fall die Benschs, gesungen von einem „tenor grotesco"[53] - beinahe ständig zu hoch singt. Daß die Singstimme durch eine derartige Notation grell und winselnd klingt und ständig Gefahr läuft sich zu überschlagen, ist hier gewollter Effekt. Und dieser Effekt ist ebenfalls Teil des umfassenden musikalischen Codes der Zeichnung jüdischer Opernfiguren; einschlägige Beispiele sind Wagners Mime aus *Der Ring des Nibelungen*, der zurecht immer wieder als camouflierte Juden-figur interpretiert wird, aber auch der mehrfach angesprochene Beckmesser, zwar ein Bariton, doch auch jenseits der eigentlich sangbaren Höhe des Stimm-fachs notiert, oder das Judenquintett der Salome, das gleich mit vier überhohen Tenören gegenüber nur einem Bass aufwartet. Das Übergewicht hoher Stimmen bei der Darstellung von Juden auf der Opernbühne rekurriert dabei offenbar auf stereotype Annahmen vom jüdischen Körper, nämlich auf eine fingierte Ähn-lichkeit von Perversität und Judentum. Beschneidung wird mit Unmännlichkeit, hoher Stimme, Kastration und Homosexualität identifiziert.[54] Das Musiktheater spiegelt also auch den im gesellschaftlichen Diskurs vorzufindenden Zusam-menhang von Anti-Homosexualität und Antisemitismus. Zur künstlerischen Im-potenz der Ahasver-Figur Manasse tritt also die in der Stimme Benschs impli-zierte sexuelle Impotenz, die mit dem lüsternen Verlangen nach der braven deutschen Albertine korreliert. Beide Judenfiguren tragen das Signum, das Wagner in *Das Judentum in der Musik* dem Judentum als maßgebliches Nega-tivcharakteristikum zuschrieb. Allerdings darf nicht verschwiegen werden, daß die Verkörperung des unpassenden Brautwerbers in *Die Brautwahl* ebenso auf zwei Figuren aufgeteilt ist, wie Ahasver als guter Geist in Leonhard und übler Betrüger in Manasse erscheint. Während Bensch als Nebenfigur nur ein An-hängsel des dämonischen Ahasvers Manasse bleibt, verkörpert der zweite inad-äquate Freier Albertines eine groteske Karikatur, die stimmlich der Figur des „jüdischen Elegants" ganz ähnlich angelegt erscheint, die in der Handlung weit mehr Raum einnimmt, jedoch keinerlei endgültigen Indizien für eine Judenfigur enthält. Da der Kanzlei-Sekretär Thusman mehr und länger auf der Bühne agiert, verwundert es nicht, daß bezüglich dieser Figur der Bezug zum stimmli-

---

[53] Busoni, Ferruccio: *Die Brautwahl*, a. a. O.

[54] Vgl. zu diesem Komplex Sander L. Gilman: *Der jüdische Köper.* In: Julius. H. Schoeps/Joachim Schlör (Hg.): *Antisemitismus. Vorurteile und Mythen*, Frankfurt am Main 1995 sowie Ders.: *Strauss the Perverte, and Avant Garde Opera of the Fin de Siècle.* In: *New German Critique* 43 (1988), S. 35-68.

chen Modell des Mime von der zeitgenössischen Kritik durchaus konstatiert wurde:

> Birrenkoven, der ehemalige Heldentenor, sang den komischen Hauptcharakter, den Thusmann; er ahmte dabei fast permanent das Krächzen Mime's im „Siegfried" nach. Da es in Gegenwart des Komponisten geschah, muss es wohl autorisiert gewesen sein. Es wirkte aber recht ermüdend durch die stereotype Gleichmässigkeit.[55]

Erinnert werden soll in diesem Zusammenhang daran, daß auch Mime, als camouflierte Judenfigur Prototypus für die „kastriert singende" Operndarstellung des Juden, entsprechend Wagners Maxime vom künstlerisch impotenten Juden, in seiner Kunst unfähig ist: Seine für Siegfried geschmiedeten Schwerter sind nur schöner Schein und halten dem Griff des starken germanischen Helden nicht stand, der sein Schwert schließlich selbst schmieden muß.

Bezüglich der Künstlerproblematik nimmt Busonis *Brautwahl* vor der Folie der Ahasver-Rezeption durchaus einen Paradigmenwechsel vor. Wurde Ahasver innerhalb der Künstlerthematik lange Zeit eher zur Symbolfigur des einsamen, umhergetriebenen und leidenden Künstlers, so führt die in zwei Figuren aufgelöste Ambivalenz des Ewigen Juden in der *Brautwahl* zum negativen Abziehbild des Juden schlechthin. Freilich sind diese Züge, die künstlerische Unfähigkeit, Falschmünzerei und versuchte Kuppelei durch Hoffmanns Vorlage für Busonis Oper schon präfiguriert – entgegen der eigentlichen Tendenz der Arbeit am Ahasvermythos zur Zeit E. T. A. Hoffmanns. Doch gemessen an der gänzlich anderen Dimension der jüdischen Problematik Ende des 19. und zu Beginn des 20. Jahrhunderts, für die Wagner mit Sicherheit eine ebenso entscheidende Instanz innehat wie für die Ahasvergestalt auf der Opernbühne, erscheinen Busonis Judendarstellungen in *Die Brautwahl* durch ihren historischen Kontext zwangsläufig in einem anderen Licht. Der Ewige Jude ist in *Die Brautwahl* aller metaphysischen Tragik beraubt, die Busoni doch so nachhaltig in seinem Librettofragmenten zu Ahasver beschäftigte. Natürlich hat dies auch mit der Einbettung der *Brautwahl* in Busonis Konzept vom „Lachspiegel" zu tun, doch fällt das Fehlen eines Gegengewichts durch einen „Zauberspiegel" hier schmerzlich auf.

Freilich beruht einiges der stereotypen Eindeutigkeit der Judenfiguren Manasse und Bensch in Busonis *Die Brautwahl* auf den dramaturgischen Notwendigkeiten, welche die Adaption für ein Opernlibretto mit sich bringt, eine Tatsache der sich sowohl Busoni als auch die zeitgenössische Kritik bewußt war.

> Dabei kann die getreue Vertonung der Worte, der Verse, der Sätze des Textes nur sekundär in Frage kommen, weil der Hörer den Sprachinhalt ja doch

---

[55] Spanuth, August: *„Die Brautwahl"*, a. a. O., S. 532.

selten versteht. Sondern es handelt sich um den psychologischen Ablauf. Was der Darsteller in seine Stimmfärbung, in seine Gesten, in seine Mimik hinein zu legen hat, das muß musikalisch potenziert werden.[56]

Insofern ist auch die musikalische Markierung des Ewigen Juden Manasse als Jude Resultat der Librettomaxime einer musikalischen Potenzierung. Und eine sinnfällige wie erfolgreiche Kennzeichnung des Jüdischen ist wohl auch nur zu erreichen, wenn der Komponist auf einen dem Publikum geläufigen Code zurückgreift. Für das Libretto der *Brautwahl* mußte Busoni gegenüber der Hoffmann-Novelle überzeichnen. Dies erklärt, weshalb in Busonis *Brautwahl* letztlich ein Bild von Ahasver sichtbar bleibt, das textlich und musikalisch in seinen Negativzuschreibungen und Ausgrenzung des Juden in den Orient die Ahasverfiguren Wagners an antijüdischen Stereotypen übertrifft, obwohl Wagners Anschauung eine protoantisemitische ist, die von Busoni in keiner Weise geteilt wird. Die Vereinnahmung aller positiven Mythologeme durch eine nichtjüdische Ahasver-Gestalt – den Goldschmied Leonhard – tut ihr übriges dazu. Die Problematik des Judenbildes der *Brautwahl* zu ignorieren, hilft dieses Argument aber nicht. Gerade die Einsicht in die Tragik der jüdischen Symbolfigur Ahasver, die Busoni in seinen Skizzen zum Ewigen Juden beweist, rücken die Eindimensionalität Manasses als jüdischen Opernschurken in kein allzu positives Licht.

Hinzu kommt, daß – obgleich sich Leonhard und Manasse zentrale Mythologme des Ahasver-Stoffs teilen – die Kennzeichnung Manasses als der Ahasver-Figur weit offensichtlicher sind als die Leonhards. Dies geht über das bereits ausführlich behandelte Mythologem der jüdischen Provenienz, das allein Manasse trägt, hinaus.

Karl Westermeyer schreibt in seiner Besprechung der *Brautwahl* anlässlich der Berliner Erstaufführung: „Der Goldschmied Leonhard ist das Prinzip des Guten und Manasse, eine an den ewigen Juden erinnernde Gestalt, ist sein Widersacher.“[57] Dies bedeutet folgerichtig, daß der jüdische Manasse das Prinzip des Bösen repräsentiert. Die Ambivalenz, welche die Rezeption des Ahasver-Mythos prägt, wird in der Figur Manasse also in die rein negativ konnotierte Komponente fixiert. Auch ist Manasse mehr als nur eine an „den ewigen Juden erinnernde Gestalt.“ Und die Erkenntnis im ‚ Manasse wäre „like Leonhard [...] over three hundred years old"[58], erscheint vor der offensichtlichen Identifikation Manasses mit Ahasver untertrieben:

> Manasse (für sich und ohne den Gruß zu erwidern):

---

[56] Westermeyer, Karl: *Busonis „Brautwahl"*, a. a. O., S. 77.

[57] Westermeyer, Karl: *Busonis „Brautwahl"*, a. a. O., S. 79.

[58] *The New Grove. Dictionary of Opera*, hg. von Stanley Sadie, Vol. I, S. 588, London u. a. 1992.

In meine Schlingen
sollt ihr mir alle.
Rennt in die Beine
dem Ahasverus.[59]

Busoni verleiht seiner Figur nicht nur Züge des Ewigen Juden, er benennt sie als „Ahasverus". Das Erkennen Manasses als explizite Ahasver-Figur wird allerdings erschwert, da von der Urschuld des Ewigen Juden gegenüber Christus nicht die Rede ist, ebenso wenig wie die Sühne und Buße Ahasvers thematisiert wird – eine Thematik, die Busoni noch eindringlich in seinen Skizzen zu einem Libretto zum Ewigen Juden beschäftigte. Jegliche Größe und Weisheit der Züge Ahasvers beansprucht hingegen das „gute Prinzip", „the ‚white' magician"[60], der sogar recht unmittelbar an den ebenfalls mit Ahasver-Mytholgemen versetzten Wanderer aus Wagners *Siegfried* gemahnt: „Wohl weiß ich manch Geheimnis, erteilte manchen Rat"[61] äußert Leonhard; „Viel erforscht' ich, erkannte viel: Wichtiges konnt' ich manchem künden, manchem wehren, was ihn mühte, nagende Herzens-Not"[62], spricht Wagners Wanderer. Das Mythologem der Wanderschaft taucht bezüglich Manasses nur am Rande auf, wenn er etwa beklagt, daß seine „gute Stunde des Friedens"[63] gestört wird. Statt des zentralen Erlösungsmythologems des Ahasver-Mythos wird das Mythologem der jüdischen Provenienz in der Figur Manasses in den Vordergrund geschoben. Stereotype Zuschreibungen bezüglich „jüdischer Sprechweise", die mit dem verbreiteten Klischee des „Mauschels" in Verbindung zu setzen sind, durchsetzen in *Die Brautwahl* nicht nur die Partitur, sondern auch die Librettoanweisungen. So findet sich zum Beispiel die Regieanweisung zu Manasses Sprechweise „jüdisch-beharrlich."[64] Hat bereits die „Ballade vom Münzjuden Lippold" gezeigt, daß in Manasse althergebrachte antijüdische Diskursbereiche, wie schwarze Magie und Teufelsbündnerei aus dem mythischen Bereich mit neuen und aktu-

---

59 Busoni, Ferruccio: Die Brautwahl, a. a. O., S. 73.

60 *The New Grove*, a. a. O., Vol. I, S. 588.

61 Busoni, Ferruccio: Die Brautwahl, a. a. O., 15.

62 Wagner, Richard: *Siegfried*. In: Ders.: *Dichtungen und Schriften. Jubiläumsausgabe in zehn Bänden*, a. a. O., Bd. 3, S. 169.

63 Busoni, Ferruccio: *Die Brautwahl*, a. a. O., S.21.

64 Busoni, Ferruccio: *Die Brautwahl*, a. a. O., S. 37. Hier liegt ein typisches Beispiel für eine „antijüdische Wortzusammensetzung" vor. Vgl. z. B. Hortzitz, Nicoline: *Die Sprache der Judenfeindschaft*. In: Schoeps Julius H./Schlör, Joachim (Hg.): *Antisemitismus. Vorurteile und Mythen*, a. a. O., S. 19-40. Hortzitz analysiert folgendermaßen: „ Stilistisch markante Wortzusammensetzung in antijüdischen Schriften sind Komposita mit dem Bestimmungs- bzw. Grundwort *Jude*. [...] In vielen Fällen erhalten bedeutungsneutrale bzw. positiv markierte Grundwörter durch die Komposition mit dem Bestimmungswort *Jude* negative Bedeutungsmerkmale." (S. 34f.).

ell zirkulierenden antisemitischen Stereotypen wie „maître de finances" verwoben werden, so flicht *Die Brautwahl* in sein Libretto gar das wohl fatalste Argument der Antisemiten ein: Die Unabänderlichkeit der jüdischen Provenienz, das Argument der Rasse. Ausgerechnet der Ewige Jude Manasse selbst äußert sich folgendermaßen:

> Kommissionsrat (zuerst etwas betroffen):
> Lieber Manasse, habet ihr bedacht,
> daß eu'r Neveu vom alten Glauben ist?
>
> Manasse:
> Ich bitt' sie, Kommissionsrat, tut das was?
> auf ein paar Tropfen Wasser, kommt's denn an?
> er bleibt ja doch derselbe.[65]

Bedenkt man, daß der Ewige Jude der *Brautwahl* weder die Büßerthematik des Ahasver-Mythos transportiert und er das böse Prinzip bleibt – im Gegensatz etwa zu Melchior Sachs' Ahasver oder Wagners Kundry, die eine Läuterung und Entsühnung erfahren, gewinnt Ahasver im Opernlibretto zu Ende des „langen" 19. Jahrhunderts ein neues, besonders hässliches Gesicht. Erschien der Ewige Jude etwa schon bei Dumas als das böse Prinzip, so ist Ahasver in der *Brautwahl* der ewig böse Jude geworden. Dementsprechend ist die Instanz der Verfluchung Ahasvers, Christus oder ein ihn repräsentierender Engel, in der *Brautwahl* nicht zu finden. Eine Frage nach der Verhältnismäßigkeit der Strafe Gottes, der Verdammung zu ewigem Leben und Leid für die Verweigerung der Rast Christi wird hier nicht gestellt, im Gegenteil: Der Ewige Jude selbst wird zum Verfluchenden und er will den Fluch seines Volkes auf den christlichen Voswinkel legen und macht selbstverständlich von der „seiner Rasse" zugeschriebenen Macht über das Geld als „maître de finances" in seinem Fluch Gebrauch.

> Drum verflucht sollst du sein!
> Höre! – (verbissen und böse)
> Du und dein ganzes Geschlecht vergeh',
> Als wie die hilflose Eulenbrut.
> Gras möge wachsen vor deiner Tür,
> einziehn der Dalles in deinen Palast,
> daß deine Habe werd' aufgezehrt!
> Verflucht sollst du sein! –
> Höre noch! – höre. – (etwas feierlich)
> Und du sollst betteln gehn in Fetzen,
> sollst vom verachteten Gottesvolk
> werden verstoßen, wie'n toller Hund:

---

[65] Ebd., S. 37.

bis du verdirbst wie die faule Frucht!
Verflucht seist du!
Weh' dir! - weh' dir! – Oh! - [66]

Die Struktur des ursprünglichen Ahasver-Mythos erfährt in *Die Brautwahl* eine Umkehr: Der Ewige Jude wird zum Verfluchenden, seine Rolle als büßendes Opfer eines unverhältnismäßig harten Fluches durch Christus wird überschrieben. Statt seiner Funktion als Zeuge gegen „die Juden", die in den ersten Verfolgertexten anlässlich der frühen Ahasver-Varianten zirkuliert, ist Manasse als Ewiger Jude Repräsentant der jüdischen Weltverschwörung, ein Topos der im zeitlichen Umfeld der *Brautwahl* immer mehr Gewicht erhalten hat. Für den Ahasver Manasse bedeutet die Taufe nur „ein paar Tropfen Wasser", die Anfeindung „getaufter Juden" durch antisemitische Argumente erhält so auch in der Oper ihren Reflex. Die Taufe war noch bei Wagner, dessen Thesen aus *Das Judentum in der Musik* mit eine Initialzündung für die Verfolgung konvertierter Juden bilden, die Erlösungsprämisse für die Ewige Jüdin Kundry und zugleich modellhaft für Wagnerianische Ahasveradaptionen in Librettoform, wie bei Melchior Sachs. Und auch die neben Ahasver bedeutendste Patenfigur für Manasse, Shakespeares Shylock ist weit davon entfernt die christliche Taufe als ein „paar Tropfen Wasser" abzutun; für Shylock bedeutet die erzwungene Konvertierung zum Christentum am Ende des *Kaufmann von Venedig* das Verlöschen seiner Identität. Gegen Manasses jüdische Abstammung aber erscheint sogar die Taufe machtlos.
Die Aufspaltung des Ewigen Juden in zwei Figuren als Reflex auf die Ambivalenz des Ahasver-Mythos hat ein eindeutig negatives und ein eindeutig positives Prinzip zur Folge: Alle negativen Komponenten der Ahasver-Figur vereinen sich in der *Brautwahl* in der Gestalt, welche zugleich das Mythologem der jüdischen Provenienz zugeschrieben bekommt. Und die apodiktische Verdichtungsnotwendigkeit einer Handlung in der Form des Librettos lassen die Applikationen von Hoffmanns Novelle in Busonis *Brautwahl* umso deutlicher zu Tage treten. Hinzu kommt die musikalische Markierung des Judentums des „unausstehliche[n] Manasse"[67]. Die neue Dimension des „jüdischen Themas", die veränderte Qualität antijüdischer Argumente durch ihre Modifikation im Konstrukt des Antisemitismus im zeitlichen Kontext Busonis forcieren die Aufmerksamkeit auf die (anti-)jüdischen Charaktere Manasse als auch Bensch zusätzlich. Der antisemitische Code des ausgehenden 19. Jahrhunderts ist in den Judenfiguren der *Brautwahl* sowohl musikalisch als auch libretto-dramaturgisch destilliert. Der ambivalente Ahasver ist als Jude Manasse zum „grausige[n], spukhafte[n] Judengreis"[68] geworden. Die Argumente des antisemitischen Diskurses scheinen

---

[66] Busoni, Ferruccio: *Die Brautwahl*, a. a. O., S. 53f.
[67] Busoni, Ferruccio: *Briefe an seine Frau*, a. a. O., S. 118.
[68] Busoni, Ferruccio: *Die Brautwahl*, a. a. O., S. 85.

in Busoni, der Ahasver in seinen Fragmenten als das Symbol der Menschheit auffasste, unreflektiert reproduziert zu werden, sozusagen als Bestandteil des mythischen Gehalts des Ahasverstoffs, als Resultat der Verschmelzung von Mythos und Verfolgertexten. Andererseits erweist sich Busoni selbst bei einer nur oberflächlichen Beschäftigung mit seiner Person als Mensch von besonderem Intellekt und humaner Einfühlsamkeit, was allein sein Pazifismus zur Zeit des Ersten Weltkrieges unterstreicht. Wie also konnte Busoni die Opernfigur Manasse „zulassen"? Natürlich erscheint die Orientierung am verehrten Vorbild E. T. A. Hoffmann als wichtiges Argument: Struktur und Anspielungen Hoffmanns bleiben von Busoni unangetastet. Doch erweitert er das „romantische" Judenbild Hoffmanns in der *Ballade vom Münzjuden Lippold* um Stereotypen, welche erst die „moderne" Diskussion der „Judenfrage" in den Diskurs eingebracht hat. Nachdem Busoni ohnehin durch seine künstlerische Konzeption einer Oper nach Wagner den Anfeindungen durch die „rechtslastigen" Wagnerianer ausgesetzt war, wollte er sich offensichtlich eine zusätzliche Blöße gegenüber dieser Front nicht bieten. Den Vorwurf, gar selbst Jude zu sein, begegnet Busoni selbst seinem vertrauten Schüler, Philipp Jarnach, gegenüber entschieden:

> So musste der Berg [i. e. Busoni] zum Propheten kommen, was untrüglich dartut, daß der Glaube Berge versetzt. Der Berg – kein Eisberg – empfand die Kühle; aber der Berg – auch kein Vulcan – konnte sich beherrschen. Er humpelte gleich einem Tank – den Weg von Berlin nach Weilheim und traf den Propheten [...] wie er auf Notenpapier Zauberformeln kritzelte, die aussahen wie hebräische Schrift. Der Berg stand verwirrt; denn er empfing vor Tagen ein Schreiben aus München, in dem er des ausgesprochenen Antisemitismus angeklagt wird. Nachdem er unverdientermaßen, jahrzehntelang, des Judentums verdächtigt wurde. – „Welche Wendung nach Gottes Fügung!" Aber er kann sich *verteidigen*. Insofern, als er einen Tag vor diesem Brief die Herren Prof. Weißmann [...], Prof. Kestenberg und General Musikdirektor O.[tto] Klemperer bei sich als Besucher hatte. Dieses zionistische Triumvirat (das sich als Triumvi-Rath erwies) stellte meinen früheren Ruf reinlich wieder her. Dazu kommt meine Predilektion für Wagner, der auch *koscher* war. Diese Rehabilita-Zion ist beruhigend, auch für den jüdischen Münchner Briefschreiber [i.e. Guttmann].[69]

Busoni hat offensichtlich das Bedürfnis keineswegs als Antisemit dazustehen. Ebenso möchte er „koscher" sein, also keineswegs mit Judentum identifiziert werden, was hinsichtlich der von den Wagnerianern eifrig nachgebeteten Ar-

---

[69] Busoni, Ferruccio: *Brief an Philipp Jarnach* vom 17. Juni 1923. Zit. in: Weindel, Martina: *Ferruccio Busoni. Briefe an Henri, Katharina und Egon Petri*, a. a. O. S. 405 (=Anmerkung 841) [Hervorhebungen von FH].

gumente von *Das Judentum in der Musik* schnell das vernichtende Urteil „produktiver Impotenz" nach sich gezogen hätte. Busoni war mit seinen Opernreformierungsplänen jenseits des Wagnerschen Musikdrama ohnehin Zielscheibe des Wagnerismus. Ungeachtet dieser eher strategischen Gesichtspunkte hat sich auch der gesamt-soziale Druck auf Künstler jüdischer Provenienz inzwischen so stark aufgebaut, daß man sich gegen den Vorwurf des Judentums „verteidigen" muß. Wenn Busoni den Manasse der *Brautwahl* wohl auch nicht mit der Absicht, sich mit einer jüdischen Opernfigur, welche etablierte Negativ-Stereotypen des Judentums verkörpert, von jedem Verdacht des Judentums „reinzuwaschen", so hat er die Figur und ihre Wirkung mit ihren antijüdischen Implikationen offensichtlich gebilligt. Ob aus rein künstlerischen Gründen oder aus Kalkül lässt sich nicht definitiv klären. Wahrscheinlich hat beides eine Rolle gespielt. Dem Hinweis auf die „antisemitischen" Züge Manasses durch den jüdischen Bariton Guttmann begegnete Busoni jedenfalls mit Unnachgiebigkeit. Ein Detail, das dem Ewigen Juden hier beigegeben wird, wurde in der Darstellung bisher noch übergangen: Ahasver, der dunkle Zauberer Manasse benutzt zur Wirkung seiner üblen Künste ein Zauberbuch. Dieses Zauberbuch führt zur nächsten und letzten Station von Busonis Beschäftigung mit dem Ahasver-Mythos.

VII.3. „VERDAMMNIS! GIBT ES KEINE GNADE?" - *DOKTOR FAUST* (1922)

Das geheimnisvolle Zauberbuch, das der Ewige Jude Manasse in *Die Brautwahl* zur schwarzen Magie gebraucht, wird Faust in *Doktor Faust* im Vorspiel von Studenten aus Krakau überreicht und bildet so eine Klammer zum Ahasver-Mythos im Schaffen Busonis.

> Faust, Faust, nun erfüllt sich dein Augenblick!
> Die Zaubermacht in meine Hand gegeben,
> die ungeheuren Zeichen mir erschlossen,
> heimliche Gewalten mir geknechtet, und ich
> kann – ja, ich kann – o ihr Menschen, die ihr
> mich gepeinigt, hütet euch vor Faust![70]

Die Grunddisposition Fausts ist – wie obiges Zitat zeigt – nicht so verschieden von der des Ewigen Juden Manasse. Wie die Ahasvergestalt der *Brautwahl* repräsentiert er einen Außenseiter, und in diesem Zusammenhang hat auch die Künstlerproblematik ihre Bedeutung. Antony Beaumont erläutert dahingehend, daß Busoni schon im Alter von siebzehn nach einer mythischen Figur als Ausdruck seiner persönlichen Einstellung, nach einem Musterstück mit autobiographischen Zügen suchte und vergisst nicht in diesem Zusammenhang neben Merlin auf Ahasver, den auch er mit Manasse in Verbindung bringt, zu verweisen, bevor Busoni das Gesuchte in Faust fand.[71] Stellte Busoni dem wahren Künstler Leonhard den falschen Manasse gegenüber, so wird in *Doktor Faust* die Titelfigur selbstverständlich durch die Figur des Mephistopheles konterkariert. Erscheint bei Manasse das Außenseitertum nicht zuletzt durch die jüdische Provenienz präfiguriert, so spielt dieses Mythologem des Ahasver-Stoffs im Faust-Mythos sujetbedingt keine Rolle, auch wenn sich durch die Charakterisierung Manasses als magischer Schwarzkünstler mittels des Zauberbuchs maßgebliche Überschneidungen zur Faustgestalt offenbaren: Beide Figuren werden mit der Versuchung des Machtmissbrauchs konfrontiert, und der Faust-Mythos kreist ebenso um das Mythologem der Erlösung wie der von Ahasver. Daß also sowohl Goethe als auch Busoni während ihrer Konzipierung einer Ahasverbear-

---

[70] Busoni, Ferruccio: *Doktor Faust*. Dichtung und Musik von Ferruccio Busoni. Ergänzt und hrsg. von Philipp Jarnach. Klavierauszug mit Text von Egon Petri und Michael von Zadora, Leipzig 1927, S. 19ff.

[71] Vgl. Beaumont, Antony: *„Doktor Faust" – Ferruccio Busonis unvollendetes Meisterwerk*. In: Fischer, Jens Malte (Hg.): *Oper und Operntext*, S. 209-225, Heidelberg 1985, S. 211.

beitung an die Faustgeschichte geraten, ist mehr als bloßer Zufall. Eine Kontinuität von Busonis Libretto-Protagonisten verstärkt darüber hinaus die Frage nach der Relevanz des Ewigen Juden für *Doktor Faust*, gerade wenn man die Stationen Ahasver-Skizzen und *Brautwahl* vor Augen hat. Susanne Fontaine bescheinigt Busoni „eine durchgängige Vorliebe [...] für das ‚Wunderbare'."[72] Bei ihrer Analyse typischer Grundmuster für die Librettoarbeiten Busonis diagnostiziert sie weiterhin eine Vorliebe für „Außenseiter", „Wanderer" oder „Fremde[r]" und führt hier auch das Beispiel Ahasver an[73], ebenso wie sie natürlich die Bedeutung der Erlösungsfrage für Busonis Schaffen als maßgeblich benennt:

> Häufig müssen sich die Helden Prüfungen unterziehen, um zu einer (nichtchristlichen) Erlösung zu gelangen (*Der Mächtige Zauberer, Aladdin, Ahasver, Turandot*). Das direkte Vorbild hierfür ist Mozarts *Zauberflöte*; indirekt dürfte es sich um den zu dieser Zeit unvermeidlichen Einfluß von Wagners *Parsifal* handeln.[74]

Die Frage nach der Erlösung ist in der Tat im *Parsifal* und dem *Faust* die gleiche, und sowohl Wagner als Busoni beantworten sie in ihrem jeweiligen „Vermächtniswerk" auf außergewöhnliche Art und Weise. Die Erlösung, welche bereits in den Ahasver-Skizzen Busonis das zentrale Sujet bildet, findet Faust nicht durch die Gnade des Himmels, noch wird er wie im Faust-Puppenspiel verdammt, sondern erlöst wird er durch die Macht seines Willens. Das Prometheische, das schon in den Ahasverfragmenten zu finden war, gewinnt also auch im *Doktor Faust* eine besondere Relevanz. Busonis Faust kann sich selbst ohne Gott verwirklichen, seine Seele gewinnt nicht der Teufel, fährt aber auch nicht in den Himmel zu Gott auf. Faust „stirbt als Magus, der sich selbst *ohne* Gott verewigen kann."[75] Der Antagonismus des mythischen Frevlers zu Gott stellt wiederum eine Grundelement des Ahasvermythos dar. Bei Busoni tritt diese Struktur deutlich und immer wieder hervor: In seinen Entwürfen zu Ahasver steht dem Ewigen Juden der Tod gegenüber, Manasse wird durch Leonhard ein Gegenpol gegeben und Faust wird konterkariert durch Mephistopheles. Die Gewichtung der Figuren ist freilich im *Doktor Faust* gegenüber der *Brautwahl* verschoben. Mephisto ist mit dem „polternden Unhold" Manasse eng verwandt,

---

[72] Fontaine, Susanne: *Busonis „Doktor Faust" und die Ästhetik des Wunderbaren*, Kassel 1998, S. 48.

[73] Ebd., S. 52. Ahasver bezieht sich hier auf die Fragmente zum Ewigen Juden von 1892.

[74] Ebd., S. 53.

[75] Beaumont, Antony: „Doktor Faust" – Ferruccio Busonis unvollendetes Meisterwerk, a. a. O., S. 222.

Faust mit Leonhard. Faust und Ahasver dienen Busoni beide als Hebel für die Lösung der gleichen Problematik:

> Eine hervorragende historische und sprichwörtliche Figur, die mit dem Zauberischen und Unenträtselten zusammenhinge, zum Mittelpunkt meines Opernspiels zu machen, war in mir Wunsch und Prinzip. Von Zoroaster bis Caliostro bilden diese Gestalten eine Säulenreihe durch den Gang der Zeiten.[76]

Als rätselhafte und mythische Gestalt durch den „Gang der Zeiten" hatte die Figur des Ahasver ja hinreichend Verwendung gefunden; die Konzeptionen in diese Richtung, etwa von Andersen, Dumas oder auf die Bedürfnisse der Librettoform abgestimmt von Bulthaupt illustrieren sowohl die Möglichkeit „den Gang der Zeiten" mittels des unsterblichen Zeitzeugen Ahasver abzulaufen als auch die Problematik eines solchen Modells. Das Episodische eines derartigen Ahasver-Historiengemäldes findet sich exemplarisch in Melchior Sachs' Heptalogie verwirklicht und dürfte Busoni nicht grundsätzlich als untauglich erschienen sein. Denn auch der *Doktor Faust* ist eine Episodenoper. Der Fauststoff findet aber im zeitlichen Kontext ebenso wie der Ahasver-Mythos und *Die Brautwahl* speziellen für Busoni starke Widerstände. Ungeachtet der Schwierigkeit das endlose Leben Ahasvers librettogerecht umzusetzen, war der Stoff durch Richard Wagner und seine Epigonen besetzt, gerade wenn es einem wie Busoni um die Erlösungsfrage ging, war die Konfrontation mit dem *Parsifal* unausweichlich. Schon die Umarbeitung einer E. T. A. Hoffmann-Novelle für die Opernbühne mit *Die Brautwahl* wurde mit Verweisen auf Hoffmanns Sprachwitz von Kritikern mit Argus verfolgt. Doch mit dem Vorsatz zu einer Faust-Oper hatte sich Busoni nun wirklich das denkbar Schwierigste vorgenommen. Wie es gelitten wurde, wenn ein „Ausländer" sich an das Goethesche Nationalheiligtum der Deutschen wagte, hatte bereits Gounod erfahren müssen, der den Stoff gemäß den Bedürfnissen der französischen Oper umkonstruierte.[77] Und obwohl Busonis den Faust-Stoff lange Jahre mit Goethe identifiziert hatte, mußte er die Unmöglichkeit einer Vertonung von Goethes *Faust* einsehen: „also

---

[76] Busoni, Ferruccio: *Wesen und Einheit der Musik. Neuausgabe der Schriften und Aufzeichnungen Busonis revidiert und ergänzt von Joachim Hermann*, Berlin 1956, S. 99.

[77] Beinahe selbstverständlich erscheint es, daß das maßgebliche Urteil für die Rezeption von Gounods Faust-Oper in Deutschland - hier durfte das Werk aus Ehrfurcht vor Goethe nur *Margarethe* heißen - von der unumgänglichen Instanz Richard Wagner geprägt wurde: „ein widerliches, süßlich gemeines, lorettenhaft affektiertes Machwerk mit der Musik eines untergeordneten Talentes, das es zu etwas bringen möchte, und in der angst nach jedem Mittel greift!" (Wagner, Richard: *Deutsche Kunst und Deutsche Politik.* In: *Gesammelte Schriften und Dichtungen,* Bd. 8, Leipzig 1907, S. 90f.).

belehrt erkannt' ich meine Ziele/ und wandte mich zurück – zum Puppenspiele."[78] Busonis Berufung auf das Faust-Puppenspiel als die Quelle seiner Oper soll aber nicht darüber hinwegtäuschen, daß das von Busoni verwendete Material natürlich vielfältiger ist, unter anderem natürlich das Volksbuch von 1587, Lessings Faust-Fragment von 1759 und trotz aller zur Schau getragenen Ehrfurcht doch Goethes *Faust*. Die Verwendung des von Karl Simrock 1846 veröffentlichten Puppenspiels *Doktor Johannes Faust* kommt dabei sogar der Gesamttendenz von Busonis Libretto-Arbeit entgegen, der Verwendung eines bestimmten Typus, den Faust bei Busoni so verkörpert wie Ahasver, Manasse, Leonhard, Leonardo etc.

Die Figur des suchenden Sehers *Der mächtige Zauberer* ist eine Facette dieser Typologie, genauso wie *die beiden Besonderen* in der *Brautwahl*, also der Jude Manasse und Leonhard, der Goldschmied: die gegensätzlichen Zauberer, die sich aus alter Zeit in das biedermeierliche Milieu Berlins herübergerettet haben. Insbesondere Leonhard gehört in die Familie der Wundermänner, verweist der Name doch auf Leonardo da Vinci, der Busoni nach der Lektüre von Dmitri Mereschkowskys Roman so fasziniert[...]. Im *Parnass der Masken und der Thiere* im zweiten (unveröffentlichten) Teil des *Arlecchino* tritt eine Figur auf, die nachträglich die Identität von Faust und Leonardo bestätigt: *Ein fremder Mann (= Leonardo=Leonhard=Faust)*, so heißt es im Personenverzeichnis.[79]

Den Typus des suchenden Sehers nimmt in den Ahasver-Skizzen Busonis der Ewige Jude selbst ein, während er sich mit dem Leonhard der *Brautwahl* von einer Anzahl von Mythologemen des Ahasver-Stoffs abspaltet, die aber in der Gegenfigur Manasse erhalten bleiben – insbesondere natürlich die jüdische Identität des unsterblichen Umhergetriebenen. Die Identifikation des „fremden Manns" mit Leonardo, Leonhard und Faust ist allerdings durchaus parallel zu setzen mit den Inkarnationen, die der Ewige Jude während seines unendlichen Lebens in zahlreichen Arbeiten am Mythos durchläuft.[80]
Wenn sich die Faustfigur bei Busoni aber vom Ahasver-Mythos ausgehend über eine vom Judentum und von den negativen Elementen des ambivalenten Charakters befreite Figur entwickelt, was bedeutet das für die anderen Komponenten des Ewigen Juden? Da dem guten Ahasver Leonhard in der *Brautwahl* der böse (und jüdische) Ewige Jude Manasse gegenübersteht, liegt der Schluss na-

---

[78] Busoni, Ferruccio: *Doktor Faust*, a. a. O., S. 12.

[79] Ermen, Reinhard: *Ferruccio Busoni*, Reinbek bei Hamburg 1996, S. 109f.

[80] Exemplarisch sind hier gerade wieder Arbeiten im Schatten Wagners. Ausgehend von der Wiedergeburtsidee, wie sie der *Parsifal* präfiguriert, wird diese Konzeption von Felix Weingartner mit *Die Erlösung* auf die Spitze getrieben. Vgl. V.1. Felix Weingartner *Die Erlösung*.

he, die abgekoppelte Ahasverhälfte in Mephisto zu suchen. Würde sich dieser Verdacht bestätigen, würde die Arbeit am Ahasver-Mythos wieder zum anfänglichen Ausgangspunkt des Rezeptionsverfahrens führen:

> Der Vorwurf des Gottesmordes hat Haßgefühle ausgelöst, Vorurteile gezeugt und das Verhältnis zwischen Christen und Juden nachhaltig vergiftet. Durch die Jahrhunderte stereotyp wiederholt, hat dieser Vorwurf den Juden im Volksbewußtsein zum Dämon stilisiert und ihn die Gestalt des Ahasver annehmen lassen, des ruhelosen Weltenwanderers. Man sah in ihm den blutsaugenden Vampir, den bocksfüßigen Teufel, den geschwänzten Satan.[81]

In der Tat finden sich im *Doktor Faust* Spuren eines Codes, der mit manchen seiner Zeichen beliebig austauschbar das Böse/den Teufel und das Jüdische markiert. Gerade diese Austauschbarkeit von Zuschreibungen an das Böse allgemein und die Juden im speziellen erschweren stets die Identifizierung einer Figur als eine „camoufliert" jüdische, wenn sie nicht explizit als Jude benannt wird. Selbstverständlich wäre es auch abwegig im Falle Busonis von einer intendierten Gleichsetzung des Juden mit dem Teufel zu sprechen. Doch durch die Verflechtung der Insignien des Dämonischen mit der jüdischen Identität der Ahasvergestalt Manasse drängt sich der Code, der in *Die Brautwahl* eben auch der Markierung als Jude diente, in die Teufelsgestalt Mephistopheles. Entscheidendes Argument wird hier erneut die *Ballade vom Münzjuden Lippold*, die musikalisch in frappanter Weise mit der Motivik des ersten Auftritts von Mephistopheles im *Doktor Faust* übereinstimmt.

> The opening three pages (Preludio[von Busonis *Toccata*]) are a virtuoso fantasy on the 'Ballad of Lippold the Jew-Coiner' from *Die Brautwahl* . The original key of A flat minor is retained and the glittering figuration, originally depicting the flames licking round the stage, burns fiercely. Only the first phrases of the Ballad are used [...]. This is virtually identical to the figure which accompanies the first heralding of Mephistopheles in *Doktor Faust* [...]. Thus we have an implied musical link between Manasse and Mephisto (the music of that part of Vorspiel II in *Doktor Faust* had already been completed in 1919). Busoni indicated the link between Leonhard and Faust in *Arlecchino* Part II; in the Toccata he extends this imagery to the evil forces in the two operas.[82]

Wurden die antijüdischen Stereotypen der Verfolgung in der frühen Neuzeit den Zuschreibungen an das Böse entbunden, so wird die Austauschbarkeit der Ne-

---

[81] Schoeps, Julius H.: Vorwort zu *Die Macht der Bilder*, a. a. O., S. 9.
[82] Beaumont, Antony: *Busoni the composer*, a. a. O., S. 282f.

gativklischees am Ende des „langen" 19. Jahrhunderts im Opernlibretto offenbar. Indem Busoni in *Die Brautwahl* das Böse in der Gestalt eines negativen Ahasver identifiziert, verweist die Teufelsfigur des *Doktor Faust* durch den Rückgriff auf die künstlerischen Gestaltungsmittel zur Zeichnung Manasses auf den Komplementärcharakter von Jude und Teufel in der Geschichte des europäischen Antijudaismus und Antisemitismus. Problematisch bleibt die Frage nach der Autorinstanz. Es erscheint wenig einleuchtend in Busoni einen Künstler zu sehen, der die Dämonisierung des Juden libretto- und opernübergreifend forcieren wollte. Hier ist wohl wirklich der Foucaultsche Diskursbegriff in Anschlag zu bringen. In die traditionellen Verfolgertexte ist so viel an eigentlich dem Teufel vorbehaltenen Eigenschaften eingegangen, daß jetzt bei Busoni, zu einer Zeit, in der die Thematisierung des Judentums stetig wachsende Brisanz gewinnt, etwas passiert, das man als „Unfall" bezeichnen mag. Busonis *Doktor Faust*, zurecht als „Philosophie in Tönen"[83] bezeichnet, bedient sich hinsichtlich der Charakterisierung des Teufels des Diskurspools, aus dem sich die Beschreibung des Bösen und des Juden im Laufe der Geschichte der Juden in Europa gleichermaßen speist. Busoni schwebte kaum etwas anderes vor als mit Mephistopheles einen eindrucksvollen Teufel auf die Bühne zu bringen; daß dieser so eng verwandt ist mit dem teuflischen Juden Manasse legt bei näherer Betrachtung die Diskursstruktur bloß.

Gerade das Revolutionäre von Busonis Opernstil, der in *Doktor Faust* die gelungenste Annäherung an Busonis theoretische Überlegungen zu einer neuen Opernästhetik erreicht, führt – ähnlich unabsichtsvoll – zu einer weitern Implikation mit antisemitischen Stereotypen der Verfolgung auf musikalischer Ebene: *Doktor Faust* durchbricht die gängige Typisierung von Stimmgestalten der Operntradition.[84] Die klar aufgeteilten Stimmfächer hätten auch nach dem Modell anderer Faustopern für die Rolle des Mephisto als klassischen Opernschurken einen Bass oder Bariton vorgeschrieben. Doch in *Doktor Faust* verkörpert der Titelheld die „baritonale Menschentragik"[85], die sich Faust mit Ahasver teilt. Für Mephistopheles hingegen kommt ein völlig neuer Stimmtypus ins Spiel. Paul Bekker bezeichnet den Mephisto-Tenor des *Doktor Faust* als „gläsern, transparent, übergeschlechtlich"[86]. Schon das „übergeschlechtlich" lässt vor der Folie des mehrfach angesprochenen Codes zur Markierung jüdischer Opernfiguren hellhörig werden. Und auch Antony Beaumont beschreibt die musikalische Charakterisierung Mephistos dahingehend:

---

[83] Tschulik, Norbert: *Musiktheater in Deutschland. Die Oper im 20. Jahrhundert,* Wien 1987, S. 101.
[84] Vgl. Bekker, Paul: *Wandlungen der Oper*, Zürich 1934, S. 164f.
[85] Ebd., S. 165.
[86] Ebd., S. 164.

> Musically his malice is characterized through the use of the highest, most inhuman tessitura of the tenor voice, an inspired deviation from the dark-timbred baritone usually associated with the role.[87]

Die außergewöhnliche, „übergeschlechtliche" Stimme Mephistos symbolisiert „his malice" und erscheint „inhuman". Es sei an dieser Stelle nochmals daran erinnert, daß gerade die Darstellung von Judenfiguren auf der Opernbühne sich solcher Stimmcharakteristik bedient, wie zum Beispiel das Judenquintett von Richard Strauss *Salome* oder eben Busonis Baron Bensch aus der *Brautwahl* belegen. Dieses Argument unterscheidet sich im zeitlichen Kontext auch von dem gemeinsamen Pool von Zuschreibungen an den Teufel und den Juden des religiös motivierten Antijudaismus. Auch wenn die mit Kastration assoziierte Beschneidung dem jüdischen Ritus entspringt, so wird die Differenz des Juden hiermit nicht mehr der Religion, sondern dem jüdischen Körper selbst eingeschrieben. Das heißt, daß im Mephistopheles des *Doktor Faust* nicht nur die traditionellen gemeinsamen Negativ-Stereotypen von Satan und Jude im Diskurs vereint sind, sondern daß sich den Elementen zur Darstellung des Teufels auch antisemitische Fragmente einverleiben. Die Tatsache, daß die Topoi Beschneidung und Kastration auf eine als abnorm fingierte Sexualität des Juden abzielen, gewinnt für den *Doktor Faust* noch zusätzlich Interesse, da Mephistopheles Faust vor allem zu sexuellen Genüssen jenseits der gesellschaftlichen Norm verhilft, wofür der Teufel die Hindernisse aus dem Weg räumt. Perverse Sexualität werden in den Stereotypen der Verfolgung von jeher Luzifer und den Juden zugeschrieben.

Von einer Ahasver-Figur kann freilich beim Mephisto des *Doktor Faust* nicht gesprochen werden. Zwar wird er direkt aus dem „Zauberteufel"[88] Manasse entwickelt, teilt sich mit ihm die Charakteristika des Satans und als Resultat daraus antijüdische Stereotypen, doch alle Mythologeme des Ewigen Juden, die sich in *Doktor Faust* aufspüren lassen, sind auf den Leonhard-Nachfolger Faust fixiert. Faust ist der Außenseiter, der Umhergetriebene, der Zweifler, der Typus, der Busoni auch in seinen Ahasverfragmenten beschäftigte. War in *Die Brautwahl* die originäre Ambivalenz des Ahasver-Mythos sichtbar, indem es einen guten und einen bösen Ahasver gab, so ist aus dem Juden Manasse endgültig der unmenschliche Teufel, aus Leonhard aber die tragisch leidende Außenseiterexistenz des Künstlers geworden. Nur das Zauberbuch als Dingsymbol wird vom Juden Manasse der *Brautwahl* an den Titelhelden des *Doktor Faust* weitergegeben. Faust ist ein Verfolgter, und Mephisto gelingt es erst ihn zum Pakt zu drängen, als Fausts Verfolger den Doktor am Ende von Vorspiel II zu fassen

---

[87] Beaumont, Antony: *Busoni the composer*, a. a. O., S. 321.

[88] Hoffmann, E. T. A.: *Die Brautwahl*. In: Ders.: Poetische Werke in 12 Bänden. Mit Federzeichnungen von Walter Wellenstein, Bd. 7, S. 22-102, Berlin/New York 1993, S. 22.

drohen – nur mit Hilfe Mephistos gelingt es Faust sich seiner Feinde zu entledigen. In der gemeinsamen Reise mit Mephisto, über die Stationen Münster und Parma zurück nach Wittenberg, mag man auch in reduzierter Form das ahasversche Mythologem der Wanderschaft ausmachen. Vor allem deshalb, weil Faust auf dieser Reise wie der Ewige Jude auf der Suche nach Erlösung ist. Daß die Reise zur „weltweiten" Suche nach der Erkenntnis zugleich Leiden bedeutet, weiß Faust allerdings von Anfang an:

> Laß mich die Welt umfassen,
> den Osten und den Süden, die mich rufen,
> o, laß mich: laß mich,
> des Menschen Tun vollauf begreifen
> und ungeahnt erweitern; gib mir Genie, und
> gib mir auch sein Leiden, gib sein Leiden mir:[89]

Busoni selbst war sich durchaus bewußt, inwiefern sein Faust als Typus des mythisch Suchenden Parallelen in anderen Mythen enthält. In seinem Prolog zu *Doktor Faust*, „Der Dichter an die Zuschauer", benennt er allerdings nicht Ahasver, sondern Merlin und Don Giovanni als Fausts nächste „Verwandte"[90], doch ließe sich die Liste in der Auffassung Busonis für die Figuren problemlos nicht nur um den Ewigen Juden, sondern auch Dante, Leonardo oder Aladdin ergänzen. Man kann aber in den Szenen, die Busoni zum Ahasver-Mythos entworfen hat, bereits den impliziten Charakter eines Mysterienspiels erkennen – und nichts anderes ist der *Doktor Faust*.

Das Mythologem der Erlösung konzipierte Busoni in *Ahasver* entsprechend der ursprünglichen Bestandheit des Ahasver-Stoffs: Ahasver als letzter der Menschen findet sich am Jüngsten Tag im Dialog mit dem Tod, der als überirdische Figur jenseits der Menschen als der einzig adäquate Gesprächspartner Ahasvers erscheint. Weit problematischer und komplexer präsentiert sich der Erlösungstopos in *Doktor Faust* – ohne darüber hinwegtäuschen zu wollen, daß die im Dialog von Tod und Ahasver diskutierten Fragen innerhalb des klar umrissenen Endzeitszenarios ihrerseits keineswegs „herkömmlichen" Operndialogen gleichzusetzen sind. Doch auch Faust findet den einzig Gleichwertigen nicht unter den „gewöhnlichen" Menschen, sondern als Außenseiter und mit den Insignien der Künstlerexistenz[91] versehen jenseits von ihnen. Obwohl der Ewige Jude als Außenseiter, Leidender und letzter der Menschen über- und außerhalb

---

[89] Busoni, Ferruccio: *Doktor Faust*, a. a. O., S. 67ff.

[90] Vgl. ebd., S. 12.

[91] Wie schon die Titelfigur des *Arlecchino* dient Faust auch als Sprachrohr für Busonis eigene Weltanschauung. Vgl. Beaumont, Antony: *Busoni the composer*, a. a. O., S. 320f.: „[...] Busoni uses the figure of Faust as a mouthpiece for his own beliefs and for his personal *Weltanschaung*."

der Menschheit steht, macht Busoni ihn in seinen Skizzen zum Symbol der Menschheit.

> Er sieht sich verworfen, verstoßen, verfolgt. Dann wieder [...] über die Welt herrschen. Wenn die Zeit kommt, wo er endlich mit der übrigen Menschheit gleichgestellt wird, hoffte er Trost [...]. Die Ruhelosigkeit ist also das Unheil aller Menschen.[92]

Gleiches gilt für Faust, der – entsprechend der Topologie der Künstlerproblematik – Verständnis für und von den Menschen begehrt – „o laß mich: laß mich des Menschen Tun vollauf begreifen und ungeahnt erweitern [...]".[93]
Das Schlussbild des *Doktor Faust* erinnert so auch keineswegs zufällig an die ikonographisch gewordene bildliche[94] – und als bühnentauglich befundene[95] – Darstellung des Ewigen Juden, Ahasver unter dem Kreuz.

> (Verschneite Straße in Wittenberg. Links einer der Eingänge zum Münster. Um die Ecke, an der nämlichen Mauer, ein lebensgroßes Kruzifix mit Kniestufe davor. Es ist Nacht.
> [...]
> Faust schleppt sich [...] zu den Stufen des Kruzifixes.[96]

Doch es wäre nicht Busoni, wenn er es bei dieser traditionellen Ikonographie beließe, Christus, dessen für die Apokalypse angekündigte Wiederkehr Ahasvers Erlösung bedeutet, ist nicht der Erlöser Fausts.

> Faust
> O, beten, beten! wo, wo die Worte finden? sie tanzen durchs Gehirn wie Zauberformeln...[...] Ich will wie ehmals aufschauen zu Dir, zu Dir.
>
> (Der Nachtwächter, von hinten herangeschlichen, hebt seine Laterne. In ihrer Beleuchtung verwandelt sich der Gekreuzigte in Helena.)
>
> Verdammnis! Gibt es keine Gnade? Bist du unversöhnbar?
>
> (Der Nachtwächter entfernt sich. Faust reckt sich neu gekräftigt auf.)

---

[92] Busoni, Ferruccio: *Ahasver (Der ewige Jude)* (Entwürfe), a. a. O., o. S.
[93] Busoni, Ferruccio: *Doktor Faust*, a. a. O., S. 68.
[94] Man denke nur an die berühmten Illustrationen Gustav Dorés.
[95] U. a. natürlich in Weingartners *Die Erlösung*, Melchior E. Sachs' *Kains Schuld und ihre Sühne* oder Bulthaupts *Ahasver*.
[96] Busoni, Ferruccio: *Doktor Faust*, a. a. O., S. 281 und S. 309.

So sei das Werk vollendet. Hilf, Sehnsucht Urzeugerin, zwingende, erfüllende Kraft, dich ruf', dich ruf ich an ich an zu höchstem Tun.[97]

Als prometheushafter Gebieter der Schöpfungskraft sorgt Faust für seine Erlösung selbst. Das Motiv einer Erlöserfigur, die den Leidenden der Verdammnis entreißt, wie Gretchen Goethes Faust oder auf dem Gebiete der Oper die zahlreichen heilsbringenden Frauenfiguren Wagners[98], findet sich hier nicht. Allerdings spielt eine Frauenfigur scheinbar eine entscheidende Rolle für die Erlösung Fausts. Schließlich wandelt sich das Antlitz Christi während Fausts Gebet bei Busoni in das Helenas. Diese ist jedoch keine heilsstiftende Erlöserin, wie ihre Substituierung des Gekreuzigten zuerst vermuten lässt. Helena ist vielmehr das von Faust (noch) nicht erreichbare Ideal; Ideal weniger im Sinne der begehrten Frau als im Sinne des zu erreichenden idealen Kunstwerkes, das in *Doktor Faust* das heilsbringende Welt-Sanierungsmodell bildet. Der Titelheld von Busonis Oper gewinnt dabei im Finale Symbolcharakter für die gesamte Menschheit wie er von Busoni auch für Ahasver angelegt war, und der Ewige Jude wurde ja im Rezeptionsverfahren schon länger als Symbol der Menschheit interpretiert, zum Beispiel bei Hamerling.[99] Faust (Schöpfer-)Geist pflanzt sich im Streben nach dem zu erreichenden (Helena-)Ideal fort und lebt im Kind Fausts[100] weiter, was im Zusammenhang mit der Rezeption des Ahasvermythos im Libretto an die Reinkarnationsidee bezüglich der Kundry im *Parsifal* oder in Weingartners *Die Erlösung* denken lässt.

(Faust legt das tote Kind auf den Boden, deckt es mit seinem Mantel, löst den Gürtel, tritt in den Kreis.)
Blut meines Blutes, Glied meines Gliedes, Ungeweckter, Geistig-reiner, noch außerhalb aller Kreise und mir in diesem innig verwandt, dir vermach' ich mein Leben: es schreite von der erdeingebissenen Wurzel meiner scheidenden Zeit in die luftig knospende Blüte deines werdenden Seins. So wirk' ich weiter in dir, und du zeuge fort und grabe tiefer und tiefer die Spur meines Wesens bis an das Ende des Triebes. Was ich verbaute, richte du grade, was ich versäumte, schöpfe du nach, so stell' ich mich über die Regel, umfaß in Einem die Epochen und vermenge mich den letzten Geschlechtern: ich, Faust, ein ewiger Wille!
(Er stirbt.)

---

[97] Ebd., S. 309ff.

[98] Für den Ahasvermythos im Opernlibretto präsentieren die Senta im *Fliegenden Holländer* oder mit vertauschten Geschlechterrollen der *Parsifal* ein solches Erlösungsmodell.

[99] Vgl. Hamerling, Robert: *Ahasver in Rom*, a. a. O., s. II.3. Epochen- und Weltgemälde.

[100] Das Resultat der Beziehung Faust zur Herzogin von Parma im Ersten Bild des Hauptspiels. Vgl. Busoni, Ferruccio: *Doktor Faust*, a. a. O., S. 123-194.

[...]
(An der Stelle, wo das tote Kind lag, ist ein nackter, halbwüchsiger Jüngling aufgestiegen, einen blühenden Zweig in der Rechten. Mit erhobenen Armen schreitet er über den Schnee in die Nacht und in die Stadt hinein. [...])[101]

Dieses Sterben und gleichzeitig Nicht-Sterben stellt freilich eine Verknüpfung des Faust-Stoffs mit dem Mythologem der Unsterblichkeit aus dem Ahasvermythos dar. Busonis „Philosophie in Tönen" lässt freilich gerade für das Finale des *Doktor Faust*, ungeachtet der Tatsache, daß der Komponist sein Werk nicht selbst vollendete, eine ganze Palette von Deutungsmöglichkeiten zu. Der Jüngling kann als Verkörperung des geistigen Fortlebens des Individuums gelesen werden[102] oder als Symbol der Menschheit. Das tote Kind mag für die Mahnung an den Verlust der Seele stehen[103]. Antony Beaumont schlüsselt, der Vieldeutigkeit des *Faust*-Finales entsprechend, mehrere Bedeutungsebenen auf:

This closing scene has several layers of meaning. There is first of all, the new beginning, symbolized by the Art Nouveau gesture of the naked youth striding boldly into the night. Then there is the lonely, abandoned figure lying in the snow [...] left to die in a suddenly in hospitable town square – a true picture of our century. And the night-watchman's indifferent comment, 'Has this man met with an accident?', emphasizes the wartime background of the drama, of an age in which so many people met with 'accidents'. There is also the uplifting role of the Ewigweibliche:[104]

---

[101] Busoni, Ferruccio: *Doktor Faust*, a. a. O., S. 313ff. Es muß angemerkt werden, daß diese Textversion nicht unumstritten ist, da es sich um die Komplettierung des von Busoni unvollendeten Werkes durch seinen Schüler Philipp Jarnach handelt und daher nicht mehr als eine „Notlösung" bedeuten kann. Jarnach ignorierte zwei Skizzenblätter Busonis an den Bruchstellen des *Doktor Faust*, nämlich für die erste Helena-Erscheinung im zweiten Bild und ab Takt 451 im dritten Bild. Es schwebte Busoni wohl auch ein Chorus mysticus für das Finals vor. Bemerkenswert jedenfalls bleibt, daß Busoni naturgemäß mit der „idealen" Musik, mit der Komposition für die unerreichbare und doch zu erreichende Vision in der Gestalt Helenas uneinlösbare Vorsätze hatte. Eine komplettierte Fassung, die sich intensiv um eine Busoni verpflichtete Rekonstruktion bemüht, liegt mit derjenigen Antony Beaumonts vor, die am 2. April 1985 in Bologna Premiere hatte. Vgl. Beaumont, Antony: *Ferruccio Busoni (1866-1924): Doktor Faust. Oper. Ergänzungen zum zweiten und letzten Bild.* Klavierauszug von Antony Beaumont, Wiesbaden 1924. Vgl. auch: Ermen, Reinhard: *Ferruccio Busoni*, a. a. O., S. 127f.
[102] Tschulik, Norbert: *Musiktheater in Deutschland*, a. a. O., S. 101.
[103] Ebd.
[104] Beaumont, Antony: *Busoni the composer*, a. a. O., S. 324.

Die Genese des *Doktor Faust* aus der Beschäftigung Busonis mit dem Ahasvermythos wird ebenso offenbar: Wie bereits angesprochen, erscheint das Mythologem der Unsterblichkeit, und auch das Mytholgem der Wanderschaft nicht nur in der Reise Fausts durch die Oper, sondern kann auch im vom Jüngling zu vollendenden Weg ausfindig gemacht werden. Das unübersehbare Mythologem der Erlösung schließlich erhält im Finale eine neue Antwort: Faust kann nur selbst für seine Erlösung sorgen beziehungsweise bleibt streng genommen wie der Ewige Jude des Ausgangsmythos unerlöst, da er sich in der Gestalt des Jünglings weiter auf den Weg zum unerreichbaren Ideal macht. Ein Sündenfall , der Teufelspakt, evoziert durch das Zauberbuch, das der Protagonist vom Juden Manasse „erbt", liegt dem *Doktor Faust* genauso zugrunde wie dem Ahasvermythos.

Alles, was Faust zum Ewigen Juden fehlt, ist das Mythologem der jüdischen Provenienz. Lediglich in die Figur des Mephistopheles sind – wie dargestellt – Elemente eines Codes zur Markierung von Judenfiguren eingeflossen. Auch die Spaltung der Ahasvergestalt in zwei Charaktere in *Die Brautwahl* entledigt nicht nur die positive Repräsentation des Revenants seines Judentums, sondern muß zugleich als exemplarisch für eine Tendenz gelten, innerhalb des Werkes eines Künstlers, dessen Theorien, Libretti und Kompositionen doch so wenig exemplarisch und konform zum herrschenden Diskurs seiner Zeit waren: Das Leiden und die Größe des Ewigen Juden wird von der jüdischen Provenienz der Figur abgekoppelt. Als Außenseiter oder Künstlerexistenz fungiert Ahasver zugleich als Symbol der Menschheit. Der Jude jedoch steht außerhalb, er wird dem Bereich des Dämonischen zugeordnet. Damit ist Ahasver auch nicht ein Einzelschicksal wie in der den Verfolgertexten vorgeordneten *Kurtzen Beschreibung und Erzehlung von einem Juden mit Namen Ahasverus* von 1602. Das tragische Schicksal Ahasvers gebunden an die unverhältnismäßig grausame Strafe Gottes war ja schon in Wagners *Der fliegende Holländer* vom Judentum des Unsterblichen losgelöst. Und auch bei Busoni selbst offenbart sich Ahasver in den Skizzen zum Ewigen Juden lediglich durch die Benennung als Ahasver, der Ewige Jude und so durch den rezeptionsgeschichtlichen Kontext als Jude; die zeitgeschichtliche Virulenz der „jüdischen Frage" wird hier, wo die mythische Symbolfigur der Wanderschaft und des Leidens im Mittelpunkt steht, nicht behandelt.

Nochmals sei betont, wie bemerkenswert es erscheint, daß sich mit der Emanzipierung Ahasvers vom Judentum und dem gleichzeitigen Restbestand an Markierungen für das Judentum bei den Antagonisten, gerade innerhalb des Werkes des Humanisten, Pazifisten und Weltbürgers Busoni eine Tendenz abzeichnet, welche auf eine ins Perfide gesteigerte Subsumierung des Juden unter „das Böse" verweist. In letzter Konsequenz wird die Ambivalenz des Ahasvermythos am Tiefpunkt der Rezeptionsgeschichte des Stoffs vom Ewigen Juden ausgelöscht. In der Nazipropaganda steht das Jüdische im Vordergrund, doch von der

Tragik und dem Leiden Ahasvers aus dem Mythos ist nichts geblieben, selbst seiner Größe als zaubermächtiger Dämon ist „der Jude" beraubt; der Ewige Jude ist nichts mehr als unausrottbares Ungeziefer. Die Trennung in den guten (unjüdischen) und den bösen jüdischen Ahasver, wie sie in Busonis Arbeit am Mythos vom Ewigen Juden aufschimmert, bildet eines Station dieser diskursiven Entwicklung. Selbst der „entartete" Künstler, der „Vorzeigekomponist" in Bezug auf Reflexionsvermögen und Menschlichkeit, Busoni war offensichtlich gegen die Macht der immer stärker kursierenden antijüdischen und antisemitischen Implikationen nicht gefeit. Freilich soll hier nicht der Eindruck erweckt werden, Busoni sei nur ein widerstandsloses Diskurselement in einer linearen Entwicklung zum menschenverachtenden Antisemitismus der Nationalsozialisten. In der Tat zeigt gerade der Ahasvermythos vor der Folie von Busonis Schaffen, daß der Fall komplizierter liegt. Dem Mythos vom Ewigen Juden sind von Anfang an antijüdische „Stereotypen der Verfolgung" eingeschrieben. Der Antisemitismus schreibt diesen bereits bestehenden Vorurteilen lediglich neue, anders (rassistisch) gewichtete Argumente ein, so daß sich gerade bezüglich einer künstlerischen Verwendung einer als jüdisch markierten Mythosfigur ein Konglomerat aus alten antijüdischen und neuen antisemitischen Elementen bildet. Beziehungsweise alte dem Mythos einverleibte Stereotypen der Verfolgung sind nicht so eindeutig von neuen trennbar, daß sie bei keiner ganz entschiedenen Sperrung gegen die „modernen" Anschauungen vereinnahmt werden können. Gerade die Gattung Libretto und insbesondere die operntheoretisch bezwingende Konzeption Busonis kann eine solch differenzierte Erörterung schwerlich leisten. Busonis Anlage des *Doktor Faust* als „Zauberspiegel", der *Brautwahl* als „Lachspiegel" und seiner Ahasver-Fragmente in beiden Richtungen skizzierte, verlangen nach einem mythischen Stoff. Die im Libretto prinzipiell schon maßgebliche Verknappung und von Busoni zum „Schlagwort" verdichtete Form des Textes lässt wenig Raum für „Absicherungen" in ideologischer Hinsicht. Aus dem gleichen Grund fällt es auch so schwer, camouflierte jüdische Identitäten in Wagners Musikdramen bühnenwerk-immanent nachzuweisen. Auch wenn gerade bei Busoni philosophische Themen angegangen werden, muß vor allem der Konflikt der jeweiligen Figuren fassbar gemacht werden, auch bei einer Funktion als überindividuelle Symbolfigur. Busoni war mit Sicherheit kein Antisemit, doch brannte ihm die Thematisierung und Stellungnahme zum Judentum offensichtlich keineswegs so unter den Fingern wie Wagner. An Ahasver interessierte Busoni vorrangig die transzendente Tragik des Mythos, weniger die im Mythos vom Ewigen Juden mittransportierte soziologische Brisanz für das europäische Judentum. So finden die in den Ahasvermythos eingeflochtenen Negativstereotypen relativ ungehemmt ihren Niederschlag in Busonis Arbeit. Die generelle Ambivalenz des Ewigen Juden, changierend zwischen „Vorzeigejuden" und Repräsentanten des Dämonischen, scheint Busoni dabei als Schwierigkeit für eine Zeichnung runder Librettofiguren als Problem entgegengetreten zu sein. Die Unvereinbarkeit der Größe des leidenden Ahasver einerseits mit der Funktion als das böse Prinzip schlechthin andererseits, hat sicher auch ihren Anteil an einer Spaltung in zwei Ahasver-Figuren.[105] Das Judentum ist dabei gemäß dem Diskurs der Zeit (unabsichtsvoll) am Bösen haften geblieben. Freilich hätte man sich aus heutiger Sicht von Busoni eine Thematisierung des Judentums ähnlich der des Pazifismus im *Arlecchino* wenn nicht erwartet, so doch gewünscht.

---

[105] Diese Spaltung ist mit Kundry im *Parsifal* präfiguriert. Jedoch zerfällt Kundry zwar in zwei Persönlichkeiten, bleibt aber eine Person, was die ambivalenten Komponenten des Ahasvermythos letztlich konsequent in einer Figur zusammenfasst.

VIII. AHASVERS UNSTERBLICHKEIT

Der christlich konfigurierte Mythos vom Ewigen Juden findet seine schriftliche Fixierung mit den bis heute tradierten Mythologemen im Deutschland nach Luther, dem „Zeitalter der Verteufelung und des Ghettos."[1] Schon hier beginnt die Imprägnierung mit antijüdischen „Verfolgertexten"[2], wie dem *Bericht / von den zwölff Jüdischen Stämmen / was jeder Stamm dem HErrn Christo zur Schmach gethan / und was sie biß auf den heutigen Tag / dafür leiden müssen.* Das Phantasma von einer jüdischen Kollektivschuld am Gottesmord verknüpft sich so mit dem einzelnen Juden Ahasver, dessen Strafe, die endlose Wanderschaft, mit dem „Frevel der Juden an Christus" assoziiert wird. Ahasver wird *der* Ewige Jude, steht bald paradigmatisch für das Schicksal einer ganzen Religionsgemeinschaft, wird zur Symbolfigur, die als pars pro toto Metapher für das jüdische Kollektiv wird.

Während die Aufklärung am mythischen Ahasver vergleichsweise wenig Interesse zeigt, erlebt der Stoff vom Ewigen Juden mit Beginn des 19. Jahrhunderts eine Renaissance. Diese beginnt zu einem Zeitpunkt, als die Frage nach Emanzipation und Integration der Juden in Europa virulent wird, indem endlich Anstrengungen nach einer Gleichberechtigung der Juden von den europäischen Regierungen unternommen werden. Vor allem durch die romantische Bewegung mit ihrer Begeisterung für „alte" mythische Sujets, aber auch ihrer deutsch-nationalen Tendenz, breiten sich Adaptionen und Varianten des Ahasvermythos explosionsartig aus. Es offenbart sich dabei die dem Mythos von Anfang an eingeschriebene Ambivalenz: Im Sinne der Gegner der Judenemanzipation kann der Ewige Jude antijüdische Stereotypen und Negativbilder transportieren, welche ihn von Anfang an mit den Verfolgertexten begleiteten. Auf der anderen Seite trägt der Ahasvermythos auch die Auslegung zum „Vorzeigejuden" in sich, indem er die mit der Passionsgeschichte verbundene Schuld bußfertig abzusühnen trachtet. Als ewig Leidender wird Ahasver sogar Paradigma der leidenden Menschheit, wird aber auch spezifisch als Identifikationsfigur des Judentums adoptiert, welches um seine Integration und seine Heimat ringt. Die Arbeiten am Mythos vom Ewigen Juden changieren also zwischen einer Interpretation Ahasvers als „böses Prinzip", der eines „gebesserten" Juden und der des, das immer noch bestehende Schicksal des Judentums repräsentierenden, Heimatlosen.

---

[1] Vgl. Poliakov, Léon: *Geschichte des Antisemitismus*, Bd. II: *Das Zeitalter der Verteufelung und des Ghettos. Mit einem Anhang zur Anthropologie des Juden*, Worms 1978.

[2] Vgl. Girard, René: *Der Sündenbock*, Zürich 1988, S. 50ff.

Ungeachtet diese Implikationen bleibt Ahasver aber immer noch ein Mythos, dessen theatrale Verwertbarkeit mit der Etablierung von Legenden- und Sagenstoffen als Sujet, sei es in der deutschen romantischen Oper oder in der Nachfolge der „historisch" geprägten Grand Opéra, auch die Opernbühne für sich entdeckt. Dabei bleibt jedoch auffällig, daß der Ewige Jude zum Librettogegenstand wird, als auch die Frage nach der jüdischen Integration zunehmend an Bedeutung gewinnt. Die Oper *Le Juif errant* von Fromental Halévy und Eugène Scribe verbindet den Mythos vom Ewigen Juden mit einer von der Figur weitestgehend unabhängigen Familiensaga, inspiriert sicherlich durch das Erfolgskalkül an der Begeisterung, die Sues Feuilletonroman ausgelöst hatte, zu partizipieren. Zugleich entwirft der jüdische Komponist Halévy zusammen mit Scribe aber eine Judenfigur, die als rein positive, stets „gut" handelnde Gestalt verdammt ist, eine ruhelose Außenseiterexistenz zu leben. Sowohl die Parallelen zum Schicksal der europäischen Juden dieser Zeit, als auch die Tatsache, daß hier im Gegensatz zur komplexen und ambivalenten Judenfigur Eléazar aus *La Juive* eine durch und durch „gute" Judenrolle inszeniert wird, sind nicht zufällig. Die Aufmerksamkeit hierauf geriet jedoch durch den natürlich intendierten Unterhaltungswert, die rein „sinnliche" Faszination des zeitgenössischen Publikums an der effektvollen Oper, ins Hintertreffen. Zugleich erschwerte der mythische Charakter Ahasvers solche Interpretationen, besonders auch dadurch, daß Halévy/Scribe das Mythologem der Erlösung aus dem Ausgangsmythos unangetastet ließen: Der Ewige Jude ist bei ihnen erst durch den Jüngsten Tag erlösbar. Dieses Phänomen spielt in anderer und gesteigerter Form für die Ewigen Juden Richard Wagners eine entscheidende Rolle: der „Mythos als Schutzschild"[3].

Dabei unterwirft Wagner den Ahasvermythos starken Abwandlungen, lässt sogar entscheidende Kernmythologeme nicht unberührt. Als Ikone des Erlösungsdramas betrifft dies in erster Linie die Frage nach der Erlösung. Der Holländer ist erlösbar durch die bedingungslos treue Liebe einer Frau, Kundry durch eine alternative Christusfigur, Parsifal, und die Taufe. Der Titelheld des *Fliegenden Holländer* entbehrt gar vollständig des Mythologems der jüdischen Provenienz. Nun könnte man folgern, daß das Judentum Wagner an der Ahasvergestalt nicht interessiert: Das ewige Leiden des Holländers rekurriert vielmehr auf eine von der „Judenfrage" unberührte Erlösungsdarstellung und die Künstlerproblematik. Doch damit macht man es sich zu einfach. Zwischen dem *Holländer* und dem *Parsifal* formiert und entwickelt sich Wagners Protoantisemitismus, und der jenseits des Musikdramas verwendete Symbolcharakter Ahasvers für das gesamte Judentum in *Das Judentum in der Musik* muß die Sensibilität für die Thematisierung von Judentum anhand des Ahasvermythos in Wagners Werk

---

[3] Drüner, Ulrich: *Schöpfer und Zerstörer. Richard Wagner als Künstler*, Köln 2003, S. 73.

erhöhen. Hinsichtlich der Kundry hat sich allerdings der Mythos als „Schutzschild" erwiesen. Obwohl Kundry definitiv jüdische Züge aufweist - mit ihrer Sexualisierung ist ja unter anderem auch der Stereotyp der schönen Jüdin in die Figur eingeflossen – kann man natürlich nicht behaupten, daß der Untergang als Erlösungsprämisse nicht schon durch den mythischen Bestand in die Sage vom Ewigen Juden integriert wäre. Einer eindeutigen Aussage als „vorweggenommene" Endlösung verschließt sich der *Parsifal*. Aber er verschließt sich nicht einer Interpretation, in welcher anhand der Kundry Judentum, einschließlich stereotyper Judenbilder, gelesen werden können. *Parsifal* wurde so gelesen, wie der Blick auf Wagnerianer, beispielsweise Arthur Seidl, beweist.

Der Wagnerismus beerbt Wagner als europäisches Phänomen der Folgezeit nicht nur hinsichtlich des Ahasvermythos als Librettosujet, betreffs der musikalischen und dramatischen Opernkonzeption, sondern auch bezüglich Wagners Thesen zum Judentum. Vorwürfe von Effekthascherei, Eklektizismus und Unproduktivität, von Wagner auf Meyerbeer und Mendelssohn gemünzt, begründet in ihrem „Jüdisch-Sein", pflanzen sich bis in Opern- und Konzertführer der 60er Jahre des 20. Jahrhunderts fort, werden sogar auf andere Komponisten jüdischer Herkunft übertragen, wie im Fall von Gustav Mahler. Musikdramatische Mehrteiler, Sachs' *Kains Schuld und ihre Sühne* oder Weingartners Plan *Die Erlösung*, nehmen die von Wagners ins Spiel gebrachte Reinkarnationsidee hinsichtlich des Ahasvermythos auf und schicken sich an in die Fußstapfen des Meisters zu treten. Konzeptionelle oder theoretische Ausführungen der Wagnerianer unterstreichen oft zusätzlich, daß ein Gros der Komponisten mit dem gesamten Wagnerschen Nährboden verwachsen ist. Weingartner oder Bulthaupt reproduzieren die Wagnerschen Thesen gegen Meyerbeer, Vincent d'Indy überträgt den Protoantisemitismus Wagners nach Frankreich. Von Fall zu Fall ist der mythische Schild des Ahasverstoffs über den antijüdischen Implikationen mehr oder weniger durchlässig.

Doch selbst bei Komponisten, die sich aus dem übermächtigen Schatten Wagners lösen, erweist sich, daß das Konglomerat der Ahasverrezeption aus Mythos und Verfolgertext bestehen bleibt. Dies illustriert besonders Ferruccio Busonis Manasse aus *Die Brautwahl*. Der Ewige Jude Manasse ist ein „spukhafter Judengreis". Sowohl eine unkritische bis uneinsichtige Verwertung der negativen Züge Ahasvers kommt in Betracht, konterkariert allerdings durch Busonis Ahasverfragmente, als auch die Intention, sich mit einer solchen Figur vom Vorwurf des Judentums „reinzuwaschen", „koscher" zu sein.

Freilich endet der Weg des Ewigen Juden mit seiner Darstellung Ende des (bis zum Ersten Weltkrieg gefassten) 19. Jahrhunderts nicht. Wagners komplexe Ahasverfiguren, zeichneten sich dadurch aus, daß sie mit dem mythischen Schild versehen werden, oder ganz einfach dadurch, daß der Mythos nicht zugunsten offen antijüdischer Angriffe entkleidet wurde. Im Nationalsozialismus, der sich ja so gerne auf Wagner berief, taucht Ahasver in einer völlig anderen

Dimension auf. Hier ist der Mythos zum Verschwinden gebracht worden. Der Propagandafilm *Der ewige Jude* von 1940 ist nur noch ein Sammelbecken von Stereotypen der Verfolgung. Konzipiert war er zunächst, um die Deportation der Juden publikumswirksam zu legitimieren.[4] Den Auftrag zur Produktion erteilte Goebbels, das Konzept entwickelte der „Judenexperte" des Reichsministeriums für Propaganda Eberhard Taubert, Fritz Hippler, Leiter der Filmabteilung des Propagandaministeriums war für die Herstellung verantwortlich. *Der ewige Jude* sollte das „gesamte Judentum" aus nationalsozialistischer Perspektive beschreiben. Besondere Darstellungen, zum Beispiel von Schächtungen, sollten den „naturgegebenen Ekel" gegenüber den Juden versinnbildlichen. Dem „Soundtrack" aus der Feder von Franz R. Friedl kam die Aufgabe zu, eine „möglichst dissonante und persiflierende Musik"[5] zu präsentieren, für „die Gestaltung der Musik" sollten „jüdische Lieder" und „Tempelgesänge" als Vorlage dienen.[6] Die entspricht weitgehend dem musikalischen Code, welcher der Charakterisierung jüdischer Figuren auf der Opernbühne unterlegt wird; dies trifft beispielsweise auf den Manasse Busonis, aber auch das Judenquintett der *Salome* von Richard Strauss zu. Der Film kombiniert zum Beispiel Bilder von (vorgeblich) jüdischen Menschen, möglichst hässlich, ungepflegt, meist auf der Straße, „schachernd" Bauchläden tragend, mit folgendem Sprechtext:

> Die Juden aber sind ein Volk ohne Bauern und ohne Arbeiter, ein Volk von Parasiten. Immer dort, wo sich an einem Volkskörper eine Wunde zeigt, setzten sie sich fest und ziehen aus dem zerfallenen Organismus ihre Nahrung. Mit den Krankheiten der Völker machen sie ihre Geschäfte, und darum sind sie bestrebt, alle Krankheitszustände zu vertiefen und zu verewigen. So ist es in Polen, so war es in Deutschland, so haben die Juden es in ihrer ganzen Geschichte gemacht. Sie tragen die jahrtausendealten Züge des ewigen Schmarotzertums im Gesicht, die Züge des „ewigen Juden", der sich durch den Lauf der Zeiten und weltweiten Wanderungen stets gleichgeblieben ist. Es gibt keinen Unterschied zwischen diesen Juden in Polen und diesen in Palästina, obwohl Erdteile sie trennen.[7]

Die Musik, welche die Tonspur zusätzlich liefert, ist wie folgt zu beschreiben:

> Dunkel drohende Musik (Moll-Tonart); tiefe Streicher, Fagott, Teppich von Streichertremoli. [...] aufsteigende Grundlinie Gedämpftes Stimmengewirr

---

[4] Vgl. Hornshøj-Møller, Stig: *„Der ewige Jude". Quellenkritische Analyse eines antisemitischen Propagandafilms* (= *Beiträge zu zeitgeschichtlichen Filmquellen*, Bd. 2), Göttingen 1995, S. 3.

[5] Ebd., S. 32.

[6] Vgl. ebd.

[7] *Der ewige Jude*, zit. ebd., S. 75ff.

im Hintergrund schnarrende Blechbläser Drängendes Crescendo, chromatischer Anstieg Abfallende Linie Gedämpfte Trompetenfanfare [...] Einsatz einer Pikkoloflöte im Hintergrund Orientalische Musik (Bordun); tiefe Klarinette und Fagott führen die Melodie.[8]

Der Ahasvermythos im engeren Sinn spielt ansonsten in *Der ewige Jude* keine Rolle, außer das der Titel die assoziativen Verknüpfungen mit althergebrachten antijüdischen und modernen Stereotypen im Dienste der nationalsozialistischen Propaganda zu rechtfertigen scheint. Das alte Vorurteil, das die Juden schon im Mittelalter mit Pest und Seuche in Verbindung brachte wird überführt in die Identifizierung des Judentums mit Ratten, welche als Keimträger und Parasiten am „arischen" Leben partizipieren. Hasserfüllte Anprangerung (des „selbstverständlich jüdischen Kapitalismus"), auch hier mit der Bankiersdynastie Rothschild als Galionsfigur, fehlen ebenso wenig. Im Angriff auf jüdische Intellektuelle und Künstler werden auch die in Wagners *Das Judentum in der Musik* präfigurierten Argumente fortgesponnen: „Für die Reinheit und Sauberkeit des deutschen Kunstempfindens hat der wurzellose Jude kein Organ."[9] Daß Kunst, die „entarteten Nerven" der Juden kitzeln müsse[10], rekurriert auf den Wagnerschen Vorwurf der Effekthascherei, auch die behauptete Dominanz von Juden im deutschen Kulturbetrieb erinnert an Wagners Problem mit der Vormachtstellung Meyerbeers als Opernkomponist, der er sich ausgesetzt sah. Alles was „jüdisch" ist und Rang und Namen hat, wird im Folgenden verdammt: Der Kritiker Alfred Kerr, Tucholsky, die Maler Otto Dix, Picasso, Chagall, Kokoschka; Albert Einstein, Max Reinhardt, Fritz Kortner, Ernst Lubitsch, der Tenor Richard Tauber, Charlie Chaplin etc.[11]

Die Ambivalenz des Ahasvermythos, seine Verwertbarkeit für gegensätzliche ideologische Auslegungen, mag der Hinweis auf Stefan Heyms Roman *Ahasver* von 1981, über vierzig Jahre nach dem Nazi-Propagandafilm unterstreichen. Hier findet der Ewige Jude von einer völlig gegensätzlichen politischen Seite Verwendung. Heym, der wegen „prokommunistischer" Tendenzen in amerikanischen Diensten von München in die USA zurückversetzt wurde und ab 1952 in der DDR lebte, lässt in *Ahasver* neben dem Ewigen Juden, Melanchton, Luther und Gott, zahlreiche historische Symbolfiguren auftreten. Die Konflikte mit der Regierung der Deutschen Demokratischen Republik sind bekannt, doch ist offensichtlich, daß Heym mit einem Ahasver als Träger antijüdischer Stereotypen natürlich wenig im Sinn hatte. Fast wie bei Byron ist sein Ahasver der ewige Rebell. Über die Jahrhunderte hinweg, auf verschiedenen Erzählebenen wird Ahasver zum Symbol einer übergreifenden Hoffnung auf das Vermögen des

---

[8] Ebd.
[9] Ebd., S. 127.
[10] Vgl. ebd.
[11] Vgl. ebd., S. 127ff.

Menschen zum Frieden vor dem Hintergrund der drohenden Selbstauslöschung im Atomzeitalter.

Auch von der Opernbühne ist der Ewige Jude im 20. Jahrhundert keineswegs verschwunden. 1965 komponiert Giselher Klebe *Jacobowsky und der Oberst* als Auftragswerk für die Hamburger Staatsoper, nach dem gleichnamigen Stück von Franz Werfel. Mit seiner Literaturoper, die sich eng an Werfels Vorlage hält und als eine Art persönlicher Abrechnung Werfels mit dem nationalsozialistischen Regime gesehen werden kann, legt Klebe - dem Genre „Literaturoper" entsprechend – großen Wert auf Textverständlichkeit. Dies drückt sich in der kantablen Führung der Singstimmen aus, Klebes Tonsprache insgesamt operiert von der Basis der seriellen Musik und der Zwölftonmusik aus. Der Stoff der komödiantischen Oper entstammt Werfels Erlebnissen während seiner Reise ins Exil durch Frankreich auf der Flucht vor den Nationalsozialisten. Ein polnischer Jude und ein Oberst aus Polen fliehen hier wie Werfel aus dem durch Hitler und seine Gefolgsleute bedrohtem Deutschland. Die in der Oper geschilderte Reise ist abenteuerlich, aber eben auch komisch. Auf der Flucht begegnen die Protagonisten unter anderem dem Ewigen Juden, der aber keine zentrale Rolle in der Oper spielt. Im Vordergrund steht der Weg von Christen und Juden: beider Wege kreuzen sich erst in der Ewigkeit. Dem liegt die Zusammenfassung Werfels der bedeutendsten Autoren des „okkulten" Prag, in dessen Atmosphäre Werfel um 1920 lebte zugrunde: Brod, Kafka, Kisch, Rilke, Meyerink und Werfel selbst.

In Klebes *Jakobowski und der Oberst* tritt der Ewige Jude offen, wenngleich marginal auf. Dies sollte aber nicht darüber hinwegtäuschen, daß Ahasver in camouflierter Form jenseits einer expliziten Ausweisung als Ewiger Jude in der Oper der Gegenwart eine Rolle spielt. Sowohl die Analyse der Ewigen Juden Wagners als auch die impliziten Ahasvergestalten nach Wagner müssen als Anlass für eine Aufmerksamkeit gegenüber solchen Figuren wirken. 1928 wurde das Drama *Die schwarze Maske* gemeinsam mit *Der Hexenritt* als *Spuk* veröffentlicht und ein Jahr später am Burgtheater Wien uraufgeführt. Harry Kupfer fertigte aus *Die schwarze Maske* zusammen mit Penderecki das Libretto zu Krzysztof Pendereckis gleichnamiger dritter Oper. Der weltweite Erfolg Pendereckis begann 1958/59 mit *Psalmy Dawida*, *Strofy* und *Emanationen*. Letzteres steht am Anfang einer Reihe von Instrumentalkompositionen experimentellen Charakters, in denen vierteltönige Cluster, Klangfarben- und Farbgeräuschbänder, Glissando- und Vibratotechniken umgesetzt werden. In die *schwarze Maske* hat Silvanus Schuller zum Karneval eine merkwürdige Gesellschaft eingeladen: 13 Menschen (das letzte Abendmahl memorierend) treffen sich zum Festmahl, anscheinend unbeirrt von der grassierenden Pest, die draußen umgeht. Ihre Schicksale erweisen sich im Laufe der Handlung als unentwirrbar miteinander verknüpft. Der Danse macabre, der sich im folgenden entfesselt, reißt alle in den Tod – bis auf den Juden Löwel Perl, einen reichen jüdischen Kaufmann.

Das Abendmahl der 13 Versammelten wird zunächst gestört, als gemeldet wird, ein Mann mit schwarzer Maske habe die Gartenmauer überstiegen, schließlich sogar dadurch, daß eine Schar von Masken vor der Tür stehe, ohne sich abweisen zu lassen. Schließlich erweist sich die Pest als Ursache der Todesfälle, welche die Gesellschaft dezimiert. Alle müssen sterben, nur „Löwel Perl, Ewiger Jude, zieht wieder von dannen, hinaus aus diesem Inferno, aus dieser Stadt, in der das Sterben wütet."[12] *Die schwarze Maske* beinhaltet die Gespaltenheit des menschlichen Weltbildes: Der Westfälische Frieden hat keinen wirklichen Frieden gebracht, Katholiken, Protestanten, Hugenotten und Juden haben keine gemeinsame Kommunikationsbasis. Jeder trägt seine eigene Geschichte mit sich, die er nicht bewältigen kann. Der Totentanz geleitet alle Protagonisten jenseits aller realer Details ins Unwirkliche, Mythische.

Die beinahe körperlich spürbare Atemlosigkeit der Musik, ganz kongruent dem pausenlos durchgespielten Stück, bezieht ihre Spannungen aus dem heterogenen Material, den enormen doch in sich wieder aufgehobenen Stilgegensätzen (einschließlich der Fremd- und Selbstzitate), dem ständigen Wechsel von lockerem Konversationston, motorisch drängender Rhythmik, heftigem Geräuschpegel und ausgreifender „Gehobenheit" der melodischen Deklamation.[13]

Pendereckis *Schwarze Maske* ist kein Stück, das Stereotypen der Verfolgung feiert. Aber Löwel Perl beinhaltet als „Ewiger Jude" durchaus Assoziationen mit solchen: Einerseits besteht durch die Situierung Löwel Perls vor dem Hintergrund der Pest die altbekannte Korrelation des Juden mit der Pest aus dem Mittelalter. Die Imagination, welche pestübertragende Ratten mit den Juden in Bezug setzt, findet sich auch im oben genannten Propagandafilm des Dritten Reiches *Der ewige Jude*. Daß der Jude als einziger der Seuche nicht zum Opfer fällt, verweist auf die ihm zugeschriebene Macht, Kontrolle über die Krankheit zu haben. Im Aberglauben löst der Jude die Epidemie aus und besitzt zugleich die Kraft sie zu heilen. Die Resistenz Löwel Perls in *Die schwarze Maske* gegenüber der Pest kann im Extremfall auch als Reflex auf das Phantasma der „Unausrottbarkeit des Judentums" aufgefasst werden. In *Die Schwarze Maske* setzt sich offensichtlich das Spiel mit dem Mythos, auf dessen Klaviatur Kupfer und Penderecki virtuos spielen, in der Weise durch, daß die angetippten Verfolgermythen mittransportiert werden, um dem Danse macabre zusätzliche Dämonie zu verleihen. Sie bleiben einerseits unkommentiert, erfahren in der Oper aber auch keinerlei Stützung. Kontingent findet sich eine zusammengewürfelte

---

[12] Schwinger, Wolfram. *Krzysztof Penderecki. Begegnungen, Lebensdaten, Werkkommentare*, Mainz 1994, S. 354.
[13] Ebd., S. 359.

Gastmahlsgesellschaft, deren einziger Überlebender der Jude ist. Mythisch gesehen kann die Pest aber auch nicht das Ende Ahasvers bedeuten. Aktuellstes Beispiel für den Ewigen Juden im Opernlibretto schließlich ist Volker David Kirchners *Ahasver*, uraufgeführt 2001 in Bielefeld. Kirchner, zunächst Orchestermusiker, startete seine Karriere in den 70er Jahren mit mehreren Bühnenmusiken, bevor er in Wiesbaden mit der Oper *Trauung* aus dem Jahre 1975 debütierte. Die Vorliebe des Komponisten für Mythen offenbart sich auch in *Die fünf Minuten des Isaak Babel* und *Das kalte Herz*, beide im gleichen Jahr, 1980, aufgeführt in Wuppertal. Kirchners Ahasveradaption präsentiert sich als szenisches Oratorium, die „Partitur erscheint gespickt mit Zitaten aus der Musikgeschichte zwischen Monteverdi und Kirchners Lehrer Bernd Alois Zimmermann [...]."[14] Ein solches Zitatspiel steht dem Ewigen Juden, mythischer Wanderer seit 2000 Jahren, und immerhin als Figur über 150 Jahre auf der Opernbühne natürlich gut zu Gesicht. Kirchners Ahasver durchstreift die Katakomben Roms, Zufluchtsort der antiken Christen, begegnet Luther auf der Wartburg, als sich dieser vom Teufel heimgesucht glaubt und dringt bis ins Warschauer Ghetto vor. Häufig sind Sprechtexte in den musikalischen Verlauf eingefügt. In Zwischenspielen treten immer wieder drei Hexen auf:

> Einmal scheinen sie Shakespeares *Macbeth* entstiegen, ein anderes Mal *Dantons Tod* und mithin als Mariannen oder Musen des robbespierreschen Schaffotts. Auch als Töchter Schillers, Schwestern der Eboli, also als Entertainerinnen am Rande der angeheiterten Inquisition. Oder als Pfleger im frühneuzeitlichen Narrenturm, der Gutenberg beherbergt als aufklärerische Vorläufer de Sades.[15]

Der Ewige Jude wird bei Kirchner zum Anlass eines „theatralischen Budenzaubers"[16]. Sein finaler Vorschlag an Gott ist der pessimistische Rat eines ewig Lebenden, der als Wanderer durch die Geschichte alle Gräuel der Menschheit kennengelernt hat: „Brich die Schöpfung ab, Gott!"[17]
Die Arbeit am Mythos von Ahasver setzt sich fort. Der Ewige Jude wandert weiter, die Implikationen mit Stereotypen der Verfolgung trägt er als einen nicht loszuwerdenden Ballast stets mit sich.

---

[14] Reininghaus, Frieder: *Budenzauberhaft. Zitatreise: Volker David Kirchners „Ahasver"-Oper in Bielefeld*. In: *Frankfurter Allgemeine Zeitung* vom 28. 5. 2001.
[15] Ebd.
[16] Ebd.
[17] Ebd.

LITERATURVERZEICHNIS

1. QUELLEN

Andersen, Hans-Christian: *Ahasver.* In: Ders.: *Gesammelte Werke*, Bd. 29/30, Leipzig 1847.

Arnim, Achim von: *Halle und Jerusalem. Studentenspiel und Pilgerabenteuer* [erstmals Heidelberg 1811]. In: Kluckhon, Paul (Hg.): *Dramen von Clemens Brentano und Achim von Arnim*, Leipzig 1938, S. 47-305.

Auerbach, Berthold: *Spinoza. Ein Denkerleben*. Neue durchgearbeitete Auflage, Mannheim 1855.

Bekker, Paul: *Wandlungen der Oper*, Zürich/Leipzig 1934.

Béranger, Pierre-Jean de: *Le Juif errant*. In: Ders.: *Oeuvres complètes*. Nouvelle Édition. Revue par l'auteur, Tome second, S. 215-218, Plan de la Tour (Var) 1983.

Die Bibel. Altes und Neues Testament. Einheitsübersetzung, Stuttgart 1980.

Börne, Ludwig: *Der ewige Jude*. In: Ders.: *Gesammelte Schriften*, Bd. 6, Hamburg/Frankfurt am Main 1862, S. 4-68.

Brachvogel, Carry: *Götter a. D.* In: *Die Wiedererstandenen. Cäsaren-Legenden*, S. 99-134, Berlin 1900.

Bulthaupt, Heinrich: *Dramaturgie der Oper*, Leipzig 1902.

Ders.: *Ahasver. Musikdrama in einem Vorspiel und drei Akten*, S. 210. In: *Die Musik*. III. Jahr, 1903/1904, Heft 19, Vierter Quartalsband, S. 23-38; Heft 21, S. 187-210.

Busoni, Ferruccio: *Ahasver (Der ewige Jude) (Entwürfe). Textbuch* Ms. autogr.: 9 Bl. Busoni-Nachlaß CI Textbuch 16.

Ders.: *Die Brautwahl. Musikalisch phantastische Komödie in drei Akten und einem Nachspiel nach E. T. A. Hoffmanns Erzählung*, Leipzig/Berlin 1912.

Ders.: *Grausige Historie vom Münzjuden Lippold*, Ms. autogr., Staatsbibliothek zu Berlin, Busoni-Nachlaß, Nr. 343.

Ders.: *Über die Möglichkeiten der Oper und die Partitur des „Doktor Faust"*, Leipzig 1926.

Busoni, Ferruccio: *Doktor Faust*. Dichtung und Musik von Ferruccio Busoni. Ergänzt und hrsg. von Philipp Jarnach. Klavierauszug mit Text von Egon Petri und Michael von Zadora, Leipzig 1927.

Busoni, Ferruccio: *Briefe an seine Frau. Mit einem Vorwort von Willi Schuh,* hg. von Friedrich Schnapp, Zürich/Leipzig 1935.

Busoni, Ferruccio: *Wesen und Einheit der Musik. Neuausgabe der Schriften und Aufzeichnungen Busonis revidiert und ergänzt von Joachim Hermann,* Berlin 1956.

Ders.: *Entwurf einer neuen Ästhetik der Tonkunst.* Mit Anmerkungen von Arnold Schönberg und einem Nachwort von H. H. Stuckenschmidt, Frankfurt am Main 1974.

d'Albert, Eugen: *Kain. Musikalische Tragödie in einem Aufzuge. Dichtung von Heinrich Bulthaupt.* Vollständiger Klavierauszug mit deutschem Text, Berlin 1925/26.

d'Indy, Vincent: *L'Étranger. Action musicale en deux actes. Poème et Musique de Vincent d'Indy.* Partition pour chant et piano réduite par l'Auteur, Paris 1902.

Dumas, Alexandre (père): *Isaac Laquedem. Großes Phantasiegemälde.* In: Heine, Ferdinand/Diezmann, A.: *Dumas Schriften.* Neue Reihe, o. O., 1853.

Erlanger, Camille: *Le Juif polonais. Conte populaire d'Alsace en trois actes et six tableaux d'après Erckmann-Chatrian. Poème de Henri Cain et P.-B. Gheussi.* Partition Chant et Piano réduite par l'auteur, Paris 1900.

Fourier, Charles: *Le nouveau monde industriel et sociétaire*, Paris 1841.

Goethe, Johann Wolfgang von: *Des ewigen Juden, erster Fetzen.* In: Ders.: *Sämtliche Werke nach Epochen seines Schaffens.* Münchner Ausgabe, hg. von K. Richter u. a., München 1986, Bd. I. 1, S. 238-246.

Ders.: *Aus meinem Leben. Dichtung und Wahrheit.* In: *Sämtliche Werke nach Epochen seines Schaffens.* Münchner Ausgabe, hg. von K. Richter u. a., Bd. 16, München 1985, S. 678ff.

Grisebach, Eduard: *Der neue Tannhäuser*, Berlin 1869.

Gutzkow, Karl: *Julius Mosens Ahasver* und *Noch einmal Ahasver.* In: Telegraph für Deutschland, 1838, Nr. 124, 128, 168.
Auszugsweise abgedruckt findet sich die Auseinandersetzung auch bei: Körte, Monika/Stockhammer, Robert: *Ahasvers Spur*, a. a. O., S. 180-188.
Gutzkow, Karl/Philippson, Ludwig: *Streit um die Möglichkeiten, einen Ahasver zu dichten.* In: Körte, Monika/Stockhammer, Robert (Hg.): *Ahasvers Spur. Dichtungen und Dokumente vom „Ewigen Juden"*, Leipzig 1995, S. 180-188.

Halévy, Fromental: *Le Juif errant. Opéra en cinq actes.* Paroles d'Eugène Scribe et de Jules de Saint-Georges (= Opéras français du XIXème siècle - reprints - Série B: partitions chant et piano Volume VII), Heilbronn 1994.

Ders.: *Musique des chansons de Béranger.* Airs notés anciens et modernes. Augmentée de la musique des nouvelles chansons et de trois aires avec accompagnement de piano, No 267 *Le Juif errant*, Air du Chasseur rouge (de M. Amedée de Beauplan), S.217.

Hanslick, Eduard: *Musikalische Briefe. (Die „Jüdin" von Halevy), Presse, 26. 10. 1855.* In: Ders.: *Sämtliche Schriften* hg. von D. Strauß, Bd. I, 3, Wien u. a. 1995, S. 139.

Hamerling, Robert: *Ahasver in Rom. Eine Dichtung in sechs Gesängen.* In: Ders.: *Sämtliche Werke in sechszehn Bänden.* Mit einem Lebensbild und Einleitungen hg. von Michael Maria Rabenlechner, Bd. 3, Leipzig 1867.

Hauff, Wilhelm: *Unterhaltungen des Satan und des ewigen Juden in Berlin* (= Mitteilungen aus den Memoiren des Satans, Kap. XI-XV). In: Körte, Monika/Stockhammer, Robert (Hg.): *Ahasvers Spur. Dichtungen und Dokumente vom „Ewigen Juden"*, Leipzig 1995, S. 36-80.

Haushofer, Max: *Der ewige Jude. Ein dramatisches Gedicht. In drei Theilen*, Leipzig 1886.

Heine, Heinrich: *Werke,* hg. von Siegrist, Christoph. Mit einer Einleitung von Hans Mayer, Frankfurt am Main 1982.

Herder, Johann Gottfried: *Vom neuen Gebrauch der Mythologie*. In: Ders.: *Werke in zehn Bänden*, hg. von Martin Bollacher u. a., Bd. 1, Frühe Schriften 1764-1772, hg. von Ulrich Gaier, Frankfurt am Main 1985, S. 432-455.

Hoffmann, E. T. A.: *Poetische Werke. Mit Federzeichnungen von Walter Wellenstein*, Bd. 1-12, Berlin/New York 1993.

Horn, Franz: *Der Ewige Jude*. In: Ders.: *Novellen*, Bd. 1, S. 1-120, Berlin 1819.

J.N.: *Busonis „Brautwahl" (Uraufführung am Hamburger Stadttheater)*. In: *Münchener Neueste Nachrichten. Und Handels- und Industrie-Zeitung, Alpine und Sport-Zeitung. Theater- und Kunst-Chronik*. 65. Jg., Nr. 195: Mittwoch, 17. April 1912, Morgenblatt, S. 2f.

Joss, Victor: *„Der polnische Jude". Volksoper in zwei Aufzügen nach Erckmann-Chatrian von Victor Léon und Richard Bakta. Musik von Carl Weiß*. (Erste Aufführung am deutschen Theater in Prag den 3. März 1901.) In: *Neue Zeitschrift für Musik*, 68.Jg., 12 (1901), S. 165-166.

Korngold, Julius: *Nachruf auf d'Albert*. In: *Neue Freie Presse*, Wien, 11. 10. 1932.

Krügerin, Marien Reginen geb. Rühlemannin: *Schreiben an den Herrn Professor Carl Anton, darinnen bewiesen wird, daß es einen ewigen Juden gebe*, Halle/Helmstädt 1756.

Kurtze Beschreibung und Erzehlung von einem Juden/mit Namen Ahaßverus. Faksimile der Erstausgabe der Legende vom „Ewigen Juden". In: Körte, Mona/Stockhammer, Robert (Hg.): *Ahasvers Spur. Dichtungen und Dokumente vom „Ewigen Juden"*, Leipzig 1995, S. 9-14.

Levitschnigg, Heinrich von: *Ahasver. Gedichte*, Wien 1842.

Mann, Thomas: *Leiden und Größe Richard Wagners*. In: Ders.: *Gesammelte Werke in dreizehn Bänden*, Bd. IX Reden und Aufsätze 1, S. 363-426, Frankfurt am Main 1990.

Mauthner, Fritz: *Der neue Ahasver. Roman aus Jung-Berlin*, Dresden und Leipzig 1882.

Ders.: *Nach berühmten Mustern. „Richard Wagner. Der unbewußte Ahasverus oder Das Ding an sich als Wille und Vorstellung." Bühnen-Weh-Festspiel in drei Handlungen. Mit verteutschten Anmerkungen von Heinrich Porges und Hans von Wolzogen*, Bayreuth 1994.

Meyer, Eduard: *Gegen L. Börne, den Wahrheit-, Recht- und Ehrvergessenen Schriftsteller aus Paris*, Altona 1831.

Mosen, Julius: *Ahasver. Episches Gedicht*, Dresden/Leipzig 1838.

Müller, Wilhelm: *Der ewige Jude*. In: Ders.: *Werke - Tagebücher - Briefe*, Bd. 1, hg. von Maria-Verena Leistner. Mit einer Einleitung von Bernd Leistner, S. 200-201, Berlin 1994.

Münchner Neueste Nachrichten. Und Handels-Zeitung, Alpine und Sport-Zeitung. Theater- und Kunst-Chronik, 53. Jg., Nr. 85: Mittwoch 21. Februar 1900, Vorabend-Blatt.

Musikalische Plaudereien aus Paris. In: *Signale für die Musikalische Welt*. 10. Jg., 20 (1852).

Paris, Gaston: *Le Juif errant. Encyclopédie des Sciences religieuses*, Paris 1880.

Philippson, Ludwig: *Ahasver, Gutzkow und die Juden* sowie *Tages-Controle*. In: *Allgemeine Zeitung des Judentums*, II. Jg., 1838, S. 460ff.

Pirani, E. von: *Correspondenzen*. In: *Neue Zeitschrift für Musik*, 67. Jg., 10 (1900), S. 116, Leipzig, 3. Januar 1900.

Prouhon, Pierre-Joseph: *Césarisme et christianisme*, Paris 1883.

Rothlauf, B.: *Ahasver, der ewige Jude. Ballade nach Schubart für eine Baß-stimme mit Klavierbegleitung, Op. 22. Dem Andenken Ludwig Thuille's . Herrn Paul Bender, Kgl. bayr. Kammersänger, verehrungsvoll gewidmet*, München 1910.

Sachs, Melchior E.: *Kains Schuld und ihre Sühne. Wort und Tondichtung für die Schaubühne in sieben Teilen*, München 1898.

Schmidt, Leopold: *"Kain". Dichtung von Heinrich Bulthaupt. Musik von Eugen d'Albert* [21. 2. 1900]. In: Ders.: *Aus dem Musikleben der Gegenwart. Beiträge zur zeitgenössischen Kunstkritik*, Berlin 1900.

Schnapp, Friedrich (Hg.): *Busoni: Briefe an seine Frau. Mit einem Vorwort von Willi Schuh*, Zürich/Leipzig 1935.

Schopenhauer, Arthur: *Parerga und Paralipomena*, Bd. 2, Abt. Kap. IX: Zur Rechtslehre und Politik § 133. In: Frauenstädt, Julius von (Hg.): *Arthur Schopenhauers sämtliche Werke*, S. 278-281, Leipzig 1919.

Schubart, Christian Friedrich Daniel: *Der ewige Jude. Eine lyrische Rhapsodie.* In: *Schubarts Werke in einem Band*, ausgewählt und eingeleitet von Ursula Wertheim/Hans Böhm, S. 298-302, Weimar 1962.

Schudt, Johann Jacob: *Jüdische Merckwürdigkeiten Vorstellende Was sich Curieuses und denckwürdiges in den neuen Zeiten bey einigen Jahr-hunderten mit denen in alle IV. Theilen der Welt/ sonderlich durch Teitschland/ zerstreuten Juden zugetragen. Samt einer vollständigen Franckfurter Juden-Chronik*, o. O., 1714.

Scribe, Eugène: *Le Juif errant*, Opéra en cinq actes. En société avec M. de Saint-Georges, Musique de F. Halévy, Académie Royale de Musique, 23 avril 1853. In: Michel Lévy Frères (Hg.): Théatre de Eugène Scribe Bd. X (Opéras II), S. 261-311, Paris 1857.

Seidl, Arthur: *Die Wagner-Nachfolge im Musik-Drama*, Berlin/Leipzig 1902.

Selden-Goth, Gisela (Hg.): *Fünfundzwanzig Busoni-Briefe*, Wien/Leipzig/Zürich 1937.

Shelley, Percy Bysshe: *The Wandering Jew's Soliloquy.* In: Ingpen, Roger/Peck, Walter E.: *P. B. Shelley. The Complete Works*, Vol. III, London/New York, S. 77f.

Silberstein, August: *Der verwandelte Ahasver.* In: Ders.: *Poetische Glas- und Rauchbilder im St. Peterskeller zu Salzburg*, Leipzig o. J.[1899].

Spanuth, August: *„Die Brautwahl", musikalisch-phantastische Komödie in drei Akten und einem Nachspiel nach E. T. A. Hoffmann's Erzählung. Text und Musik von Ferruccio Busoni. Uraufführung am 13. April 1912 im Hamburger Stadttheater.* In: *Signale für die Musikalische Welt.* 70. Jg., 16 (1912), Berlin 17.4.1912, S. 527-532.

Sue, Eugène: *Der ewige Jude*. [deutsche Übersetzung] Mit Abbildungen von Gavarni. In neuer Bearbeitung von Bernhard Jolles. Mit einem Vorwort von Prof. Dr. Victor Klemperer, Berlin 1928.

Vuillermoz, Emile: *La Schola et le Conservatoire*. In: *Mercure de France* (September 1909), S. 234-243.

Wackernagel, Wilhelm: *Der ewige Jude*. In: Nodnagel, August (Hg.): *Sieben Bücher deutscher Sagen und Legenden. In alten und neuen Dichtungen*, Darmstadt 1839, S. 343, Nr. 271.

Wagner, Cosima: *Die Tagebücher*, hrsg. und kommentiert von Martin Gregor-Dellin/Dietrich Mack, Bd. II (1878-1883), S. 108 (5. Juni 1878).

Wagner, Richard: *Dichtungen und Schriften. Jubiläumsausgabe in zehn Bänden*, hg. von Dieter Borchmeyer, Frankfurt am Main 1983.

Ders.: *Das Judentum in der Musik*. In: Fischer, Jens Malte: *Richard Wagners „Das Judentum in der Musik". Eine kritische Dokumentation als Beitrag zur Geschichte des Antisemitismus*, Frankfurt am Main/Leipzig 2000.

The Wandering Jew telling Fortunes to Englishmen. A Jew's Lottery, printed by John Raworth for Nathaniel Butter, London 1640.

Weindel, Martina (Hg.): *Ferruccio Busoni. Briefe an Henri, Katharina und Egon Petri*, Wilhelmshaven 1999 (= Taschenbücher zur Musikwissenschaft 129).

Weingartner, Felix: *Die Lehre von der Wiedergeburt und das musikalische Drama nebst dem Entwurf eines Mysteriums „Die Erlösung"*, Kiel/Leipzig 1895.

Ders.: *Bayreuth (1876-1896)*, Berlin 1897.

Ders.: *Lebenserinnerungen*, Zürich/Leipzig 1929.

Weis, Karl: *Der Polnische Jude. Volksoper in zwei Akten. Text nach Erckmann-Chatrian von Victor Léon und Richard Batka*. Vollständiger Klavierauszug mit Text, Leipzig 1901.

Westermeyer; Karl: *Busonis „Brautwahl".* *Betrachtungen zur Berliner Erstauf-führung.* In: *Signale für die Musikalische Welt.* 84. Jg., 3 (1926), Berlin, 20. Januar 1926, S. 77-80.

Wordsworth, William: *Song. For the Wandering Jew.* In: Brett, R. L./Jones, A. R.: *Wordsworth and Coleridge. Lyrical Ballads,* London/New York [Routledge] 1991, S. 178.

Wunderbarlicher Bericht von einem Jüden aus/Jerusalem bürtig/und Ahasverus genennet [...], Leyden 1602.

2. Sekundärliteratur

Bachleitner, Norbert: *Der englische und französische Sozialroman des 19. Jahrhunderts und seine Rezeption in Deutschland*, Amsterdam-Atlanta 1993.

Bächtold-Stäubli, Hanns (Hg): *Handwörterbuch des deutschen Aberglaubens*, Berlin/Leipzig 1931/32.

Bâleanu, Avram Andrei: *Die Geburt des Ahasver.* In: Schoeps, Julius H. (Hg): *Menora. Jahrbuch für deutsch-jüdische Geschichte*, Bd. 2, München 1991, S. 41-53.

Battenberg, Friedrich: *Das Europäische Zeitalter der Juden. Zur Entwicklung einer Minderheit in der nichtjüdischen Umwelt Europas*, Bd. 2 (1650-1945), Darmstadt 2000.

Beaumont, Anthony: *Busoni the Composer*, London 1985.

Beaumont, Antony: *„Doktor Faust" – Ferruccio Busonis unvollendetes Meisterwerk.* In: Fischer, Jens Malte (Hg.): *Oper und Operntext*, S. 209-225, Heidelberg 1985.

Bermbach, Udo: *„Blühendes Leid". Politik und Gesellschaft in Richard Wagners Musikdramen*, Stuttgart/Weimar 2003.

Bloch, Ernst: *Das metaphysische Adagio. Zu „Parsifal".* In: Csampai, Attila/Holland, Dietmar (Hg): *Richard Wagner. Parsifal. Texte, Materialien, Kommentare*, S. 181-184, Reinbek bei Hamburg 1984.

Blumenberg, Hans: *Arbeit am Mythos*, Frankfurt am Main 1979.

Borchmeyer, Dieter: *Richard Wagner. Ahasvers Wandlungen*, Frankfurt am Main/Leipzig 2002.

Brenner, Michael/Jersch-Wenzel, Stefi/Meyer, Michael A.: *Deutsch-Jüdische Geschichte der Neuzeit*, Bd. II: *Emanzipation und Akkulturation 1780-1871*, München 1996.

Csobádi, Peter u. a. (Hg.): *Europäische Mythen der Neuzeit: Faust und Don Juan.* Gesammelte Vorträge des Salzburger Symposions 1992, Anif/Salzburg 1993.

Dahlhaus, Carl: *Erlösung dem Erlöser. Warum Richard Wagners „Parsifal"* *nicht Mittel zum Zweck der Ideologie ist.* In: Csampai, Attila/Holland, Dietmar (Hg): *Richard Wagner. Parsifal. Texte, Materialien, Kommentare*, S. 262-269, Reinbek bei Hamburg 1984.

Dahlhaus, Carl/Forschungsinstitut für Musiktheater der Universität Bayreuth unter Leitung von Sieghart Döhring (Hg.): *Pipers Enzyklopädie des Musikthea-* *ters. Oper - Operette - Musical - Ballett*, Bd. 1-6, München 1987.

Dent, Edward J.: *Ferruccio Busoni. A Biography*, London 1933, Nachdruck London 1974.

Drüner, Ulrich: *Schöpfer und Zerstörer. Richard Wagner als Künstler*, Köln 2003.

Eliade, Mircea: *Der Mythos der ewigen Wiederkehr*, Düsseldorf 1953.

Erb, Rainer/Bergmann, Werner: *Die Nachtseite der Judenemanzipation. Der* *Widerstand gegen die Integration der Juden in Deutschland 1780-1860* (= *Anti-* *semitismus und jüdische Geschichte*, Bd. 1), Berlin 1989.

Ermen, Reinhard: *Ferruccio Busoni*, Reinbek bei Hamburg 1996.

Fauser, Annegret/Schwartz, Manuela (Hg.): *Von Wagner zum Wagnérisme. Mu-* *sik, Literatur, Kunst, Politik*, Leipzig 1999 (= Deutsch-Französische Kulturbi-bliothek, Bd. 12).

Fischer, Jens Malte: *Richard Wagners „Das Judentum in der Musik". Eine kri-* *tische Dokumentation als Beitrag zur Geschichte des Antisemitismus*, Frankfurt am Main/Leipzig 2000.

Ders.: *Im Schatten Wagners. Aporien und Auswege der nachwagnerischen* *Opernentwicklung.* In: Bermbach, Udo (Hg.): *Oper im 20. Jahrhundert. Ent-* *wicklungstendenzen und Komponisten*, S. 28-49, Stuttgart/Weimar 2000.

Fontaine, Susanne: *Busonis „Doktor Faust" und die Ästhetik des Wunderbaren*, Kassel 1998.

Frenzel, Elisabeth: *Stoffe der Weltliteratur. Ein Lexikon dichtungsgeschichtli-* *cher Längsschnitte*, Stuttgart 1998.

Frühwald, Wolfgang: *Antijudaismus in der Zeit der deutschen Romantik*. In: *Conditio Judaica. Judentum, Antisemitismus und deutschsprachige Literatur vom 18. Jahrhundert bis zum Ersten Weltkrieg. Interdisziplinäres Symposion der Werner-Reimers-Stiftung Bad Homburg*, hg. von Hans Otto Horch und Horst Denkler, S. 72-91, Tübingen 1989.

Jane Fulcher: *Vincent d'Indy's 'Drame Anti-Juif' and its meaning in Paris, 1920*. In: *Cambridge Opera Journal* 2 (1990) Nr. 3, S. 295-319.

Gier, Albert: *Das Libretto. Theorie und Geschichte einer musikoliterarischen Gattung*, Darmstadt 1998.

Gilbert, Heike: *„Ich hab' ihn erschlagen!" oder: Das Ende der Romantik als Bühnenereignis. Zu Felix Weingartners Oper „Kain und Abel*. In: Kienzle, Ulrike/Kirsch, Winfried/Neuhaus, Dietrich (Hg.): *Kain und Abel. Die biblische Geschichte und ihre Gestaltung in bildender und dramatischer Kunst, Literatur und Musik*, S. 239-248, Frankfurt am Main 1998.

Gilman, Sander L.: *Strauss the Perverte, and Avant Garde Opera of the Fin de Siècle*. In: *New German Critique* 43 (1988), S. 35-68.

Ders.: *Rasse, Sexualität und Seuche. Stereotype aus der Innenwelt der westlichen Kultur*, Reinbek bei Hamburg 1992.

Girard, René: *Der Sündenbock*. Aus dem Französischen von Elisabeth Mainberger-Ruh, Zürich 1988.

Gregor-Dellin, Martin: *Richard Wagner. Sein Leben. Sein Werk. Sein Jahrhundert*, München 1980.

Ders.: *Richard Wagner. Eine Biographie in Bildern*, München 1982.

Guiral, Pierre: *Léon Halévy*. In: Loyrette, Henri (Hg.): *Entre le théâtre et l'histoire: La famille Halévy (1760-1960)*, S. 80-87, Paris 1996.

Gutman, Robert: *Richard Wagner. Der Mensch, sein Werk, seine Zeit*, München 1968.

Hallman, Diana R.: *Opera, Liberalism, and Antisemitism in Nineteenth-Century France. The Politics of Halévys "La Juive"*, Cambridge 2002.

Harders-Wuthenow, Frank: *Franz Schreker*. In: Bermbach, Udo (Hrsg.): *Oper im 20. Jahrhundert. Entwicklungstendenzen und Komponisten*, S. 445-475, Stuttgart/Weimar 2000.

Härtl, Heinz: *Romantischer Antisemitismus: Arnim und die Tischgesellschaft*. In: *Weimarer Beiträge. Zeitschrift für Literaturwissenschaft, Ästhetik und Kulturtheorie*, 33. Jg., Nr. 7, S. 1159-1173, Berlin/Weimar 1987.

Hartung, Günter: *Müllers Verhältnis zum Judentum*. In: *Kunst kann die Zeit nicht formen. Schriften der Internationalen Wilhelm-Müller-Gesellschaft* I, hg. von Ute Bredenmeyer/Christiane Lange, S. 195-222, Berlin 1994.

Hartwich, Wolf-Daniel: *Jüdische Theosophie in Richard Wagners „Parsifal": Vom christlichen Antisemitismus zur ästhetischen Kabbala*. In: *Richard Wagner und die Juden*, S. 103-122, Stuttgart/Weimar 2000.

Hirsbrunner, Theo: *Vincent d'Indy zwischen Wagner und Debussy*. In: Fauser, Annegret/Schwartz, Manuela (Hg.): *Von Wagner zum Wagnérisme. Musik, Literatur, Kunst, Politik*, S. 265-291, Leipzig 1999 (= Deutsch-Französische Kulturbibliothek, Bd. 12).

Heid, Ludger: *„Der Ostjude"*. In: Schoeps, Julius H./Schlör, Joachim: *Antisemitismus. Vorurteile und Mythen*, S. 241-251, Frankfurt am Main 1995.

Henckmann, Gisela: *Das Problem des „Antisemitismus" bei Achim von Arnim*. In: *Aurora. Jahrbuch der Eichendorff-Gesellschaft* hg. von Wolfgang Frühwald, Franz Heiduk u. a., Bd. 46, S. 48-69, Sigmaringen 1986.

Hödl, Klaus: *Die Pathologisierung des jüdischen Körpers*, Wien 1997.

Hornshøj-Møller, Stig: *„Der ewige Jude". Quellenkritische Analyse eines antisemitischen Propaga*

Hortzitz, Nicoline: *Die Sprache der Judenfeindschaft*. In: Schoeps Julius H./Schlör, Joachim (Hg.): *Antisemitismus. Vorurteile und Mythen*, S. 19-40, Frankfurt am Main 1995.

Huebner, Steven: *French Opera at the Fin de Siècle. Wagnerism, Nationalism, and Style*, Oxford/New York 1999.

Hurwitz, Siegmund: *Ahasver, der Ewige Wanderer. Historische und psychologische Aspekte*. In: *Analytische Psychologie* 6 (1975). Zeitschrift für Analytische Psychologie und ihre Grenzgebiete, hg. von Dieckmann, H./Meier, C. A., S. 450-471.

Isaac-Edersheim, E.: *Messias, Golem, Ahasver. Drei mythische Gestalten des Judentums. III Der Ewige Jude. In: Internationale Zeitschrift für Psychoanalyse und Imago - Offizielles Organ der Psychoanalytischen Vereinigung*. Begründet von Sigmund Freud, 26 (1941), Reprint, Nendeln/Liechtenstein 1969.

Jakubowski, Jeanette: *Die Jüdin*. In: Schoeps, Julius H./Schlör, Joachim (Hg.): *Antisemitismus. Vorurteile und Mythen*, S. 196-209, Frankfurt am Main 1995.

Jordan, Ruth: *Fromental Halévy. His Life & Music 1799-1862*, London 1994.

Jüdisches Lexikon. Ein enzyklopädisches Handbuch des jüdischen Wissens in vier Bänden, begr. von Georg Herlitz/Bruno Kirschner, Frankfurt am Main 1987.

Jüdisches Museum der Stadt Wien (Hg.): *Die Macht der Bilder. Antisemitische Vorurteile und Mythen*, Wien 1995.

Jung, C. G.: *Zivilisation im Übergang*. In: *Gesammelte Werke*, Bd. 10, hg. von Lilly Jung-Merker/Elisabeth Rüf, Freiburg im Breisgau 1973, S. 204ff.

Kager, Reinhard: *Grausiger Albtraum eines mörderischen Gastwirts. Vom Erfolg der zwanziger Jahre hinein ins Vergessen – und erst jetzt wiederentdeckt: „Der polnische Jude" des Komponisten Karel Weis an der Prager Staatsoper*. In: *Süddeutsche Zeitung* vom 07.03.2001, Feuilleton.

Kaiser, Gerhard: *Christus im Spiegel der Dichtung. Exemplarische Interpretationen vom Barock bis zur Gegenwart*, Freiburg im Breisgau/Basel/Wien 1997.

Kaiser, Joachim: *Hat Zelinsky recht gegen Wagners „Parsifal"?* In: Csampai, Attila/Holland, Dietmar: *Richard Wagner. Parsifal. Texte, Materialien, Kommentare*, S. 257-259, Reinbek bei Hamburg 1984.

Katz, Jacob: *Richard Wagner. Vorbote des Antisemitismus*, Königstein/Ts. 1985.

Ders.: *Vom Vorurteil zur Vernichtung. Der Antisemitismus 1700-1933*, München 1989.

Kienzle, Ulrike: *Komponierte Weiblichkeit im „Parsifal": Kundry*. In: Vill, Susanne (Hg.): *„Das Weib der Zukunft"*. *Frauengestalten und Frauenstimmen bei Richard Wagner*, S. 153-172, Stuttgart/Weimar 2000.

Dies.: *„Wo bleibt da der berühmte ‚Zeitwille'?"*. *Romantische Enklaven im Musiktheater der Moderne*. In: Bermbach, Udo (Hrsg.): *Oper im 20. Jahrhundert. Entwicklungstendenzen und Komponisten*, S. 75-129, Stuttgart/Weimar 2000.

Körte, Mona/Stockhammer, Robert (Hg.): *Ahasvers Spur. Dichtungen und Dokumente vom „Ewigen Juden"*, Leipzig 1995.

Körte, Mona: *„Wir, die wie die Helden des Märchens sind, wir wissen es selbst nicht" Ahasver-Dichtungen in der Literatur des 19. Jahrhunderts*. In: Benz, Wolfgang (Hg.): *Jahrbuch für Antisemitismusforschung* Bd. 4; S. 39-62, Frankfurt am Main/New York 1992.

Krebs, Wolfgang: *Der Tod Gottes als Ende der Romantik. Zu Felix Weingartners „Kain und Abel"*. In: Kienzle, Ulrike/Kirsch, Winfried/Neuhaus, Dietrich (Hg.): *Kain und Abel. Die biblische Geschichte und ihre Gestaltung in bildender und dramatischer Kunst, Literatur und Musik*, S. 249-273, Frankfurt am Main 1998.

Leich-Galland, Karl: *Fromental Halévy et l'âge d'or de l'opéra français*. In: Loyrette, Henri (Hg.): *Entre le théâtre et l'histoire: La famille Halévy (1760-1960)*, S. 68-79, Paris 1996.

Loyrette, Henri (Hg.): *Entre le théâtre et l'histoire. La famille Halévy (1760-1960)*, Paris 1996.

Mayer, Hans: *Außenseiter*, Frankfurt am Main 1981.

Ders.: *Nicht-mehr und Noch-nicht im „Fliegenden Holländer"*. In: Csampai, Attila/Holland, Dietmar (Hg): *Richard Wagner. Der fliegende Holländer. Texte, Materialien, Kommentare*, S. 167-174, Reinbek bei Hamburg 1982.

Ders.: *Richard Wagner. Mit Selbstzeugnissen und Bilddokumenten*, Hamburg 1992.

Ménétrier, Jean-Alexandre: *L'Amour triste: Fromental Halévy et son temps*. In: *L'Avant Scène Opéra*, Nr. 100: *Fromental Halévy, La Juive*, S. 4-11, Paris 1987.

335

Miller, Norbert: *Die Zweideutigkeit des Guten. Anmerkungen zu Alexandre Dumas' Isaac Laquedem-Fragment und seiner geplanten Fortsetzung.* In: Erb, Rainer/Schmidt, Michael (Hg): *Antisemitismus und jüdische Geschichte. Studien zu Ehren von Herbert A. Strauss*, S. 365-380, Berlin 1987.

Millington, Barry(Hg.): *Das Wagner-Kompendium. Sein Leben – seine Musik*, München 1996.

Minor, Jacob: *Goethes Fragmente vom ewigen Juden und vom wiederkehrenden Heiland*, Stuttgart/Berlin 1904, S.61.

Neubaur, L.: *Die Sage vom Ewigen Juden*, Leipzig 1884.

Neuschäfer, Hans-Jörg/Fritz-El Ahmad, Dorothee/Walter, Klaus-Peter u. a.: *Der französische Feuilletonroman. Die Entstehung der Serienliteratur im Medium der Tageszeitung*, Darmstadt 1986.
Och, Gunnar: *Imago judaica. Juden und Judentum im Spiegel der deutschen Literatur 1750-1812*, Würzburg 1995.

Pangels, Charlotte: *Eugen d'Albert. Wunderpianist und Komponist. Eine Biographie*, Zürich/Freiburg (Breisgau) 1981.

Pierrakos, Hélène: *Chrétienne, judaïsme et la musique.* In: *L'Avant Scène Opéra*, Nr. 100: *Fromental Halévy, La Juive*, S. 20-23, Paris 1987.

Poliakov, Léon: *Geschichte des Antisemitismus*, Bd. II: *Das Zeitalter der Verteufelung und des Ghettos. Mit einem Anhang zur Anthropologie der Juden*, Worms 1978.

Ders.: *Geschichte des Antisemitismus*, Bd. VI: *Emanzipation und Rassenwahn*, Worms 1987.

Ders.: *Geschichte des Antisemitismus*, Bd. VII: *Zwischen Assimilation und „Jüdischer Weltverschwörung"*, Worms 1988.

Praz, Mario: *Liebe, Tod und Teufel. Die schwarze Romantik.* Übers. aus dem Ital. von Lisa Rüdiger, München 1963.

Rahm, Angelika: *Irrlichternd durch Raum und Zeit. Die Gestalt des Ahasver in der europäischen Literatur.* In: Csobádi, Peter/Gruber, Gernot u. a. (Hg.): *Eu-*

ropäische Mythen der Neuzeit: Faust und Don Juan. Gesammelte Vorträge des Salzburger Symposions 1992, Bd. II, S. 665- 678, Anif/Salzburg.

Reininghaus, Frieder: *Budenzauberhaft. Zitatreise: Volker David Kirchners „Ahasver"-Oper in Bielefeld.* In: *Frankfurter Allgemeine Zeitung* vom 28. 5. 2001.

Rohrbacher, Stefan/Schmidt, Michael: *Judenbilder. Kulturgeschichte antijüdischer Mythen und antisemitischer Vorurteile*, Reinbek bei Hamburg 1991.

Rose, Paul Lawrence: *Wagner. Race and Revolution*, London 1992.

Sadie, Stanley (Hg.): *The New Grove. Dictionary of Opera*, London u. a. 1992.

Scheit, Gerhard: *Verborgener Staat, lebendiges Geld. Zur Dramaturgie des Antisemitismus*, Freiburg (Breisgau) 1999.

Schoeps, Julius H./Schlör, Joachim(Hg.): *Antisemitismus. Vorurteile und Mythen*, Frankfurt am Main 1995.

Schüler, Winfried: *Der Bayreuther Kreis von seiner Entstehung bis zum Ausgang der Wilhelminischen Ära. Wagnerkult und Kulturreform im Geiste völkischer Weltanschauung*, Münster 1971.

Schwinger, Wolfram. *Krzysztof Penderecki. Begegnungen, Lebensdaten, Werkkommentare*, Mainz 1994.

Shaw, George B.: *The Perfect Wagnerite: a Commentary on the Niblung's Ring*, New York 1967.

Soergel, Albert: *Ahasver-Dichtungen seit Goethe*, Leipzig 1905.

Spengler, Oswald: *Der Untergang des Abendlandes*, München 1988.

Tschulik, Norbert: *Musiktheater in Deutschland. Die Oper im 20. Jahrhundert*, Wien 1987.

Wambach, Lovis M.: *Ahasver und Kafka. Zur Bedeutung der Judenfeindschaft in dessen Leben und Werk*, Heidelberg 1993.
Weiner, Marc A.: *Antisemitische Fantasien. Die Musikdramen Richard Wagners*. Aus dem Amerikan. von Henning Thies, Berlin 2000.

Zelinsky, Hartmut: *Die „feuerkur" des Richard Wagner oder die „neue religi-on" der „Erlösung" durch „Vernichtung".* In: *Musikkonzepte 5. Richard Wag-ner. Wie antisemitisch darf ein Künstler sein?* hg. von Heinz-Klaus Metz-ger/Rainer Riehn, S. 79-112, München 1978.

Ders.: *Der verschwiegene Gehalt des „Parsifal". Zu Martin Gregor-Dellins Wagner-Biographie.* In: Csampai, Attila/Holland, Dietmar (Hg): *Richard Wag-ner. Parsifal. Texte, Materialien, Kommentare,* S. 244-251, Reinbek bei Ham-burg 1984.

Theaterwissenschaft

herausgegeben von Michael Gissenwehrer und Jürgen Schläder

Erhältlich im Buchhandel oder direkt beim Verlag:
Herbert Utz Verlag GmbH, München
089-277791-00 · info@utzverlag.de

Gesamtverzeichnis : www.utzverlag.de